Ancalls
HANDMADE WITH LOVE

www.ancalls.com | @ancalls

Socks
Lollipop Socks
롤리팝 양말

Knitwear
Haze Top-Down Knit
헤이즈 탑다운 니트

Keyring
Posle Posle Bread
포슬포슬 빵

Beanie
Urban Angora Beanie
어반 앙고라 비니

Vest
Palette Vest
팔레트 베스트

WORLD NEWS

The UK 영국
Twiddlemuff/치매 머프®의 본고장을 둘러보다

피터 존&파트너(Peter Jones&Partners)의 실 매장에서 구입한 털실로 뜬 온보드의 여름 베이직 머프

이스트 에비뉴 침례교회.

2018년부터 본업인 니트 디자이너로 활동하는 동시에 치매 머프®(Twiddlemuff) 보급 활동을 펼쳤습니다. 치매 머프란 치매 같은 질병으로 손의 움직임이 불안한 분이 손으로 만지기만 해도 편안함을 느낄 수 있는 뜨개 소품을 가리킵니다. 의료용 간병 용품이 아니라 사용하는 사람과 뜨는 사람을 이어주는 커뮤니케이션 수단으로 일본에서 보급하는 것을 목표로, 생활 속에 스며드는 디자인에 안전성까지 고려한 머프를 널리 알리는 NPO 법인 온보드(ONBOARD)를 2023년에 설립했습니다. 올해 4월 온보드 멤버와 함께 머프의 발상지인 영국을 방문해서 사회적인 고립 방지 대책을 활발하게 펼치는 지역 커뮤니티가 어떻게 운영되고 있는지 살펴보고 일본의 활동 현황을 공유하며 교류하고 왔습니다.

가장 먼저 방문한 곳은 런던 외곽에 있는 롬포드 쇼핑센터에서 열리는 '브랙퍼스트 클럽(breakfast club)'입니다. 2016년에 시작한 이 활동은 쇼핑센터에서 비용을 전액 부담합니다. 참가자는 그림을 그리기도 하고 뜨개를 하거나 그냥 앉아 있기도 하면서 자유롭게 시간을 보냅니다. 6년쯤 머프를 떠서 지역 병원에 기부하는 린다(76살) 씨의 이야기를 들으면서 머프를 교환했습니다. 다음에는 이스트 에비뉴 침례교회(Eastern Avenue Baptist Church)에서 활동하는 '님블 핑거즈(nimble fingers:날쌘 손가락)'의 설립 멤버 3명과 이야기를 나눴습니다. 2012년 간병 스트레스와 외로움 때문에 힘들어하는 고령자에게 외출할 기회를 마련해주기 위해 지역 기금에서 지원을 받아 뜨개 모임과 볼링 클럽을 만든 것이 시작이라고 합니다. 머프는 지역 병원과 치매 머프에 기부합니다.

처음 치매 머프를 만들었을 때 샘플로 삼았던 영국 스타일 대바늘뜨기 머프 샘플을 다양하게 볼 수 있었습니다. 정해진 크기와 장식 없이 자유롭게 만들었더군요.

머프 외에도 다양한 기부 물품을 뜨고 있었는데 BBC에서 3번이나 취재할 정도로 유명한 모임으로 전국에서 실을 기부한다고 합니다. 뜨개를 즐기면서 자신의 활동을 자랑스럽게 여기는 모습이 정말 멋졌습니다.

그밖에도 런던 중심지의 주택가 핌리코(pimrico)에 있는 '뷰티풀 니터스(BEAUTIFUL KNITTERS)', 젊은이가 많이 모인 자원봉사 단체 '크레프트 포워드(Craft Forward)', 슬론 스퀘어(Sloane square) 백화점에 있는 뜨개 모임 '니트&내터(KNIT&KNATTER)'를 방문했습니다. 니트의 나라 영국에서 '손뜨개로 사람과 사람을 연결하는' 개성 넘치는 활동을 접할 수 있었습니다.

취재/노세 마유미
ONBOARD https://onboard.or.jp/

핌리코의 뜨개 전문점 뷰티풀 니터스 분들과 함께.

오른쪽 위/린다 씨에게 온보드 머프를 설명하고 있습니다. 왼쪽 위/머큐리몰의 블랙퍼스트 클럽을 담당하는 캐리 씨. 오른쪽 아래/크래프트 포워드에서. 자유롭게 뜬 20cm 사각 모티브를 취합한 후에 담요로 완성해 노숙자에게 기부하는 프로젝트. 뜨개 모임에는 울 앤 더 갱(WOOL AND THE GANG)에서 재고 물품을 기부 받았습니다. 왼쪽 아래/님블 핑거즈 설립 멤버와 함께.

일본에서 보급 활동을 시작했을 때 처음 샘플로 삼았던 영국 대바늘뜨기 머프

KEITODAMA

Finland 핀란드
핀란드⇔스웨덴, 니트 크루즈

뜨개와 관련한 여행이라고 하면 핀란드에서는 드문드문 뜨개 크루즈 여행이 개최됩니다. 그중 하나가 핀란드와 스웨덴을 왕복하는 일정입니다.

핀란드와 스웨덴을 오가는 방법이 비행만 있는 것은 아닙니다. 느긋하게 여행을 즐기고 싶을 때는 헬싱키(Helsinki)나 투르크(Turku)에서 출발하는 호화 여객선급 페리가 있습니다. 저녁에 헬싱키에서 출발해서 아침 10시에 스톡홀름(Stockholm)에 도착합니다. 스톡홀름에 머물다가 밤에는 페리로 돌아와서 헬싱키로 돌아가는 일정으로 배에서 2박 3일을 보냅니다.

이번에 참가한 뜨개 크루즈 여행은 뜨개 전문 수입회사가 주최했습니다. 일본을 대표하는 기업인 클로버도 협찬했습니다. 올해로 3년째를 맞이하는 크루즈 여행에는 혼자서 참가하는 사람이 의외로 많았습니다. 또 수도권뿐만 아니라 북극권에 가까운 지역과 러시아 국경 근방에서 온 참가자도 있었습니다.

선실에 짐을 두고 회의실에 모여서 샴페인으로 다 함께 건배했습니다. 회사 대표의 인사로 워크숍을 시작했는데 대바늘 그룹과 코바늘 그룹으로 나뉘었습니다. 올해 대바늘 그룹에서는 꽈배기 무늬를 빼곡히 넣은 레그 워머, 코바늘 그룹에서는 모자를 떴습니다. 또 깜짝 이벤트로 펀치 니들 워크숍도 열렸습니다. 다음 날 스톡홀름 거리로 나선 사람도 있었고 배에 남아서 남은 작품을 부지런히 뜨는 사람도 있었습니다. 저녁부터 다시 워크숍을 이어갔는데 뜨개 굿즈 상품이 걸린 빙고 게임도 동시에 개최됐습니다. 무엇보다 놀라운 점은 핀란드의 니터는 정말 손이 빨라서 이번 여정 동안에 레그 워머 한 짝을 완성한 사람도 있다는 것입니다.

위/헬싱키항에서 배를 타러 가는 길에서 본 풍경. 아래/빙고 게임 종이. 1장에 2유로였습니다.

배의 컨퍼런스룸에서 열린 워크숍 광경.

이번 행사를 비롯해 핀란드에서는 니트 디자이너와 함께 오두막이나 매너하우스에서 열리는 주말 워크숍 여행도 개최됩니다.

취재/란카라 미호코
주최자 사이트 https://fomast.com

The UK 영국
리버티에 패치워크로 만들어진 '집' 등장

리버티 프린트로 익숙하며 런던의 유서 깊은 백화점 리버티가 올해로 창사 150주년을 맞이합니다. 이를 기념하여 5월 9일부터 8월 12일까지 백화점 내부의 튜터홀에 거대한 패치워크 하우스가 세워졌습니다.

리버티의 역사는 예술공예운동 '아트 앤 크래프트'와 함께 시작하는데, 그 DNA가 지금까지 이어져 옵니다. 기념할 만한 해인 올해, 그 정신을 다시 한번 드러내기 위해서 전 세계의 장인, 디자이너, 제작자들에게 사각 패치워크 제작을 의뢰했습니다. 그렇게 모인 1,000개 남짓한 작품을 이어서 패치워크 하우스를 완성했습니다. 사각 패치 워크는 리버티 프린트의 원단을 사용했는데 만드는 사람의 리버티를 향한 마음을 열정적으로 표현한 작품이 많아서 오랫동안 바라보고 있어도 질리지 않았습니다.

특별한 해를 축하하는 이런 행사를 통해서 제작자와의 유대를 소중히 여기는 리버티. 앞으로도 수공예 애호가에게 특별한 브랜드로서 계속 남기를 바랍니다.

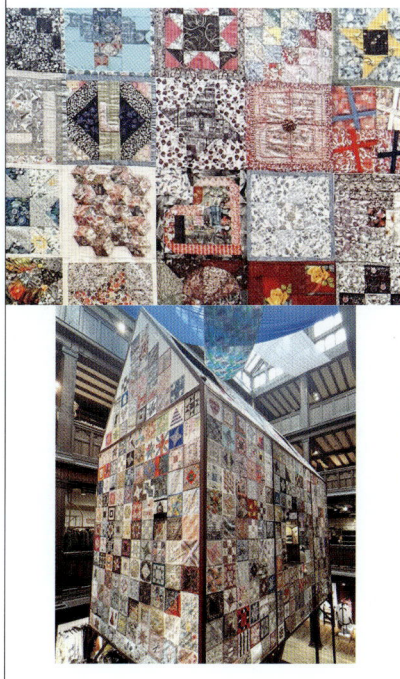

위/수많은 역작이 쭉 전시됐습니다. 아래/한 땀 한 땀 온 마음을 다해서 만든 작품을 모아서 만든 패치워크 하우스.
Liberty Regent Street, London W1B 5AH

취재/사카모토 미유키

Portugal 포르투갈
신기하고 흥미로운 포르투갈식 니팅

6월 16일 간사이·오사카 엑스포의 포르투갈관에서 개최된 '포르투갈식 니팅' 워크숍에 참가했습니다. 강사는 포르투갈 뜨개실 메이커 '로사 포마르(Rosa Pomar)'의 대표인 로사 씨 본인이었습니다. 통역은 〈털실타래〉 '영어로 뜨자' 연재로도 익숙한 니시무라 도모코 씨가 맡았습니다. 로사 포마르 실을 취급하는 오사카의 뜨개실 가게 에이룰(Eylul)의 협조로 개최됐습니다.

포르투갈 니팅은 특징이 뚜렷한데 실을 목에 걸고 오른손 가운뎃손가락에 끼워서 실 장력을 조절하며 뜹니다. 안뜨기를 손쉽게 할 수 있어 가터뜨기를 모두 안뜨기로 뜹니다. 배색무늬뜨기나 메리야스뜨기도 안면을 보면서 원형으로 뜹니다. 또 실을 목에 걸지 않고 가슴에 핀을 달아서 뜨는 방법도 있는데 2색을 사용할 때는 핀 2개를 사용해서 엉키지 않고 손쉽게 뜰 수 있습니다. 실 장력을 눈으로 확인하면서 조절할 수 있는 점도 매력적입니다. 처음 체험한 기법이었지만 무척 즐겁고 새로운 뜨개 세계가 펼쳐진 시간이었습니다.

위/강사인 로사 포마르 씨. 가슴에 핀 2개를 달고 실을 걸어서 배색무늬뜨는 법을 시연했습니다. 아래/포르투갈 파빌리온의 외관. 은색 로프가 인상적인 구마 겐고의 건축물.

취재/소가 게이코

털실타래
keitodama 2025 vol.13 [가을호]

Contents

World News … 4

3 사이즈로 즐기는 북유럽 전통 무늬

노르딕 요크

… 8

knit design Mayumi Kawai, Mariko Oka
photograph Shigeki Nakashima
styling Kuniko Okabe, Yuumi Sano
hair&make-up Chie Ishikawa
model Baya, Lucas
book design Fumie Terayama

루나 헤브리의 꽃 소식 vol.8
달콤한 추억 … 22

노구치 히카루의 다닝을 이용한 리페어 메이크 … 23

Michiyo의 4사이즈 니팅 … 24

뜨개 피플 뜨개와 카페 … 26

가을 크로셰 … 28

세계 수예 기행 / 에스토니아 공화국
세토 레이스 … 36

Event Keito … 40

편하고 귀여운 베스트가 좋아 … 42

삶을 물들이는 이벤트용 니트
곰 가족의 겨울잠 준비 … 50

색을 즐기는 니트&크로셰 … 52

[한국어판] 세드나의 떡갈나무 카디건 … 56

Let's Knit in English! 번외편
서술형 패턴으로 뜨는 옷 … 58

Color Palette 다채로운 양말 … 60

Yarn Catalogue 가을·겨울 실 연구 … 62

[한국어판] 삐영이의 미리 준비하는 크리스마스 … 68

Yarn World 신여성의 수예 세계로 타임슬립!
팔꿈치 패드(아프간뜨기) … 70

Yarn World 역시 궁금하다! 뜨개의 수수께끼
손뜨개 책의 미싱 링크 … 71

이제 와 물어보기 애매한!?
뜨개 고민 상담실 … 72

Let's Knit in English! 니시무라 도코코의 영어로 뜨자
니트 시즌을 맞이하여! … 76

읽고 조사하고 떠보다
하야시 고토미의 Happy Knitting … 78

심플함을 즐기다 그러데이션 니트 … 80

포근한 행복 니트 스커트 & 팬츠 … 84

Chappy의 세계의 손염색을 찾아 떠나는 여행
눈부신 감각과 끝없는 탐구심 Skein … 86

Couture Arrange 시다 히토미의 쿠튀르 어레인지
헥사곤 레이스의 벌룬 슬리브 풀오버 … 90

오카모토 게이코의 Knit+1 … 92

[한국어판] 독자 코너 … 94

[한국어판] EVENT … 97

스윽스윽 뜨다 보니 자꾸 즐거워지는
비기너를 위한 신·수편기 스이돈 강좌 … 98

뜨개꾼의 심심풀이 뜨개
이 근처에 있어요. 딸랑딸랑딸랑
'뜨개 등산 방울'이 있는 풍경 … 102

Nordic Sweater

3사이즈로 즐기는 북유럽 전통 무늬
노르딕 요크

요크에 포인트가 있는 니트는 아주 매력적이죠. 얼굴이 화사해 보이고 기분도 좋아져요.
3가지 사이즈를 소개하고 색깔을 바꾼 패턴도 제안했으니
마음에 드는 것을 찾아서 올가을에 북유럽 스웨터의 무늬를 마음껏 누려보세요.

photograph Shigeki Nakashima styling Kuniko Okabe,Yuumi Sano hair&make-up Chie Ishikawa model Baya(177cm), Lucas(186cm)

Nordic Sweater

노르웨이에서 특히 사랑받는 십자 무늬를 배치한 둥근 요크 톱다운 스웨터. 눈이 쌓인 듯한 잔무늬도 멋져요. 중성적인 차콜그레이로 즐겨도 좋고, 20페이지 배색처럼 빨간색으로 드라마틱하게 즐겨도 좋답니다.

Design／효도 요시코
Knitter／다자와 이쿠코(니트 공방 이쿠)
How to make／P.103
Yarn／데오리야 모크 울 B

밝고 귀여운 배색의 톱다운 스웨터는 너무 예뻐요. 옐로그린의 소맷부리로 색다른 포인트를 줬어요. 차분한 배색으로 뜨려면 20페이지 배색처럼 그레이 바탕에 차가운 색 계열로 배색뜨기해도 좋겠죠?

Design／가와이 마유미
Knitter／니시무라 후미코
How to make／P.105
Yarn／데오리야 쿠 코드

Nordic Sweater

점잖은 블루 바탕의 정통적인 배색에 화사한 색깔을 포인트 컬러로 사용했어요. 에이트 포인트 스타 가운데에 넣은 노란 선이 빛을 발합니다. 보텀업으로 소맷부리에는 미리 1코 고무뜨기를 하는 타입의 베스트입니다.

Design／가마타 에미코
Knitter／고바야시 도모코
How to make／P.109
Yarn／스키 얀 스키 뉴 메리노 실크

초극태사로 뜨는 대담한 둥근 요크. 톱다운을 뜨는 재미에 스웨터가 술술 떠져요. 차가운 색 계열인 에메랄드그린이 인상적. 수록 작품은 L사이즈지만 여성이 오버사이즈로 입어도 귀여워요.

Design／오카 마리코
Knitter／미즈노 준
How to make／P.108
Yarn／스키 얀 스키 팔

아이슬란드 로피 스웨터 무늬를 그래픽을 응용하여 세련되게 만들어보았어요. 오른쪽은 로피 얀을 사용해 모던한 배색으로 뜬 래글런 타입. 왼쪽은 대담한 둥근 요크를 폭신한 실로 가볍게 마무리했답니다. 실의 질감때문에 샤프한 무늬의 윤곽이 번진 듯이 표현됩니다. 둘 다 보텀업으로 떴습니다.

Design／가사마 아야(오른쪽), 이토 나오타카(왼쪽)
How to make／P.112(오른쪽), P.114(왼쪽)
Yarn／나이토상사 알라포스 로피(오른쪽), 라자(왼쪽)

Nordic Sweater

Nordic Sweater

바탕의 눈 배색무늬는 기하학적인 재미를 느낄 수 있습니다. 색이 섞인 실을 사용해서 복잡한 뉘앙스를 더했어요. 보텀업으로 아래서부터 원형으로 뜨고, 래글런선에서 코를 줄입니다.

Design／오쿠즈미 레이코
How to make／P.115
Yarn／Keito 우루리

다이아몬드 무늬를 크게 넣은 보텀업 둥근 요크 스웨터. 시크한 빨간색은 남성을 단숨에 지적이고 세련돼 보이게 해요. 물론 여성이 입어도 근사하지요. 포인트 컬러인 블루그레이가 돋보여요.

Design／우노 지히로
How to make／P.118
Yarn／Keito 컴백

Glasses／글로브 스펙스 에이전트

Nordic Sweater

오른쪽은 전통적인 북유럽 배색무늬. 기모감이 있는 알파카 실은 무척 가볍고 착용감도 뛰어납니다. 직선 요크, 드롭 숄더로 증감코가 적어서 뜨기 쉬운 것도 매력. 왼쪽은 스웨덴 보후스풍이에요. 털이 긴 실이라서 안뜨기를 섞어 배색뜨기하면 무늬가 번진 듯한 독특한 느낌이 만들어집니다. 아름다운 노란색과 초록색의 배색이 마음을 사로잡습니다.

Design／바람공방(왼쪽), 오타 신코(오른쪽)
Knitter／스토 데루요(오른쪽)
How to make／P.120(왼쪽), P.122(오른쪽)
Yarn／ROWAN 펠티드 트위드·키드실크 헤이즈(왼쪽), 알파카 클래식(오른쪽)

Nordic Sweater Color Variations

그레이 바탕에 황록색, 에크뤼, 남색의 차가운 색 계열을 매치했어요. 귀여움 속에 성숙함이 있어요. 남성에게도 추천.
▶▶▶작품 P.11

배색뜨기 작품은 같은 무늬라도 색깔을 바꾸면 느낌이 확 달라집니다. 배색의 오묘함을 만끽해보세요.

고운 빨간색에 에크뤼 무늬. 귀여움과 화려함이 있는 전통적인 배색이에요.
▶▶▶작품 P.10

A

B

차콜그레이 바탕과 그레이 바탕. 바탕색을 반전시키는 것도 재미있어요.
▶▶▶작품 P.16

빛바랜 핑크를 바탕으로 한 달콤한 배색은 어때요?
▶▶▶작품 P.12

갈색 바탕의 시크한 배색에 밝은 오렌지를 포인트 컬러로, 큰 무늬는 배색도 대담하게 해서 강약을 주었답니다.
▶▶▶작품 P.13

루나 헤븐리의 꽃 소식 vol.8
달콤한 추억

예전에 초등학교 뒷마당에 석류나무가 있었습니다. 친구들 손에 이끌려 그 열매를 따 먹은 일이 몇 번 있었는데 우리들만의 소소한 즐거움이었습니다. 빽빽이 들어찬 반짝이는 열매. 그때 석류가 정말 맛있었는지 떠올려 봤습니다. 보석처럼 영롱한 붉은빛에 침이 고일 정도로 달콤해 보이는 겉모습과는 달리 열매 대부분을 씨가 차지하고 있었지요. 결국 우리만의 비밀을 공유한다는 기쁨이 더 컸던 것 같습니다. 저에겐 소중한 어릴 적 추억 중 하나랍니다. 기억은 뒤죽박죽이 되어 결국 달콤한 추억으로 남았습니다.

꽃의 꿀을 빨아 먹거나 잘 익은 열매를 따 먹는 일에 거리낌이 없던 시절을 떠올려 보니 즐거웠던 추억에 절로 웃음이 납니다.

How to make／P.74
Yarn／DMC 콜도넷 스페셜 no.80, 콜도넷 스페셜 no.60

photograph Toshikatsu Watanabe　styling Akiko Suzuki

Lunarheavenly
나가자토 가나

레이스 뜨개 작가. 2009년 Lunarheavenly를 설립. 극세 레이스실로 만든 꽃으로 정교한 액세서리를 만들어 개인전을 열거나 이벤트에 출품해 전시하고 있다. 꽃을 완성한 후에 염색하는 방식으로 섬세한 그러데이션 색 연출과 귀여운 작품으로 정평이 나 있다. 보그학원 강사로 활동 중이다. 저서로 《루나 헤븐리의 코바늘로 뜬 꽃 장식》 외 다수가 있다.

Instagram: lunarheavenly

노구치 히카루의 다닝을 이용한 리페어 메이크

'리페어 메이크'라는 말에는 수선하면서 그 작업을 통해 그 물건이 발전하고 진보한다는 생각을 담았습니다.

노구치 히카루(野口光)
'hikaru noguchi'라는 브랜드를 운영하는 니트 디자이너. 유럽의 전통적인 의류 수선법 '다닝(Darning)'에 푹 빠져 다닝을 지도하고 오리지널 다닝 기법을 연구하는 등 다양하게 활동하고 있다. 심혈을 기울여 오리지널 다닝 머시룸(다닝용 도구)까지 만들었다. 저서로는 《노구치 히카루의 다닝으로 리페어 메이크》, 제2탄 《수선하는 책》, 《첫 양말 다닝》 등이 있다.
http://darning.net

[이번 타이틀]
사반세기를 지나온 모자

before
오래 애용한
티가 나는 흠집이…

photograph Toshikatsu Watanabe styling Akiko Suzuki

이번에는 '다닝 구라게'를 사용했습니다.

이 제라늄 오렌지색 모자는 25년도 더 전에 제가 아직 런던 스튜디오에서 열심히 수편기로 니트 소품을 디자인·제작했을 때의 작품입니다. 당시 어시스턴트 K와 같이 배색을 골랐던 기억이 최근의 일처럼 생생하게 떠오릅니다.

작년에 '오랫동안 이 모자를 애용했는데 흠집이 심하게 나서 어떡할까 고민하던 중에 선생님이 현재 다닝과 관련한 활동을 활발히 펼치고 있다는 걸 알았습니다. 제발 수선해주셨으면 합니다'라고 쓴 메시지와 함께 이 모자가 영국에서 배송되었습니다. 긴 세월 사랑받은 것을 알 수 있는 손때와 찢어져 생긴 듯한 큰 구멍. 먼저 미지근한 물과 울 샴푸로 살살 빨아서 때를 뺐더니 양털 본래의 질감이 살아났습니다. 주인과 면식이 없을 때는 유사색을 조합한 차분한 배색으로 조화롭게 수선합니다. 큰 구멍에 맞춰서 여러 색으로 바스켓 다닝을 했더니 보다 무늬 모자에 자연스러운 체크무늬가 나타났습니다. 이제 다시 25년 동안 애용할 수 있겠죠? 물건을 자기 수명보다 오래 쓸 수 있게끔 앞으로도 제대로 된 작품을 만들고 싶습니다.

michiyo의 4 사이즈 니팅

오랜만에 V넥 니트를 소개합니다. 편안하고 무겁지 않은, 경쾌한 가을을 누려보세요.

photograph Shigeki Nakashima styling Kuniko Okabe,Yuumi Sano hair&make-up Chie Ishikawa model Baya(177cm)

케이블 V넥 풀오버

올가을에는 폭신하고 가벼운 실로 성글게 뜨는 V넥 풀오버를 구상하고 있었는데, 목둘레를 큰 케이블 무늬로 뜨면 재미날 것 같아서 생각해낸 디자인입니다.

밑단에서 보텀업으로 떠 올라가고, 목둘레는 무늬뜨기 중심에서 교차뜨기를 시작합니다.

늘림코와 줄임코를 반복해 무늬뜨기 목둘레를 완성합니다.

잘 늘어나지 않는 폭신폭신한 소재로 된 실의 특징을 살려서 목둘레 중심의 늘림코는 싱커 루프를 꼬지 않고 줍기만 하는 간단한 방법으로 합니다(신축성이 높은 실로 뜨거나 코가 커질 때는 돌려뜨기 늘림코를 하세요).

무늬가 선명하게 나오는 방법을 고안하거나 소매산을 되돌아뜨기로 만드는 등 조형하는 느낌으로 제작했습니다.

사이즈가 넉넉하지만 가볍고 무척 따뜻합니다.

이번에 사용한 실은 DARUMA 긱. 탄탄한 심에 폭신한 섬유가 감겨 있으며, 실 상태로 봤을 때와 떴을 때의 편물의 느낌이 상당히 다른 재미난 실입니다. 섬세한 무늬는 잘 보이지 않으므로 큰 케이블 무늬를 선택했습니다. 가볍고 세련된 만듦새도 매력적. 넉넉한 사이즈지만 폭신하고 경쾌한 느낌으로 입어주세요.

How to make／P.124
Yarn／DARUMA 긱

Glasses／글로브 스펙스 에이전트

목둘레
목둘레의 무늬뜨기는 4사이즈 모두 너비가 같습니다. 따라서 사이즈가 커질수록 무늬의 비율이 내려가서 다소 깔끔한 인상을 줍니다. 목둘레의 트임은 단수를 바꿨으므로 차이가 확연히 납니다.

전체
로 게이지의 루즈한 편물이라서 콧수와 단수 차이는 적지만, 전체적으로 한 사이즈씩 다릅니다.

소매
소매산은 2사이즈씩 바꿨습니다.

S size
M size (사진)
L size
XL size

기장
품이 넉넉한 만큼 사이즈가 커질수록 착장의 차이를 줄여서 전체적인 균형을 맞췄습니다.

michiyo
어패럴 메이커에서 니트 기획 업무를 하다가 현재는 니트 작가로 활동하고 있다. 아기 옷부터 성인 옷까지, 여러 권의 저서가 있다. 현재는 온라인 숍(Andemee)을 중심으로 디자인을 발표하고 있다. 〈털실타래〉에 실린 작품을 모아서 엮은 책 《michiyo의 4사이즈 니팅》이 일본과 한국에서 출간되었다.
Instagram: michiyo_amimono

※무늬를 기준으로 한 사이즈이므로 치수 차이는 균등하지 않습니다.

뜨개 피플

뜨개와 카페
후지모리 리에

photograph Bunsaku Nakagawa text Hiroko Tagaya

지금까지 떠온 창작 니트 중 일부. 후지모리만의 창의력과 테크닉이 고스란히 담겨 있다. 바쁜 일정 속에서도 이 모든 작품을 완성해 왔다니 놀라울 따름이다.

바이블처럼 여기는 두 권의 책. 더없이 귀하고 소중한 책이라고.

코바늘 기법을 연습하기 위해 만든 작품. 지금까지는 대바늘뜨기 위주로 뜨개를 해왔다고 한다.

후지모리 리에(藤森理恵)

도쿄 신주쿠 가부키초 출신. 여자미술대학 일본화 전공. 니트 카페 '모리노 고부타(숲속의 아기 돼지)'의 오너. 어릴 적부터 뜨개를 시작해 TV 프로그램 제작회사에서 근무하며 창작 니트를 만들기 시작했다. 구로 유키코에게 사사 받았으며, 2008년 니트 카페 '모리노 고부타'를 오픈했다. 2012년 도라노몬에 있는 현재 위치로 이전했다. 1999년부터 창작 니트를 주제로 개인전과 그룹전을 개최하고 있다.
https://www.morinokobuta.com/
Instagram: morinokobuta

이번 게스트는 도쿄 도라노몬에 자리한 니트 카페 '모리노 고부타(숲속의 아기 돼지)'의 오너, 후지모리 리에입니다. 이곳은 커피와 식사는 물론, 오래 머물며 뜨개를 즐길 수 있는 합리적인 플랜까지 갖춘, 비즈니스 지역의 오아시스와 같은 공간입니다. 올해로 개업 15주년을 맞았다고 하네요. 카페를 열기 전에는 무려 30년간 TV 프로그램 제작회사에서 일했다고 합니다.
어린 시절에는 그림 그리기를 무척 좋아했던 리에. 일본 화가 가타오카 다마코의 제자에게 그림을 배우기 시작한 것도 이 무렵이었습니다.
"길바닥에 돌로 만화 〈리본의 기사〉 캐릭터를 그리면, 맞은편 카바레 바텐더가 가게 문을 열기 전 술로 그림을 싹 지워버렸죠. '뭐야!' 하면서 다음 날 또 그리기를 반복했죠(웃음)."
미술 선생님의 권유로 미대에 진학해 일본화를 전공한 그녀는, 재학 내내 카페에서 아르바이트했습니다.
"수제 케이크와 맛있는 커피를 파는 곳이었는데, 신기하게도 그 카페 오너분도 TV 프로듀서 출신이더라고요. 지금 생각해보면 그때 이미 '카페 참 좋다'라는 막연한 마음이 있었던 것 같아요."
그러다 취직한 회사가 이른바 '블랙 기업'이었던 탓에 퇴사했고, 다시 그 카페에서 2년간 일했습니다. 이후 TV 제작회사에 입사했습니다.
"원래는 1~2년만 일하고 뜨개 학교에 갈 생각이었어요. 어머니가 뜨개를 하셔서 저도 어릴 때부터 자연스럽게 뜨개를 하게 됐거든요. 〈털실타래〉에서 '스웨터 학원'을 연재하던 구로 유키코 선생님께 배우기도 했고요. 그런데 마침 버블 시기라 일이 워낙 많았거든요. 제가 책임감만은 강해서, 회사를 그만둘 타이밍이 안 오더라고요(웃음)."
회사 일을 계속하면서도 카페와 뜨개에 대한 열정은 이어졌습니다.
"스트레스가 많은 일이라 조금이라도 손을 움직이고 싶어서 매일 빠짐없이 뜨개를 했어요. 밖에서 뜨개를 하려고 카페에 가면, 그땐 흡연이 당연한 시대라 금연 카페가 있으면 좋겠다고 생각했지요. 그런데 갑자기 가게를 차리기엔 위험부담이 크잖아요. 그래서 회사에 다니면서도 카페에서 새벽 아르바이트를 했어요."
그러던 중 전환점이 찾아왔습니다.
"예산 심의 소식이 뉴스에 보도되면서 회사가 해산됐는데, '이때다' 싶었죠. 손님들께 맛있는 커피를 내드리고 싶어서 뜨개를 하면서도 커피 공부를 계속했어요. 변함없는 맛을 내기 위해 연구하고, 주변 카페들의 가격대도 조사했죠. 그렇게 조금씩 해오다 보니 여기까지 오게 됐네요."
카페에서는 마르셰 같은 뜨개 이벤트도 열고, 리에 자신도 도쿄 갤러리에서 개인전도 엽니다. 앞으로의 꿈을 물었습니다.
"회사 다닐 때 저도 많이 바빴거든요. 뜨개를 하는 손님이든 아니든, 누구나 잠시 들러 쉬어가셨으면 해요. 나이도 있다 보니 앞으로 몇 벌이나 스웨터를 더 뜰 수 있을지 모르겠네요. 작품을 더 만들어 개인전을 또 열고 싶어요."
카페 메뉴에는 옥상 텃밭에서 직접 기른 채소도 사용됩니다. 비즈니스 지역에 있는 이 오아시스 같은 공간에는, 정성을 들여 가꿔온 매력이 깃들어 있습니다.

1／아무리 바빠도 뜨개를 계속해 온 후지모리 씨. 2／'모리노 고부타' 매장 내부. 수예를 사랑하는 이들에게도 반가운 공간이다. 3／어린 시절, 돌로 땅바닥에 그림을 그리던 후지모리 씨(왼쪽)의 모습. 4／엄선한 커피와 수제 디저트도 인기. 5／매장 안에는 귀여운 돼지 오브제가 곳곳에 놓여 있다. 6／허브와 잎채소, 감자까지 다양한 채소를 기르는 근사한 옥상 텃밭. 도라노몬에 이런 곳이 있다니 놀라울 따름이다. 7／지난 개인전에 선보였던 작품. 8／시선을 사로잡는 창작 니트와 함께. 다음 개인전이 기대되는 이유다. 9／예약이 가능한 니트 카페 공간에서 편안하게 뜨개를 즐길 수 있다.

Autumn Crochet

가을 크로셰

기다리고 기다리던 니트의 계절, 가을. 이번에는 어떤 작품을 떠볼까요?
코바늘 하나로 완성하는 다채로운 무늬를 마음껏 즐겨보세요.

photograph Hironori Handa styling Masayo Akutsu hair&make-up AKI model Yeva(175cm)

여름의 가벼운 레이스에서 가을의 포근한 옷차림으로. 계절의 변화를 느끼게 하는 크로셰 스타일. 클래식한 스탠드 칼라를 완성한 뒤, 앞뒤 몸판을 연결하여 모티브를 뜨듯 원형으로 떠 나갑니다. 작은 스팽글과 은은한 라메가 더해져 고급스러운 반짝임을 선사합니다.

Design／기시 무쓰코
How to make／P.128
Yarn／다이아몬드케이토 다이아 스푸만테

Skirt／하라주쿠 시카고(하라주쿠/진구마에점)

간절기에 어울리는 겉옷 아이템으로는 모티브 잇기 디자인이 제격이지요. 잘 익은 과일 빛을 닮은 부드러운 배색의 스퀘어 모티브에, 살짝 흔들리는 듯한 긴 에징이 우아함을 더합니다. 밑단과 소맷부리는 은은한 프릴 느낌으로 마무리해 한층 더 여성스러운 분위기를 자아냅니다.

Design／오카모토 마키코
How to make／P.133
Yarn／다이아몬드케이토 다이아 도미나 '비타'
One-piece／하라주쿠 시카고(하라주쿠/진구마에점)

Autumn Crochet

시시각각 색이 변하는 그러데이션 얀과 다섯 가지 크로셰 무늬가 아름다운 조화를 이루는 풀오버. 소매 중간을 살짝 조여 만든 캔디 슬리브가 시선을 사로잡는 매력 포인트랍니다.

Design／오카모토 게이코
Knitter／혼타니 지에코
How to make／P.142
Yarn／리치모어 바카라 크로셰

Blouse／하라주쿠 시카고(하라주쿠/진구마에점)
Skirt／하라주쿠 시카고 하라주쿠점

색다른 대나무무늬는 가로뜨기로 만든 구슬뜨기와 사슬뜨기의 교차로 완성됩니다. 작은 꽃들이 흩뿌려진 듯한 신선한 무늬에, 과하지 않은 퍼프 슬리브를 더해 사랑스러운 분위기의 풀오버가 탄생했습니다.

Design／시바타 준
How to make／P.137
Yarn／하마나카 알파니카
One-piece／SLOW 오모테산도점

크롭 기장의 상의는 데일리 스타일에 화사함을 더해주는 포인트 아이템. 어깨선부터 시작해 완성한 하늘하늘하고 사랑스러운 실루엣은 섬세한 게이지 조정과 분산 늘림코의 결과물이랍니다.

Design／ATELIER *mati*
How to make／P.150
Yarn／올림푸스 시젠노 쓰무기 SEN

Blouse／하라주쿠 시카고(하라주쿠/진구마에점)
Pants／산타모니카 하라주쿠점

Autumn Crochet

트렌디한 뒷트임 풀오버는 몸판과 소매 모두 심플한 직선 실루엣으로 제작했습니다. 코바늘뜨기에 익숙하지 않거나 코바늘뜨기로 처음 옷을 만들어보는 초보자에게도 추천하는 디자인입니다.

Design／쓰리타니 교코
How to make／P.146
Yarn／나이토상사 에브리데이 알파카

Blouse／SLOW 오모테산도점
Skirt／하라주쿠 시카고 하라주쿠점

짧은 기장의 상의는 볼륨감 있는 스커트나 원피스와 잘 어울려 균형 잡힌 실루엣을 연출합니다. 소매와 몸판은 서로 다른 무늬로 구성했지만, 모두 사슬뜨기를 기본으로 해 자연스럽게 조화를 이룬답니다.

Design／가와지 유미코
Knitter／쓰치다 사토미
How to make／P.155
Yarn／나이토상사 에브리데이 솔리드
Skirt／SLOW 오모테산도점

북유럽 발트 3국 중 가장 북쪽에 자리한 에스토니아는 바다 건너편으로 핀란드와 마주하고 있습니다. 인구는 137만 명 남짓으로 작은 나라지만, 지방마다 독특한 수공예가 남아 있습니다. 그중에서도 핀 위구르족이 사는 에스토니아 남동부의 세토(Seto) 지방은 독특한 크로셰 레이스와 보빈 레이스의 본고장으로 알려져 있습니다.

세토 레이스와의 만남

2001년, 노르웨이에서 열린 북유럽 니트 심포지엄에 참석했을 때였습니다. 그곳에서 에스토니아 출신 강사 두 명에게서 배운 에스토니아 니트에 매료되어, 이듬해인 2002년 직접 에스토니아를 찾게 되었습니다. 그때 처음으로 세토 지방의 레이스를 접했습니다.

강사 중 한 명인 아누 라우드는 태피스트리 작가로, 빌얀디(Viljandi)의 울창한 숲속에서 에스토니아 각지의 수공예품 컬렉션을 전시한 '헤임탈리 박물관(Heimtali Museum)'을 운영하고 있었습니다. 지금은 국립 박물관의 분관이 되었지만, 당시에는 그녀가 직접 관리하던 시절이라, 큰 보관함 속 소장품들을 자유롭게 살펴볼 수 있었습니다. 수많은 장갑과 양말 같은 니트 작품들 사이에 특히 눈길을 끈 것은 화려한 색감의 크로셰 레이스가 달린 천이었습니다. 아누의 말에 따르면 종교적 의식에 쓰인다고 합니다. 크로셰 레이스라고 하면 흰색 면만 떠올리던 제게 그 다채로운 색감은 놀라움 그 자체였습니다. 사용된 기법은 사슬뜨기, 짧은뜨기, 긴뜨기 같은 기본적인 뜨개 방식뿐이었으나, 이전에는 본 적 없는 독창적인 패턴을 만들어내고 있었습니다.

세토 지방의 전통 수공예와 생활상을 보여주는 농가 견학 이벤트를 기획한 잉그리트(오른쪽). 그녀가 손수 만든 나무 문이 우리를 맞이했다. 왼쪽은 동행한 아누 코틀리.

세계 수예 기행 「에스토니아 공화국」
세토 지방의 화려한 크로셰 레이스

세토 레이스

취재·글·현지 사진/하야시 고토미 스튜디오 사진/모리야 노리아키 편집 협력/가스가 가즈에

'세토'일까, '세투'일까

그 후 도쿄의 한 고서점에서 관련 서적을 발견하고는 'SETU 레이스'라고 불린다는 사실을 알게 되었습니다. 레이스 제작법을 직접 배우고 싶어진 저는, 심포지엄에서 알게 된 또 다른 강사 아누 코틀리를 통해 책의 저자를 소개받았고, 덕분에 2009년 에스토니아의 수도 탈린(Tallinn)에서 강습을 들을 수 있었습니다. 또한 세토 레이스의 고향인 배르스카(Värska)에 있는 '세토 농가 박물관(Seto Farm Museum)'도 소개받아, 탈린에서 교통편을 갈아타며 5시간 가까이 걸려 컬렉션을 보러 갔습니다.

그때 박물관 직원이 이렇게 물었습니다. "에스토니아 안에서는 이 지역을 '세투'라고 부르지만, 저희는 '세토'라고 부른답니다. 당신은 책을 쓸 때 어떤 표기를 사용할 건가요?" 저는 주저 없이 "물론 '세토'입니다"라고 답했습니다. 이 지역은 독특한 언어와 철자를 사용하기 때문에, 동행한 아누조차 이해하지 못하는 말이 있을 정도였습니다. 세토 사람들은 강한 독립심을 지니고 있어 자신들을 '에스토니아인'이 아니라 '세토인'으로 인식한다고 합니다. 제가 처음 구입한 책의 저자 또한 '세투'라는 표기에서 '세토'로 바꾸어 사용하고 있었습니다.

농가를 방문해 수공예품을 감상하다

세토 레이스가 늘 마음에 남아 있던 차, 2024년 7월에 세토 지방의 전통 수공예와 생활상을 들여다볼 수 있는 농가 견학 행사가 열린다는 소식을 아누 코틀리에게서 들었습니다. 이를 계기로 다시 세토 지방을 찾게 되었습니다.

실내를 둘러볼 수 있는 농가가 몇 채 있었는데, 첫 번째 농가에서는 주인이 아코디언을 연주하며 방문객을 맞이했습니다. 집은 전통 무늬가 새겨진 문이 있는, 세토 지방 특유의 농가였습니다. 안내해 준 시그레의 작업실에 들어서니, 뜨다만 보빈 레이스와 세토 레이스 작품들이 놓여 있었습니다. 그곳에서 실타래가 여러 개 매달린 병을 처음 보았습니다. '세토 여성은 병을 안고 다닌다'라는 말이 있다는데, 이는 남성들이 착용하는 둥근 끈을 뜨기 위한 도구였습니다. 목이 긴 병에 기다란 뜨개바늘을 꽂고, 그 바늘에 여러 색의 털실과 마사를 묶기만 하면 되는 간단한 구조지만, 시간이 오래 걸리는 탓인지 가지고 다니면서 떴다고 합니다. 이 지방에서는 민족의상에 은 브로치와 목걸이를 착용하는데, 브로치는 우리가 흔히 떠올리는 것보다 훨씬 크며, 가슴 앞에 착용합니다. 크기가 클수록 풍요로운 삶을 의미한다고 합니다. 목걸이는 여러 개를 걸면 금속이 서로 부딪치며 소리를 내는데, 그 소리가 악마를 쫓는다고 믿어 왔습니다.

세토 레이스의 모티브를 엮은 책. 처음 손에 넣은 책의 제목은 《SETU》다.

A／전통 의상과 함께 착용하는 브로치와 목걸이 등의 은 장식품. B／남성들이 착용하는 둥근 끈을 뜨기 위한 도구. 이 병을 들고 다니며 어디서든 작업했다고 한다. C／태피스트리 작가이자 친구인 아누 라우드가 자신의 컬렉션에서 선물한 천. 손으로 짠 직물 위에 세토 레이스가 덧대어져 있다. D／모눈뜨기를 기본으로 한 화려한 배색 레이스. E／세토 레이스는 천의 폭에 맞춰 원하는 길이만큼 뜰 수 있는, 실용적인 기법이다. F／전통 수공예를 소개하는 집에는 이런 표지가 걸려 있다. G／레엘로의 아름다운 선율을 들려준 합창단은 전통 의상을 차려 입고 있었는데, 그 모습 또한 인상 깊었다.

전통 의상에 관한 이야기를 듣다

이튿날 방문한 또 다른 농가에서는 전통 의상을 입은 마르예가 우리를 맞이해 주었습니다. 그녀의 블라우스는 손목 부분이 주름지게 접혀 있었는데, 벽에 걸린 셔츠를 보니 소매길이가 무척 길어 놀라웠습니다. 이 긴 소매 셔츠는 19세기 중반까지 착용했으나, 20세기에 들어 짧고 넓은 소매로 바뀌었고, 현재는 결혼식이나 장례식 때만 입는다고 합니다.

셔츠는 고급 리넨으로 만들고, 치마는 거친 삼베로 만듭니다. 긴 소매 셔츠는 세토 지방 의상 가운데 가장 장식적인 옷 중 하나로, 복잡한 직조, 자수, 보빈 레이스 기법이 쓰였습니다. 어깨선과 소매 윗부분에는 정교한 붉은 실 장식이 놓여 있었는데, 자수인 줄 알았으나 사실은 보빈 레이스였습니다. 세토 지방의 보빈 레이스는 붉은색을 넣어 짜는 것이 특징으로, 에스토니아 다른 지방과는 뚜렷이 구별됩니다.

마르예는 남편과 아들의 셔츠도 손수 만든다고 하며, 제작 과정을 직접 설명해 주었습니다. 먼저 착용자 키의 두 배 길이로 리넨 천을 짜고, 밑단 부분에는 붉은 무늬를 넣어 짭니다. 나중에 테이프를 덧붙이는 줄 알았는데 처음부터 무늬를 넣어 짠다고 해서 놀랐습니다. 실내에는 세토 레이스를 단 남성용 셔츠도 있어 레이스 활용의 폭이 넓다는 생각이 들었습니다. 또한 거친 삼베로 만든 바지는 큰 거싯을 넣은 디자인이라 일반 컷팅 바지보다 활동하기 편하다고 합니다.

세토 지방의 전통 여성복을 차려입고 맞이해 준 마르예.

여성용 의상에서는 셔츠와 치마 위에 두르는 다양한 벨트가 눈에 띄었습니다. 벨트는 카드 위빙(tablet weaving) 기법으로 짜서 허리에 두르고, 그 위에 '힙 에이프런'이라 불리는 흰색 천을 늘어뜨립니다. 이 천에는 붉은 실로 세토 자수를 놓거나 직조 무늬를 넣습니다. 이 에이프런은 앞에 걸 수도, 뒤에 걸 수도 있으며, 마르예의 경우 앞 에이프런에는 자수를 놓은 직조 천에 태슬이 달려 있고, 에이프런에는 다른 자수를 수놓은 천에 레이스가 달려 있었습니다. 머리 장식에도 벨트를 활용했는데, 이는 기혼 여성만 착용할 수 있습니다. 폭은 약 5cm, 길이는 2m 정도이며 끝에는 태슬을 달아 장식합니다. 마르예의 집을 둘러보니 손으로 만들 수 있는 것은 무엇이든 직접 만들어내는 듯했습니다. 직조, 자수, 보빈 레이스, 재봉은 물론이고, 남성들이 신는 긴 양말은 대바늘뜨기로, 세토 레이스는 코바늘뜨기로 제작하고 있었습니다. 전통 수공예가 잘 이어지고 있는지 묻자, "사실 쉽지 않은 문제예요. 젊은 세대는 즐길 거리가 너무 많으니까요."라며 아쉬움을 드러냈습니다.

그날 돌아오는 길에 유네스코 세계문화유산에 등재된 세토 지방 전통의 다성가창 '레엘로(Leelo)'를 들으러 갔습니다. 참가자들의 셔츠 소매는 마르예의 셔츠와 달리 손목에 딱 맞는 길이에 전체적으로 넉넉했고, 직조 부분의 색도 붉은색이 아니라 다크 레드, 혹은 초콜릿 브라운에 가까웠습니다.

수공예를 이어가기 위해

셋째 날에는 15년 만에 다시 세토 농가 박물관을 찾았습니다. 안내해준 직원 티이우는 세토 레이스를 후세에 전하기 위해 힘쓰고 있었습니다.

세토 레이스는 19세기 중반, 이 땅에서 시작되었습니다. 당시 사람들은 민족의상이나 일상적인 의례 용품(성상화에 거는 천)을 이 레이스로 장식했습니다. 처음에는 붉은색과 흰색 면사로 만들었으나, 이후 검은색과 노란색도 쓰이게 되었습니다. 실은 버섯이나 나무껍질 같은 식물로 염색했고, 무늬는 주로 기하학무늬였습니다. 그러던 19세기 말, 라트비아 리가에서 온 상인들이 세토에 가느다란 양모 실을 들여오면서 레이스는 훨씬 다채로워졌고, 면사는 양모로 대체되었습니다. 상인들은 실뿐 아니라 아이리시 크로셰 같은 기법도 전했습니다. 색상은 2~10가지가 쓰였고, 폭은 20cm까지 커졌으며, 기하학무늬는 줄고 꽃이나 새 모티브가 쓰이게 되었습니다. 레이스 패턴은 집과 마을을 거쳐 전해지면서 모방되는 한편, 제작자가 독자적인 무늬를 더해가며 발전해 갔습니다. 그러나 20세기에 들어 공장에서 레이스를 생산할 수 있게 되자, 손도 많이 가고 시간도 오래 걸리는 세토 레이스는 70년 가까이 잊히게 되었습니다.

티이우는 잊혔던 세토 레이스를 생활 속으로 되살리고 전통을 이어가기 위해 1994년부터 '세토 레이스 데이'라는 경연 대회를 열어왔습니다. 회를 거듭하며 새로운 참가자와 참신한 작품들이 등장하고 있습니다.

넷째 날에는 주최자 중 한 명인 잉그리트를 만났습니다. 세토 레이스 도안을 보여줘서 한 장 떠보았는데, 2009년에 배웠던 것처럼 가느다란 양모 실 두 가닥과 레이스 바늘을 사용했습니다. 그녀에게 전통 수공예를 어떻게 이어가고 있는지 묻자, 간단한 세토 자수 키트를 보여주며 이 키트를 사용해 아이들을 가르치고 있다고 했습니다. 그녀 자신도 대회에 참가해 세토 레이스로 도미노 카드를 만들어 입상한 경험이 있다고 했습니다. 수상작이 실린 책도 받았는데 수상자 가운데 젊은 사람도 많아 세토 레이스가 여러 사람의 노력으로 젊은 세대에게 이어지고 있음을 알 수 있었습니다.

세토 지방에서는 레이스 실을 구할 수 없었지만, 탈린으로 돌아와서는 찾을 수 있었습니다. 국립 박물관의 상점에도 지난해까지는 볼 수 없었던 세토 레이스 장식 소품들이 진열되어 있었고, 수예점에서도 세토 레이스 책 저자의 작품이 판매되고 있었습니다. 세토 레이스가 에스토니아 전역으로 퍼져가고 있는 듯해 더욱 뜻깊게 느껴진 여행이었습니다.

오른쪽/힙 에이프런에는 세토 자수가 놓여 있다. 왼쪽/고전적인 스타일의 전통 블라우스. 소매가 너무 길어 놀랐다.

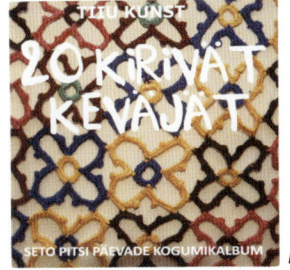

H/마르예가 아들을 위해 손으로 짠 전통 형태의 삼베 바지. I/붉은 실을 넣어 짜는 보빈 레이스는 세토 지방 특유의 기법. J/마르예가 아들의 셔츠에 장식한 세토 레이스. 훌륭한 활용도 예. K/박물관 소장품 중에는 동물무늬를 넣은 작품도 있다. L/직조, 자수, 레이스가 하나로 어우러진 고급스러운 작품. M/세토 레이스 콘테스트 수상작을 모은 책. N/전통 수공예에 대한 관심을 높이기 위해 고안된 세토 자수 키트. O/세토 레이스에 쓰이는 극세사 실과, 책을 참고해 완성한 모티브. P/세토 레이스를 색다르게 응용해 만든 도미노 카드.

하야시 고토미(林ことみ)

고치현 출신. 어릴 적부터 손뜨개가 친숙한 환경에서 자랐으며 학생 때 바느질을 독학으로 익혔다. 출산을 계기로 아동복 디자인을 시작해 핸드 크래프트 관련 서적 편집자를 거쳐 현재에 이른다. 니트뿐 아니라 다양한 니들 크래프트에도 관심이 많아 2000년부터는 거의 매년 북유럽을 방문했고, 에스토니아에는 무려 12차례나 다녀왔다. 저서로 《북유럽 스타일 손뜨개》 등을 집필했으며, 에스토니아에서 배운 기법을 담은 니트 소품집 출간을 앞두고 있다(올 12월 출간 예정).

Enjoy Keito

뜨개 시즌이 돌아왔습니다. 새로운 Keito 오리지널 얀, 폭신폭신한 '마리보'를 즐겨보세요.

photograph Hironori Handa styling Masayo Akutsu hair&make-up AKI model Yeva(175cm)

Keito MALIBO
Keito 마리보

베이비 알파카 65%, 나일론 19%, 울 16%, 색상 수/6, 1콘/100g, 실 길이/약 270m, 실 종류/병태, 권장 바늘/대바늘 8~12호
Keito의 새로운 오리지널 얀 마리보는 극세 루프 얀을 합사해 기모 처리한 폭신한 알파카 실입니다. 실을 섞어 완성한 깊이 있는 색감이 메리야스뜨기나 바탕 무늬 같은 심플한 편물에 따뜻한 느낌을 더합니다.

토글 단추로 포인트를 준 리본 머플러

곳곳에 바탕 무늬를 넣은 머플러로, 흰색 토글 단추로 포인트를 주었습니다. 원형뜨기로 무늬를 넣으며 기다란 통 모양을 뜬 뒤, 가장자리를 꿰매 두 겹으로 완성했습니다. 알파카 소재와 도톰한 편물 덕분에 따뜻한 머플러가 완성되지요.

Design/grandma 오쿠무라 아스카
Knitter/스토 데루요
How to make/P.172
Yarn/Keito 마리보
Shirt/하라주쿠 시카고(하라주쿠/진구마에점)

빅 실루엣 카디건

여유 있는 실루엣의 브리오시 카디건은 어떤 스타일에도 잘 어울리는 심플한 아이템이에요. 살짝 긴 소매는 고무단 부분을 접어 스타일링할 수도 있지요. 다섯 가지 사이즈로, 모델은 M사이즈를 착용했습니다.

Design／miu_seyarn
Knitter／스토 데루요
How to make／P.154
Yarn／Keito 마리보

Shirt／SLOW 오모테산도점

I Love Vest!

편하고 귀여운
베스트가 좋아

거추장스럽지 않고 보온 효과도 좋은 최고의 파트너.
뜨개 베스트는 가을 멋내기의 든든한 친구입니다.

photograph Shigeki Nakashima styling Kuniko Okabe, Yuumi Sano
hair&make-up Hitoshi Sakaguchi model Julianne(160cm)

지그재그 교차무늬가 이어지는 역동적인 무늬로 남녀 불문하고 모두에게 사랑받는 베스트. 2가지 색을 합사해 만드는 세련된 컬러는 자기가 좋아하는 색을 조합해서 오리지널리티를 맛볼 수 있습니다. 부드러우면서도 보송한 느낌의 실크실로 만들어 초가을부터 늦봄까지 오랫동안 즐길 수 있어서 더욱 기쁩니다.

Design／오쿠즈미 레이코
Knitter／오우미 요시에
How to make／P.159
Yarn／Silk HASEGAWA 하나쓰무기(花紬)

심플하면서도 크고 작은 꽈배기 무늬를 넣은 베스트는 아름다운 뒷모습을 뽐내기도 하고 앞트임을 즐기기도 하며 앞뒤 양쪽 모두를 활용할 수 있는 2WAY 디자인입니다. 앞뒤판에 같은 무늬를 배치해서 비대칭적인 균형이 멋스럽습니다.

Design／가와이 마유미
Knitter／니시무라 후미코
How to make／P.161
Yarn／Silk HASEGAWA 넘버스, 몽블랑

다리가 길어 보이는 효과로 비율이 좋아 보일 뿐만 아니라 세련된 멋스러움이 있는 크롭탑입니다. 차분한 페어아일 스타일의 배색무늬뜨기 베스트는 기장을 짧게만 떠도 최신 유행 스타일 아이템으로 변신! 빨리 완성할 수 있는 점도 매력 포인트입니다.

Design／하라다 카산드라
How to make／P.162
Yarn／데오리야 모크울(Moku wool) B

4색 배색무늬뜨기 베스트는 남색을 바탕으로 베이직하게 색을 배치했습니다. 앞몸판에만 배색무늬를 떠넣어 입체감 있는 디자인이 코디의 포인트입니다. 어려운 경사뜨기를 하지 않고 만드는 자연스러운 어깨라인에도 주목해 보세요.

Design／바람공방
How to make／P.164
Yarn／데오리야 실크울 코드

I Love Vest!

실 자체가 독특하고 매력적이라. 굵은 바늘로 숭덩숭덩 메리야스뜨기만 하면 돼요. 어려운 테크닉은 전혀 필요 없습니다. 앞·뒤판을 이어서 뜨고 마지막 마무리는 어깨 잇기로 깔끔하게 끝! 콧수도 단수도 소품을 뜰 때보다 적어서 최단시간에 뜰 수 있는 베스트입니다.

Design／퍼피 디자인실
How to make／P.166
Yarn／퍼피 라꼴타(RACCOLTA)

I Love Vest!

편물이 인상적인 극태 슬라브얀 베스트. 큰 사이즈로 뜬 유니섹스 디자인은 좋아하는 사람과 함께 입어도 OK. 몽실몽실한 감촉에 힐링되는 것은 남녀노소 누구나 느끼는 행복이겠지요. 분명히 마음에 쏙 들 겁니다.

Design／퍼피 디자인실
How to make／P.166
Yarn／퍼피 나스체레(Nascere)

사탕처럼 상큼해 보이는 알갱이가 군데군데 들어가 있고 잔털이 긴 모헤어 덕분에 포근하고 부드럽습니다. 오버핏의 넉넉한 사이즈로 몸을 살포시 감싸주는 베스트입니다. 진동둘레는 뜬 채로 두기 때문에 마무리도 간단합니다. 이 작품도 유니섹스 타입입니다.

Design／퍼피 디자인실
How to make／P.165
Yarn／퍼피 카라멜레(Caramelle)

뜨기만 해도 알아서 깔끔한 무늬가 드러나는 실로 뜬 브리오시 베스트입니다. 끌어올려뜨기가 들어가서 색이 드러나는 방식에 다양한 변화가 더해져서 더욱 풍부한 색감을 즐길 수 있습니다. 나중에 떠서 붙이는 주머니 덕분에 실용성도 업!

Design／퍼피 디자인실
How to make／P.174
Yarn／퍼피 룰렛(Roulette)

I Love Vest!

삶을 물들이는 이벤트용 니트

곰 가족의 겨울잠 준비

이벤트용 니트에서는 이번 시즌에도 인형을 소개합니다.
가을의 주인공은 겨울잠 잘 준비를 위해 산과 강의 풍요로운 먹거리로 한창 영양 보충을 하는 중입니다.

photograph Toshikatsu Watanabe styling Akiko Suzuki

엄마곰과 아기곰

곰은 한 번에 두세 마리의 새끼를 낳는데 아빠는 육아에 일절 관여하지 않아요. 아기곰은 온전히 엄마의 품 안에서 사랑을 듬뿍 받으며 쑥쑥 자라나요.

Design／마쓰모토 가오루
How to make／P.169
Yarn／하마나카 아메리, 하마나카 순모 중세

산과 강의 풍요로운 먹거리

잡식성인 곰은 커다란 몸집에 어울리지 않게 풀과 나무 열매, 곤충이 주식이에요. 가을에는 맛있는 나무 열매를 배불리 먹으며 월동 준비를 하지요.

Design／마쓰모토 가오루
How to make／P.169
Yarn／하마나카 하마나카 순모 중세, 피콜로

둥글둥글 둥근 모양의 네 다리로 뚜벅뚜벅 걷는 모습이 사랑스러워서 인형이나 캐릭터 모티브로 많이 사용되는 곰. 겨울잠에 들기 전에는 몸무게를 평소보다 무려 2배 이상 늘리는 곰도 있다고 하네요. 짧은뜨기로만 뜨는데 몸통은 먼저 배와 다리를 뜨서 꿰맨 후에 각 부분에서 코를 주워서 위로 둥글게 떠올라갑니다. 호기심 가득한 눈초리로 이쪽을 쳐다보는 아기곰의 갸우뚱한 머리는 만드는 사람의 센스가 엿보이는 부분이랍니다. 섬세한 솜씨가 빛나는 감과 도토리, 잘 익은 으름나무 열매, 그리고 연어. 작지만 사실성이 돋보이며 귀여운 작품에서 디자이너의 탁월한 감각이 느껴집니다. 거실에 장식해놓고 감상하고 싶을 만큼 멋지며, 마치 홋카이도 명물 '연어를 물고 있는 곰 조각'처럼 엄마곰과 연어의 모습이 마음을 평안하게 합니다.

Love Colors!

색을 즐기는 니트&크로셰

아름다운 색깔, 마음에 드는 컬러를 몸에 두르기만 해도 기분은 업! 업!
행복한 하루 보내세요!

photograph Shigeki Nakashima styling Kuniko Okabe, Yuumi Sano
hair&make-up Hitoshi Sakaguchi model Julianne(160cm)

여러 색이 섞인 실로 뜨는 오버 사이즈 디자인. 15호 바늘로 숭덩숭덩 비침무늬를 뜨고 소맷부리는 1코 고무뜨기로 꽉 조여서 만드는 트렌디한 디자인은 어떤 체형이나 하의에도 잘 어울려서 맨투맨 티셔츠처럼 부담 없이 즐길 수 있는 아이템이에요. 세심하게 고려한 슬릿 위치 덕분에 밑단이 부해 보이지 않고 깔끔한 실루엣을 연출합니다.

Design／yohnKa
How to make／P.173
Yarn／스키얀 로톤

붉은 빛이 강한 분홍색을 골라서 실버 그레이와 투톤으로 떴습니다. 귀여움을 절제한 색감으로 어른도 소화할 수 있는 배색의 보더 니트가 됐습니다. 드문드문 들어간 V자 모양의 걸쳐뜨기가 인상적인 포인트 무늬는 단색인 부분에도 배치해서 보더 부분과는 다른 즐거움을 선사해줍니다. 모자로도 사용할 수 있는 2WAY 스누드와 함께 코디하면 마치 터틀넥처럼 즐길 수 있습니다.

Design／오카다 사오리
Knitter／아틀리에 사이
How to make／P.167
Yarn／스키얀 캐롤

선명한 파란색 모눈뜨기에 꽃 모티브가 피어 있어서 여성스러움과 시크함을 두루 갖춘 풀오버입니다. 볼록한 벌룬 소매의 매력적인 실루엣도 근사합니다. 네모나게 배치한 팝콘뜨기가 마치 꽃봉오리처럼 보이는데 꽃이 만개한 입체 모티브와의 조화가 절묘합니다.

Design／오타키 리호코
How to make／P.186
Yarn／올림푸스 SILK&WOOL

세드나의
떡갈나무 카디건

한국적인 디자인에 대해 고민하며 뜨개로 재해석하는 세드나의 신작입니다.
한복의 랩 형태에서 영감을 얻어 디자인한 떡갈나무 카디건입니다.
멋스러운 떡갈나무 잎과 도토리 패턴이 가을의 정취와 어울립니다.

도안 디자인 : 세드나 / 촬영 : 김신정 / 사진 제공 : 세드나(56p 상단, 57p 오른쪽 상단, 왼쪽 하단)

스틱 기법을 사용한 배색무늬 카디건입니다. 한복에서 깃을 생략한 형태의 요크 작품으로 목부터 떠 내려가는 톱다운 방식을 사용합니다. 아이코드 끈이 여러 개 달려 있어 무드에 따라 다양하게 연출할 수 있습니다.

Design／세드나
How to make／P.212
Yarn／홀스트간 슈퍼소프트

초극태 실을 활용해 심플한 무늬를 떠봤어요. 두툼하게 완성되어 베스트로도 충분히 따뜻합니다. 서술형 패턴은 평면뜨기와 원통뜨기의 교체도 알기 쉬워 고민 없이 뜰 수 있어요.

Design／니시무라 도모코
Knitter／무로 아키코
How to make／P.191
Yarn／말라브리고 청키

Skirt／하라주쿠 시카고(하라주쿠/진구마에점)

Let's Knit in English! 번외편

서술형 패턴으로 뜨는 옷

'영어로 뜨자!'의 연재에서 파생한 서술형 패턴으로 뜨는 옷을 소개합니다. 도안도 실었으니 안심하세요.

photograph Hironori Handa styling Masayo Akutsu
hair&make-up AKI model Yeva(175cm)

단순한 편물과 무늬뜨기의 조합으로 말라브리고의 아름다운 염색을 효과적으로 살렸습니다. 컬러가 다양해서 취향껏 어레인지하기 좋습니다. 서술형 패턴은 쓰여 있는 대로 뜨면 되니 편물의 겉면과 안면을 신경 쓰지 않고 술술 뜰 수 있어요.

Design／니시무라 도모코
Knitter／NORIKO
How to make／P.175
Yarn／말라브리고 리오스
Pants／SLOW 오모테산도점

Color Palette
다채로운 양말

삭 니터가 아니라도 솔깃한 손뜨개 양말.
같은 무늬를 사용한 발 아이템 뜨개를 즐겨보아요!

photograph Shigeki Nakashima styling Kuniko Okabe, Yuumi Sano
hair&make-up Hitoshi Sakaguchi model Julianne(Shoes 24cm)

Light Beige&Canary Yellow
본체에 교차뜨기와 바늘비우기를 조합하고, 포인트로 배색을 넣은 바이 컬러 양말. 발끝과 발뒤꿈치를 나중에 뜨기 때문에 구멍이 뚫리면 수선할 수도 있답니다.

Design／오카 마리코
Knitter／아사이 에리코
How to make／P.178
Yarn／올림푸스 시젠노쓰무기 SEN

Pink
곧게 뜨는 발목 부분은 무늬뜨기 수를 바꾸기만 해도 원하는 길이로 쉽게 조절할 수 있습니다. 인상적인 핑크 양말은 보통 길이로.

Off-white
만능 컬러 오프화이트는 짧은 길이로. 프릴 형태로 뜬 깜찍한 사슬뜨기 테두리가 발목을 조이지 않아서 쾌적하게 신을 수 있어요.

Lime, Powder Blue&Baby Pink
큐트한 파스텔컬러는 3색 보더 레그 워머로. 따뜻할 뿐 아니라 통굽 신발과 매치해도 예뻐요.

Light Grey&Powder Blue
시크한 배색의 바이 컬러로 뜨는 고리형 레그워머. 방에서 쉴 때 착용해도 좋고, 스커트와 매치하는 것도 올가을 트렌드랍니다.

Yarn Catalogue

가을·겨울 실 연구

인상적인 색상의 실로 풍성한 이번 시즌.
소재 선택에 고심한 흔적이 역력한 매력 넘치는 실을 소개하겠습니다.

photograph Toshikatsu Watanabe styling Akiko Suzuki

로톤
스키 얀

슈퍼 워시 메리노 울 100%를 사용해서 푹신푹신한 스트레이트 얀입니다. 전체적으로 부드러운 느낌의 그러데이션 염색에 중간중간에 불규칙적으로 보이는 점점이 프린트가 물방울처럼 눈에 띄며 다양한 느낌을 만들어냅니다. 초극태 타입으로 숭덩숭덩 뜰 수 있습니다.

Data
울(슈퍼 워시 메리노) 100%, 색상 수/6, 1볼/50g·약 73m, 실 종류/초극태, 권장 바늘/13~15호(대바늘)·10/0호~7㎜(코바늘)

Designer's Voice
스페클 염색처럼 들어간 방울방울과 다양한 색이 섞여 있는 귀여운 실이에요. 부드럽고 가벼워서 뜨개하는 손이 절로 움직이더군요.(yohnKa)

캐롤
스키 얀

나일론 실과 컬러 라메 릴리 얀을 엑스트라 파인 메리노의 잔털로 감싼 실입니다. 보기보다 굵은 바늘로 포근하게 뜨는 것을 추천합니다. 이탈리아 실다운 컬러 구성을 즐겨보세요.

Data
울(엑스트라 파인 메리노) 42%, 나일론 41%, 폴리에스테르 17%, 색상 수/7, 1볼/50g·약 203m, 실 종류/병태, 권장 바늘/8~10호(대바늘)·7/0호~8/0호(코바늘)

Designer's Voice
뜨기도 쉽고 촉감도 좋아서 슥슥 뜰 수 있었어요. 바늘이 매끄럽게 움직여서 초급자부터 상급자까지 즐길 수 있을 거예요. 우아한 느낌의 라메가 매력적이에요.(오카다 사오리)

다이아 푸레
다이아몬드 케이토

여러 색깔의 롱 그러데이션으로 굵은 실과 짧은 실을 만들어서 2가닥을 합사해서 실에 입체감이 더해지면서 폭신폭신한 편물이 완성됩니다. 계속해서 다른 믹스 컬러가 나와서 뜰수록 즐거워지는 실입니다. 부드러운 울을 100% 넣어서 따스함을 온전히 느낄 수 있으며 착용감도 좋은 작품이 됩니다.

Data
울 100%, 색상 수/8 1볼/30g ·약 93m, 실 종류/병태, 권장 바늘/6~7호(대바늘)·5/0호~7/0호(코바늘)

Designer's Voice
꼬임이 느슨해서 굉장히 뜨기 쉽고 부드러우면서도 적절하게 힘이 있어서 편물이 깔끔하게 정돈돼요. 채도를 맞춘 멀티 컬러를 단색과 합사해서 디자인하면 더욱 코디하기도 좋을 것 같아요.(다마무라 리에코)

다이아 루카
다이아몬드 케이토

볼륨감 있는 울을 그물로 감싼듯한 질감에 롱피치 변형 그러데이션 염색을 해서 느슨한 릴리안을 완성했습니다. 보더나 숏 믹스 같은 작품을 만들면서 나타나는 색 변화가 개성 넘칩니다. 안쪽에서 스며 나오는 울의 부드러움과 바깥쪽 릴리안의 드라이한 느낌을 모두 갖춘 독특한 촉감이 특징입니다.

Data
울 58%, 아크릴 42%, 색상 수/8 1볼/30g ·약 96m, 실 종류/병태, 권장 바늘/6~7호(대바늘)·5/0호~6/0호(코바늘)

Designer's Voice
예상치 못한 색 변화에 뜨개도 즐겁고 색도 정말 아름다워요. 실이 갈라지지 않도록 한 땀 한 땀 정성스럽게 뜨는 것이 더 좋아요.(다케다 아쓰코)

알파니카
하마나카

베이비 알파카의 녹아내릴 듯한 부드러움을 살린 최고의 촉감입니다. 느슨한 꼬임의 알카파와 울을 릴리얀으로 만들어서 가볍고 따스합니다. 솜 상태에서 염색해서 섬유를 블렌딩해 깊이 있고 우아한 색감이 멋집니다.

Data
알파카(베이비 알파카) 50%, 울 50%, 색상 수/10 1볼/30g ·약 140m, 실 종류／병태, 권장 바늘／7~8호(대바늘)·6/0호(코바늘)

Designer's Voice
뜨개할 때 부드러워서 굉장히 뜨기 편한 실이었어요. 완성한 작품도 무척 가벼워서 깜짝 놀랐어요.(시바타 준)

바카라·크로셰
리치모어

스테디셀러인 바카라 에포크보다 가는 타입으로 보습성이 있는 울·알파카 혼방실에 그러데이션 효과가 있는 모헤어를 합사했습니다. 모헤어의 잔털이 편물 표면을 둘러싸고 있어 보풀이 잘 생기지 않습니다. 미켈란젤로의 프레스코화에서 영감을 받아서 만든 복잡한 색의 그러데이션입니다.

Data
울 36%, 알파카 36%, 모헤어 17%, 나일론 11%, 색상 수/8 1볼/40g ·약 168m, 실 종류／합태, 권장 바늘／4~5호(대바늘)·4/0호(코바늘)

Designer's Voice
기존의 바카라 시리즈 제품보다 더욱 가늘어서 대바늘로도 코바늘로도 뜰 수 있어요. 가볍고 활용 범위도 넓은 데다가 실이 잘 갈라지지 않아서 뜨기 편한 실이에요.(오카모토 게이코)

 **리오스**
말라브리고

말라브리고의 인기 상품 중 하나로 색상 종류가 가장 많습니다. 최상급 메리노울로 촉감이 굉장히 부드럽습니다. 보풀이 잘 생기지 않고 뜨개코도 가지런하게 나오는 뛰어난 실입니다.

Data
울(슈퍼 워시 메리노) 100%, 색상 수/121 1타래/100g · 약 192m, 실 종류/병태, 권장 바늘/7~9호(대바늘) · 7/0호~/0호(코바늘)

Designer's Voice
부드럽고 뜨기 쉬운 굵기의 실이에요. 손염색 실이 지닌 풍부한 색감으로 단색에 가까운 것부터 그러데이션이 뚜렷한 것까지 다양해서 무늬에 맞춰 좋아하는 색을 고르는 재미도 즐길 수 있어요. (니시무라 도모코)

청키
말라브리고

부드럽고 볼륨이 있으며 폭신한 극태사입니다. 숭덩숭덩 떠서 완성이 빠르고 초보자가 뜨기에도 좋습니다. 풍성한 꽈배기 무늬나 대담한 텍스처에 적합합니다.

Data
울(메리노) 100%, 색상 수/59 1타래/100g · 약 96m, 실 종류/극태, 권장 바늘/12호~8mm(대바늘) · 6.5mm~9mm(코바늘)

Designer's Voice
꼬임이 느슨하고 부드러운 실로 손염색만이 연출할 수 있는 색 전개가 흥미진진했어요. 초극태사라서 쫀쫀하게 뜨는 것보다는 느슨하고 폭신폭신하게 완성하는 편이 좋답니다. (니시무라 도모코)

Mouche & friends
대바늘 동물 친구들

머리부터 발까지 잇기 없이 한 번에 뜨는
매력적인 동물 인형 친구들과 옷 & 소품

친절한 서술형 설명을 따라 뜨다 보면
대바늘 인형 뜨기가 처음이라도 누구나
근사한 동물 친구를 완성할 수 있어요!

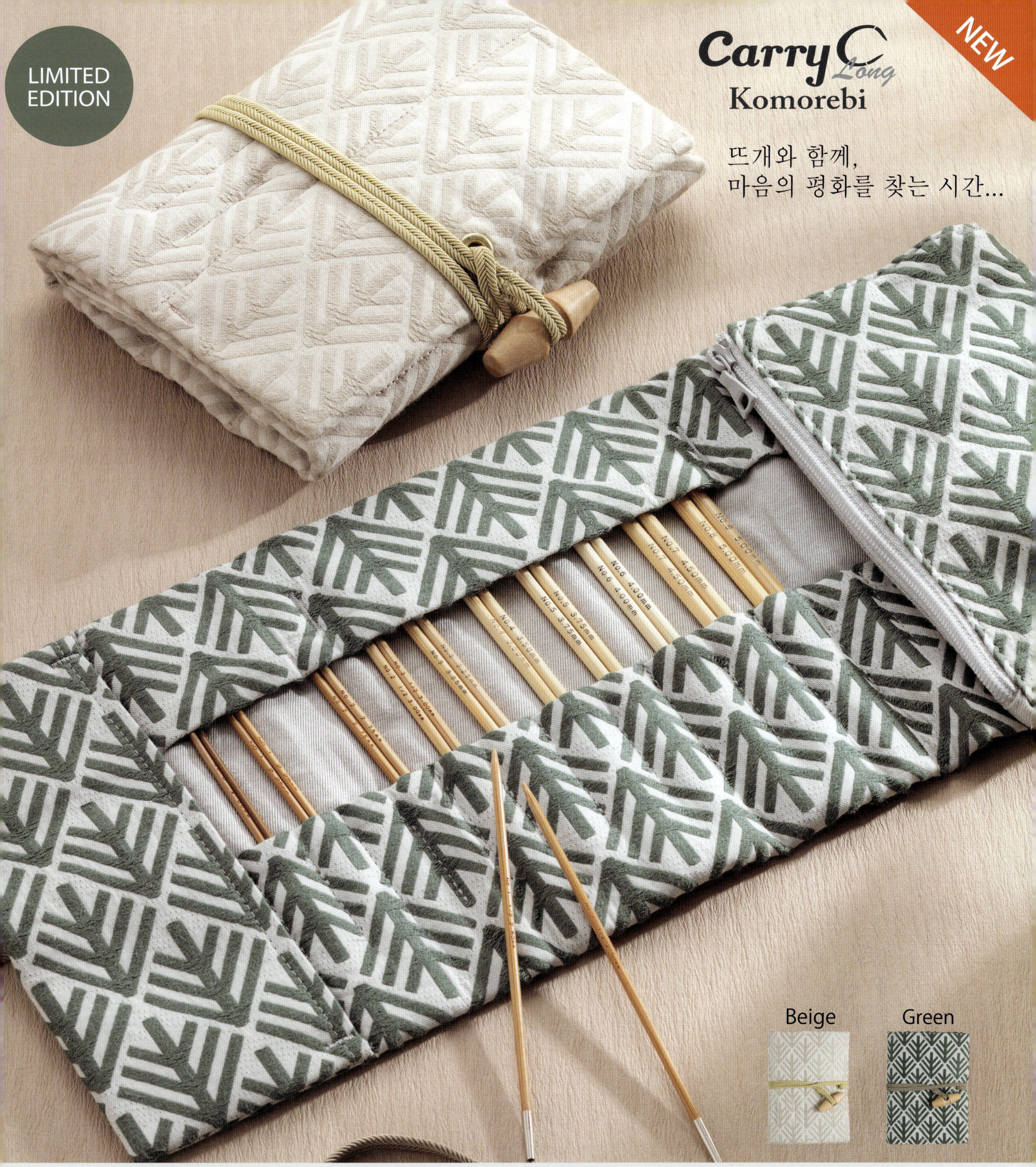
LIMITED EDITION
Carry C Long
Komorebi
NEW
뜨개와 함께,
마음의 평화를 찾는 시간...
Beige
Green

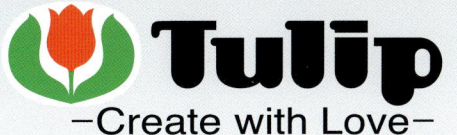

크리스마스 트리에 빠질 수 없는 종 모양 오너먼트입니다. 사슬뜨기로 만든 방울심으로 고리까지 만들어 나뭇가지에 걸기도 편합니다. 여러 개 만들어 크리스마스 트리에 주렁주렁 걸어보세요.

Design／삐영이네
How to make／P.216
Yarn／해피코튼

꼭대기에 달린 별이 포인트인 트리 옷을 입은 곰돌이입니다. 빼꼼 나온 앙증맞은 얼굴이 굉장히 귀엽지요. 트리에 올려도, 책상에 두어도 크리스마스 분위기 완성입니다.

Design／삐영이네
How to make／P.217
Yarn／로미오, 해피코튼

KEITODAMA EXPRESS Yarn World

신여성의 수예 세계로 타임슬립!
팔꿈치 패드(아프간뜨기)

아프간뜨기 팔꿈치 패드 재현

2025년 여름호에서 뜨개 필수 아이템 '팔꿈치 패드'를 소개했습니다. 이번 호에서는 아프간뜨기로 만든 어른용 팔꿈치 패드를 다룹니다. 메이지 시대(1868~1912)에 이미 아프간뜨기 기법을 도입했다니, 뜨개를 향한 신여성들의 열정에 놀라울 따름입니다.

1891년 런던, 뉴욕에서 출판된《THE ART OF CROCHETING》에는 이미 아프간뜨기가 실려 있었습니다. 1901년에 여자 고등 교사 양성학교의 모리모토 요시코 강사가 교과서에 아프간뜨기로 만드는 6장 잇기 팔꿈치 패드를 실으면서 일본의 신여성은 아프간뜨기에 눈을 떴습니다. 그리고 1910년에는 니트 작가 이시이 도미코가《소녀세계》에서 뜨기 쉽도록 콧수를 줄인 8장 잇기 팔꿈치 패드를 발표했습니다.

이 6~8장 잇기 기법은 일본의 방석 모양을 한 주머니 공과 비슷합니다. 모티브를 뜨면서 이어서 방석 모양으로 만든 것입니다. 일본 고유의 디자인이라고 볼 수 있겠지요.

아프간뜨기는 대자리뜨기나 다다미뜨기로 불렸는데 이 팔꿈치 패드는 몽글몽글(피코뜨기)한 구슬을 떴습니다. 왜 구슬을 떴을까요? 사실 일본 신여성에게 구슬 모양은 익숙했답니다. 이는 일본 자수의 사가라누이라는 기법으로 프랑스 자수의 프렌치노트 스티치와 같은 기법입니다. 사가라누이로 빽빽하게 채운 무늬의 담뱃갑, 칼 손잡이, 허리띠가 있을 정도로 생활 속에 깊숙이 녹아 있으며 익숙한 무늬였습니다. 일부러 아프간뜨기로 디자인할 때 피코뜨기를 많이 넣으려고 도전했겠지요.

아프간뜨기 팔꿈치 패드의 크기는 현재 미니쿠션 정도입니다. 지난 호에 소개한《소녀 구락부》에 실린 팔꿈치 패드의 크기와 비교하면 상당히 큽니다. 재현하려고 뜨다 보니 처음에는 틀린 것이 아닐까 싶을 정도로 컸습니다. 큼지막한 팔꿈치 패드를 보고 있자니 신여성이 자녀를 위해서 뜨개하는 모습이 눈앞에 펼쳐졌습니다. 한편, 당시에는 뜨개를 생업으로 삼았다는 사실을 잊으면 안 됩니다. 병환, 사고, 전쟁으로 집안의 가장을 잃은 가족의 생계를 책임지기 위해 뜨개를 했습니다. 오랫동안 뜨개를 일로 하면서 팔꿈치의 아픔을 견디려면 팔꿈치 패드가 커야 했을 겁니다. 신여성의 의욕적인 뜨개 생활이 그대로 전해져서 감격스럽기도 했습니다.

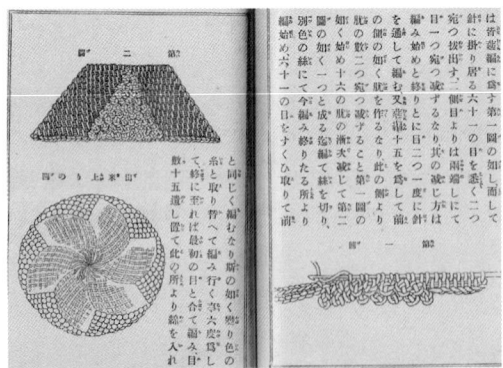

모리모토 요시코가 쓴 팔꿈치 패드 뜨는 법

모리모토 요시코의《가정편물 전서》(1906년)

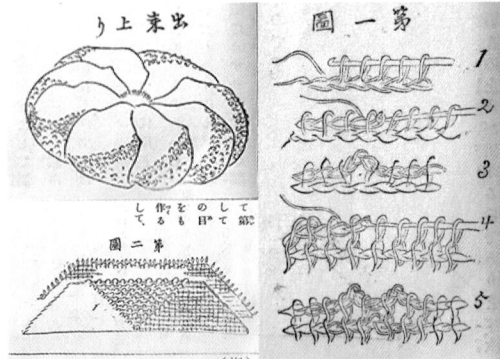

이시이 도미코가 만든 팔꿈치 패드와 아프간뜨기 뜨는 법

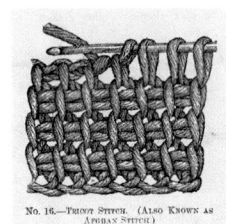

이시이 도미코의《속 편물 지침서》(1912년)

기타가와 게이(北側ケイ)

일본 근대 서양 기예사 연구가. 일본 근대 수예가의 기술력과 열정에 매료되어 연구에 매진하고 있다. 공익재단법인 일본 수예 보급협회 레이스 사범. 일반사단법인 이로도리 레이스 자료실 대표. 유자와야 예술학원 가마타교·우라와교 레이스 뜨기 강사. 이로도리 레이스 자료실을 가나가와현 유가와라에서 운영하고 있다.

http://blog.livedoor.jp/keikeidaredemo

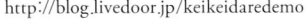

《THE ART OF CROCHETING》(1891년)

Yarn World

KEITODAMA EXPRESS

역시 궁금하다! 뜨개의 수수께끼
손뜨개 책의 미싱 링크

여기에서는 '뜨개질과 관련된 의문점이나 궁금증, 수수께끼 등을 깔끔하게 해결!'하면 좋겠지만 그것을 최종 목표로 삼지는 않고 푸념을 담아 여러분과 공유해버리자는 컨셉이니 미리 양해 부탁드립니다.

이번에는 손뜨개 책에 나오는 미싱 링크에 관해서 이야기해보겠습니다. 낯선 단어일 수 있는데 주로 생물의 진화, 진화론에서 사용되는 표현입니다. 미싱 링크(Missing link)란 생물이 진화하는 과정을 쭈욱 이어진 사슬이라고 봤을 때, 연속성이 결여된 부분(틈)을 가리킵니다. 구멍이 뻥 뚫린 부분이라고 여기면 좋을 것 같습니다. 네, 맞습니다. 손뜨개 책에도 미싱 링크가 있답니다.

손뜨개 책은 대부분 실용서로, 뜨는 방법이 실립니다. 그러나 지면이나 비용 문제로 모든 과정을 싣기 어렵습니다. 그래서 편집자가 가진 기술과 경험을 쏟아부어서 게재 정보를 취사선택합니다. 이때의 고뇌와 노력도 알아주시면 참 감사할 것 같습니다.

책에는 뜨는 법이 쭉 나열된 사진과 해설, 일러스트들이 등장하지요. 그런데 사진과 사진 사이, 그림과 그림 사이에 쏙 빠진 부분은 어떻게 움직여야 하는지 어떤 상태인지 궁금할 때가 있지 않습니까? 물론 제 이해력이 부족하다는 것도 압니다. 이럴 때는 사진이나 그림과 아래에 있는 설명문이 미묘하게 어긋나서 혼란스러울 수도 있는데요. 저와 같은 감각을 지닌 분이라면 지금 보고 있는 그림에 연연하지 말고 앞의 그림에도 눈을 돌려보기 바랍니다.

하나 더, 뜨는 법을 설명하는 글이나 기호 도안도 꼼꼼하게 살펴봅니다. 담당 편집자가 머리털 빠지게 고민하면서 가장 적합하다고 여기는 설명문을 만들어내지만 바늘 잡는 법이나 마무리하는 법 같은 기본적인 정보가 부족한 경향이 있습니다. 이유는 앞에서 언급한 대로지만, 뜨개 경력이 아무리 길어도 모르는 것이 있지 않습니까(개인적인 미싱 링크)? 이때는 기본서를 읽거나 공방에 찾아가도 되지만 정답인지 오답인지는 차치하고 인터넷 동영상을 참고하는 것도 좋은 방법입니다.

이 미싱 링크의 존재는 앞으로 손뜨개 책을 볼 때 핵심 포인트이자 리얼리티의 중요성, 동영상의 필요성을 다시 한번 느끼게 해줍니다. 물론 책에서만 할 수 있는 표현과 책만이 지닌 매력도 많으니 상호 보완해가는 것이 중요하겠지요. 여러분이 갖고 있는 뜨개의 미싱 링크는 무엇인가요?

개인적인 미싱 링크의 대표적인 예
'2코 고무뜨기 코막음(양쪽 가장자리가 2코일 때)'

> 몇 번이고 찾아보게 만드는 난관, 2코 고무뜨기 코막음. 지금 손에 있는 편물의 상황과 다를 때도 있어서, 코를 주울 때 바늘 넣는 법을 이해하는 데 굉장히 고생했어요.

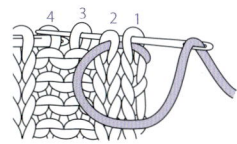 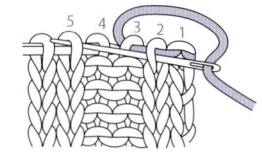

1 그림처럼 1과 2 코에 바늘을 넣은 후에 바늘을 다시 1의 코에 넣고 3의 코의 안쪽에서 바깥쪽으로 꺼낸다.

2 겉뜨기끼리, 2의 코의 안쪽에서 바늘을 넣어서 5의 코의 바깥쪽에서 안쪽으로 바늘을 꺼낸다.

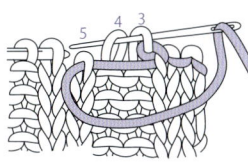 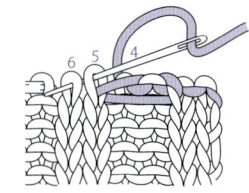

3 안뜨기끼리, 3의 코의 바깥쪽에서 바늘을 넣어서, 4의 코의 안쪽에서 바깥쪽으로 바늘을 꺼낸다.

4 겉뜨기끼리, 5의 코의 안쪽에서 바늘을 넣어서, 6의 코의 바깥쪽에서 안쪽으로 바늘을 꺼낸다.

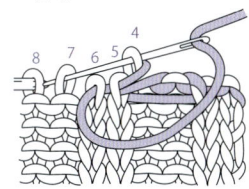 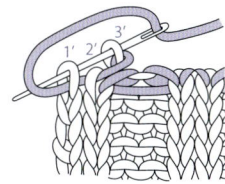

5 안뜨기끼리, 4의 코의 바깥쪽에서 바늘을 넣어서 7의 코의 안쪽에서 바깥쪽으로 바늘을 꺼낸다. 2~5를 반복한다.

6 마지막은 4를 한 다음 그림처럼 넣는다.

> 그림을 보고도 이해가 안 돼서 선생님에게 여러 번 물어보면서 몸에 새겨 넣었던 추억이 새록새록 떠오르는 장면이네요.

[추천하는 기본서]

セーターの編み方ハンドブック
(스웨터 뜨는 법 핸드북)
스웨터 뜨는 법부터 실패하기 쉬운 포인트까지 친절하고 자세하게 설명한다.

새로운 대바늘 손뜨개의 기초
바늘 잡는 법부터 뜨개 기호까지 망라. 단계별로 작품을 뜰 수 있도록 구성했다.

새로운 코바늘 손뜨개의 기초
초심자가 작품을 뜰 수 있을 때까지 보조해주는 스테디셀러 중 하나.

뜨개 요정

손뜨개와 지독한 사랑에 빠진 손뜨개 책 편집자. 인간과 동물에 무한한 뜨개 요정이라는 설정입니다. 비공식&요정의 시선으로 손뜨개의 매력을 집요하게 업로드 중.
X : @nv_amimono Instagram : amimonojapan Web : amimono.me

이제 와 물어보기 애매한!?
뜨개 고민 상담실

실을 가로로 걸치는 배색무늬뜨기

앞에서도 특집으로 다룬 노르딕 스웨터, 어려울 것 같아 뒷걸음질 치고 있진 않나요?
실을 가로로 걸치는 배색무늬뜨기는 포인트를 알면 어려울 것 없습니다.
걸치는 실만 제대로 다룰 수 있으면, 깔끔하게 뜰 수 있어요.

촬영/모리야 노리아키

걸치는 실을 지배하는 자가 배색무늬뜨기를 지배한다!! 급할수록 돌아가는 정신으로 계속 떠나갈 뿐!

이제 와 새삼 고민 해결사

상담
- 배색무늬뜨기가 깔끔하게 떠지지 않아요.
- 편물이 울퉁불퉁해지기 십상이라 뜨기가 망설여집니다.
- 뭔가 요령이 있을까요.

실을 가로로 걸치는 배색무늬뜨기는 가로 방향으로 2색의 실을 바꾸면서 뜨는 방법입니다.
편물의 안면에 뜨지 않는 실을 가로로 걸치는데,
이 실이 울어버리면 편물이 울퉁불퉁해지고 사이즈도 작아집니다.
먼저, 걸치는 실을 알맞은 길이로 떠봅시다!

1 뜨는 법의 기본

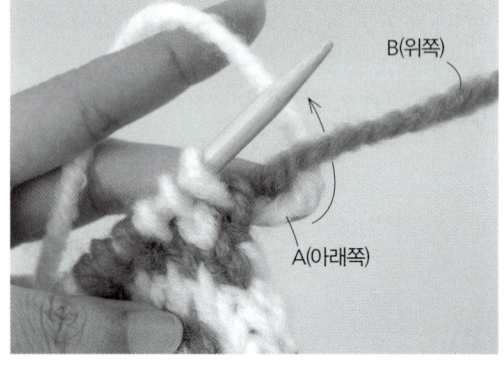

❶먼저 실의 위아래를 정합니다(아래쪽의 실이 무늬가 또렷하게 나옵니다). 뜨개 시작은 1코째를 뜨는 실에 다른 한쪽 실을 감고,

❷첫 코를 뜹니다.

❸B실로 뜰 때는 B실을 A실의 위로 해서 뜹니다.

❹A실로 뜰 때는 B실의 밑에서 걸어 뜹니다.

❺이렇게 항상 정해둔 실의 위아래를 지켜서 뜨면,

❻편물의 안면도 깔끔한 무늬가 나옵니다. 중간에 걸치는 실이 바뀌거나 엉키지 않게 하는 것이 요령입니다.

2 실 걸치는 요령

❶실을 바꿀 때, 뒤쪽에 걸치는 실은 편물의 폭에 맞춰서 확보해둡니다.

❷B실로 1코 떴으면, 오른바늘의 코를 조금 넓힙니다. 이렇게 하면 방금 뜬 코의 실은 아직 움직이므로, 걸친 실의 길이를 조정할 수 있습니다.

❸편물이 울면 넓히고, 걸치는 실이 남으면 알맞을 때까지 실을 당깁니다.

❹다음 코를 뜨면 이 걸치는 실은 움직이지 않습니다. 편물의 폭에 맞춰 걸치는 실을 알맞게 확보하면, 지나치게 느슨하거나 빡빡해지는 것을 막을 수 있습니다.

❺원형뜨기를 할 때도 같은 요령으로 걸치는 실을 확보하면서 뜨면 잘 울지 않지만, 일반적으로 뜨면 걸치는 실이 안쪽 둘레에서 짧아지기 쉽습니다.

❻그럴 때는 편물의 안면을 겉면으로 해서 뜨면 걸치는 실이 바깥 둘레가 되므로 더 잘 울지 않습니다.

있으면 편리한 도구

크로바 얀 가이드 〈S〉, 〈L〉
배색무늬뜨기를 뜰 때 편리한 도구도 있습니다. 얀 가이드는 손가락에 실의 위치를 고정할 수 있는 훌륭한 아이템! A실과 B실을 장력을 주는 손가락으로 고정할 수 있으니, 실을 다루는 고민도 해결됩니다.

POINT

걸치는 실이 짧으면
편물은 가로 방향으로 빡빡해진 상태가 됩니다. 뜨개코 자체는 바늘의 굵기에 맞는 크기로 떠도, 걸치는 실이 짧으면 편물 전체가 작아져버립니다.

걸치는 실이 길면
뜨개코가 느슨해지거나, 착용할 때 걸치는 실이 걸리기 쉽습니다. 빡빡해질까 봐 지나치게 길게 걸치지 않도록 조심합시다.

루나 헤브리의 꽃 소식
22 page ★★★

콜도넷 스페셜 no.80

콜도넷 스페셜 no.60

재료
실…DMC 콜도넷 스페셜 no.80 흰색(BLANC), 콜도넷 스페셜 no.60 흰색(BLANC)
부자재…꽃철사(지철사) #35, 액체 염료(Roapas Rosti) 사용하는 색은 도안 표를 참고하세요. 경화액 스프레이(Neo Rcir), 수예용 솜, 수예용 접착제, 볼비즈 작은 사이즈(빨간색) 249개, 체인(30cm) 2개, O링 2개, 마감재 1세트.

도구
레이스 바늘 14호, 12호

완성 크기
도안 참고

POINT
● 도안을 참고해서 각 파트를 뜹니다. 지정한 색으로 물들이고, 모양을 잡아서 경화 스프레이를 뿌립니다. 마무리하는 법을 참고해서 완성하세요.

염료와 사용색

	사용색
열매 A, 열매 B, C(바깥쪽)	노란색, 빨간색, 검은색
열매 B, C(안쪽)	빨간색
꽃	빨간색, 노란색
꽃가루	노란색
이파리	초록색, 노란색
토대	올리브 그린

※지정하지 않은 것은 모두 콜도넷 스페셜 no.80, 레이스 바늘 14호로 뜬다.

열매 A
3개

열매 A 마무리하는 법

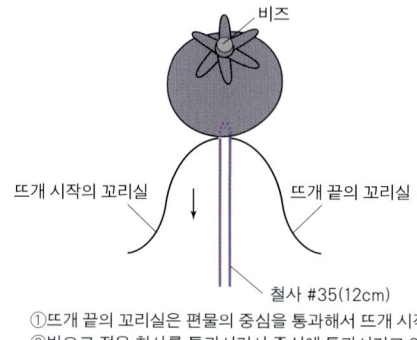

①뜨개 끝의 꼬리실은 편물의 중심을 통과해서 뜨개 시작 쪽으로 나오게 한다.
②반으로 접은 철사를 통과시키고 안에 솜을 채운다.
③중심에 접착제로 비즈를 1개 단다.
④철사에 접착제를 바르면서 남은 꼬리실을 감는다.

열매 A 콧수표

단	콧수	
12단	6코	(−6코)
11단	12코	(−6코)
10단	18코	(−6코)
9단	24코	(−6코)
6~8단	30코	
5단	30코	(+6코)
4단	24코	(+6코)
3단	18코	(+6코)
2단	12코	(+6코)
1단	6코	

열매 B(안쪽)
4개 레이스 바늘 12호
콜도넷 스페셜 no.60

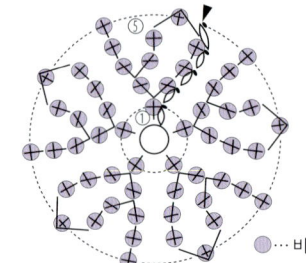

…비즈

※뜨기 전에 비즈 55개를 실에 꿰어 놓는다.
※안쪽을 겉면으로 사용한다.

열매 B(바깥쪽)
8장

열매 B(안쪽) 콧수표

단	콧수	
5단	10코	(−5코)
4단	15코	
3단	15코	(+5코)
2단	10코	(+5코)
1단	5코	

열매 B(바깥쪽) 콧수표

단	콧수	
5~6단	24코	
4단	24코	(+6코)
3단	18코	(+6코)
2단	12코	(+6코)
1단	6코	

열매 B 마무리하는 법

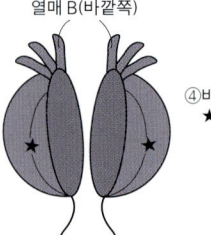

철사 #35 (12cm)

열매 B(안쪽)
열매 B(바깥쪽)

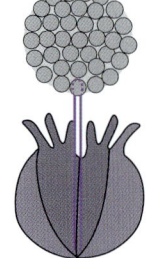

①반으로 접은 철사를 안쪽에 뜨개 끝 쪽부터 가운데에 넣는다.
②뜨개 끝의 코에 실을 통과시켜서 조인다.
③남은 꼬리실을 돗바늘에 끼워서 열매 중심을 여러 번 통과시킨 후에 자른다.
④바깥쪽 2장의 안면을 맞대어 겹치고 ★끼리 감아 잇기한다.
⑤안쪽의 철사를 ④에서 감아 잇기한 바늘땀에 통과시킨다.
⑥안쪽의 열매를 봉오리에 채워 넣고 철사에 접착제를 바르면서 남은 꼬리실을 감는다.

꽃 5장

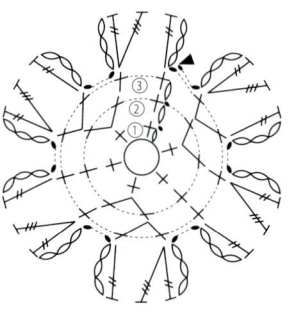

▶ = 실 자르기

꽃 마무리하는 법

잘게 자른 실
꽃
철사 #35(12cm)

반으로 접은 철사를 꽃 중심에 통과시키고, 철사에 접착제를 바르며 실을 감는다
꽃가루는 노란색으로 염색한 실을 경화 스프레이로 굳혀서 가루처럼 보이도록 잘게 자르고, 꽃 가운데에 접착제를 발라서 붙인다

이파리 마무리하는 법

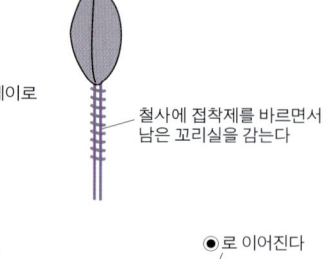

철사에 접착제를 바르면서 남은 꼬리실을 감는다

이파리 28장

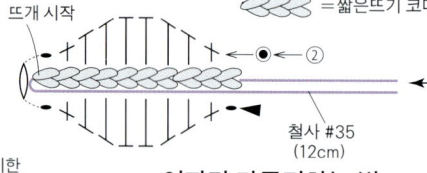

= 짧은뜨기 코머리
뜨개 시작
철사 #35 (12cm)
●로 이어진다
(10코)
철사 #35 (12cm)

이파리 마무리하는 법
①1단…사슬 기초코의 뜨개 매듭에 철사를 통과시키고 철사와 함께 감싸면서 짧은뜨기한다.
②2단…1단 짧은뜨기 코머리의 뒤 반 코를 주워서 뜨고 1단의 뜨개 시작 쪽에서 철사를 접고 1단의 남은 반 코와 함께 감으면서 뜬다.

열매 C 마무리하는 법

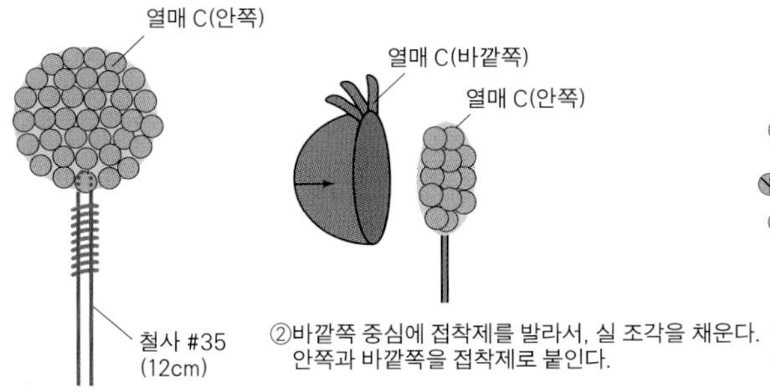

열매 C(안쪽)
열매 C(바깥쪽)
열매 C(안쪽)
철사 #35 (12cm)

① 안쪽에 철사를 통과시켜서 반으로 접고 접착제를 바르면서 남은 꼬리실을 감는다.
② 바깥쪽 중심에 접착제를 발라서, 실 조각을 채운다. 안쪽과 바깥쪽을 접착제로 붙인다.

열매 C(안쪽) 1개
레이스 바늘 12호
콜도네 스페셜 no.60

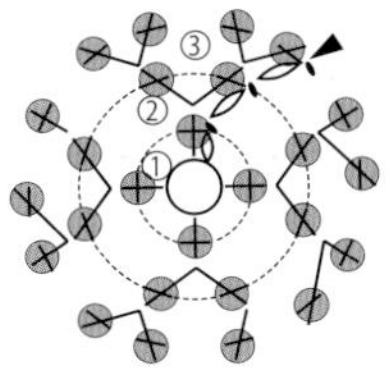

※ 뜨기 전에 실에 비즈 26개를 꿰어 놓는다.
※ 안쪽을 겉면으로 사용한다.

열매 C(안쪽) 콧수표

단	콧수	
3단	14코	(+6코)
2단	8코	(+4코)
1단	4코	

열매 C(바깥쪽) 1장

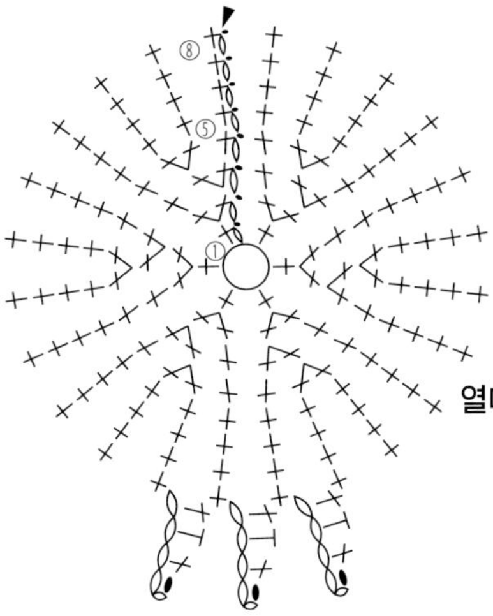

열매 C(바깥쪽)의 콧수표

단	콧수	
5~7단	24코	
4단	24코	(+6코)
3단	18코	(+6코)
2단	12코	(+6코)
1단	6코	

마무리하는 법

① 꽃, 열매, 이파리는 도안을 참고하면서 ❶~⓯ 의 각 파트를 하나로 모은다.

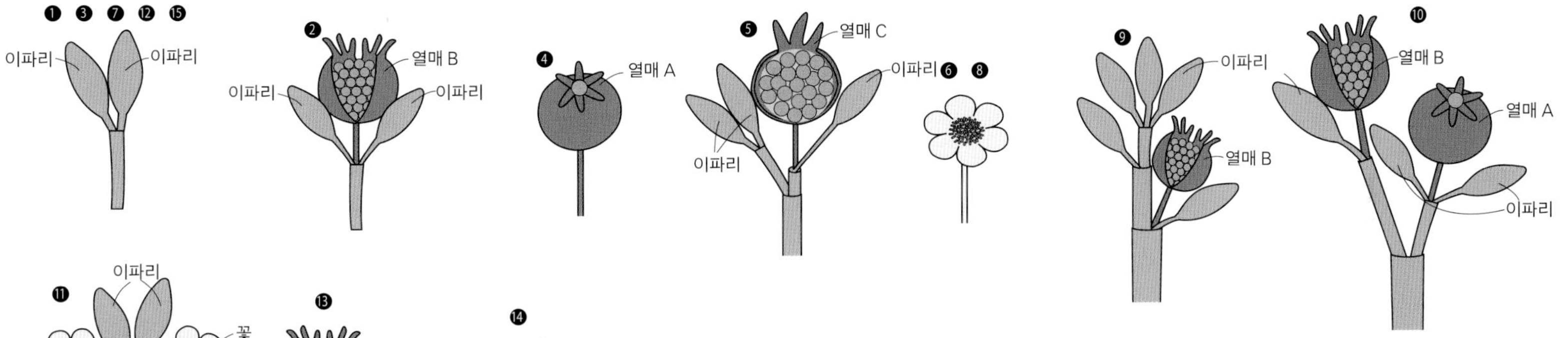

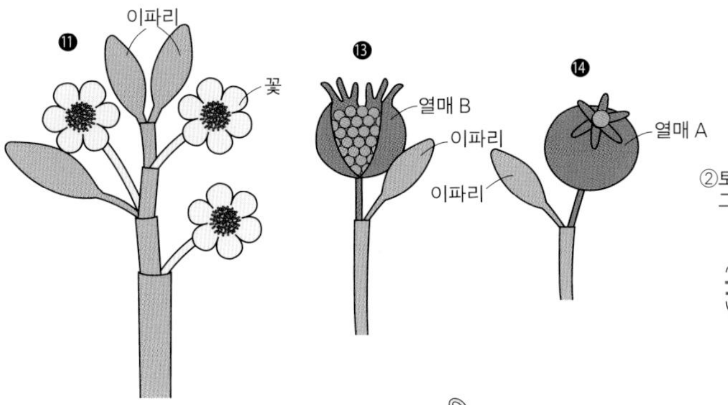

② 토대는 철사를 반으로 잘라서 2가닥을 함께 그림처럼 접착제를 바르면서 실을 감는다.

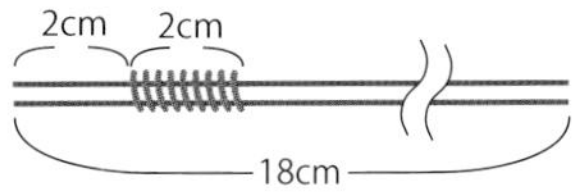

③ ②에서 실을 감은 부분을 접어서 철사 4가닥에 접착제를 바르면서 실을 감아 고리를 만든다.

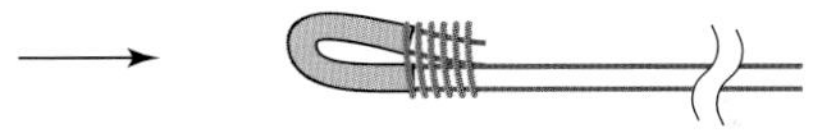

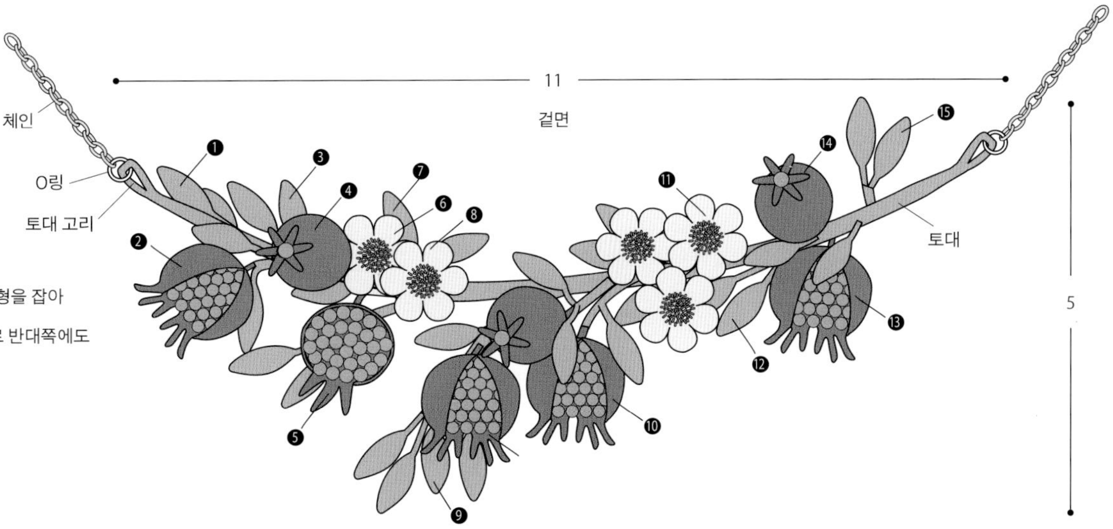

④ ①에서 마무리한 파트를 ❶부터 순서대로 균형을 잡아 배치하면서 실을 감아 토대와 연결한다.
⑤ 토대의 남은 부분에서 ②, ③과 같은 요령으로 반대쪽에도 고리를 만든다.
⑥ 체인과 토대 고리를 O링으로 연결한다.

짧은뜨기에 비즈 넣기

1 비즈를 가까이 가져온 다음에 앞단 코에 바늘을 넣어서 실을 빼낸다.
2 실을 걸고 바늘에 걸린 고리 2개를 빼내서 짧은뜨기를 한다.

Let's Knit in English!
니시무라 도모코의 영어로 뜨자

니트 시즌을 맞이하여!

photograph Toshikatsu Watanabe   styling Akiko Suzuki

조금씩 가을의 기척이 느껴지면 울도 그리워집니다.
무엇을 뜰지 고민될 때 시도해볼 수 있는 무늬를 2가지 소개합니다.
어쩐지 가을에 잎을 떨구고 난 뒤의 고목이 떠오를지도 모릅니다.

패턴 A는 언뜻 1코 교차무늬처럼 보이지만, 교차한 것처럼 보이는 '트위스트 스티치'로 떴습니다. 왼코 교차뜨기처럼 보이는 것이 RT(right twist=라이트 트위스트), 그리고 오른코 교차뜨기처럼 보이는 것이 LT(left twist=레프트 트위스트)입니다. 순서는 배우고 나면 어려울 것 없습니다. 원래의 1코 교차뜨기와 비교해서 떠보는 것도 좋을지 모릅니다. 분명 늘 뜨던 1코 교차뜨기보다 응용할 수 있는 범위가 넓어질 겁니다.

패턴 B는 일반적인 교차뜨기지만, 위에 오는 코가 걸러뜨기입니다. 이것도 어딘가 색다른 패턴을 만들어냅니다.
평소랑 순서를 조금 바꿔보는 것만으로 새로운 발견을 할 수 있을지도 모릅니다. 가을 겨울의 니트 시즌을 맞이해서 꼭 도전해보세요.

뜨개 약어

약어	영어 원어	우리말 풀이
k	knit	겉코, 겉뜨기
kwise	knitwise	겉뜨기하듯이
p	purl	안코, 안뜨기
pwise	purlwise	안뜨기하듯이
rep	repeat	반복, 반복한다
RS	Right Side	겉면
st(s)	stitch(es)	뜨개코, 코
WS	Wrong Side	안면
cn	cable needle	꽈배기바늘

<패턴 A> 기초코는 8코의 배수+2코

트위스트 스티치
RT(Right Twist) : 왼바늘의 다음 2코에 왼코 겹쳐 2코 모아뜨기를 하듯이 오른바늘을 넣어 뜨되 왼바늘에서 빼지 않고, 왼바늘의 1코째에 한 번 더 겉뜨기한다. 2코 모두 왼바늘에서 뺀다. 오른 방향으로 교차한 것처럼(왼코 교차뜨기처럼) 보이는 코가 생긴다.
LT(Left Twist) : 왼바늘의 다음 2코를 1코씩 겉뜨기하듯이 오른바늘을 넣어 오른바늘에 옮기고, 그대로 2코를 왼바늘에 옮긴다. 왼바늘의 2코째에 1코째의 뒤쪽에서 오른바늘을 넣어 겉뜨기하고, 그대로 왼바늘의 2코에 돌려 2코 모아뜨기하듯이 오른바늘을 넣어 뜨고, 2코 모두 왼바늘에서 뺀다. 왼쪽 방향에 교차한 것처럼(오른코 교차뜨기처럼) 보이는 코가 생긴다.

기초코 34코.
준비단: 겉뜨기 1, 마지막에 1코 남을 때까지 안뜨기, 겉뜨기 1.
1, 3, 5단째(겉단): 겉뜨기 1,【겉뜨기 1, 안뜨기 6, 겉뜨기 1】, 마지막에 1코 남을 때까지【~】를 반복하고, 겉뜨기 1.
2, 4, 6단째(안단): 겉뜨기 1, 마지막에 1코 남을 때까지 겉뜨기는 겉뜨기, 안뜨기는 안뜨기로 뜬다, 겉뜨기 1.
7단째 : 겉뜨기 1,【LT, 안뜨기 4, RT】, 마지막에 1코 남을 때까지【~】를 반복하고, 겉뜨기 1.
8단째 : 겉뜨기 1,【겉뜨기 1, 안뜨기 1, 겉뜨기 4, 안뜨기 1, 겉뜨기 1】, 마지막에 1코 남을 때까지【~】를 반복하고, 겉뜨기 1.
9단째 : 겉뜨기 1,【안뜨기 1, LT, 안뜨기 2, RT, 안뜨기 1】, 마지막에 1코 남을 때까지【~】를 반복하고, 겉뜨기 1.
10단째 : 겉뜨기 1,【(겉뜨기 2, 안뜨기 1)을 2회 뜨고, 겉뜨기 2】, 마지막에 1코 남을 때까지【~】를 반복하고, 겉뜨기 1.
11단째 : 겉뜨기 1,【안뜨기 2, LT, RT, 안뜨기 2】, 마지막에 1코 남을 때까지【~】를 반복하고, 겉뜨기 1.
12단째 : 겉뜨기 1,【겉뜨기 3, 안뜨기 2, 겉뜨기 3】, 마지막에 1코 남을 때까지【~】를 반복하고, 겉뜨기 1.
13, 14, 15, 16단째 : 겉뜨기 1, 마지막에 1코 남을 때까지 겉뜨기는 겉뜨기, 안뜨기는 안뜨기로 뜬다, 겉뜨기 1.
1~16단째를 반복한다.

<Pattern A> multiple of 8 sts + 2 sts for each edge

Twist Stitches
RT (Right Twist): Knit next 2 sts on LH needle together, without dropping them off LH needle, then knit into 1st st on LH needle only. Then drop both sts off needle.
LT (Left Twist): Insert RH needle into next 2 sts on LH needle kwise one at a time, return the two sts back to LH needle, knit into 2nd st on LH needle through the back loop, and then knit both sts together through the back loop. Drop both sts off needle.

CO 34 sts.
Set-up row: k1, p to last st, k1.
Rows 1, 3, 5 (RS): k1, *k1, p6, k1; rep from * to last st, k1.
Rows 2, 4, 6 (WS): k1, k the k sts and p the p sts until last st, k1.
Row 7: k1, *LT, p4, RT; rep from * to last st, k1.
Row 8: k1, *k1, p1, k4, p1, k1; rep from * to last st, k1.
Row 9: k1, *p1, LT, p2, RT, p1; rep from * to last st, k1.
Row 10: k1, *(k2, p1) twice, k2; rep from * to last st, k1.
Row 11: k1, *p2, LT, RT, p2; rep from * to last st, k1.
Row 12: k1, *k3, p2, k3; rep from * to last st, k1.
Rows 13, 14, 15, 16: k1, k the k sts and p the p sts until last st, k1.
Rep Rows 1 to 16 for pattern.

<패턴 B> 기초코는 8의 배수+2코

걸러뜨기의 교차무늬

C2R(Cable 2 Right) : 다음 코를 꽈배기바늘에 옮겨 편물의 뒤쪽에 두고, 왼바늘의 다음 코에 코의 방향이 바뀌지 않게 오른바늘을 넣어 옮기고, 꽈배기바늘의 코를 겉뜨기한다.(왼코 위 1코가 걸러뜨기인 1코 교차뜨기)

C2L(Cable 2 Left) : 다음 코를 꽈배기바늘에 옮겨 편물의 앞쪽에 두고, 왼바늘의 1코를 겉뜨기하고, 꽈배기바늘의 코에 코의 방향이 바뀌지 않게 오른바늘을 넣어 그대로 오른바늘에 옮긴다.(오른코 위 1코가 걸러뜨기인 1코 교차뜨기)

기초코 34코.
준비단 : 겉뜨기 1, 마지막에 1코 남을 때까지 안뜨기, 겉뜨기 1.
1단째(겉단) : 겉뜨기 1,【겉뜨기 2, C2R, 겉뜨기 4】, 마지막에 1코 남을 때까지【~】를 반복하고, 겉뜨기 1.
2단째(안단) : 겉뜨기 1,【안뜨기 4, 겉뜨기 1, 안뜨기 3】, 마지막에 1코 남을 때까지【~】를 반복하고, 겉뜨기 1.
3단째 : 겉뜨기 1,【겉뜨기 1, C2R, 겉뜨기 5】, 마지막에 1코 남을 때까지【~】를 반복하고, 겉뜨기 1.
4단째 : 겉뜨기 1,【안뜨기 4, 겉뜨기 2, 안뜨기 2】, 마지막에 1코 남을 때까지【~】를 반복하고, 겉뜨기 1.
5단째 : 겉뜨기 1,【C2R, 겉뜨기 6】, 마지막에 1코 남을 때까지【~】를 반복하고, 겉뜨기 1.
6단째 : 겉뜨기 1,【안뜨기 4, 겉뜨기 3, 안뜨기 1】, 마지막에 1코 남을 때까지【~】를 반복하고, 겉뜨기 1.
7단째와 15단째 : 마지막까지 겉뜨기.
8단째와 16단째 : 겉뜨기 1, 마지막에 1코 남을 때까지 안뜨기, 겉뜨기 1.
9단째 : 겉뜨기 1,【겉뜨기 4, C2L, 겉뜨기 2】, 마지막에 1코 남을 때까지【~】를 반복하고, 겉뜨기 1.
10단째 : 겉뜨기 1,【안뜨기 3, 겉뜨기 1, 안뜨기 4】, 마지막에 1코 남을 때까지【~】를 반복하고, 겉뜨기 1.
11단째 : 겉뜨기 1,【겉뜨기 5, C2L, 겉뜨기 1】, 마지막에 1코 남을 때까지【~】를 반복하고, 겉뜨기 1.
12단째 : 겉뜨기 1,【안뜨기 2, 겉뜨기 2, 안뜨기 4】, 마지막에 1코 남을 때까지【~】를 반복하고, 겉뜨기 1.
13단째 : 겉뜨기 1,【겉뜨기 6, C2L】, 마지막에 1코 남을 때까지【~】를 반복하고, 겉뜨기 1.
14단째 : 겉뜨기 1,【안뜨기 1, 겉뜨기 3, 안뜨기 4】, 마지막에 1코 남을 때까지【~】를 반복하고, 겉뜨기 1.
1~16단째를 반복한다.

<Pattern B> multiple of 8 sts + 2 sts for each edge

C2R (Cable 2 Right): slip the next st onto cn and hold at back, slip 1 pwise with yarn at back from LH needle, then knit the st from cn.
C2L (Cable 2 Left): slip the next st onto cn and hold to front, k1 from LH needle, and slip 1 purlwise with yarn at back from cn.

CO 34 sts.
Set-up row: k1, p to last st, k1.
Row 1 (RS): k1, *k2, C2R, k4; rep from * to last st, k1.
Row 2 (WS): k1, *p4, k1, p3; rep from * to last st, k1.
Row 3: k1, *k1, C2R, k5; rep from * to last st, k1.
Row 4: k1, *p4, k2, p2; rep from * to last st, k1.
Row 5: k1, *C2R, k6; rep from * to last st, k1.
Row 6: k1, *p4, k3, p1; rep from * to last st, k1.
Rows 7 and 15: k to end.
Rows 8 and 16: k1, p to last st, k1.
Row 9: k1, *k4, C2L, k2; rep from * to last st, k1.
Row 10: k1, *p3, k1, p4; rep from * to last st, k1.
Row 11: k1, *k5, C2L, k1; rep from * to last st, k1.
Row 12: k1, *p2, k2, p4; rep from * to last st, k1.
Row 13: k1, *k6, C2L; rep from * to last st, k1.
Row 14: k1, *p1, k3, p4; rep from * to last st, k1.
Rep Rows 1 to 16 for pattern.

패턴 A : 트위스트 스티치
패턴 B : 걸러뜨기의 교차무늬
의 뜨는 법은 여기서 동영상으로 볼 수 있습니다.

※ 일본어 사이트

니시무라 도모코(西村知子)

니트 디자이너, 공익재단법인 일본수예보급협회 손뜨개 사범, 보그학원 강사. '영어로 뜨자'의 강사. 어린 시절 손뜨개와 영어를 만나서 학창 시절에는 손뜨개에 몰두했고, 사회인이 되어서는 영어와 관련된 일을 했다. 현재는 양쪽을 살려서 영문 패턴을 사용한 워크숍·통번역·집필 등 폭넓게 활동하고 있다. 저서로는 국내에 출간된 《손뜨개 영문패턴 핸드북》 등이 있다.

Instagram : tette.knits

읽고·조사하고·떠보다
하야시 고토미의 Happy Knitting

photograph Toshikatsu Watanabe, Nobuhiko Honma(process) styling Akiko Suzuki

메타스티나식 배색무늬뜨기 테크닉

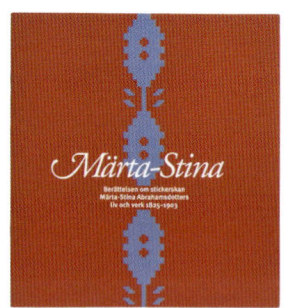

뮤지엄에서 구입한 스웨덴어 책자.

미국의 잡지 《PIECE WORK》. 심포지엄에서 메타스티나 기법을 가르쳐준 학예사 울리카가 메타스티나의 소개 기사를 쓰고, 그녀의 작품에서 영감을 받은 손모아장갑이 디자인되어 실렸다.

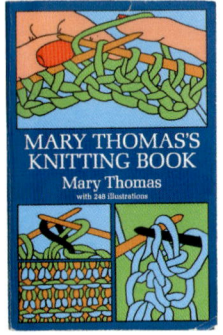

《Mary Thomas's Knitting Book》. 손뜨개 책의 바이블이라 할 수 있는 Mary Thomas의 책에 메타스티나와 비슷한 기법이 소개되어 있다. 살짝 복잡한 왕복으로 뜨는 방법이 그림으로 설명되어 있다.

컬렉션을 소장하고 있는 현지의 뮤지엄에서는 우편엽서를 판매하고 있다.

메타스티나 패턴을 사용해서 만든 주방용 천.

특징인 하트 무늬를 디자인한 반장갑. 이 크기라면 비교적 쉽게 뜰 수 있다.

대바늘뜨기의 즐거움 중 하나로 배색무늬뜨기가 있습니다. 페어아일은 배색무늬뜨기의 대표 기법입니다. 작은 무늬의 연속이므로 안면에 걸치는 배색실은 그렇게 길지 않아 비교적 뜨기 쉬운 배색무늬 기법입니다. 손뜨개 기법서에는 종종 5코 이상 같은 색으로 뜨는 경우에는 중간에 실을 걸치면서 뜨라고 되어 있습니다. 이것만 지키면 깔끔하게 뜰 수 있느냐 하면 그렇지만도 않은 것 같습니다. 오랫동안 배색무늬뜨기에 도전해왔지만 좀처럼 잘 떠지지 않습니다. 최근에 시간이 나서 이전에 구입해둔 미국의 수예 잡지 《PIECE WORK》의 내용을 한 권씩 확인하면서 기사를 정리하다가 배색무늬뜨기 기법과 관련된 기사를 발견했습니다. 거기에는 4종류의 기법이 소개되어 있었습니다. 걸치는 실이 평행이 되는 기법, 이것은 편물이 세로로 조금 길어지는 방법입니다. 실을 바꿀 때마다 새로운 실을 위에 두고 회전시켜서 뜨는 방법은 미국에서 사용되는 기법. 코를 뜰 때마다 실을 꼬는, 달라르나 지역에서 사용했던 트와인드 니팅. 그리고 직물 같은 기법(woven binding). 이것은 영국의 섬들에서 사용된 방법이지만 1960년 이후로는 거의 사라졌다고 합니다. 그리고 《Mary Thomas's Knitting Book》이 자세하다고 해서 읽어봤습니다. 편물 안면의 삽화를 보고 2002년 스웨덴 심포지엄에서 배운 메타스티나 기법은 이것이었을지도 모른다고 생각하고 다시 도전해봤습니다. 책의 삽화를 보면 오른손과 왼손에 실을 잡고 평평하게 뜨는 방법이지만 메타스티나 기법은 원형뜨기로, 실을 잡는 법은 페어아일과 닮았습니다. 배웠을 때는 방법은 이해했지만 잘 뜨지 못했어서 이번에는 기필코라는 마음으로 시행착오를 겪으며 떠봤습니다. 1코마다 실을 위아래로 움직이며 뜹니다. 다시 말해 안뜨기의 돌기 부분에 1코 간격으로 배색실이 올라오도록 뜹니다. 실을 바꿀 때도 이 실의 움직임이 변하지 않게 하며 뜹니다. Mary Thomas의 책에서는 실은 앞단과 같은 코 부분에 오지만, 메타스티나는 앞단과 다른 코에 배색실이 얹히도록 뜨는 것이 요령입니다. 안면을 보면 그때까지 본 적도 없던 편물이 되어 있습니다. 심포지엄에서는 메타스티나 연구를 하고 있던 향토 박물관의 큐레이터 울리카 씨가 기법을 가르쳐주었습니다. 그녀는 메타스티나의 작품을 보고 직접 디자인한 스웨터를 입고 있어서 안면도 보여주었습니다. 메타스티나는 왜 이런 기법을 사용했는지 울리카 씨에게 물어봤습니다. "왜인지 아는 사람은 없지만, 편물을 탄탄하게 만들려다 보니 이런 기법을 쓰게 된 것 아닐까요"라는 답변이 돌아왔습니다. 메타스티나와 실의 움직임이 같은 편물은 'Waistcoat Knitting'으로 알려져 있다고 위의 책에 나와 있지만, 이 기법은 역시 그녀 자신이 도달한 기법이라고 생각합니다.

메타스티나·아브라함스도터(1825~1903)에 대해서는 최근에 들어서야 알려지게 되었습니다. 그녀는 스웨덴 북부에서 살며 손뜨개 담요를 뜨며 살다가 가난하게 죽었다고 합니다. 현재 남아 있는 담요는 10개이고 그중 2개는 아기용이었다고 합니다. 2002년 심포지엄은 스웨덴 북부의 헤르뇌산드에서 열렸는데, 행사장 근처 향토 박물관이 그녀의 담요를 소장하고 있어 실물을 볼 수 있었습니다. 큰 것은 길이가 160cm나 됩니다(기초코도 250코~270코). 이렇게 큰 걸 어떻게 떴는지 신기했는데 원형뜨기를 해서 3~4파트를 잇대고, 자르고, 테두리 안면에는 천을 덧대어 보강한 것입니다. 이 방법은 스틱을 알고 나서야 이해했습니다. 실은 직접 염색해서 뜨고, 바늘도 나뭇가지를 깎아서 만들 정도로 빈곤했다고 합니다. 무늬도 어디에서 본 적 없는 패턴으로 그녀만의 디자인입니다. 특히 하트 무늬는 매력적이라서 지금은 헤르뇌산드의 현지 직물에도 사용됩니다. 젊은 디자이너들도 그녀의 디자인에 영향을 받아 작품을 만들고 있습니다.

메타스티나의 담요까지는 아니지만, 깔거나 덮거나 다양하게 활용할 수 있는 한 장.
색 조합은 대비가 강한 2색을 골라 무늬가 돋보이게.
겉면은 살짝 울퉁불퉁한 느낌으로 편물이라기보다 직물처럼.
이번에는 원형뜨기로 떠서 자르고 리본 테이프로 보강해 완성했습니다.

Design／하야시 고토미
Knitter／구보타 지카코
How to make／P.196
Yarn／퍼피 셰틀랜드

메타스티나의 배색무늬 뜨는 법

❶ A실(걸치는 실)을 검지에, B실(뜨는 실)을 검지와 중지에 걸고 뜹니다.

❷ A실의 위에서 B실로 1코 뜹니다(걸치는 실이 아래).

❸ 다음 코도 B실로 뜨는데, A실의 아래에 바늘을 넣고,(걸치는 실이 위)

❹ 1코 겉뜨기합니다. A실이 B실의 위에 얹혔습니다.

❺ 다음 코도 B실로 뜨는데, A실의 위에서 B실로,

❻ 겉뜨기합니다(걸치는 실이 아래).

❼ 다음은 A실로 뜹니다. B실을 검지에, A실을 검지와 중지에 겁니다.

❽ B실의 아래에서 바늘을 넣어 겉뜨기합니다(걸치는 실이 위).

❾ 다음 코는 B실의 위에서 A실로 겉뜨기합니다(걸치는 실이 아래).

❿ 아래에서와 위에서를 반복합니다.

⓫ 뜨는 실이 바뀌어도 위에서, 아래에서의 순서는 바뀌지 않습니다. 걸치는 실을 감싸면서 떠나갑니다.

⓬ 안면은 1코씩 걸치는 실을 감싸 떴으므로 길게 걸친 부분은 없습니다.

하야시 고토미(林ことみ)
어릴 적부터 손뜨개가 친숙한 환경에서 자랐으며 학생 때 바느질을 독학으로 익혔다. 출산을 계기로 아동복 디자인을 시작해 핸드 크래프트 관련 서적 편집자를 거쳐 현재에 이른다. 다양한 수예 기법을 찾아 국내외를 동분서주하며 작가들과 교류도 활발하다. 저서로 《북유럽 스타일 손뜨개》 등 다수가 있다.

심플함을 즐기다
그러데이션 니트

시시각각으로 색이 변하는 그러데이션 얀의 심오함은 뜨면 뜰수록 재미있는 매혹적인 세계.

photograph Hironori Handa styling Masayo Akutsu
hair&make-up AKI model Yeva(175cm)

옷은 뜨는 폭에 따라 색이 나타나는 방식도 다양하게 변합니다. 카디건의 몸판은 앞뒤를 연결해서 떠서 몸판의 좌우 색감이 바뀌지 않고 아름다운 그러데이션을 즐길 수 있습니다.

Design／효도 요시코
Knitter／가타야마 가요
How to make／P.198
Yarn／DMC 브리오 XL
Skirt／SLOW 오모테산도점

차가운 색 계열의 2색 그러데이션 실을 배색한 단조롭지 않은 아가일 그러데이션. 떠나갈수록 다른 색상이 등장해 여러 배색 조합을 만날 수 있는 유일무이한 멋진 재킷입니다. 멋쟁이 남성분에게 추천해요.

Design／쓰마가리 다케히토
How to make／P.185
Yarn／DMC 브리오 XL

우아한 색감의 풀오버는 다이아몬드 무늬 안을 비침무늬로 채운 어른의 아란 스타일. 편물에 입체감을 줘서 더욱 복잡한 그러데이션의 매력을 선사합니다.

Design／다케다 아쓰코
Knitter／마쓰노 가오리
How to make／P.189
Yarn／다이아몬드케이토 다이아 루카

Pants／하라주쿠 시카고(하라주쿠/진구마에점)

그러데이션 실을 이용해 가로로 떠서 세로 줄무늬로. 앞뒤 몸판과 소매를 연결해서 뜨므로 소매와 몸판의 양옆과 중앙의 줄무늬 굵기가 달라집니다. 호주머니를 달면 그러데이션의 재미가 한층 업! 테두리는 단색이지만 그러데이션이 끝나는 색에 맞춰 취향껏 마무리하세요.

Design／다마무라 리에코
How to make／P.200
Yarn／다이아몬드케이토 다이아 푸레, 다이아 에포카

Skirt／SLOW 오모테산도점

포근한 행복
니트 스커트 & 팬츠

일단 입었다 하면 매력에서 빠져나올 수 없는 포근하고 기분 좋은 착용감의 니트 하의. 주름이 잘 지지 않아 외출복으로도 훌륭한 아이템입니다!

어떨지 망설여져서 하의까지는 선뜻 도전하지 못하는 분도 분명 마음에 들 뜨개 바지예요. 조금 복잡한 도안도 단순한 메리야스뜨기 베이스라 극복할 수 있어요!

Design／바람공방
How to make／P.202
Yarn／DARUMA 셰틀랜드 울

스퀘어 모티브를 배색의 묘미로 체크무늬처럼 보이게 하는 디자인이 매력적인 치마예요. 모티브 모양에 변화를 줘서 밑단이 퍼지는 실루엣이에요. 모티브를 다 뜨고 나중에 연결하는 타입이에요.

Design／기시 무쓰코
How to make／P.204
Yarn／하마나카 아메리

콥스 하버에는 프로펠러기로 이동한다.

콥스 하버 교외의 작업실.

야생동물과 사람의 거리가 가깝다. 자연에 둘러싸인 콥스 하버.

세계의 손염색을 찾아 떠나는 여행
눈부신 감각과 끝없는 탐구심
Skein(인도네시아)

약 십수 년 전부터 유럽과 미국에서 유행하기 시작한 손염색실은 세계적인 확산을 보이며 최근에는 일본에서도 취급점과 다이어(손염색 작가)가 늘고 있습니다. 다이어인 Chappy(채피) 씨가 각국의 다이어를 소개하면서 손염색실의 세계를 탐방합니다.

취재·글·사진: Chappy (Chappy Yarn)

세계의 손염색 작가를 찾아 떠나는 여행. 이번에는 오스트레일리아를 대표하는 손염색 아티스트, Skein(스케인)의 크리스틴 씨를 찾아갔습니다.

스케인이라고 하면, 손염색실의 유행이 일어났을 당시부터 이어져오는 오래된 브랜드입니다. 감각적인 컬러링과 구하기 어려운 실로 세계적으로 유명합니다. 개인적으로 오랜 팬인 필자는 도대체 어떤 곳에서 실을 염색하는지 궁금해서 이번 취재를 무척 기대했습니다.

스무 명 정도밖에 탈 수 없는 프로펠러기로 도착한 곳은 자연이 아름다운 작은 휴양지 콥스 하버. 아담한 공방에서 맞이해준 것은 크리스틴 씨와 배우자 폴 씨입니다. "뭐든 물어보세요!"라고 말하는 소탈한 두 사람에게 무심코 첫마디로 "직원은 몇 분인가요?"라고 물었더니 "우리 둘뿐이에요"라는 깜짝 놀랄 만한 대답이 돌아왔습니다.

원래 간호사였던 크리스틴 씨는 취미로 손염색한 털실이 Etsy에서 인기를 끌어 2010년에 Skein을 오픈했습니다. 인기가 많아져서 혼자 운영하기 어려워지자 2016년부터 폴 씨가 함께했습니다. 현재는 염색과 SNS 운영, 사진 촬영은 크리스틴 씨가 맡고, 라벨 작업과 포장, 배송, 재고 관리 등은 폴 씨가 맡는 2인 체제입니다.

"그럼 다이어는 한 분인 건가요?"

"네. 저 혼자예요. 전부 직접 관리할 수 있는 소규모 전문점 형태가 좋다고 생각해요. 최종적으로는 상설 매장을 갖고 싶지만, 너무 바빠서 아직 꿈만 꾸고 있어요."

아름다운 색감의 실에 매료된 고객은 오스트레일리아 현지뿐 아니라 북미, 유럽, 뉴질랜드, 일본으로 세계적인 확산을 보이고 있습니다. 세계 시장을 노려 실도 뮬싱 프리(*1)의 윤리적인 상품을 고집하고 있다고 합니다. 그 모든 실을 혼자서 염색하고 있다니!

"손염색의 영감은 어디에서 얻나요?"

알파카, 코튼, 메리노를 배합한 ACM은 보드라운 촉감과 뜨는 맛이 일품인 가장 추천하는 베이스. '가장 스케인다운 실'이다.

채피(Chappy)

손염색 아티스트. 손염색실 브랜드 Chappy Yarn 다이어 겸 CEO. 도쿄에서 태어나 홍콩에 살고 있다. 2015년부터 보고 뜨고 입어서 즐거운 촉감을 중시한 손염색실을 선보이고 있다. 이벤트와 인터넷을 중심으로 뜨는 사람이 행복해지는 손뜨개실을 목표로 활동하고 있다.
Instagram : Chappy Yarn

1/부클의 질감이 재미있는 봄여름용의 Curly. 2/샘플은 직접 제작하고, 컬러 선택에 참고할 수 있게 유튜브로도 소개하고 있다. 3/가끔 현지 손님용으로 여는 작은 쇼룸(예약제).

"오스트레일리아의 자연과 여행, 아름다운 모든 것이요. 트렌드도 반영하지만, 반드시 나 자신의 정수를 담아 다른 곳과 다른 개성을 표현하려고 해요. 깊이가 있고 뜨는 게 즐거운 실을 만들고 싶어요. 섬유 예술로서 새로운 색을 만들어가는 것이 제 실이에요. 더욱 창의적이 되는 것을 목표로 저의 염색 스킬과 경험을 소중하게 물들이고 있어요."

부침이 심한 손염색실의 세계에서 오래 살아남은 비결을 물었더니 크리스틴 씨는 잠시 생각한 뒤 이렇게 말합니다.

"스스로의 한계를 아는 걸까요. 털실 손염색은 쉽게 시작할 수 있지만 본격적으로 사업을 경영하는 건 체력적으로나 정신적으로나 무척 힘들어요. 품질을 유지하고, 일과 생활의 균형이나 슬럼프와 즐거움의 균형도 필요해요. 같은 색의 주문 상품을 잔뜩 염색한 뒤에는 OOAK(일생에 단 한 번 만나는 한 번뿐인 색)을 염색해서 균형을 맞추기도 해요. 나에게 주는 상 같은 거죠."

샘플이나 스와치도 직접 뜨는 것을 고수하고, 더 많은 사람이 손염색 털실의 장점을 알아주길 바라는 마음에서 손염색 털실의 가능성을 탐구하는 것도 큰 테마라고 합니다. 동서양을 막론하고 좋은 것은 뭐든 흡수하고 싶다고 말하는 그녀는 일본의 니트 디자인도 좋아해서 michiyo 씨의 열혈팬이라고 합니다. 최근에는 '어싸인 풀링(*2)'이나 펀치 니들 사용과 같은 실험적인 뜨개에도 관심이 있다고 합니다.

"이 사람은 정말 항상 뜨고 있어요. 영화를 보더라도 손은 꼭 움직이고 있고, 드라이브를 할 때도 그래요. 가끔 뜨면서 갑자기 스톱! 이라고 외쳐요. 그럴 때는 영감이 되는 뭔가를 발견한 거예요. 아니면 코를 놓쳤을 때거나."

옆에서 폴 씨가 그렇게 말하며 웃자 크리스틴 씨가 웃으면서도 진지하게 "맞아!"라며 수긍하는 것이 인상적이었습니다.

"손염색 털실은 그림처럼 일종의 예술이에요. 뜨개의 주류는 아닐지도 몰라요. 하지만 대량생산 하는 실에는 없는 개성을 즐겨주면 좋겠어요."

Skein
웹사이트: https://skeinyarn.com

*1 뮬싱(Mulesing) : 양에게 구더기가 기생하는 것을 방지하기 위해 새끼 양의 엉덩이 살을 도려내는 행위. 오스트레일리아에서는 일반적이지만, 동물 애호의 관점에서 세계적으로 비판받고 있다.
*2 어싸인 풀링 (Assigned Pooling) : 포인트 컬러 부분만 원하는 무늬를 넣어 뜨는 방법. 무늬가 나오는 것을 계산해서 염색한다.

4/팝한 것부터 무디한 것까지 다양한 니즈를 커버할 수 있는 것도 스케인의 매력. 5/2인 3각으로 스케인을 운영하는 크리스틴 씨와 폴 씨. 수영을 좋아하는 두 사람은 바다를 찾아 10년 전에 자연이 풍부한 스콥 하버로 이주했다. 6/창고를 개조한 염색 작업실. 한여름에는 더워서 이른 아침과 저녁 무렵에 작업한다. 7/색과 무늬가 나오는 것을 계산해서 염색하는 어싸인 풀링 실로 뜬 숄. 새로운 뜨개질에도 의욕적이다.

한스미디어의 뜨개 추천 도서

스타일리시한 뜨개옷과 소품 16
마마랜스의 색다른 니트

이하니 저 | 332쪽 | 28,000원

독보적인 디자인과 색감으로 니터들의 사랑을 받는 마마랜스의 매력적인 컬러 니트들을 소개합니다. 꼭 입고 싶은 패턴에 컬러를 더한 뜨개옷과 소품 16점을 수록했습니다. 배치도, 도안, 서술형 설명과 기초 뜨개 기법, 동영상까지 함께 담아 누구나 멋지게 완성할 수 있습니다. 입고 싶은 작품을 골라 좋아하는 색을 입혀보세요!

amuhibi의 가장 좋아하는 니트

우메모토 미키코 저 | 강수현 역 | 112쪽 | 16,800원

트렌디한 디자인과 톡톡 튀는 센스 있는 배색의 뜨개 작품을 가득 실은 'amuhibi(아무히비)'의 국내 첫 뜨개책입니다. 애써 뜬 니트가 옷장에만 머무르지 않게, 보는 것뿐만 아니라 떴을 때 더 손이 자주 가도록 세심하게 디자인한 옷과 소품을 수록했습니다. 책장을 넘겨 보며 뜨고 싶은 작품을 골라 보세요.

바람공방의 페어아일 니팅

기초부터 스틱 기법까지 페어아일의 모든 것

바람공방 저 | 배혜영 역 | 144쪽 | 24,000원

대바늘 뜨개의 꽃 '페어아일'! 뜨개의 대가 바람공방이 23가지 작품을 예시로 페어아일 뜨는 법을 차근차근 알려줍니다. 베스트, 카디건, 풀오버, 모자 장갑 등 다채로운 색을 쓰면서도 차분하고 고급스러운 페어아일의 매력에 빠져보세요. 초보자도 쉽게 따라할 수 있도록 과정별 사진과 설명을 수록해 누구나 어렵지 않게 나만의 작품을 완성할 수 있어요.

그린도토리의 숲속 동물 손뜨개

명주현 저 | 228쪽 | 18,000원

숲속에서 볼 수 있는 귀여운 동물과 나무, 버섯, 도토리 등 아기자기한 자연 소재 등 따뜻한 촉감이 매력적인 숲속 친구들을 가득 담았습니다. 초보 니터를 위해 기초수업부터 단계별 난이도로 작품을 구성해 책을 따라 작품을 뜨가 보면 손뜨개의 매력에 흠뻑 빠질 수 있습니다. 보는 것만으로도 웃음이 지어지는 사랑스러운 모티브와 인형을 만나보세요.

Couture Arrange

시다 히토미의 쿠튀르 어레인지

헥사곤 레이스의 벌룬 슬리브 풀오버

photograph Hironori Handa　styling Masayo Akutsu　hair&make-up AKI　model Yeva(175cm)

〈쿠튀르·니트 봄여름 7〉에서 전면에 레이스 무늬가 들어간 반소매 풀오버였다.

여름바람과 가을바람이 교차할 무렵, 작은 가을을 느꼈습니다. 어쩐지 뜨고 싶은 마음이 샘솟아 마음에 드는 실을 찾아 마냥 떠보고 싶은 기분입니다.

이번에는 〈쿠튀르·니트 봄여름 7〉의 우아한 반소매 풀오버를 긴소매로 어레인지했습니다. 육각형에 에워싸인 꽃 같은 레이스 무늬는 그대로 두고, 무늬의 배치와 분량을 궁리해봤습니다. 부담 없이 입을 수 있게 몸판은 밑단 무늬를 줄여서 메리야스뜨기를 더하고, 윗부분은 레이스 무늬를 넣었습니다. 소매는 전부 레이스 무늬를 넣어 풍성한 벌룬 슬리브 긴소매 풀오버로 변신했습니다. 원작의 반소매는 실크로 떴지만, 이번 긴소매는 울과 키드 모헤어, 나일론 혼방사로 보드라운 털이 일어나고 나일론의 은은한 광택이 느껴집니다. 컬러는 코디하기 쉽게 은은한 실버 그레이를 골랐습니다.

나아가 취향껏 크고 작은 어레인지를 해보는 건 어떨까요. 화려하게 하는 것도 단순하게 하는 것도 자유입니다. 기장을 바꾸는 것만으로도 인상이 달라집니다. 어렵게 생각하지 말고 무늬뜨기의 재미를 즐겨보세요.

detail

몸판 윗부분의 레이스 무늬는 2단의 사선 레이스와 매 단의 레이스 무늬로 구성되어 있습니다. 매 단의 레이스 무늬는 이웃한 것끼리 증감하므로 어려움 없이 쉽게 뜰 수 있습니다.

소매는 전부 레이스 무늬로 뜨지만, 소맷부리에서 바늘을 바꿔 게이지 조정을 해서 뜨고, 그 끝은 바늘을 되돌려서 직선으로 떠 나갑니다.

목둘레의 테두리뜨기는 몸판의 무늬를 연결한 느낌이 되도록 매 단의 레이스 무늬와 돌려 고무뜨기로 뜨고, 커브를 따라 코막음합니다.

밑단의 테두리뜨기는 울지 않게 몸판과 같은 바늘로 늘림코를 하고 돌려 고무뜨기를 하고 낙낙하게 코막음합니다.

소맷부리는 바늘을 가늘게 해서 줄임코를 하면서 코를 주워 돌려 고무뜨기를 하고, 단단하게 코막음합니다(코막음은 모두 돌려 고무뜨기 코막음입니다).

〈쿠튀르·니트 봄여름 7〉에서
Knitter／마키노 게이코
How to make／P.193
Yarn／다이아몬드케이토 다이아 도미나 〈비타〉

오카모토 게이코의 Knit +1
니트 +원

이번에는 가을 겨울 니트의 정석, 아란무늬에 살짝 개성을 더해봤어요.

photograph Hironori Handa styling Masayo Akutsu
hair&make-up AKI model Julianne(160cm)

가을이 되면 패션 잡지에서는 멋내기 필수 아이템으로 니트를 대거 소개합니다. 이번에는 추워지면 괜스레 뜨고 싶어지는 대바늘뜨기의 정석 아란무늬를 테마로 했습니다.

이번 풀오버는 실크 모헤어 실 '드라제'로 어부의 생명줄을 의미하는 케이블 스티치를 베이스로 떴습니다. 올해 유행인 브라운 계열로 통일한 어른스럽고 우아한 풀오버로 완성되었습니다. 또 하나는 울 100%의 '카푸치노'로 부와 재물을 상징하는 다이아몬드무늬와 나무 열매를 상징하는 구슬뜨기가 들어간 칼라 재킷입니다.

"아란무늬가 뭐지?"라는 분을 위해 잠깐 설명을 하자면, 아란무늬는 아일랜드 서쪽에 있는 아란 제도에서 뜨던 피셔맨 스웨터 무늬입니다. 무늬에는 저마다 의미가 있습니다. 허니콤은 벌집을 표현한 무늬로 근면함과 일에 대한 보수를, 생명의 나무는 장수와 자손 번영을 상징한다고 합니다. 무늬에 의미가 있다니 멋지네요.

아란 제도는 암반으로 이루어져 있고, 대서양에서 불어오는 강풍 탓에 나무도 자라지 않는 섬들입니다. 바람이 거센 추운 겨울에 고기잡이를 나가는 남편을 위해 남편의 무사를 기원하며 물을 튕겨내는 오일드 안으로 떠온 아란 무늬 스웨터는 바람이 잘 통하지 않는 교차뜨기가 자주 사용됩니다.

코가 어긋나거나 실수하기 쉬운 교차뜨기는 한 코 한 단 집중하면서 뜨는 정성이 가득 담긴 무늬입니다.

남자들은 고기를 잡고, 여자들은 뜨개질하는 것이 섬의 일상이었다고 생각하니 마음이 따뜻해지는 기분입니다. 그런 생각을 하면서 이번 겨울에는 오랜만에 남편을 위해 아란무늬를 스웨터를 뜰 거예요!

오카모토 게이코(岡本啓子)
아틀리에 케이즈케이(atelier K'sK) 운영. 니트 디자이너이자 지도자로 전국적으로 왕성하게 활동 중. 공익재단법인 일본수예보급협회 이사.
http://atelier-ksk.net/

실／카푸치노

왼쪽／실크 모헤어 '드라제'를 메인으로 사용해 얇고 가벼운 마무리감으로. 밑단과 소맷부리의 고무뜨기에는 살짝 재미를 더했습니다.

Knitter／사카구치 사치코
How to make／P.206
Yarn／K'sK 드라제, 카푸치노

오른쪽／나무 열매를 본뜬 구슬뜨기를 듬뿍 곁들여서. 큼직한 칼라에도 듬뿍 넣었습니다.

Knitter／모리시타 아미
How to make／P.208
Yarn／K'sK 카푸치노

독자 코너

내가 만든 '털실타래' 속 작품

〈털실타래 Vol.6〉 14p
LEEKNIT @leeknitss

실: 바탕실-다루마 셔틀랜드울 05번, 배색실-다루마 셔틀랜드울 08번, 다루마 겐모우 09번, 다루마 에어리울알파카 02번
보그 과정 중 하나인 요크 배색 스웨터를 첫눈에 반한 털실타래 표지 작품으로 선택해 뜨게 되었습니다. 내 몸에 맞게 제도하고 계산해서 뜬 작품이라 애정이 많이 갑니다.

〈털실타래 Vol.3〉 11p
neulbo.knit

실: 니트컨테이너 코튼100 써니옐로우
23년 봄호 표지에서 보고 찜해두었던 건데 이제서야 떠보았어요. 비슷한 느낌의 색상의 실을 오래 찾았는데 너무 찰떡이죠? 저는 대바늘파인데 여름엔 코바늘 작품이 빨리 완성되니까 뜨태기 예방에도 좋은 것 같아요.

〈털실타래 Vol.12〉 68p
뿌뜨 @bbyudde

실: 아드바크 피치스파클+체이니코튼 아이보리
반짝반짝한 스팽글이 있는 피치스파클과 함께 가방을 탄탄하게 잡아주는 체이니코튼실로 여름 가방 완성! 포인트로 귀엽게 들기좋은 여름가방이에요~

〈털실타래 Vol.10〉 11p
니나 (@_n.y.oung)

실: 솜솜뜨개 플러피 허쉬 1합, 뉴보름 라벤더포그 1합
앞면과 뒤면을 바꿔 입을 수 있어 기분에 따라 스웨터로, 카디건으로 입을 수 있는 디자인이 매력적인 도안입니다. 원작보다 더 가는 실을 사용해서 가볍고, 모헤어를 합사해서 부드러운 느낌을 살려주었습니다. 사용하는 실에 따라 느낌이 달라져 뜨개의 매력이 가장 잘 드러나는 도안이라고 생각합니다. :)

〈털실타래 Vol.12〉 33p
랄라

실: 솜솜뜨개 소바 콘사
실내에서도 야외에서도 툭 걸치기 좋은 귀엽고 사랑스러운 볼레로 카디건입니다.

〈털실타래 Vol.3〉 89p
GINA (@aletterfromg)

실: 삼원일모 폭스아트 + 라운지24 + 제니스
원작의 배색을 빼고 셀프 보카시를 조합해 원톤 재킷으로 변신시켰습니다! 코바늘로도 단정한 무드의 의류를 뜰 수 있다는 걸 배운 프로젝트였어요.

독자분들이 뜬 〈털실타래〉 속 작품을 소개합니다!
원작의 느낌을 살려 완성한 작품, 취향대로 디자인을 조금 변형한 작품, 다른 색으로 떠 새로운 느낌으로 만든 작품까지 모두 만나 보세요. 〈털실타래 Vol.1~13〉 속 작품을 만드셨다면 SNS에 사진과 한스미디어(@hansmedia)를 태그해서 업로드해 주세요!

구성·편집 : 편집부

〈털실타래 Vol.2〉 13p
두나 (@duna_knitting)

실: 빅토리아 캐시10% 아쿠아
가을, 겨울 코디에 포인트가 되는 소품으로 상큼한 색깔의 방울모자를 떠 보았습니다. 입체감 있는 케이블 무늬로 가득 차서 뜨는 내내 재미있었어요. 착용했을 때 더 이쁜 모자랍니다. ^^

〈털실타래 Vol.11〉 18p
Adorable Projects

실: 호주산 메리노울 울트라씬 2겹 180g
무늬가 너무 이쁜 도안이어서 책 나오기 전부터 기다려서 떴어요. 간절기용이라 얇은 모사로 떴지만, 여름실로 떠도 좋을 것 같아요.

〈털실타래 Vol.9〉 17p
트위터 @leekakaknitting 이카카

실: 파인아트얀 질롱울, 솜솜뜨개 라쿤, 프빌, 플러피
남은 실을 소진하기 위해 뜨다 보니 온갖 실이 짬뽕되었지만 가을에 딱 맞는 색으로 예쁘게 잘 나와서 만족스러워요. 몸통, 소매 모두 코바늘로 뜬 뒤 고무단만 대바늘로 뜨는 작품이라 약 열을 전후로 완성 가능해서 더욱 좋아요. 이미 날이 더 워져버렸지만 다시 가을이 오면 꼭 꺼내 입을 f.o. 중 하나입니다.

〈털실타래 Vol.12〉 37p
인스타 @knitting_knitter

실: 윗부분-오팔고흐 5431 2합, 치마 부분-6합으로 연사된 아이보리 아크릴 모헤어
앞치마 스타일의 탑이 너무너무 귀엽고 예뻐서 떠 보았습니다. 오팔고흐 5431 2합으로 윗부분을 뜨고 치마 부분은 6합으로 연사된 아이보리 아크릴 모헤어로 떴어요. 원작은 실 한 종류로 뜨지만 저는 배색으로 떴는데 아주 맘에 듭니다. 뜨는 방법도 많이 어렵지 않고 스타일도 독특해서 아주 맘에 들어요.

〈털실타래 Vol.11〉 39p
@a.jjum

실: 바늘이야기 큐프로 라피아 01 베이지, 02 커피
여행지 교토의 뜨거운 햇볕을 가릴 심플한 여름 모자가 필요하던 차에 털실타래 봄호에서 본 가붓하게 물결치는 모자가 생각났어요. 이름처럼 가볍고 자연스럽게 흐르는 챙이 마음에 들었답니다. 난이도가 쉬워 한길 긴뜨기만으로 단시간에 완성할 수 있었어요.

〈털실타래 Vol.11〉 67p
Goronut

실: 요나와 작은 보석들 / 너의 순수한면 (너의 해맑음) 2합
칼라의 시작 부분 무늬가 너무 마음에 들어 작업하게 된 작품입니다. 하늘하늘한 느낌이 꽃잎을 연상시키기도 하는 것 같아 뜨는 내내 기분 좋게 작업할 수 있었습니다.

대바늘 뜨개 대백과
전 세계 니터들의 뜨개 바이블
THE ULTIMATE KNITTING BOOK

100만 부 이상 판매된 뜨개 교과서
30년 넘게 사랑받은 궁극의 뜨개 안내서
전 세계 니터들을 위한 단 한 권의 대바늘 백과사전

1989년에 출간하고 최신 테크닉을 추가한 전면 개정판
실, 바늘, 도구 설명부터 현존하는 모든 대바늘 뜨개 기법까지!

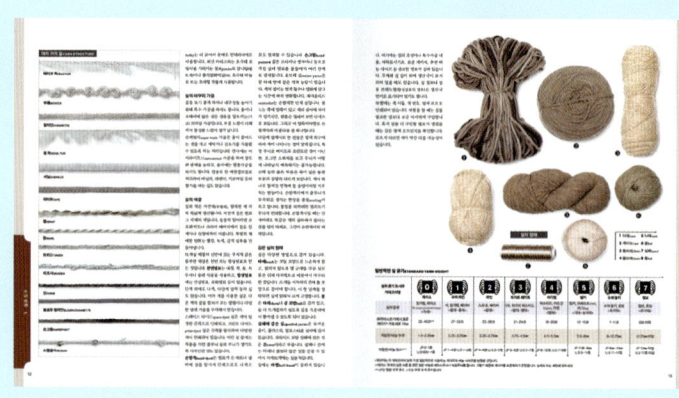
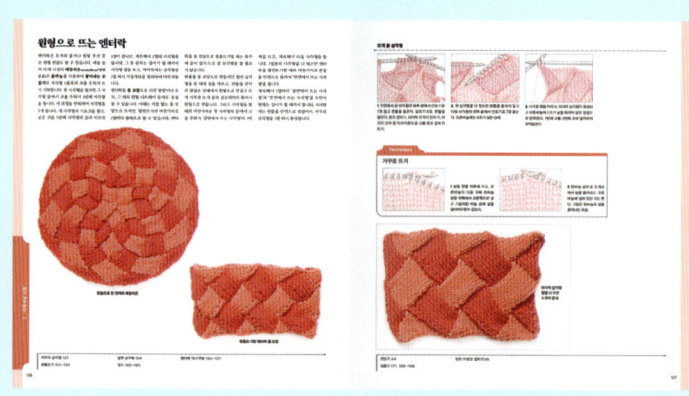

니터를 위한 뜨개 팁과 보그 과정 워크 시트,
뜨개 편물 디자인에 대한 모든 것!

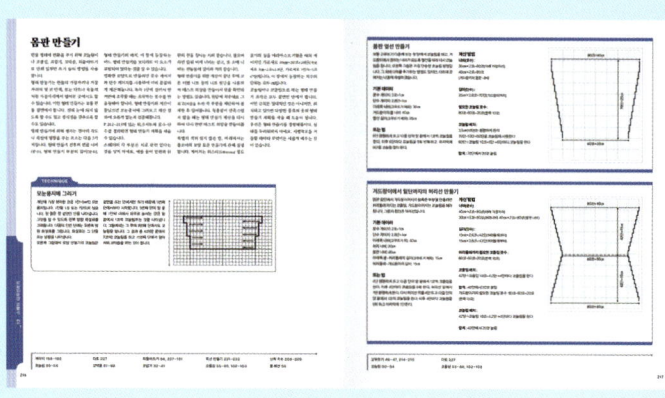
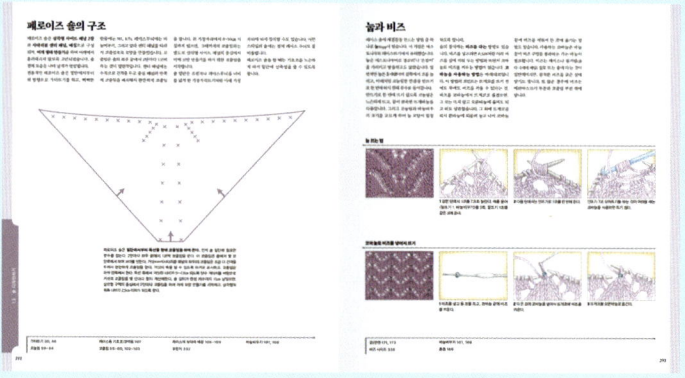

EVENT

HANSMEDIA EXPRESS

자료 제공 : 낙양모사, 앵콜스

몬순 작가의 개인전 : 새로운 세계로의 여행

지난 7월 23일, 플레이스 낙양에서 몬순 작가의 개인전이 열렸습니다. 약 2개월간 이어진 이번 전시는 작가가 오랜 시간 '계절을 담은 뜨개'라는 고유한 언어로 직조해 온 작업들을 한자리에 만나볼 수 있는 자리였습니다. 몬순 작가가 계절마다 떠났던 뜨개 여정과 그 경험을 담아 완성한 작품들에 봄의 설렘, 여름의 빛, 가을의 고유, 겨울의 온기처럼 사계절의 정서를 고스란히 담아냈습니다. 각기 다른 결의 뜨개 작품을 마주하며 실과 바늘이 이끄는 여정을 따라가듯, 참관객들 역시 자기만의 속도로 각자의 여행을 떠날 수 있는 시간을 가졌습니다. 이번 전시는 작품을 보는 것에 그치지 않고, 계절과 실이 어우러진 경험을 함께 나눌 수 있어 뜻깊었습니다. 이후 플레이스 낙양의 전시 소식은 인스타그램(@nakyangyarn)에서 가장 먼저 확인할 수 있습니다.

플레이스 낙양 서울특별시 강남구 테헤란로 79길 25-3
몬순 작가 인스타그램 @monsoon_workroom

1/사계절의 분위기에 맞게 전시된 작품들. 2/몬순 작가의 여행 스케치와 작품들. 3/뜨개 여행을 떠날 수 있도록 구성된 전시.

실이 가진 힘과 아름다움, 앵콜스 아카이브 오픈

1/아카이브에 전시된 연사기. 2/전시된 앵콜스의 작품과 뜨개 실. 3/커뮤니티 활동을 위해 조성된 내부 공간.

실 제조사이자 뜨개 브랜드인 앵콜스의 오프라인 쇼룸 '앵콜스 아카이브'가 지난 8월 23일 서울 도곡동에 오픈했습니다. 뜨개를 사랑하는 사람이라면 누구나 환영받는 이 공간은 앵콜스가 걸어온 시간과 브랜드 철학을 담아낸 작은 박물관이자 창작자의 놀이터입니다. 아카이브에서는 다양한 실을 직접 만져보고, 실을 활용한 여러 작품과 스와치 전시를 보는 재미도 있어 방문해서 즐거운 시간을 가져보는 것도 좋겠습니다. 또한 세미나나 클래스 등 커뮤니티 활동을 할 수 있는 공간도 마련되어 있어 앞으로 이곳에 펼쳐질 다양한 활동도 기대됩니다. 앵콜스 아카이브에 대한 자세한 정보는 앵콜스 공식 인스타그램(@ancalls)에서 확인 가능합니다.

앵콜스 아카이브 서울시 강남구 도곡로208, 102호

비기너를 위한

스윽스윽 뜨다 보니 자꾸 즐거워지는
신·수편기 스이돈 강좌

이번 호에서는 손뜨개 무늬를 수편기로 떠보겠습니다.

photograph Hironori Handa styling Masayo Akutsu hair&make-up AKI model Yeva(175cm)

큰 구멍무늬는 손뜨개와는 조금 다른 방법으로 떴습니다. 하지만 보기에는 손뜨개 같지요. 손뜨개 무늬도 수편기로 도전해보세요.

Design／실버편물연구회 오쿠무라 리에코
How to make／P.210
Yarn／올림푸스 트리 하우스 리브스

Blouse／SLOW 오모테산도점
Skirt／하라주쿠 시카고(하라주쿠/진구마에점)
Hat／산타모니카 하라주쿠점

몸판을 대담한 가로뜨기로 뜨고, 손뜨개에서 많이 쓰이는 매듭뜨기를 고무뜨기와 함께 배치했어요. 단순한 줄무늬 메리야스뜨기와 조화를 이룹니다.

Design／실버편물연구회
How to make／P.211
Yarn／리치모어 퍼센트

Pants／하라주쿠 시카고(하라주쿠/진구마에점)

신·수편기 스이돈 강좌

뚝딱 뜰 수 있는 게 기계뜨기의 최대 매력. 그럴듯한 무늬도 쉽게 뜰 수 있어 좋아요.
이번에도 포인트로 그만인 무늬뜨기를 소개할게요.

촬영/혼마 노부히코

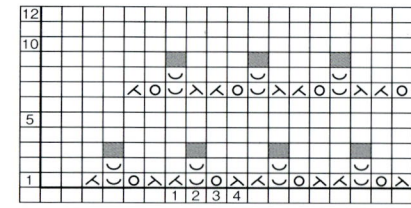

무늬뜨기

무늬 뜨는 법(베스트)

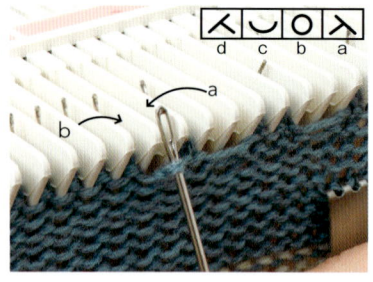

1 오른코 겹쳐 2코 모아뜨기를 합니다. a코를 옮김바늘에 옮겨 b코에 겹칩니다.

2 겹친 2코를 옮김바늘에 옮깁니다.

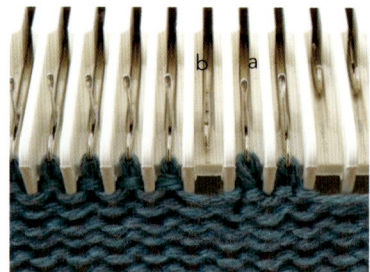

3 a바늘에 겹친 코를 돌려놓습니다.

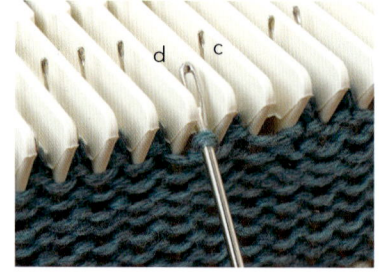

4 왼코 겹쳐 2코 모아뜨기를 합니다. d코를 옮김바늘에 옮겨 c코에 겹칩니다.

5 겹친 2코를 옮김바늘에 옮깁니다.

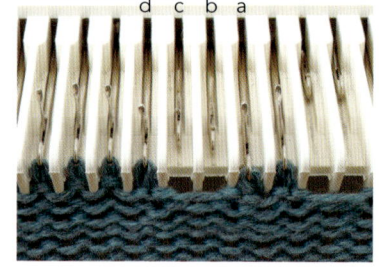

6 d바늘에 겹친 코를 돌려놓습니다.

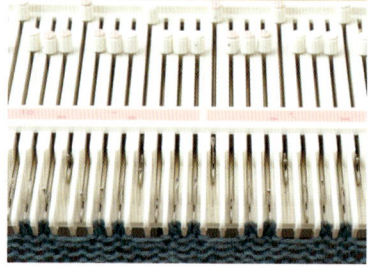

7 2코의 빈 바늘 중 오른쪽 바늘(b바늘)을 B 위치로 꺼내고, 왼쪽 바늘(c바늘)을 A위치로 내려 2단을 뜹니다.

8 2단 아래의 걸친 실 1가닥을 옮김바늘에 옮겨 빈 바늘(c바늘)에 겁니다.

9 모든 코가 바늘에 걸린 상태가 되었습니다. 이어서 4단을 뜹니다.

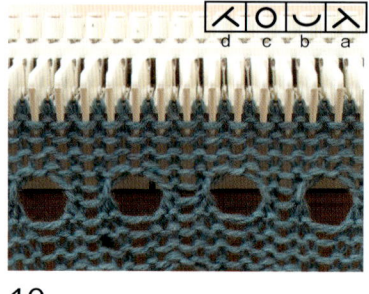

10 1~6과 같은 요령으로 도안처럼 코를 겹칩니다.

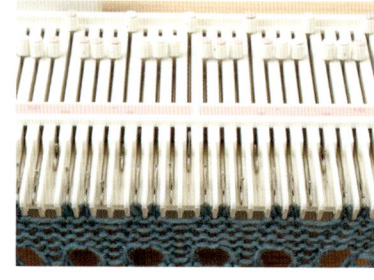

11 2코의 빈 바늘 중 왼쪽 바늘(c바늘)을 B위치로 꺼내고, 오른쪽 바늘(b바늘)을 A위치로 내려 2단을 뜹니다.

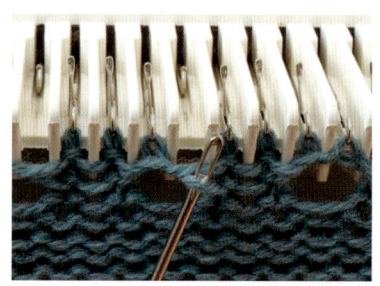

12 2단 아래의 걸친 실 1가닥을 옮김바늘에 옮겨 빈 바늘(b바늘)에 겁니다.

13 모든 코가 바늘에 걸린 상태가 되었습니다. 이어서 4단을 뜹니다.

14 1무늬를 떴습니다. 1~13을 반복합니다.

15 겉에서 본 모습.

무늬뜨기

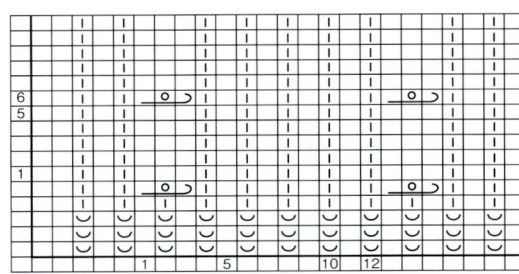

□ = □　◡ = 바늘 빼기
※도안은 수편기에 걸린 상태다.

 무늬 뜨는 법(풀오버)

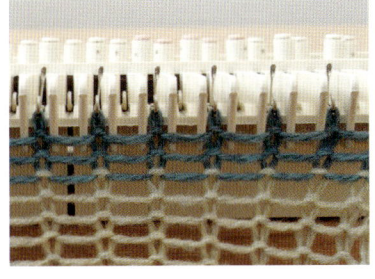

1
1코 고무뜨기 기초코를 만듭니다. 1코 걸러 바늘 빼기로 준비단을 3단 뜹니다.

2
빈 바늘을 꺼내고 무늬뜨기 다이얼로 2단을 뜹니다

3
b코를 바늘에서 빼내고, 준비단 1단의 싱커 루프 아래에서 타피를 넣은 뒤 2단 건너뛰어 타피 되돌리기를 합니다.

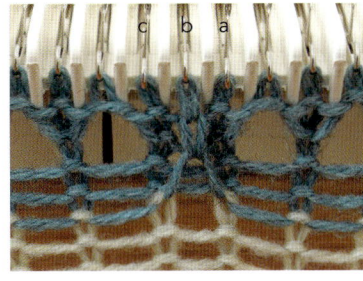

4
타피 되돌리기를 한 모습.

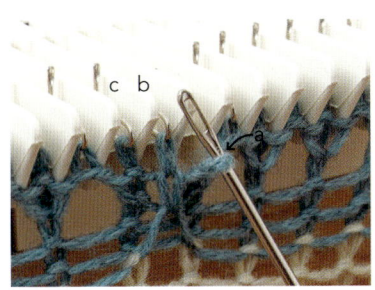

5
a코, b코 순으로 옮김바늘에 옮기고

6
c의 코에 겹쳐서 겁니다.

7
a, b코를 c코로 래치 넘기기를 합니다.

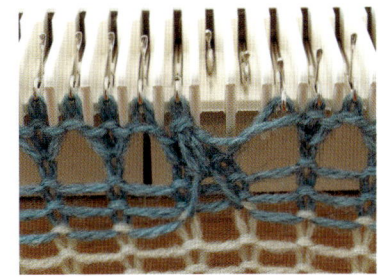

8
래치 넘기기를 한 모습.

9
래치 넘기기로 내린 코의 앞쪽(a코)을 옮김 바늘에 옮기고

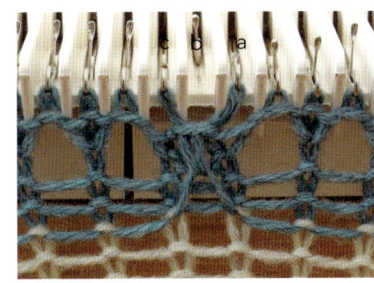

10
a바늘에 겁니다.

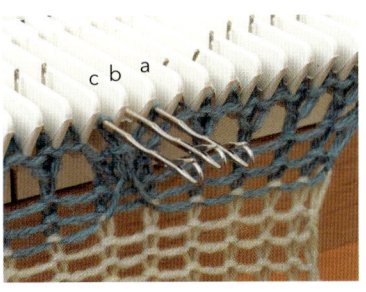

11
a, b, c 바늘 3개를 D위치까지 내밀어

12
6단을 뜹니다.

13
5~12를 반복합니다. 6단마다 무늬의 조작을 합니다.

14
필요한 단수만큼 뜬 뒤 1코 고무뜨기 부분을 타피 되돌리기를 합니다.

15
겉에서 본 모습.

「뜨개꾼의 심심풀이 뜨개」
이 근처에 있어요. 딸랑딸랑딸랑 '뜨개 등산 방울'이 있는 풍경

산나물 캐러 간다
계곡 낚시하러 간다
트래킹하러 간다

자연을 마음껏 즐기고 맛보고 싶다

단단히 준비하고
날씨와 경로를 확인
물 OK! 음식 OK!
수건을 감고
자, 출발

산에 사는 생물들에게
잊지 말고 존재를 알리자
딸랑딸랑딸랑

벌레에도 물리지 않게 주의할 것

뜨개꾼 203gow(니마루산고)

색다른 뜨개 작품 '이상한 뜨개'를 제작하고 있다. 온 거리를 뜨개 작품으로 메우려는 게릴라 뜨개 집단 '뜨개 기습단'을 창설했다. 백화점 쇼윈도, 패션 잡지의 배경, 미술관과 갤러리 전시, 워크숍 등 다양하게 활동하고 있다.
https://203gow.weebly.com

글·사진/203gow 참고 작품

노르딕 요크
10 page ★★★

모크 울 B

실을 가로로 걸치는
배색무늬

※일본어 사이트

재료
데오리야 모크 울 B. 실의 색이름·색번호·사용량은 도안의 표를 참고하세요.

도구
대바늘 9호·7호·6호

완성 크기
S…가슴둘레 96㎝, 착장 57㎝, 화장 76.5㎝
M…가슴둘레 104㎝, 착장 59.5㎝, 화장 79.5㎝
L…가슴둘레 114㎝, 착장 62.5㎝, 화장 82.5㎝

게이지(10×10㎝)
배색무늬 A 18코×24단,
메리야스뜨기 17.5코×26단

POINT
●요크·몸판·소매…요크는 별도 사슬로 기초코를 만들어 뜨기 시작해 배색무늬 A로 원형으로 뜹니다. 배색무늬는 실을 가로로 걸치는 방법으로 뜹니다. 분산 늘림코는 도안을 참고하세요. 뒤판에 메리야스뜨기를 6단 왕복해 떠서 앞뒤 차이를 둡니다. 이어서 앞뒤 몸판은 거싯을 감아코로 만들고 요크에서는 코를 주워 메리야스뜨기, 배색무늬 B, 2코 고무뜨기로 원형으로 뜹니다. 뜨개 끝은 무늬를 이어서 뜨면서 덮어씌워 코막음합니다. 소매는 거싯·요크의 쉼코·앞뒤 차이에서 코를 주워 몸판처럼 뜹니다. 소매 밑선의 줄임코는 도안을 참고하세요. 뜨개 끝은 밑단처럼 정리합니다.
●마무리…목둘레는 기초코 사슬을 풀어 코를 주워 2코 고무뜨기로 게이지 조정을 하면서 원형으로 뜹니다. 뜨개 끝은 밑단처럼 정리합니다.

실 사용량

색이름 (색번호)	S	M	L
차콜그레이 (15)	400g	455g	520g
에크뤼 (32)	85g	100g	105g

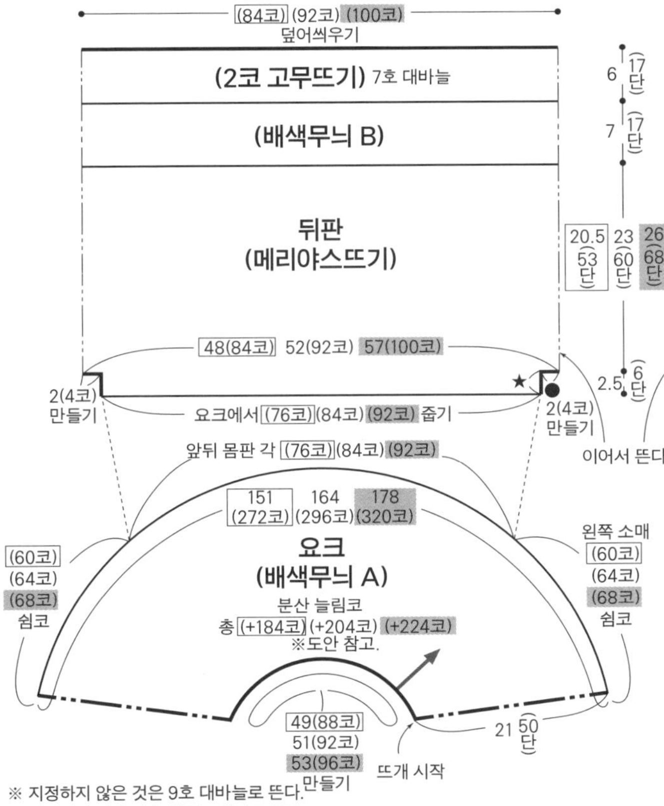

※ 지정하지 않은 것은 9호 대바늘로 뜬다.
※ 지정하지 않은 것은 차콜그레이로 뜬다.
※ □는 S, ■는 L, 그 외는 M 또는 공통.
※ 거싯은 앞뒤 몸판을 이어서 감아코로 각 (8코) 만든다.

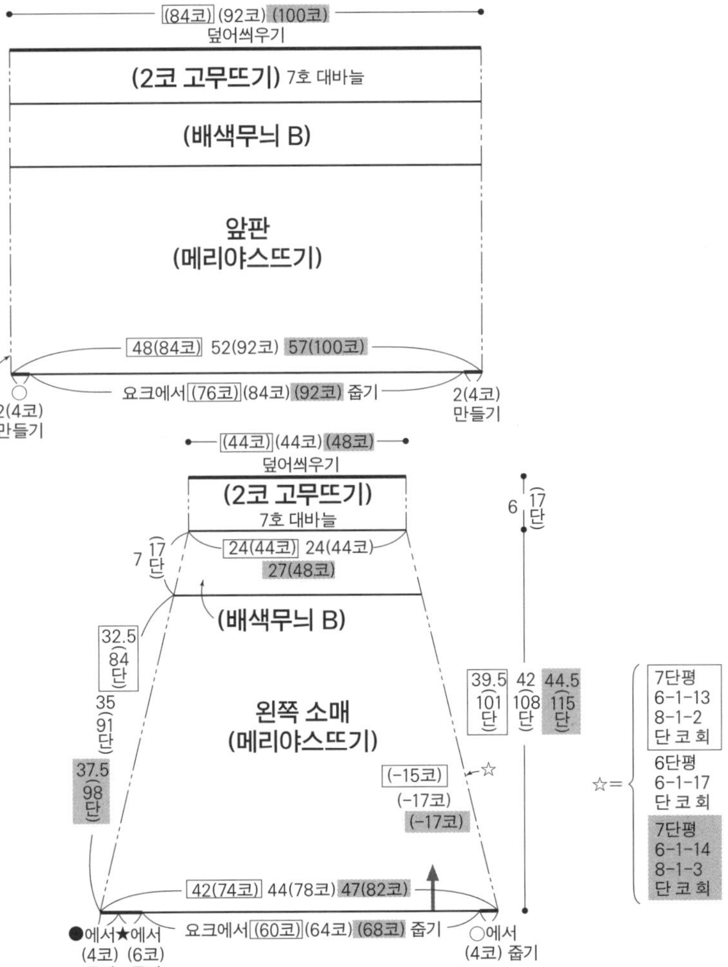

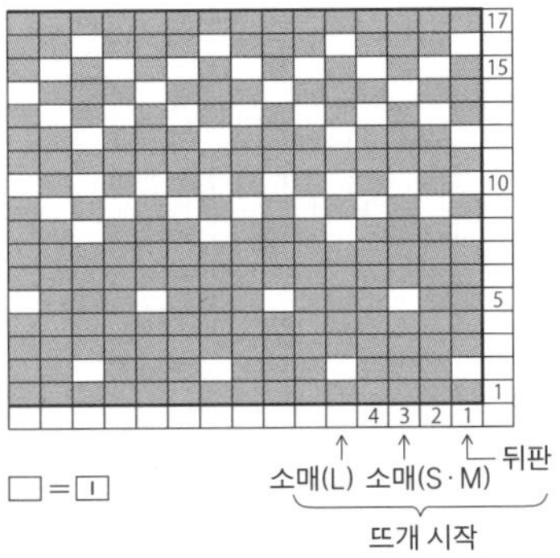

배색 ■=차콜그레이 □=에크뤼

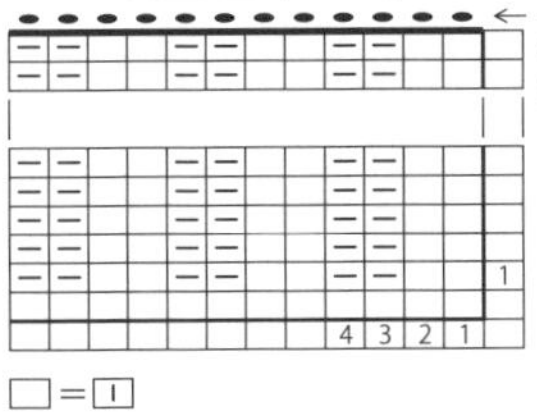

104페이지로 이어집니다. ▶

★ 개수는 작품을 선택하는 기준으로 참고해주세요. ★…초심자도 안심, ★★…자신이 조금 생겼다면, ★★★…끈기도 겸비한 중·상급자, ★★★★…솜씨에 자신 있음. 실은 실물 크기입니다.

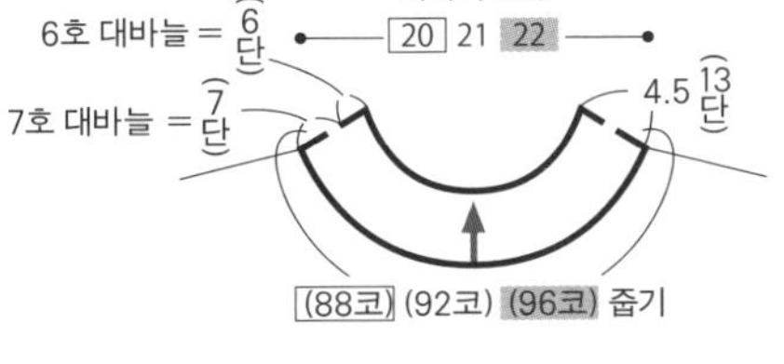

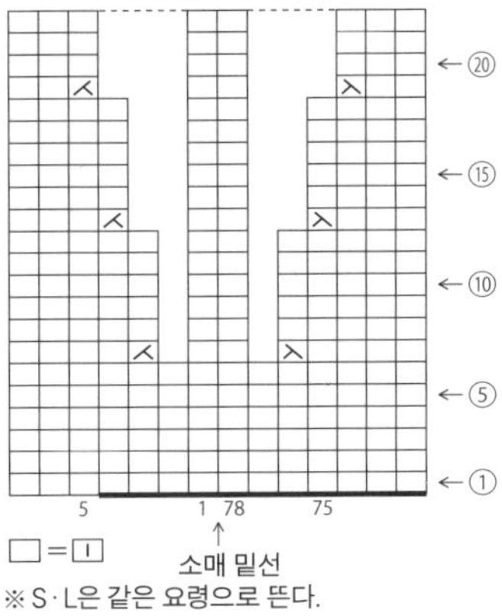

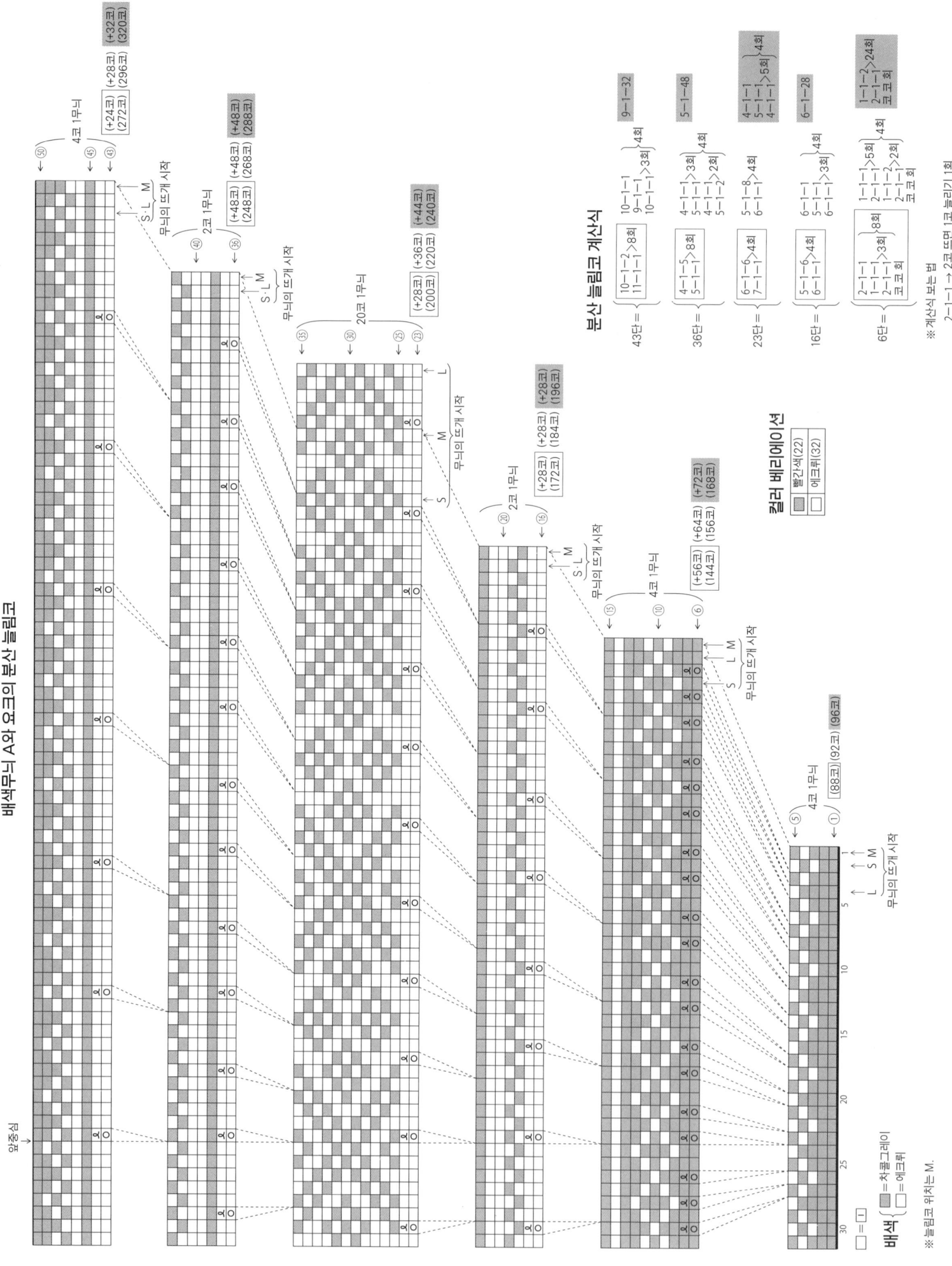

노르딕 요크
11 page ★★★

쿠 코드

실을 가로로 걸치는
배색무늬

※일본어 사이트

재료
데오리야 쿠 코드. 실의 색이름·색번호·사용량은 도안의 표를 참고하세요.

도구
대바늘 8호·6호

완성 크기
S…가슴둘레 94cm, 착장 53cm, 화장 70.5cm
M…가슴둘레 100cm, 착장 56cm, 화장 72.5cm
L…가슴둘레 104cm, 착장 59cm, 화장 74cm

게이지(10×10cm)
배색무늬 17.5코×22.5단,
메리야스뜨기 17.5코×25단

POINT
●요크·몸판·소매…요크는 손가락에 실을 걸어서 기초코를 만들어 뜨기 시작해 배색무늬로 원형으로 뜹니다. 배색무늬는 실을 가로로 걸치는 방법으로 뜹니다. 분산 늘림코는 도안을 참고하세요. 뒤판에 메리야스뜨기를 8단 왕복해 떠서 앞뒤 차이를 둡니다. 이어서 앞뒤 몸판은 거싯을 감아코로 만들고 요크에서는 코를 주워 메리야스뜨기, 2코 고무뜨기로 원형으로 뜹니다. 뜨개 끝은 무늬를 이어서 뜨면서 덮어씌워 코막음합니다. 소매는 거싯·요크의 쉼코·앞뒤 차이에서 코를 주워 몸판처럼 뜹니다. 소매 밑선의 줄임코는 도안을 참고하세요. 뜨개 끝은 밑단처럼 정리합니다.
●마무리…목둘레는 지정 콧수를 주워 2코 고무뜨기로 원형으로 뜹니다. 뜨개 끝은 밑단처럼 정리합니다.

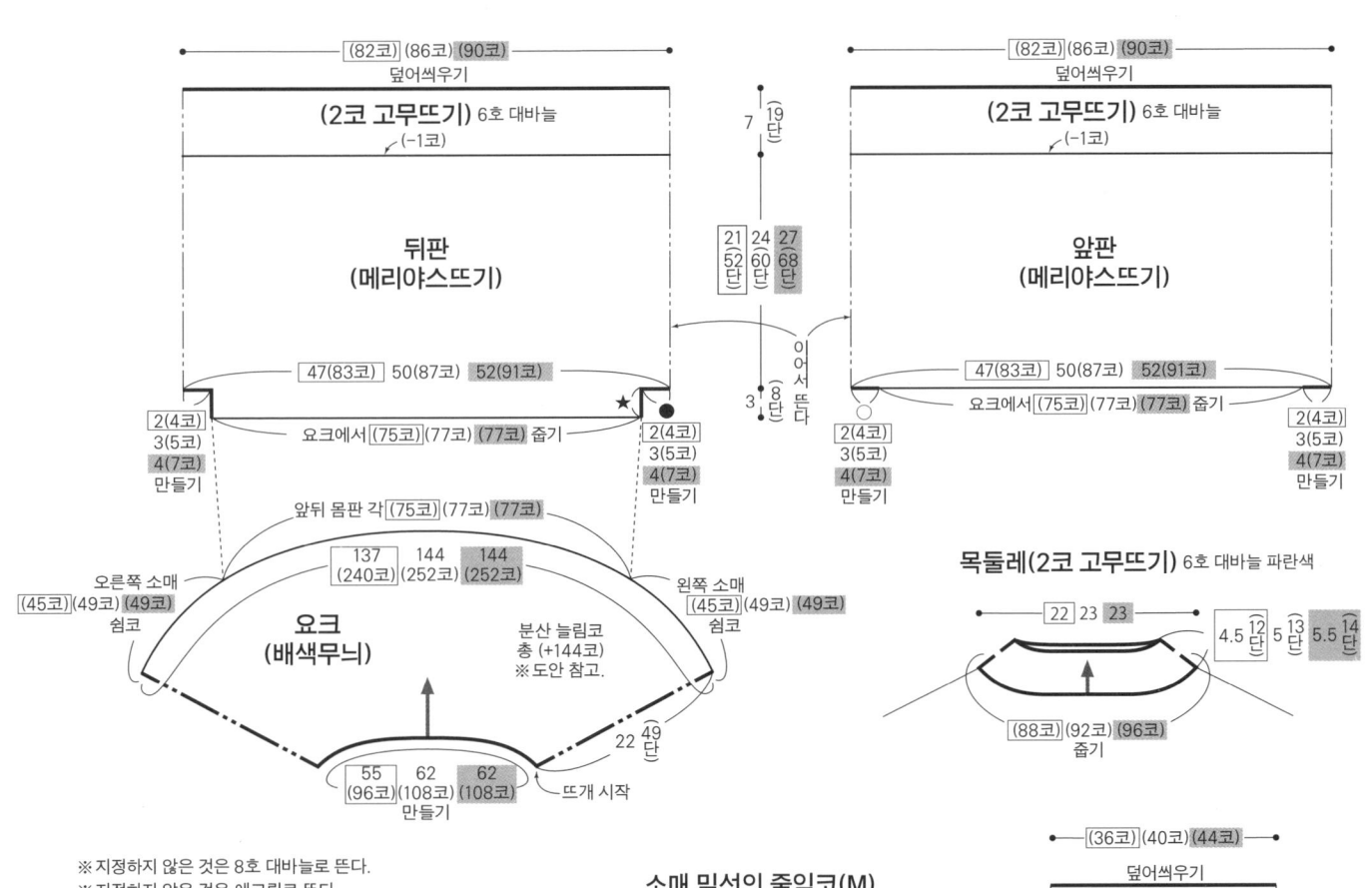

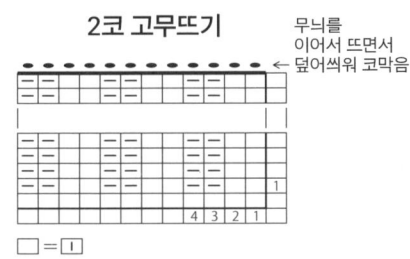

2코 고무뜨기

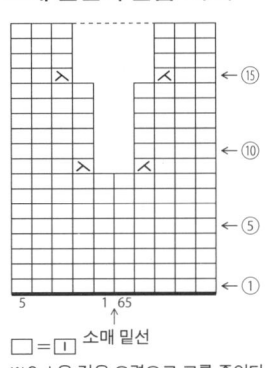

소매 밑선의 줄임코(M)

□ = ① 소매 밑선
※S·L은 같은 요령으로 코를 줄인다.

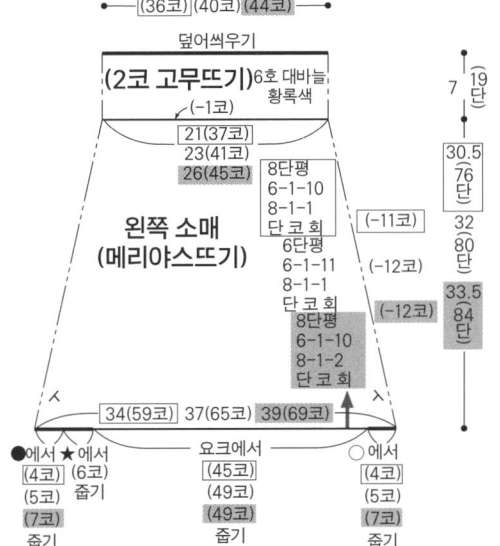

실 사용량

색이름(색번호)	S	M	L
에크뤼(34)	270g	300g	340g
청록색(16)	35g	35g	35g
파란색(23)	25g	30g	30g
황록색(10)	20g	25g	30g
핑크(15)	15g	15g	15g
연녹색(19)	5g	5g	5g

106페이지로 이어집니다. ▶

▶ 105페이지에서 이어집니다.

배색무늬와 분산 늘림코(M·L)

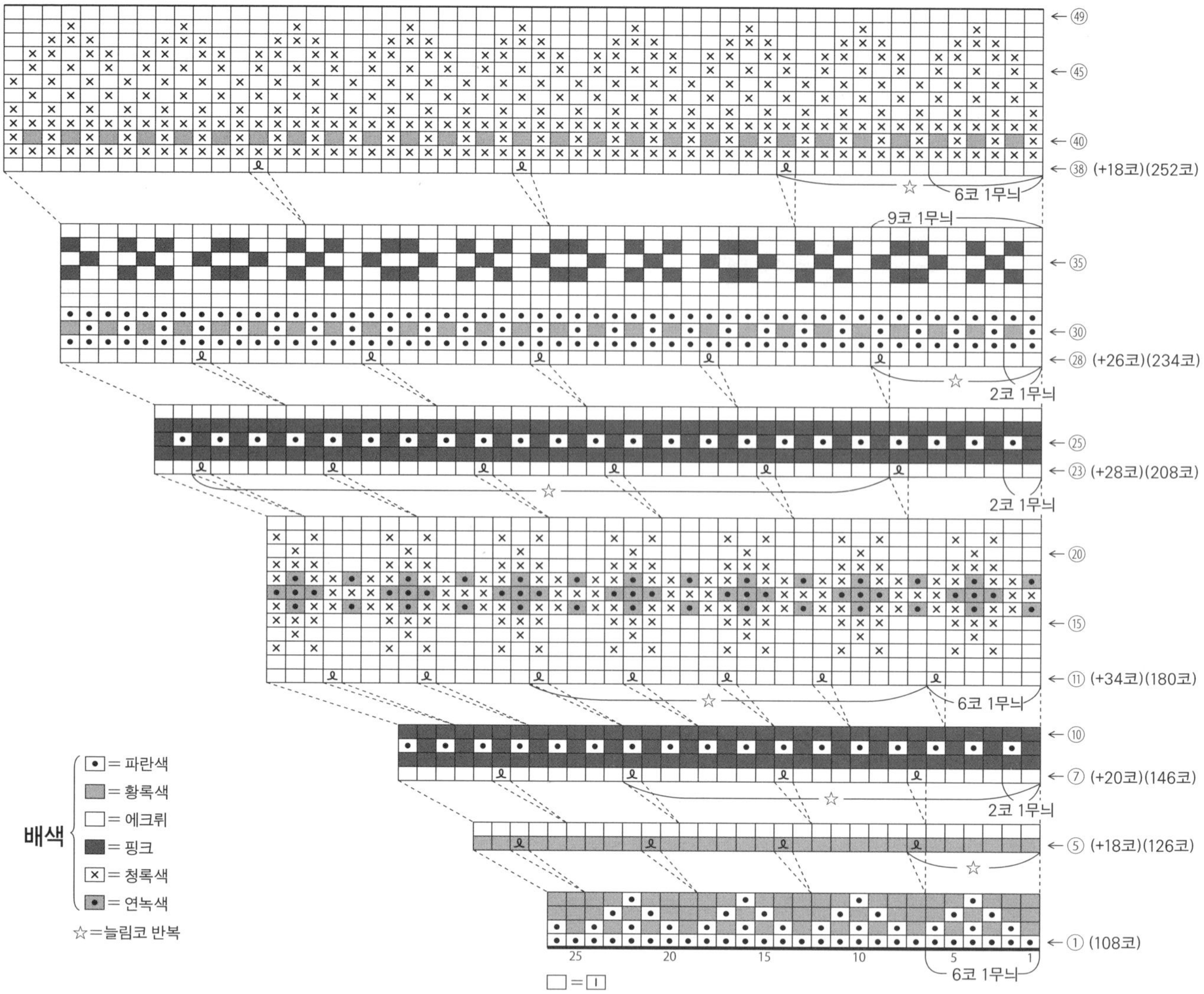

배색
- ⊙ = 파란색
- ▨ = 황록색
- □ = 에크뤼
- ■ = 핑크
- ⊠ = 청록색
- ⊙ = 연녹색

☆ = 늘림코 반복

□ = ㅣ
ℚ = 돌려뜨기 늘림코

배색무늬(컬러 베리에이션)

배색
- ⊙ = 연녹색(19)
- □ = 에크뤼(34)
- ■ = 그레이(30)
- ⊠ = 남색(28)

□ = ㅣ

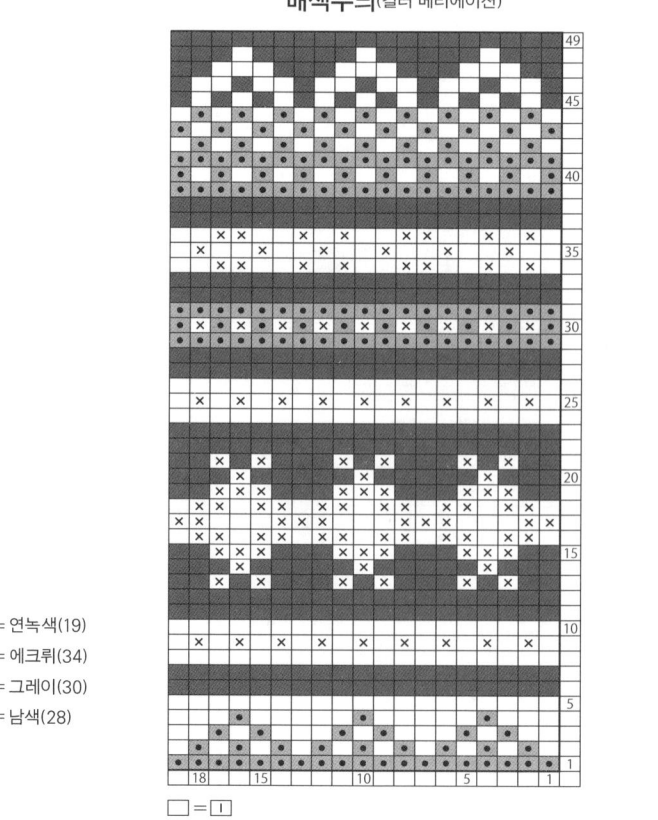

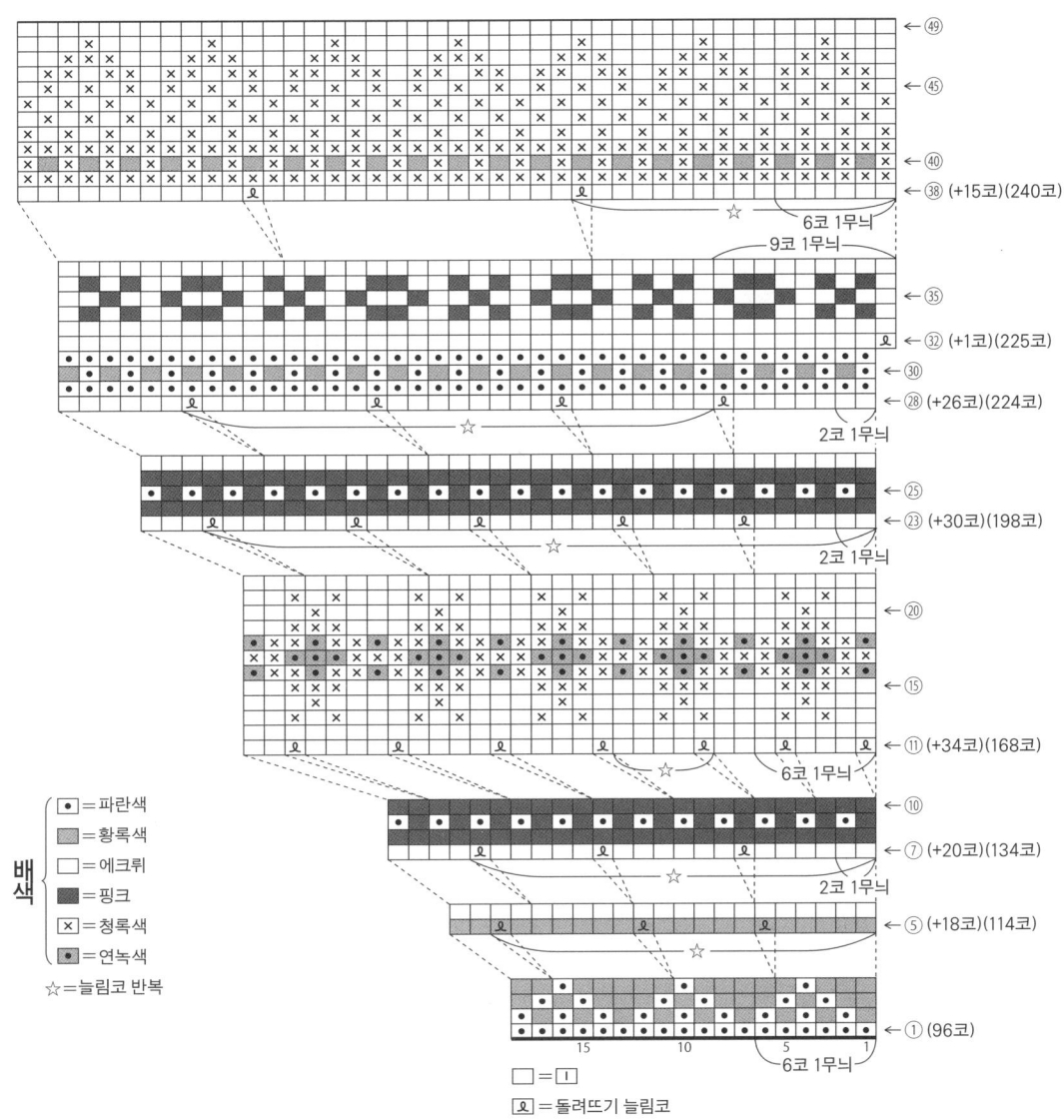

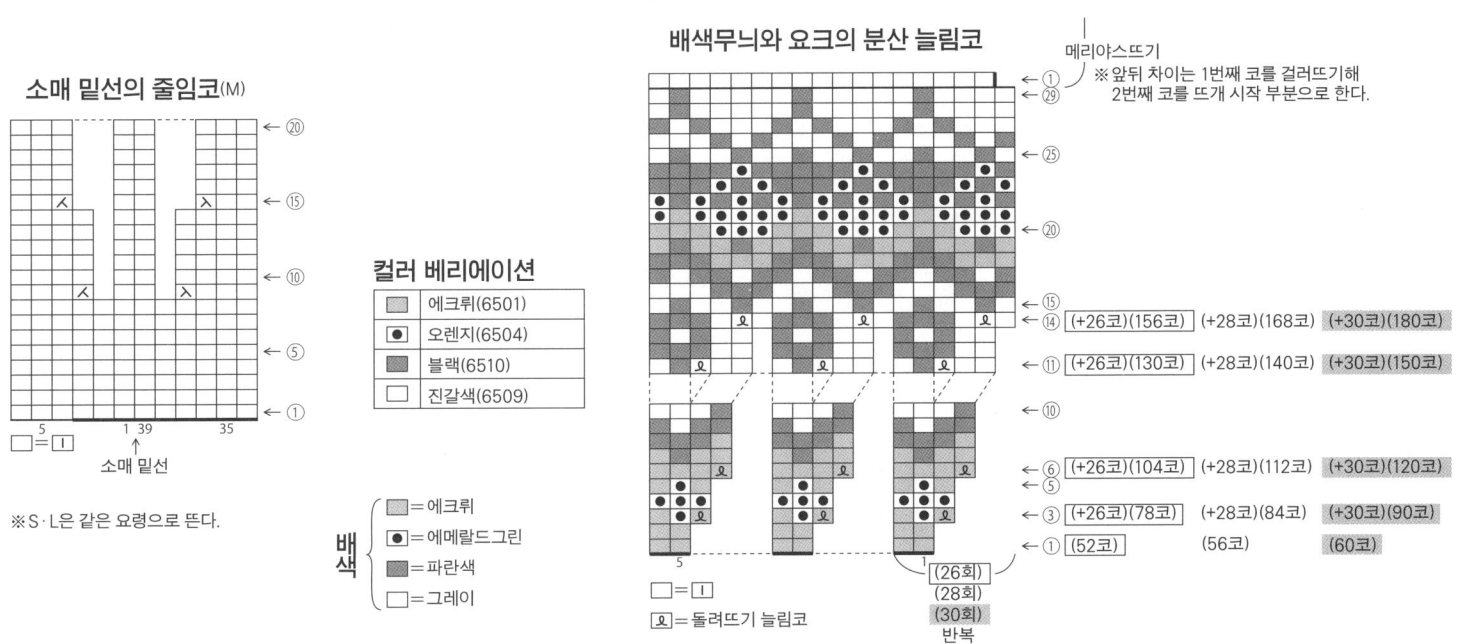

노르딕 요크
13 page ★★★

스키 팔

실을 가로로 걸치는
배색무늬

※일본어 사이트

재료
스키 얀 스키 팔
S…그레이(6502) 415g 9볼, 파란색(6508) 80g 2볼, 에크뤼(6501) 40g 1볼, 에메랄드그린(6507) 30g 1볼
M…그레이(6502) 485g 10볼, 파란색(6508) 85g 2볼, 에크뤼(6501) 45g 1볼, 에메랄드그린(6507) 30g 1볼
L…그레이(6502) 575g 12볼, 파란색(6508) 90g 2볼, 에크뤼(6501) 45g 1볼, 에메랄드그린(6507) 35g 1볼

도구
대바늘 8mm·13호

완성 크기
S…가슴둘레 102㎝, 착장 56.5㎝, 화장 70㎝
M…가슴둘레 106㎝, 착장 61㎝, 화장 73.5㎝
L…가슴둘레 114㎝, 착장 64.5㎝, 화장 78.5㎝

게이지(10×10㎝)
배색무늬 11코×12.5단,
메리야스뜨기 10코×14.5단

POINT
●요크·몸판·소매…요크는 손가락에 실을 걸어서 기초코를 만들어 뜨기 시작해 배색무늬로 원형으로 뜹니다. 배색무늬는 실을 가로로 걸치는 방법으로 뜹니다. 분산 늘림코는 도안을 참고하세요. 뒤판에 메리야스뜨기를 4단 왕복해 떠서 앞뒤 차이를 두되, 뜨개 시작 위치에 주의합니다. 이어서 앞뒤 몸판은 요크에서 코를 줍고, 거싯을 감아코로 만들어 메리야스뜨기, 1코 고무뜨기로 원형으로 뜹니다. 뜨개 끝은 무늬를 이어서 뜨면서 덮어씌워 코막음합니다. 소매는 거싯·요크의 쉼코·앞뒤 차이에서 코를 주워 몸판처럼 뜹니다. 소매 밑선의 줄임코는 도안을 참고하세요. 뜨개 끝은 밑단처럼 정리합니다.
●마무리…목둘레는 지정 콧수를 주워 1코 고무뜨기로 원형으로 뜹니다. 뜨개 끝은 밑단처럼 정리합니다.

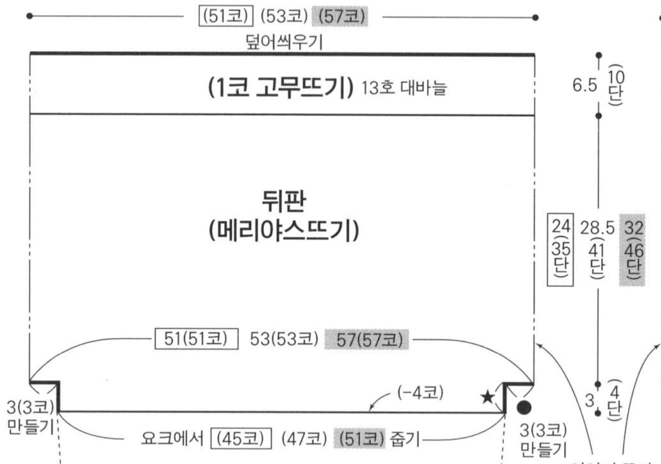

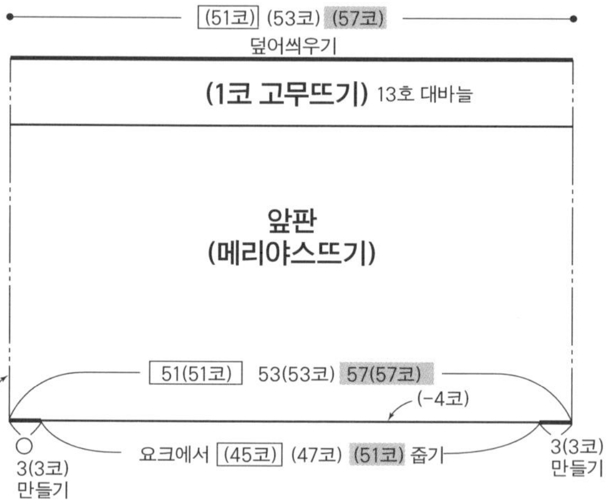

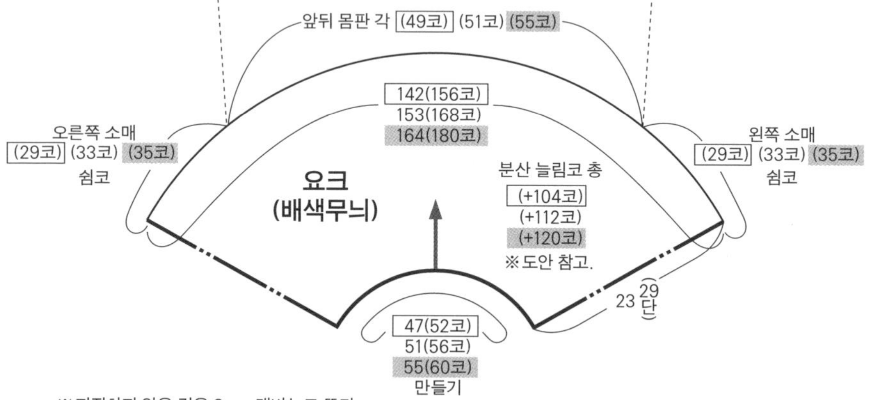

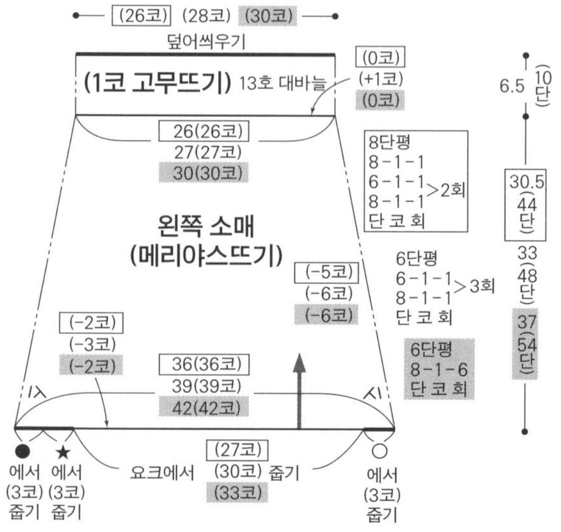

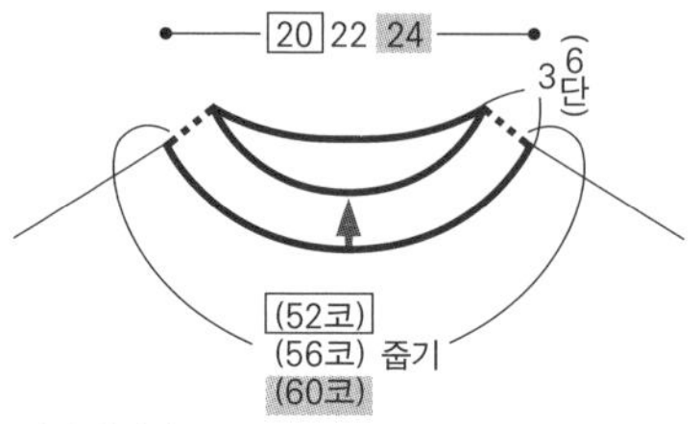

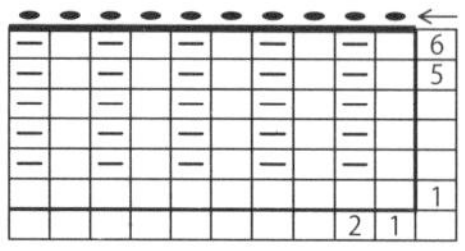

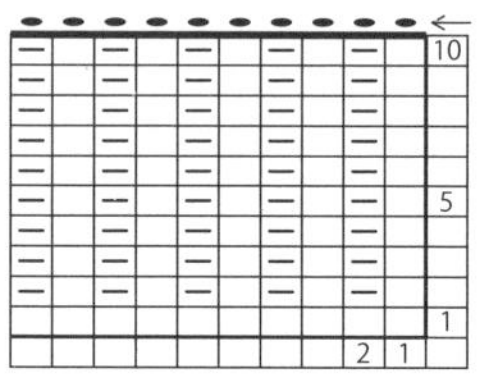

◀ 107페이지로 이어집니다.

노르딕 요크
12 page ★★★

스키 뉴 메리노 실크

실을 가로로 걸치는
배색무늬

※일본어 사이트

재료
스키 얀 스키 뉴 메리노 실크. 실의 색이름·색번호·사용량은 도안의 표를 참고하세요.

도구
대바늘 4호

완성 크기
S…가슴둘레 98cm, 착장 54.5cm, 화장 30cm
M…가슴둘레 104cm, 착장 57.5cm, 화장 31.5cm
L…가슴둘레 110cm, 착장 60.5cm, 화장 33.5cm

게이지(10×10cm)
메리야스뜨기 22.5코×32단

POINT
●몸판은 손가락에 실을 걸어서 기초코를 만들어 뜨기 시작해 2코 고무뜨기, 메리야스뜨기, 1코 고무뜨기로 뜹니다. 요크 경계선은 도안을 참고해 되돌아뜨기를 합니다. ☆, ★끼리는 덮어씌워 잇기를 합니다. 요크는 코를 늘리면서 코를 주워 배색무늬로 원형으로 뜹니다. 배색무늬는 실을 가로로 걸치는 방법으로 뜹니다. 분산 줄임코는 도안을 참고하세요. 이어서 목둘레는 배색무늬 2코 고무뜨기로 뜹니다. 뜨개 끝은 무늬를 이어서 뜨면서 덮어씌워 코막음합니다. 옆선은 떠서 꿰매기를 합니다.

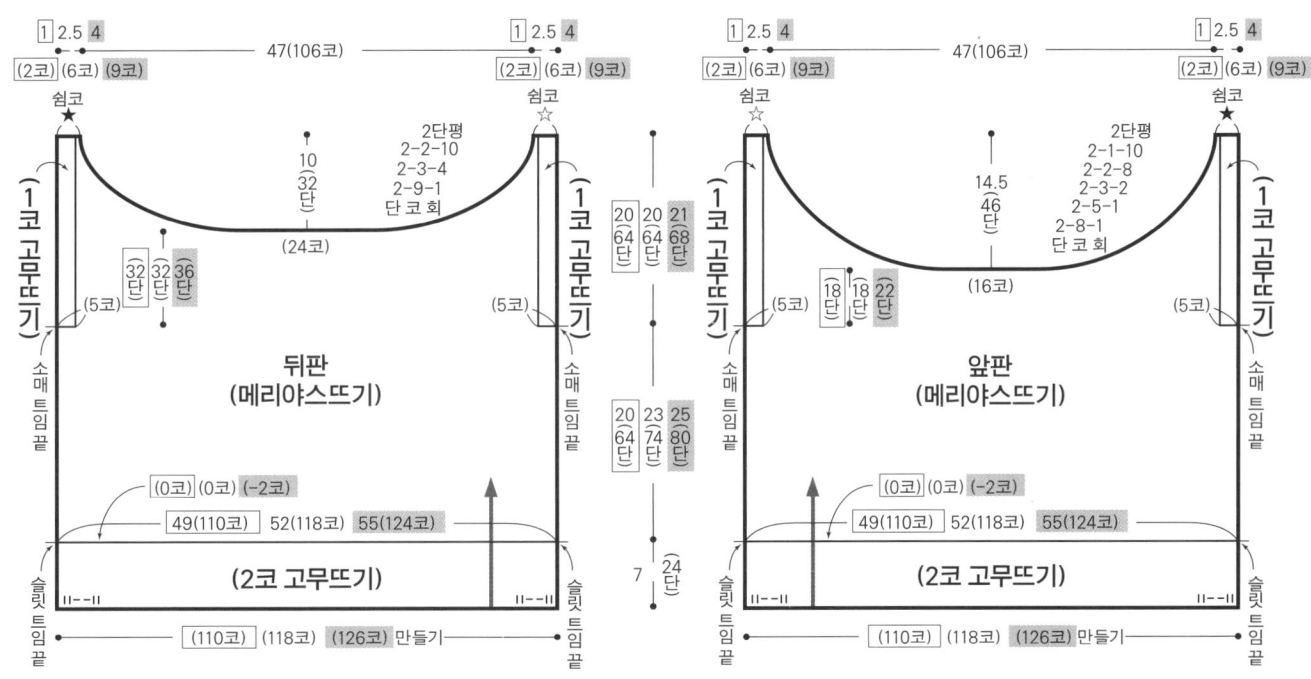

※모두 4호 대바늘로 뜬다.
※지정하지 않은 것은 네이비로 뜬다.
※□는 S, ■는 L, 그 외는 M 또는 공통.
※☆, ★끼리는 덮어씌워 잇기.

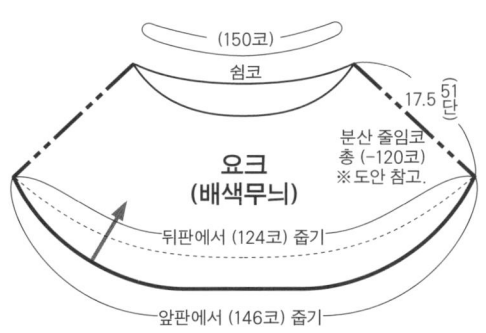

※뒤판에서 줍기 시작해 총 (270코) 줍는다.
※1단은 앞뒤 몸판 각각 균등하게 돌려뜨기 늘림코를 하면서 코를 줍는다.

목둘레
(배색무늬 2코 고무뜨기)

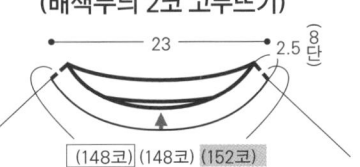

배색무늬 2코 고무뜨기

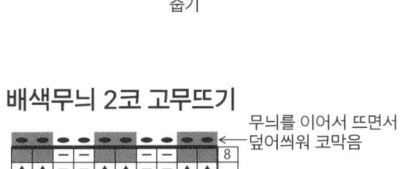

※덮어씌워 코막음은 1코 전에 실을 바꾼다.

실 사용량

색이름(색번호)	S	M	L
네이비(7412)	180g 6볼	200g 7볼	230g 8볼
라이트그레이(7403)	각 25g 1볼		
노란색(7405)	각 5g 1볼		
핑크(7406)			
연보라색(7410)			
하늘색(7411)			

110페이지로 이어집니다. ▶

▶ 109페이지에서 이어집니다.

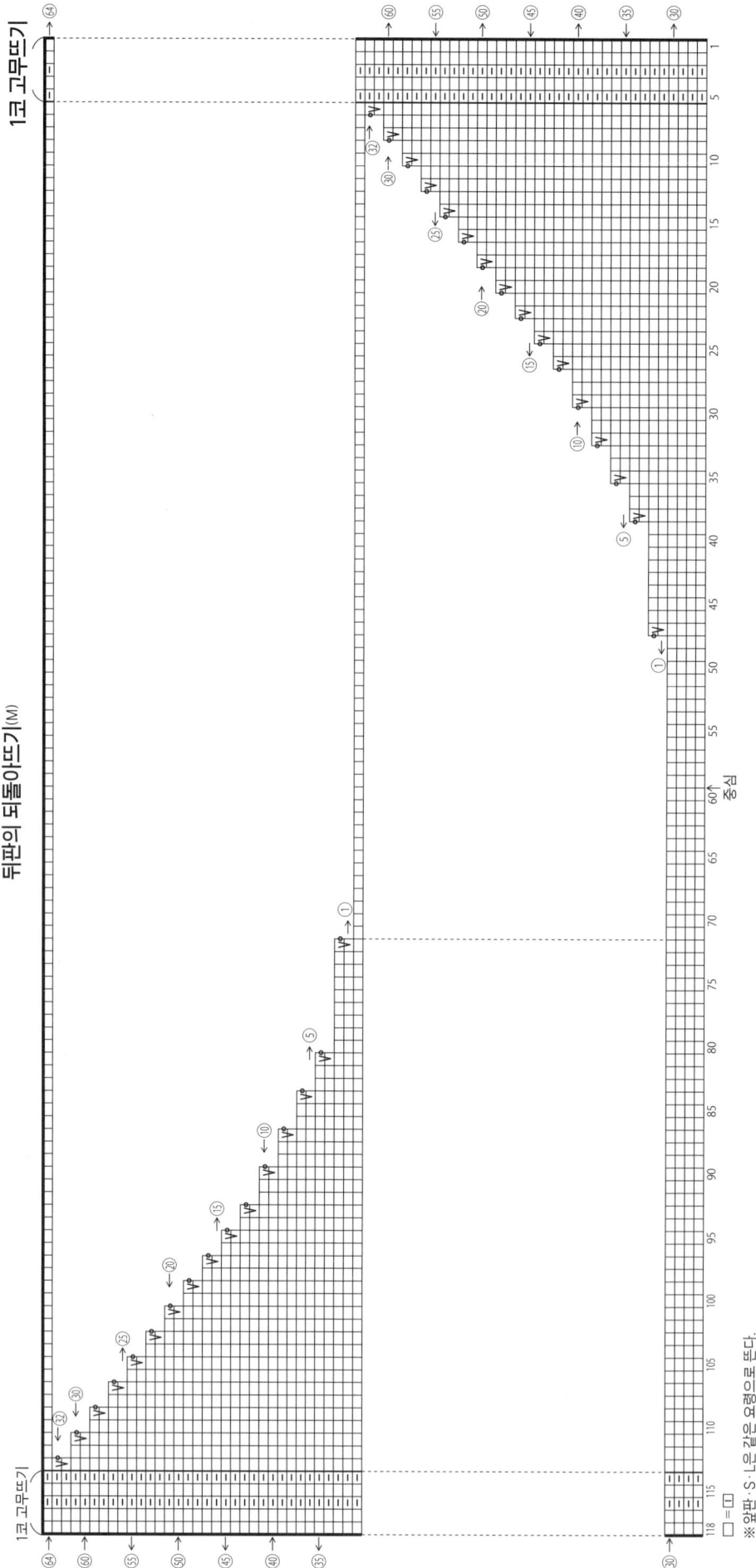

요크의 분산 줄임코

컬러 베리에이션

	색이름(색번호)
□	연갈색(7413)
■	보라색(7409)
▨	라이트베이지(7402)
●	연녹색(7404)
▲	네이비(7412)
▨	적자색(7408)

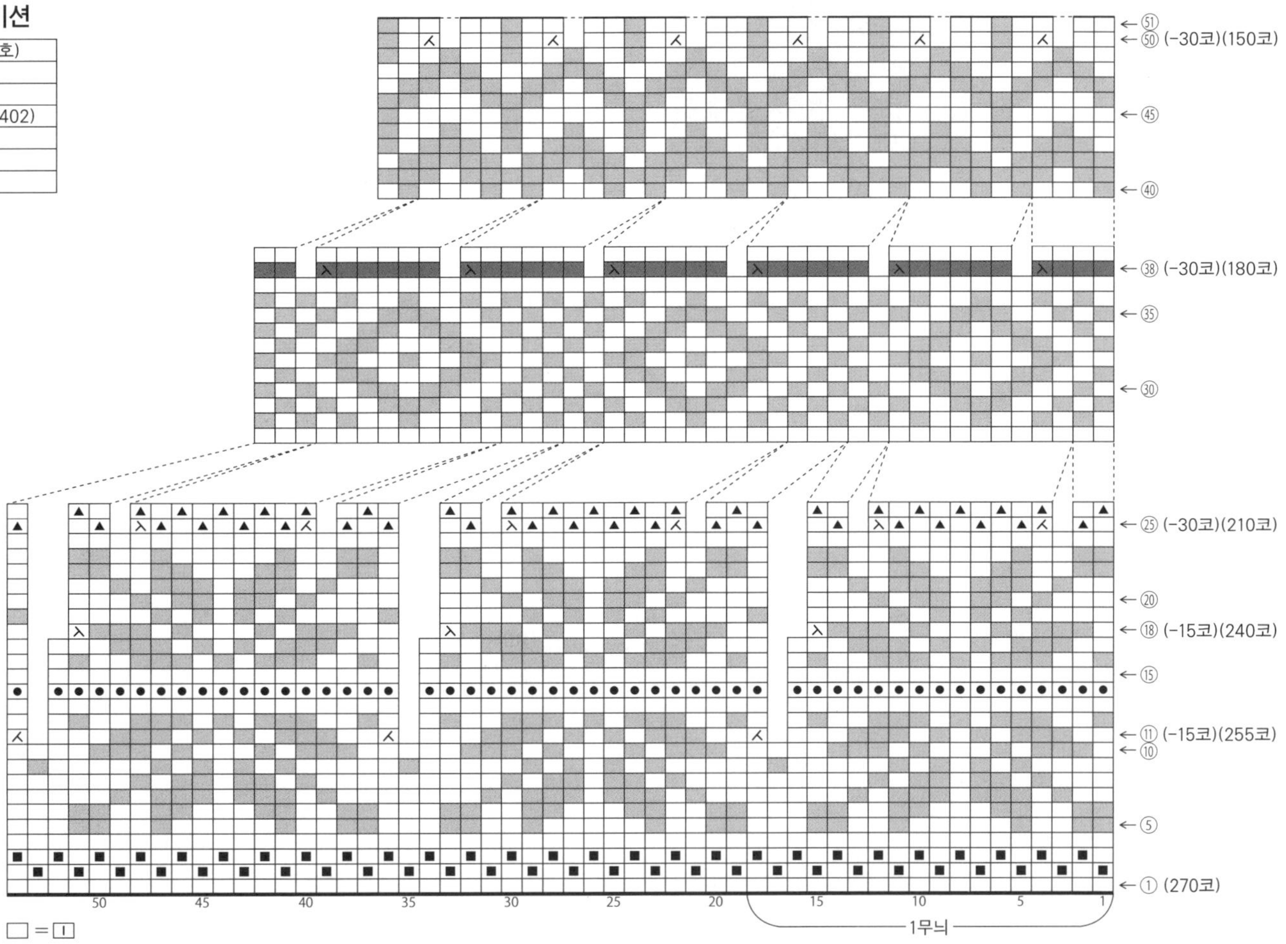

배색

□	네이비
■	하늘색
▨	라이트그레이
●	노란색
▲	연보라색
▨	핑크

□ = ┃

실을 가로로 걸치는 배색무늬 뜨는 법

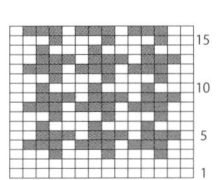

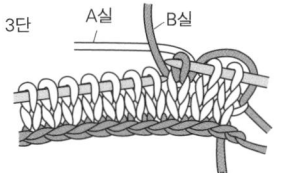

1 B실을 끼워서 뜨기 시작해 A실로 2코, B실로 1코 뜬다.

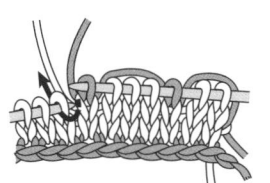

2 B실은 위, A실은 아래로 걸쳐 A실 3코, B실 1코 뜨기를 반복한다.

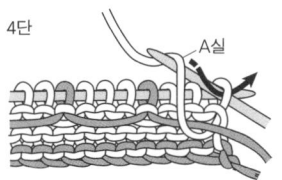

3 4단을 뜨기 시작한다. B실을 끼워서 첫 코를 뜬다.

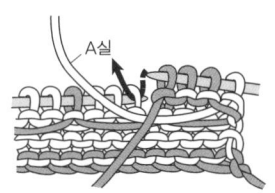

4 안뜨기 쪽을 뜰 때도 B실은 위, A실은 아래로 걸쳐 뜬다.

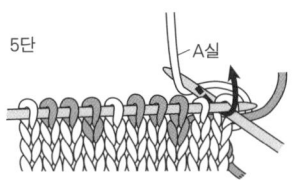

5 단을 뜨기 시작할 때는 뜨는 실에 쉬는 실을 끼워서 뜬다.

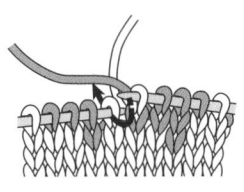

6 B실로 3코, A실로 1코를 기호도대로 반복한다.

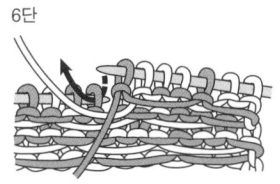

7 B실 1코, A실 3코를 반복한다. 이 단에서 1무늬를 떴다.

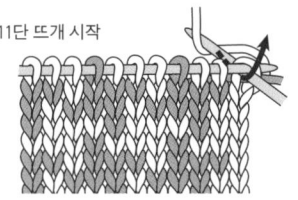

8 4단을 더 떠서 하운즈 투스 체크무늬를 2무늬 뜬 모습.

노르딕 요크
14 page ★★★

알라포스 로피

실을 가로로 걸치는
배색무늬

※ 일본어 사이트

재료
나이토상사 알라포스 로피. 실의 색이름·색번호·사용량은 도안의 표를 참고하세요.

도구
대바늘 13호·11호

완성 크기
S…가슴둘레 94cm, 착장 59.5cm, 화장 73.5cm
M…가슴둘레 104cm, 착장 61.5cm, 화장 75.5cm
L…가슴둘레 114cm, 착장 66.5cm, 화장 81cm

게이지(10×10cm)
메리야스뜨기 13코×18단, 배색무늬 13코×17단

POINT
●몸판·소매·요크…손가락에 실을 걸어서 기초코를 만들어 뜨기 시작해 1코 고무뜨기와 메리야스뜨기로 원형으로 뜹니다. 소매 밑선의 늘림코는 도안을 참고하세요. 거싯의 코는 쉼코를 합니다. 요크는 몸판과 소매에서 코를 주워 배색무늬로 원형으로 뜹니다. 배색무늬는 실을 가로로 걸치는 방법으로 뜨고 줄임코는 도안을 참고하세요. 목둘레 전까지 뜨면 실을 자르고, 앞목둘레에 실을 다시 이어서 다음 부분을 왕복해 뜹니다.
●마무리…거싯은 메리야스 잇기를 합니다. 목둘레는 지정 콧수를 주워 1코 고무뜨기로 원형으로 뜹니다. 뜨개 끝은 1코 고무뜨기 코막음을 합니다.

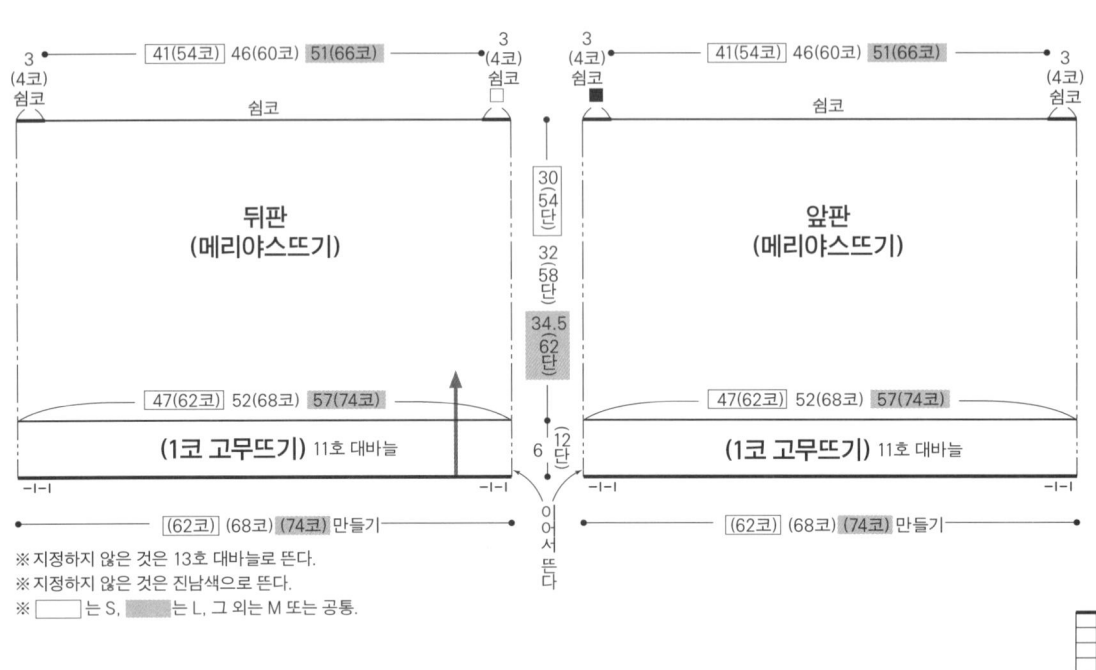

실 사용량

색이름(색번호)	S	M	L
진남색(709)	455g 5볼	525g 6볼	650g 7볼
겨자색(9964)	45g 1볼	50g 1볼	65g 1볼
그레이(56)	35g 1볼	35g 1볼	40g 1볼
에크뤼(51)	15g 1볼	15g 1볼	20g 1볼

컬러 베리에이션

□	진갈색(867)
■	블루그레이(9958)
▨	연갈색(85)
·	에크뤼(51)

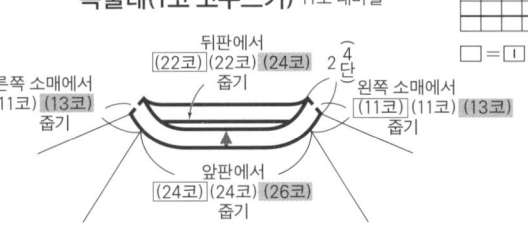

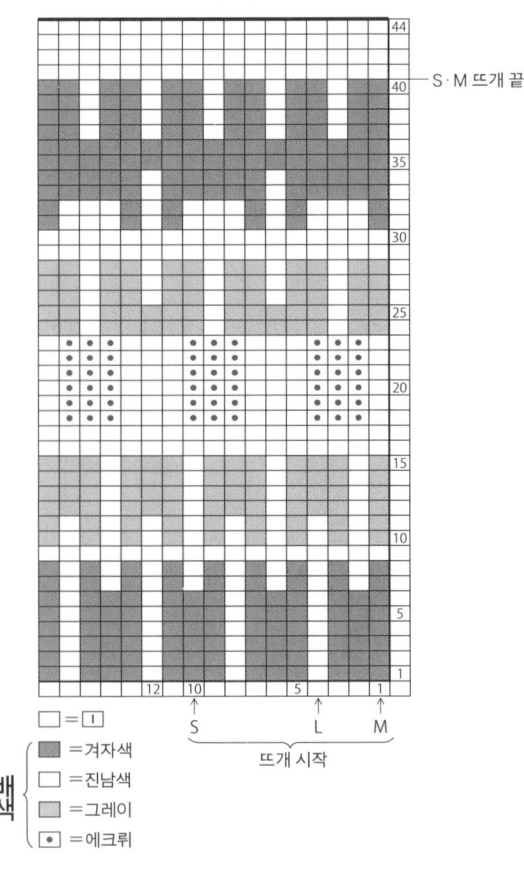

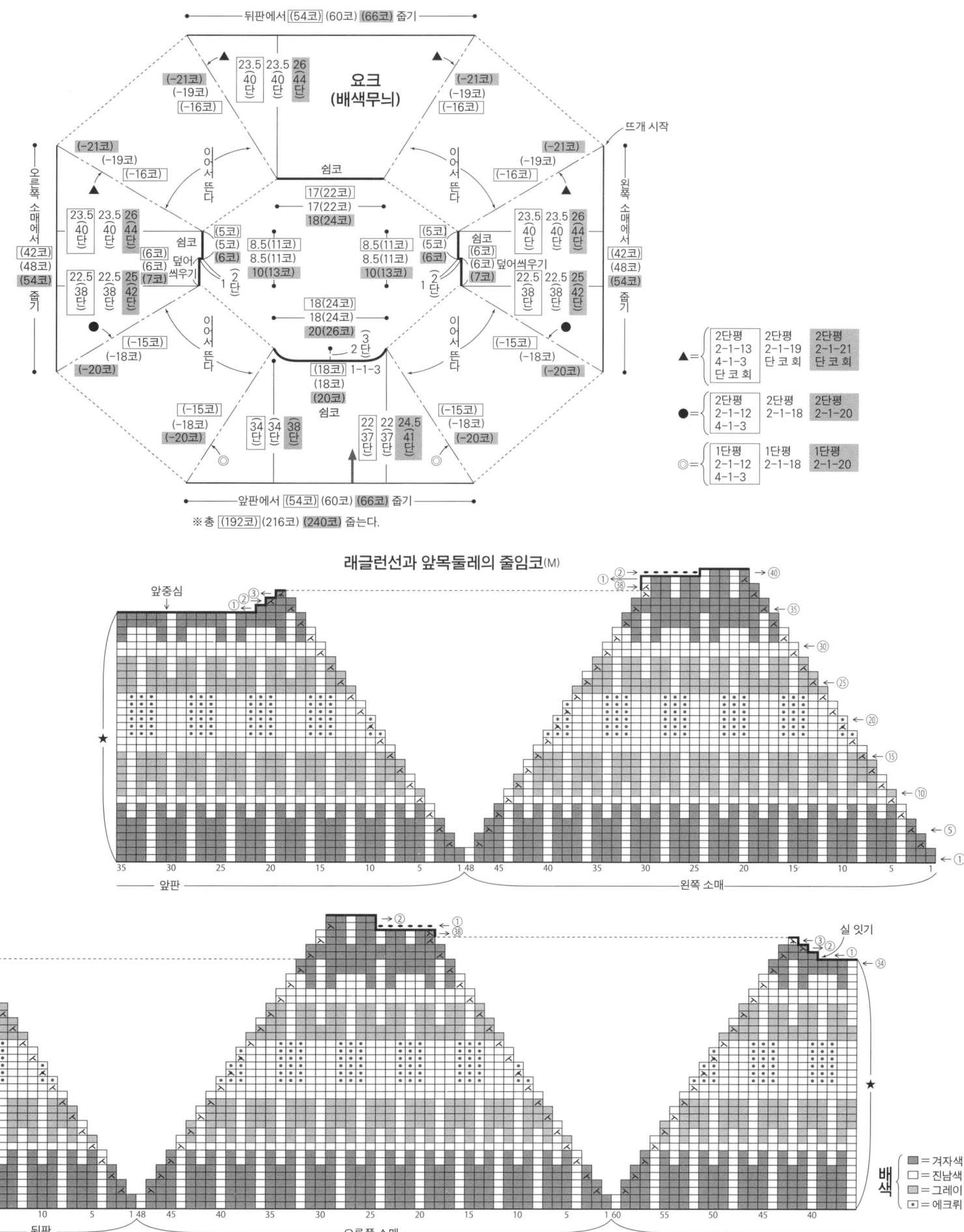

노르딕 요크
14 page ★★★

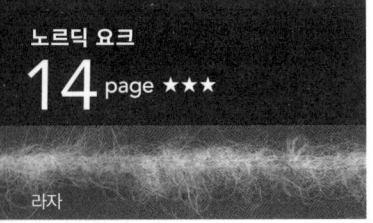

라자

실을 가로로 걸치는
배색무늬

※ 일본어 사이트

재료
나이토상사 라자. 실의 색이름·색번호·사용량은 도안의 표를 참고하세요.

도구
대바늘 15호·13호

완성 크기
S…가슴둘레 90cm, 착장 57cm, 화장 69.5cm
M…가슴둘레 96cm, 착장 59cm, 화장 73cm
L…가슴둘레 104cm, 착장 61.5cm, 화장 76.5cm

게이지(10×10cm)
메리야스뜨기 10.5코×18단, 배색무늬 10.5코×15단

POINT
●몸판·소매·요크…손가락에 실을 걸어서 기초코를 만들어 뜨기 시작해 1코 고무뜨기, 메리야스뜨기로 원형으로 뜹니다. 뒤판은 6단 왕복해 떠서 앞뒤 차이를 둡니다. 소매 밑선의 늘림코는 도안을 참고하세요. 요크는 몸판과 소매에서 코를 주워 배색무늬로 원형으로 뜹니다. 배색무늬는 실을 가로로 걸치는 방법으로 뜨되, 실이 5코 걸쳐지는 부분은 3번째 코에서 걸치는 실을 감아 뜹니다. 분산 줄임코는 도안을 참고하세요.
●마무리…목둘레는 지정 콧수를 주워 1코 고무뜨기로 뜹니다. 뜨개 끝은 무늬를 이어서 뜨면서 덮어씌워 코막음합니다. 맞춤 표시끼리는 메리야스 잇기 또는 코와 단 잇기를 합니다.

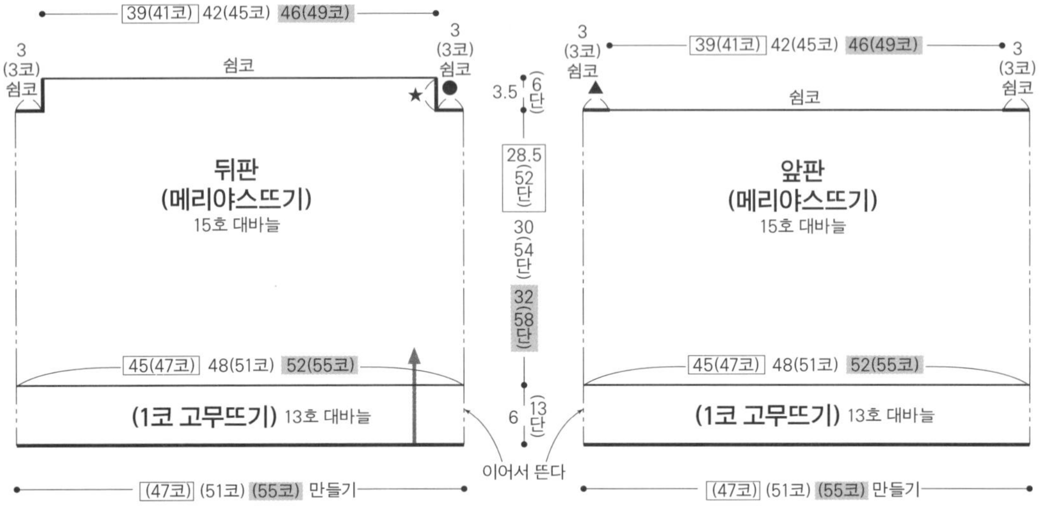

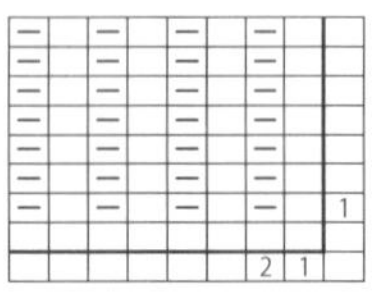

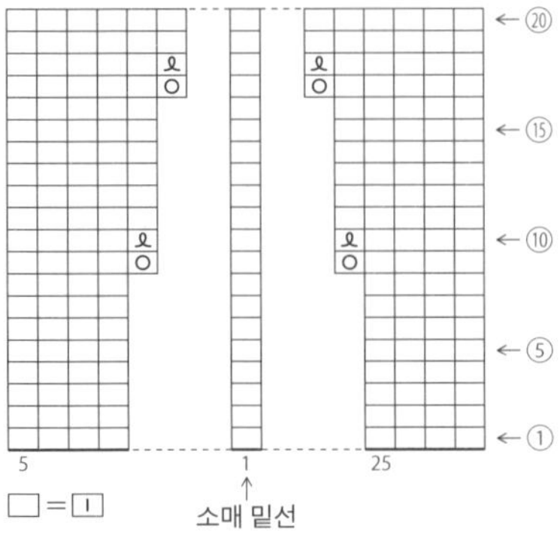

실 사용량

색이름 (색번호)	S	M	L
초록색 (FJ 1443)	135g 3볼	150g 3볼	165g 4볼
에크뤼 (100)	25g 1볼	25g 1볼	25g 1볼

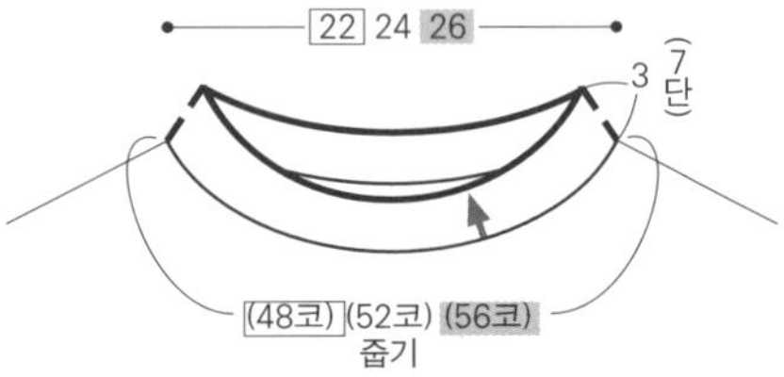

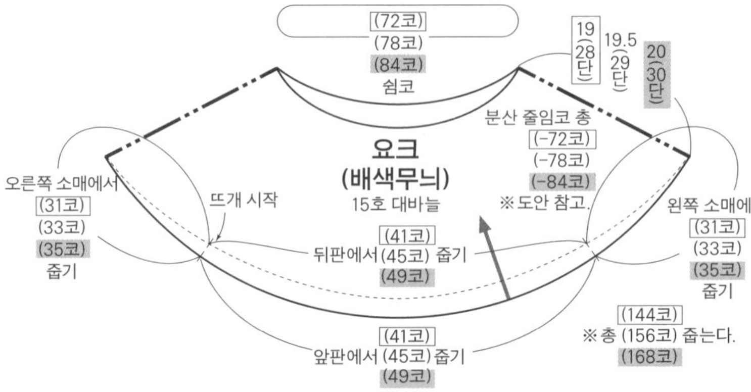

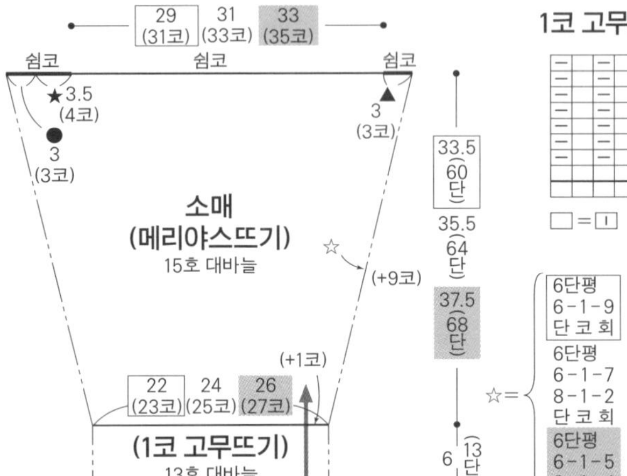

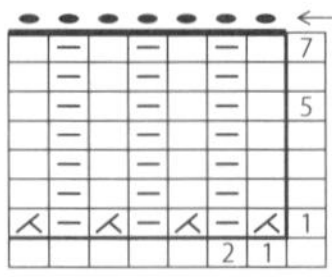

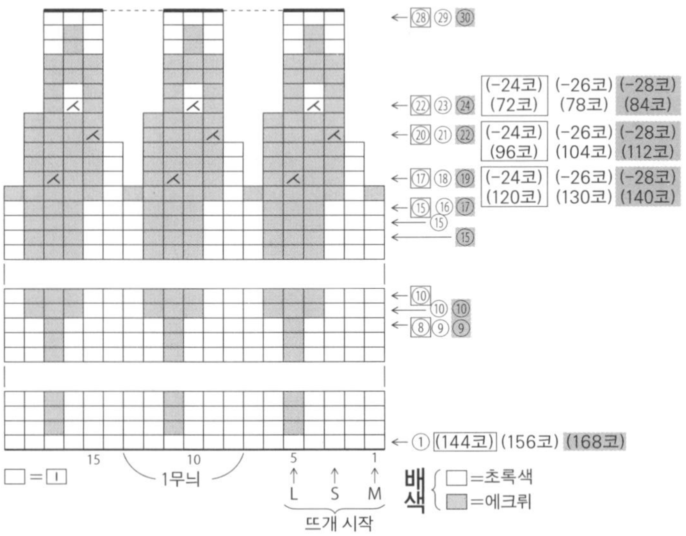

컬러 베리에이션

색이름(색번호)
적자색 (FJ 1447)
연갈색 (FJ 1449)

노르딕 요크
16 page ★★★

우루리

실을 가로로 걸치는 배색무늬

※일본어 사이트

1코 고무뜨기 코막음 (원형뜨기일 때)

※일본어 사이트

재료
Keito 우루리. 실의 색이름·색번호·사용량은 도안의 표를 참고하세요.

도구
대바늘 8호·6호

완성 크기
S…가슴둘레 94cm, 착장 54cm, 화장 68cm
M…가슴둘레 94cm, 착장 56.5cm, 화장 70.5cm
L…가슴둘레 104cm, 착장 63cm, 화장 77.5cm

게이지(10×10cm)
배색무늬 A·C·D 21코×23.5단,
배색무늬 B 19코×24단

POINT
● 몸판·소매·요크…모두 지정 색 2가닥으로 뜹니다. 손가락에 실을 걸어서 기초코를 만들어 뜨기 시작해 몸판은 1코 고무뜨기, 배색무늬 A·B, 소매는 1코 고무뜨기, 배색무늬 A·B·C로 원형으로 뜹니다. 배색무늬는 실을 가로로 걸치는 방법으로 뜹니다. 뒤판은 8단 왕복해 떠서 앞뒤 차이를 둡니다. 소매 밑선의 늘림코는 도안을 참고하세요. 요크는 몸판과 소매에서 코를 주워 배색무늬 D·E로 원형으로 뜹니다. 증감코는 도안을 참고하세요.
● 마무리…목둘레는 1코 고무뜨기로 원형으로 뜨고 뜨개 끝은 1코 고무뜨기 코막음을 합니다. 겨드랑의 코는 메리야스 잇기 또는 코와 단 잇기를 합니다.

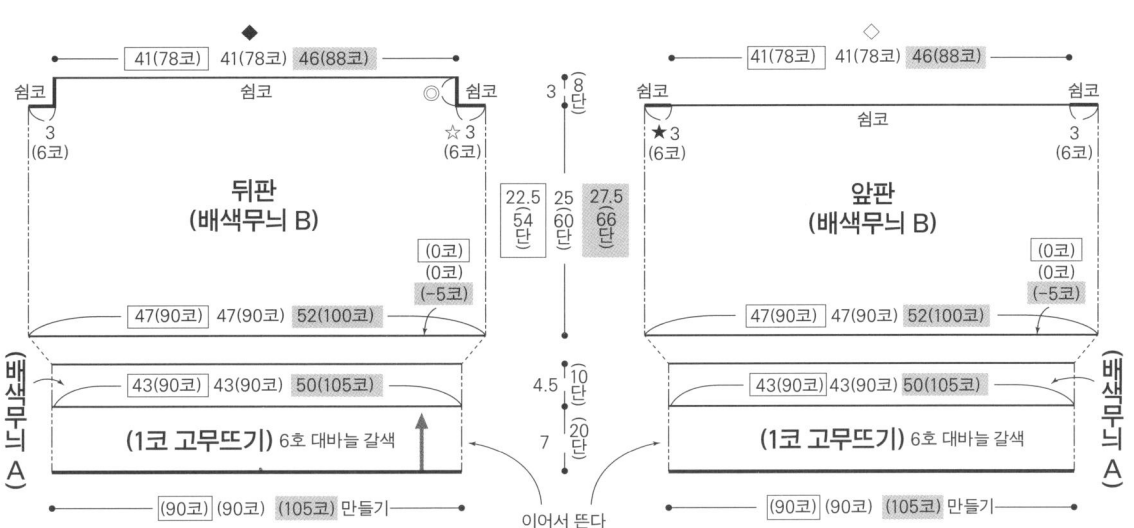

※모두 지정 색 2가닥으로 뜬다.
※지정하지 않은 것은 8호 대바늘로 뜬다.
※◎끼리는 코와 단 잇기, ★·☆끼리는 메리야스 잇기.
※□□는 S, ▨는 L, 그 외는 M 또는 공통.

컬러 베리에이션

	A	B
□	차콜(07)	그레이(02)
▨	황금색(04)	황금색(04)
■	그레이(02)	차콜(07)

실 사용량

색이름(색번호)	S	M	L
에크뤼(00)	255g 3볼	275g 3볼	335g 4볼
갈색(06)	180g 2볼	180g 2볼	215g 3볼
하늘색(03)	60g 1볼	60g 1볼	70g 1볼

배색무늬 B
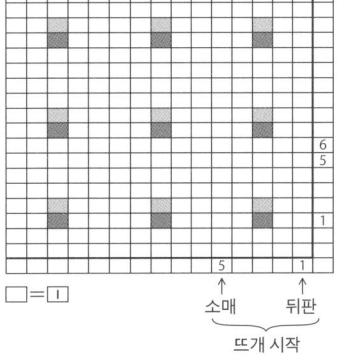

□ = ⊡ 배색 { □ = 에크뤼, ▨ = 갈색, ■ = 하늘색 }

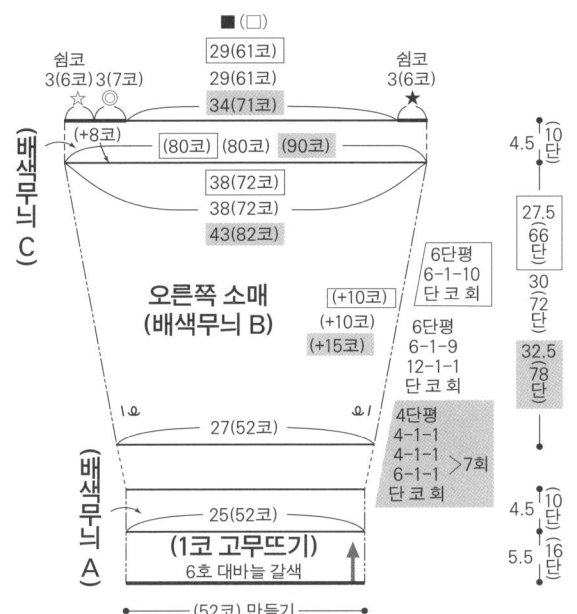

※맞춤 표시는 오른쪽 소매.
※□는 왼쪽 소매의 맞춤 표시.
※왼쪽 소매는 대칭으로 맞춤 표시를 한다.

배색무늬 C
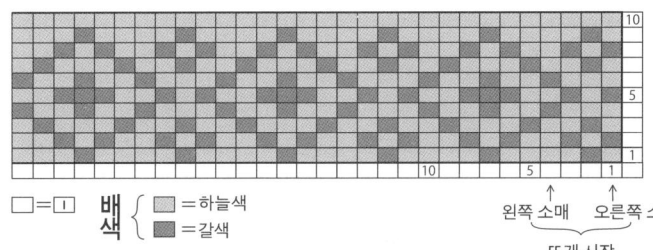

□ = ⊡ 배색 { ▨ = 하늘색, ■ = 갈색 }

배색무늬 A
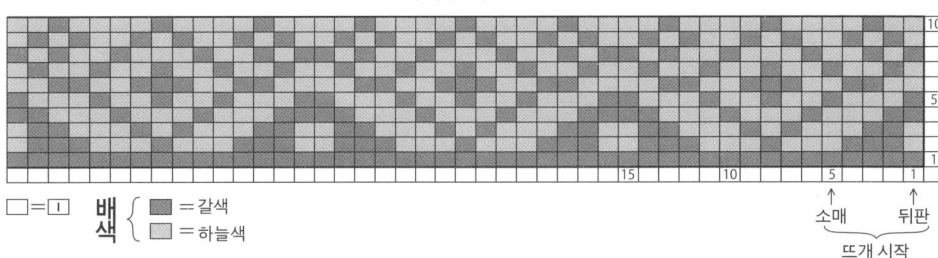

□ = ⊡ 배색 { ■ = 갈색, ▨ = 하늘색 }

116페이지로 이어집니다. ▶

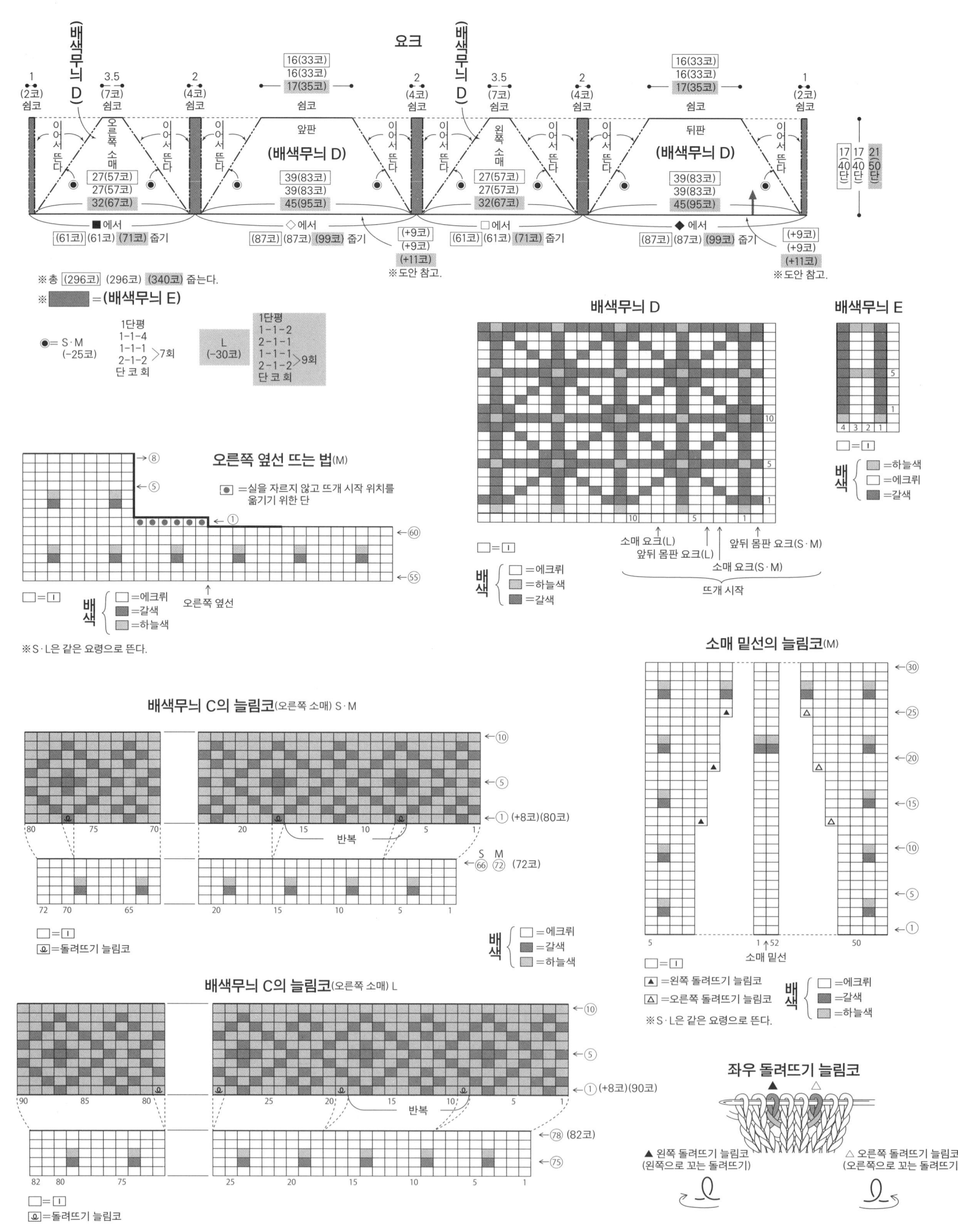

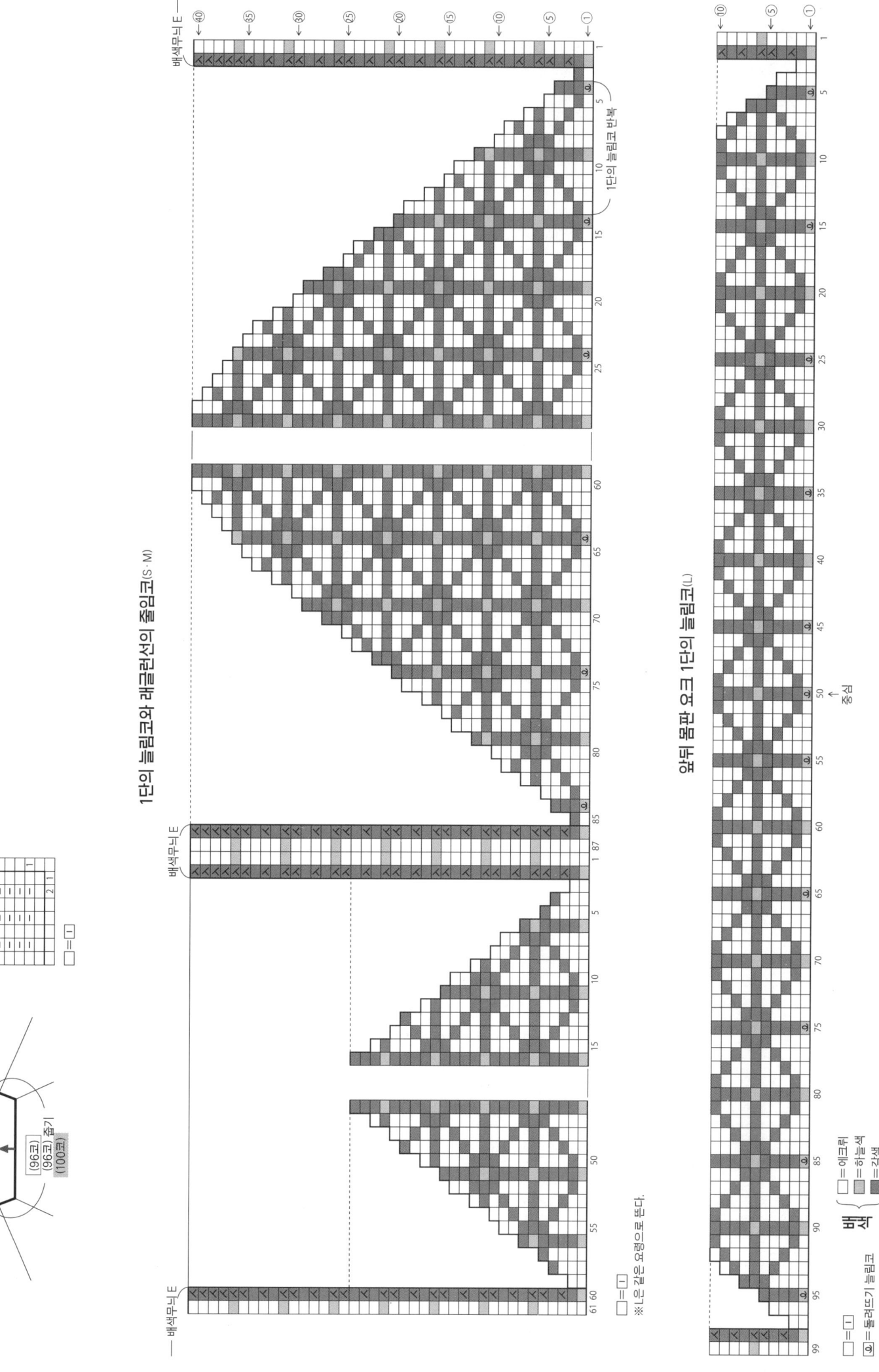

노르딕 요크
17 page ★★★

컴백

재료
Keito 컴백. 실의 색이름·색번호·사용량은 도안의 표를 참고하세요.

도구
대바늘 8호·7호

완성 크기
S…가슴둘레 100cm, 착장 57.5cm, 화장 75.5cm
M…가슴둘레 106cm, 착장 59.5cm, 화장 78.5cm
L…가슴둘레 112cm, 착장 62.5cm, 화장 82.5cm

게이지(10×10cm)
메리야스뜨기 19.5코×27단

POINT
● 몸판·소매…손가락에 실을 걸어서 기초코를 만들어 뜨기 시작해 2코 고무뜨기, 메리야스뜨기로 원형으로 뜹니다. 뒤판은 8단 왕복해 떠서 앞뒤 차이를 둡니다. 소매 밑선의 늘림코는 도안을 참고하세요. 뜨개 끝은 쉼코를 합니다.
● 마무리…맞춤 표시끼리는 메리야스 잇기 또는 코와 단 잇기를 합니다. 요크는 몸판과 소매에서 코를 주워 배색무늬로 원형으로 뜹니다. 배색무늬는 실을 가로로 걸치는 방법으로 뜹니다. 분산 줄임코는 도안을 참고하세요. 이어서 목둘레는 코를 줄이면서 코를 주워 2코 고무뜨기로 원형으로 뜹니다. 뜨개 끝은 2코 고무뜨기 코막음을 합니다.

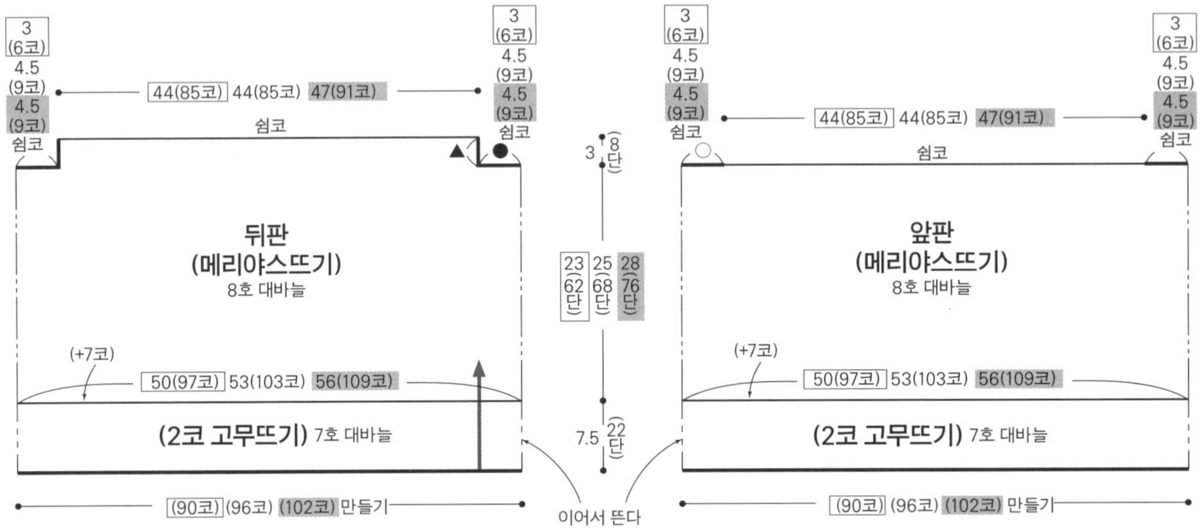

실을 가로로 걸치는 배색무늬

※일본어 사이트

2코 고무뜨기 코막음
(원형뜨기일 때)

※일본어 사이트

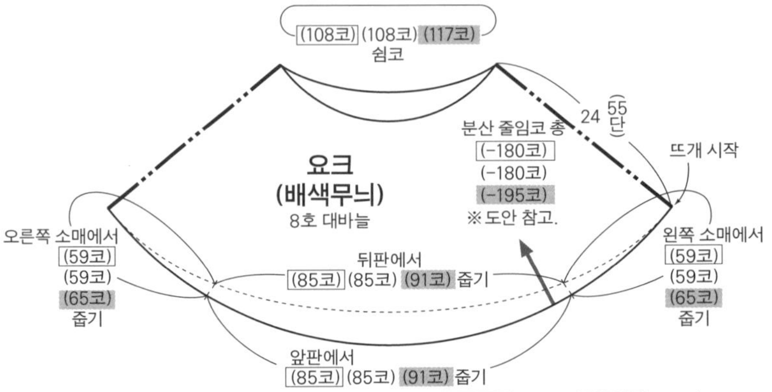

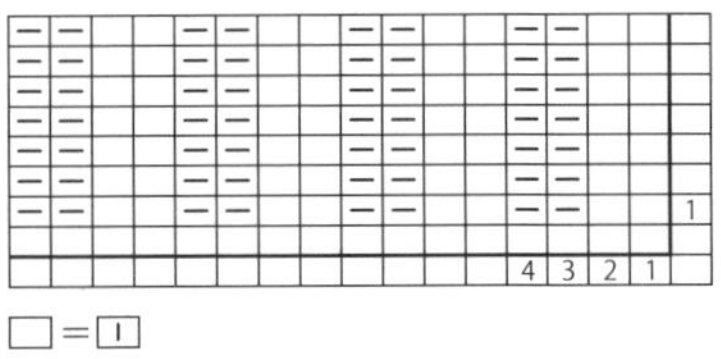

실 사용량

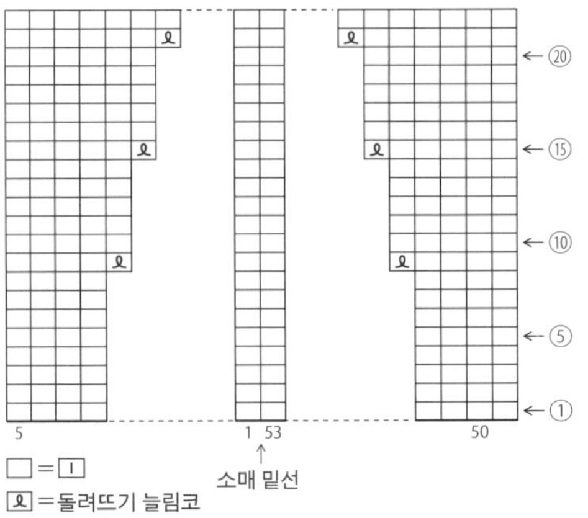

색이름(색번호)	S	M	L
빨간색(04)	360g 4볼	395g 4볼	450g 5볼
에크루(00)	60g 1볼	60g 1볼	65g 1볼
블루(07)	10g 1볼	10g 1볼	15g 1볼

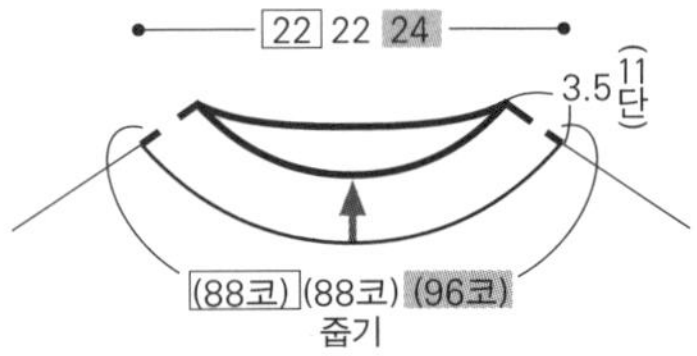

※ 지정하지 않은 것은 빨간색으로 뜬다.
※ ☐는 S, ▨는 L, 그 외는 M 또는 공통.

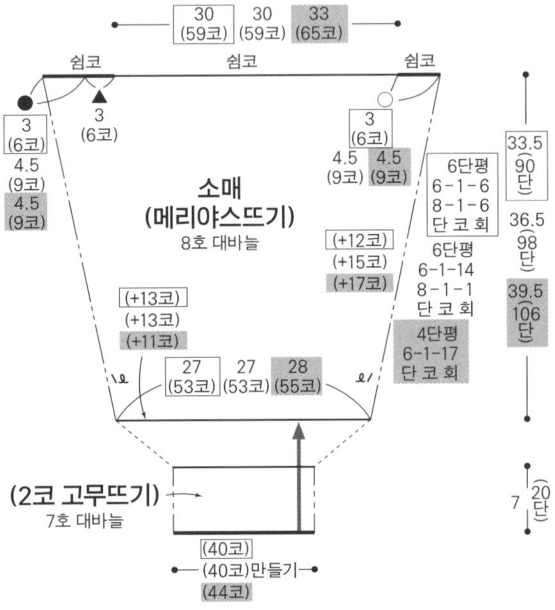

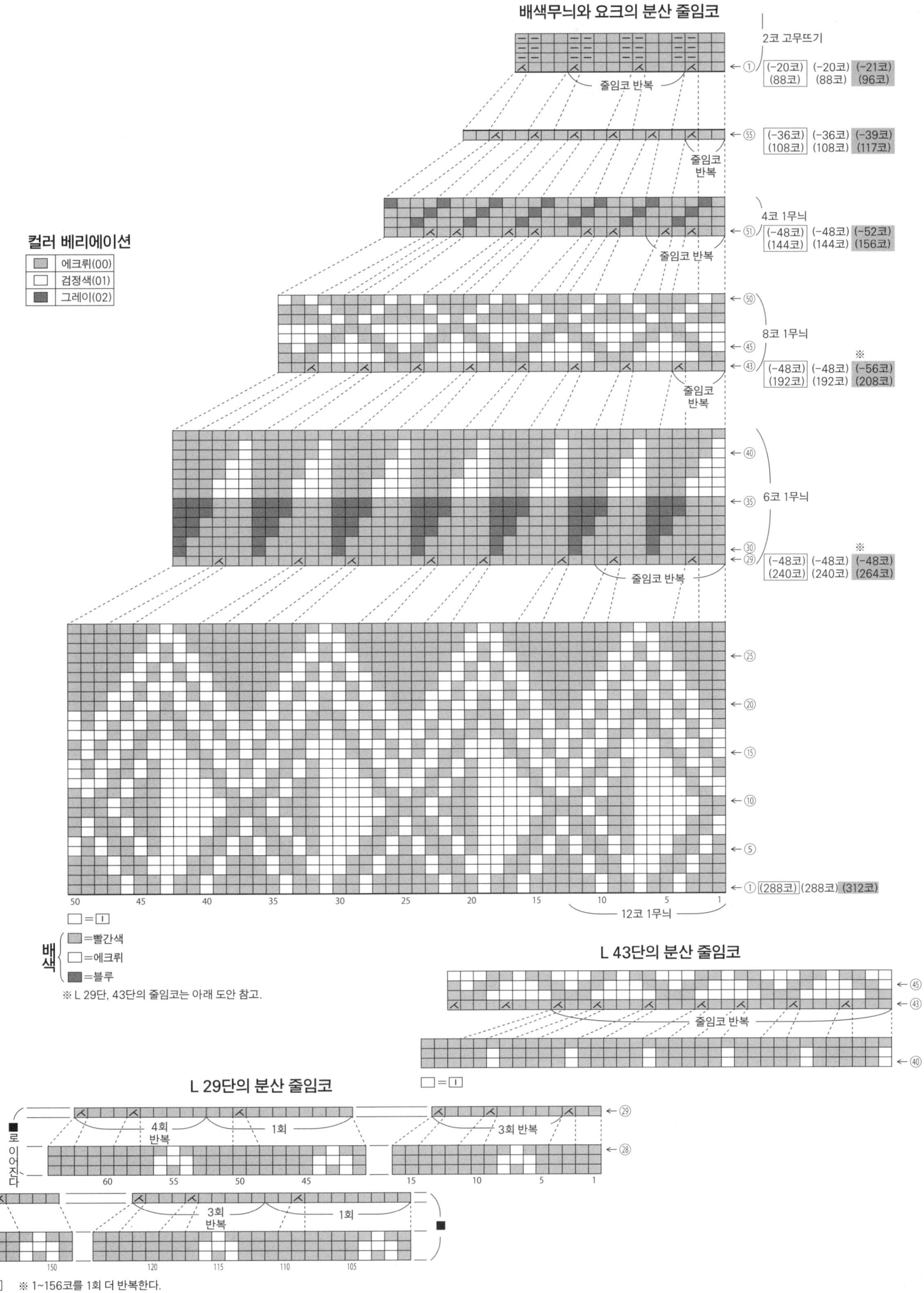

노르딕 요크
18 page ★★★★

펠티드 트위드

키드실크 헤이즈

실을 가로로 걸치는
배색무늬

※일본어 사이트

늘려
되돌아뜨기

※일본어 사이트

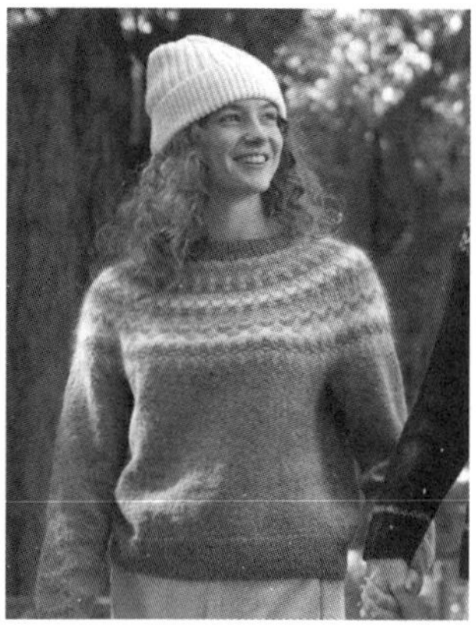

재료
로완 펠티드 트위드, 키드실크 헤이즈. 실의 색이름·색번호·사용량은 도안의 표를 참고하세요.

도구
대바늘 4호·5호·2호

완성 크기
S…가슴둘레 91cm, 착장 56cm, 화장 75.5cm
M…가슴둘레 99cm, 착장 58cm, 화장 78cm
L…가슴둘레 105cm, 착장 60cm, 화장 81.5cm

게이지(10×10cm)
메리야스뜨기 24코×34단, 배색무늬 25코×32단

POINT
● 몸판·소매·요크…몸판·소매는 손가락에 실을 걸어서 기초코를 만들어 뜨기 시작해 1코 고무뜨기, 메리야스뜨기로 원형으로 뜹니다. 소매 밑선의 늘림코는 도안을 참고하세요. 거싯은 맞춤 표시끼리 메리야스 잇기를 합니다. 앞뒤 차이는 몸판과 소매에서 코를 줍고 도안을 참고해 메리야스뜨기로 늘려 되돌아뜨기를 하면서 뜹니다. 요크는 배색무늬로 원형으로 뜹니다. 배색무늬는 실을 가로로 걸치는 방법으로 뜹니다. 분산 줄임코는 도안을 참고하세요.
● 마무리…목둘레는 지정 콧수를 주워 1코 고무뜨기로 뜹니다. 뜨개 끝은 무늬를 이어서 뜨면서 덮어씌워 코막음합니다.

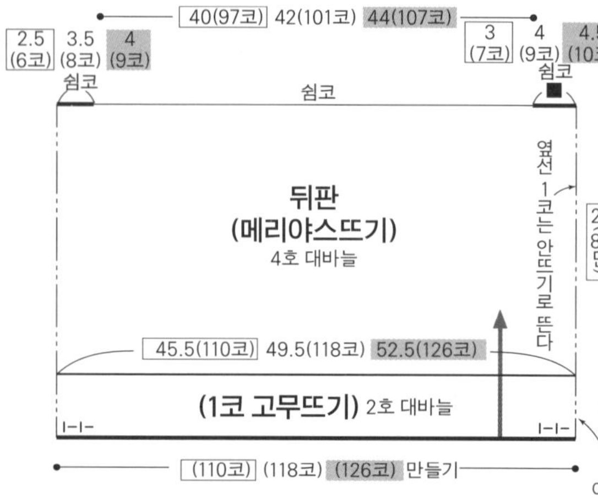

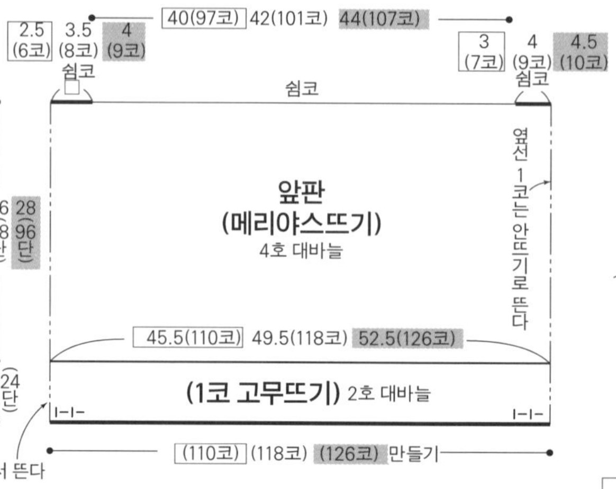

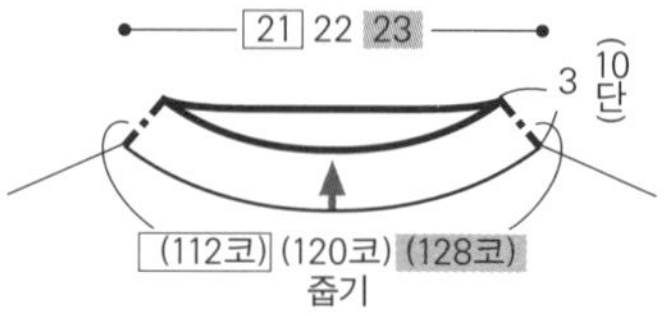

※지정하지 않은 것은 그레이 믹스로 뜬다.
※□는 S, ▨는 L, 그 외는 M 또는 공통.

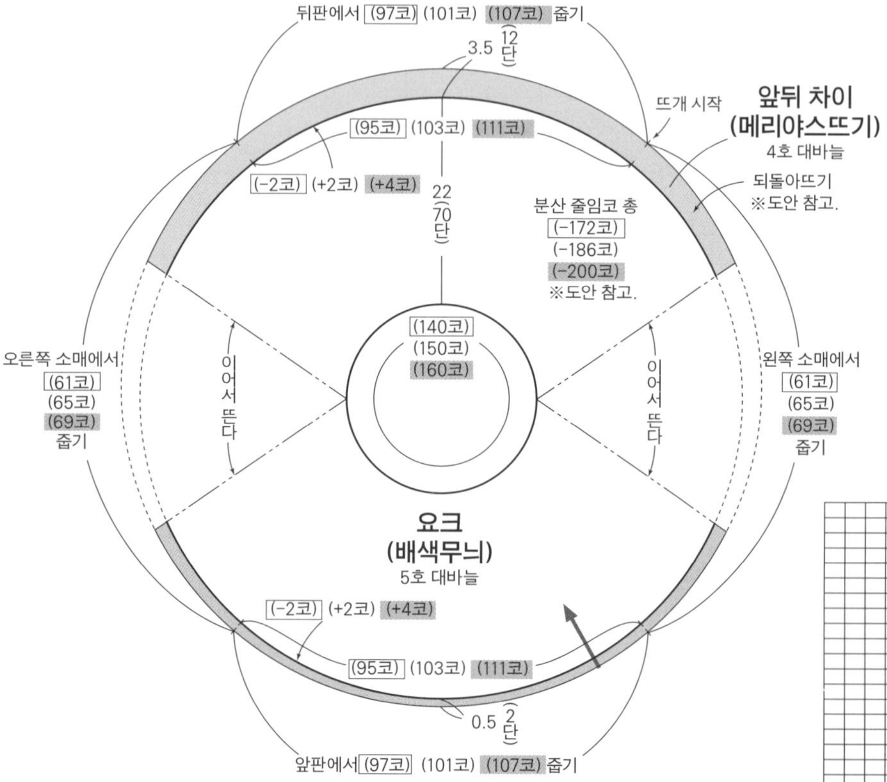

※앞뒤 차이는 총 [316코] (332코) (352코) 줍는다.
※요크는 총 [312코] (336코) (360코)

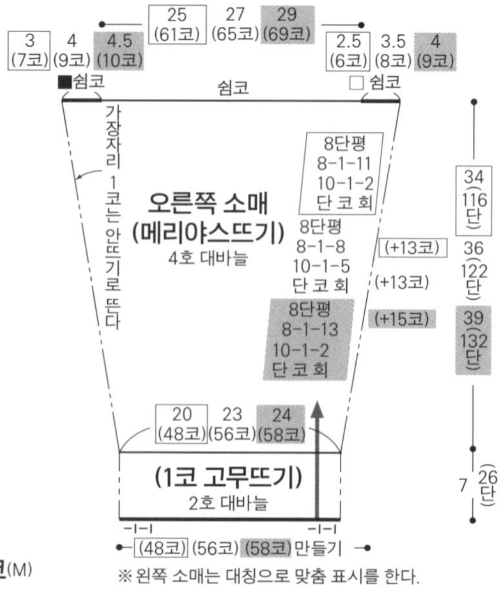

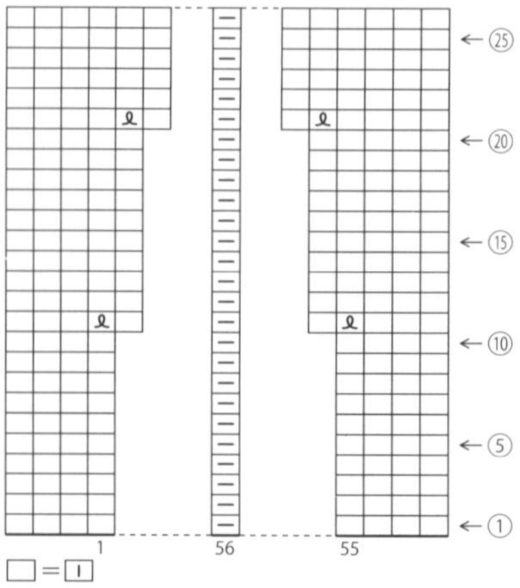

□ = ▯
卪 = 돌려뜨기 늘림코
※S·L은 같은 요령으로 뜬다.

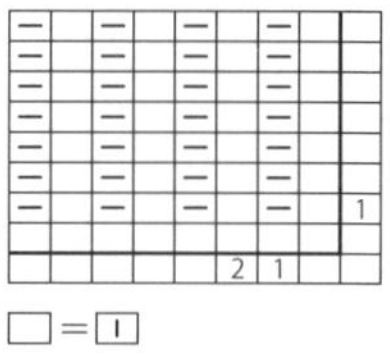

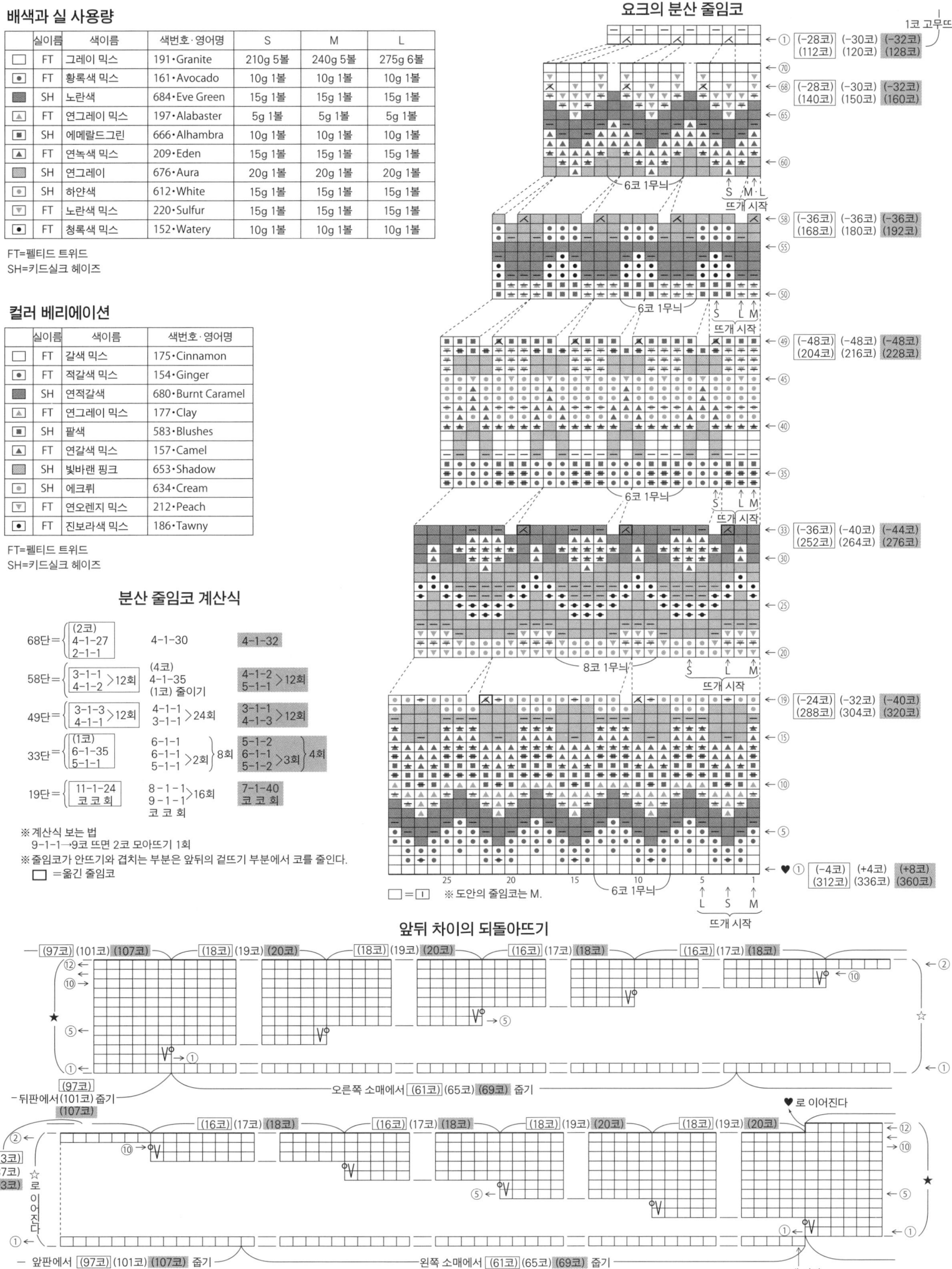

노르딕 요크
18 page ★★★

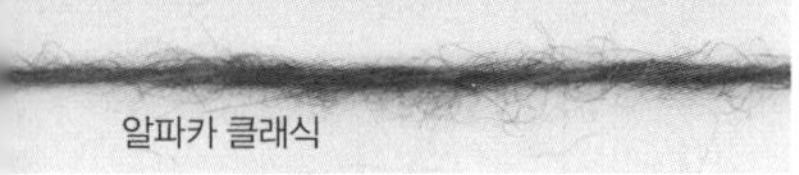

알파카 클래식

실을 가로로 걸치는
배색무늬

※ 일본어 사이트

재료
로완 알파카 클래식
S…남색(Eclipse 104) 235g 10볼, 하얀색 (Snowflake White 115) 40g 2볼
M…남색(Eclipse 104) 250g 10볼, 하얀색 (Snowflake White 115) 45g 2볼
L…남색(Eclipse 104) 275g 11볼, 하얀색 (Snowflake White 115) 45g 2볼

도구
대바늘 5호·3호

완성 크기
S…가슴둘레 102cm, 기장 63cm, 화장 75cm
M…가슴둘레 108cm, 기장 64.5cm, 화장 77cm
L…가슴둘레 114cm, 기장 67cm, 화장 79.5cm

게이지(10×10cm)
메리야스뜨기 23코×30.5단,
배색무늬 A·B·C 28코×30단

POINT
● 몸판·소매…별도 사슬로 기초코를 만들어 뜨기 시작해 몸판은 배색무늬 A·B, 메리야스뜨기, 소매는 배색무늬 A·C, 메리야스뜨기로 뜹니다. 배색무늬는 실을 가로로 걸치는 방법으로 뜹니다. 목둘레의 줄임코는 2코 이상은 덮어씌우기, 1코는 가장자리 1코 세워 줄이기를 합니다. 소매 밑선의 늘림코는 1코 안쪽에서 돌려뜨기 늘림코를 합니다. 소매의 뜨개 끝은 덮어씌워 코막음합니다. 밑단·소맷부리는 기초코 사슬을 풀어 코를 주워 2코 고무뜨기로 뜹니다. 뜨개 끝은 무늬를 이어서 뜨면서 덮어씌워 코막음합니다.

● 마무리…어깨는 덮어씌워 잇기를 합니다. 목둘레는 지정 콧수를 주워 2코 고무뜨기로 원형으로 뜹니다. 뜨개 끝은 밑단처럼 정리합니다. 소매는 코와 단 잇기로 몸판과 연결합니다. 옆선·소매 밑선은 떠서 꿰매기를 합니다.

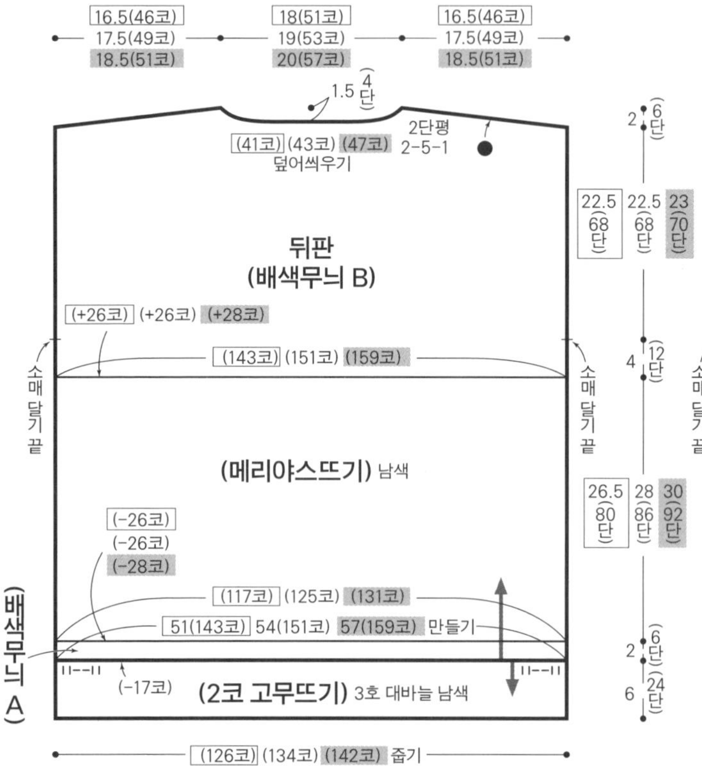

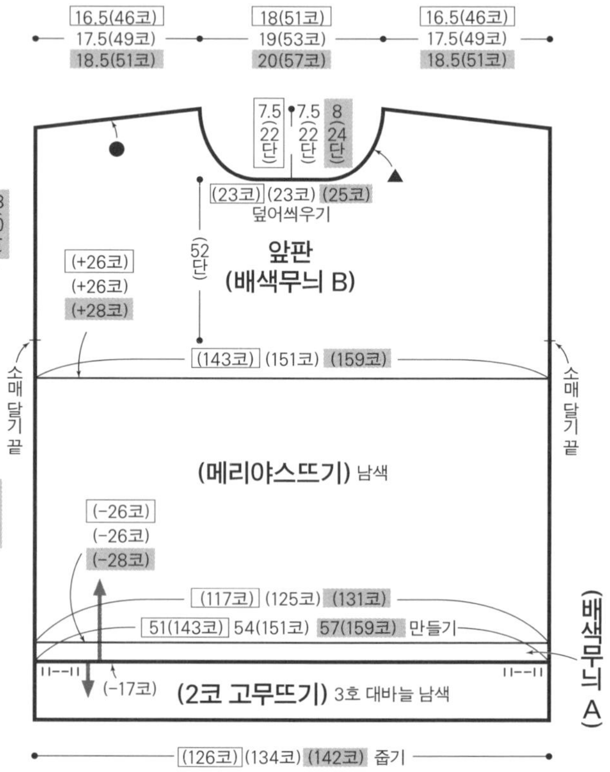

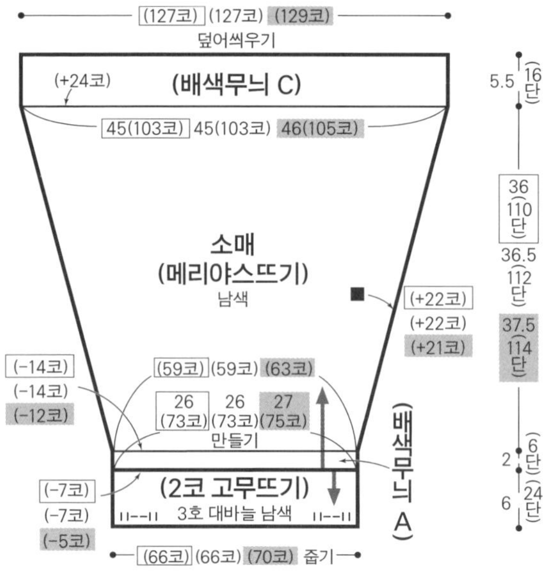

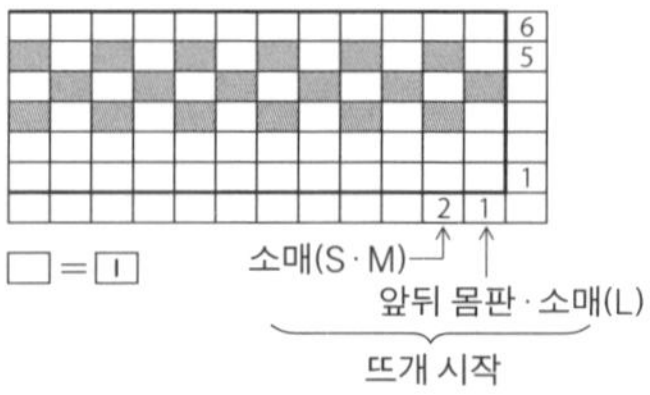

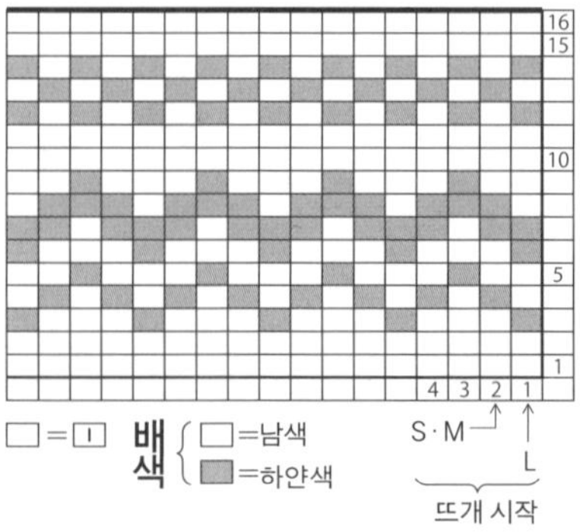

배색무늬 B

← S·M 뜨개 끝

↑ 중심

□ = | |

S M L
뜨개 시작

배색 { □ = 남색
     ■ = 하얀색 }

컬러 베리에이션

□ 빨간색(Vermilion 120)
■ 그레이(Feather Grey Melange 101)

목둘레(2코 고무뜨기)
3호 대바늘 남색

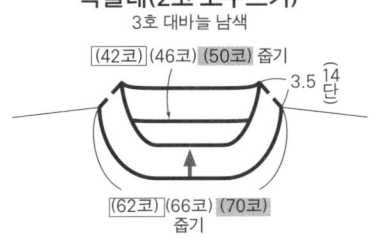

2코 고무뜨기

무늬를 이어서 뜨면서 덮어씌워 코막음

□ = | |

123

4 size knitting
24 page ★★★

※일본어 사이트

재료
DARUMA 긱 토마토×블루(5), 실 사용량은 도안의 표를 참고하세요.

도구
대바늘 12호·10호

완성 크기
S…가슴둘레 106cm, 어깨너비 47cm, 착장 64.5cm, 소매길이 45cm
M…가슴둘레 112cm, 어깨너비 49cm, 착장 66.5cm, 소매길이 46cm
L…가슴둘레 116cm, 어깨너비 50cm, 착장 68.5cm, 소매길이 47cm
XL…가슴둘레 122cm, 어깨너비 52cm, 착장 70.5cm, 소매길이 48cm

게이지
메리야스뜨기(10×10cm) 14코×19.5단.
무늬뜨기 A·A' 27코=14cm, 20단=10cm

POINT
● 몸판·소매…뒤판은 손가락에 실을 걸어서 기초 코를 만들어 뜨기 시작해 2코 고무뜨기, 메리야스뜨기로 뜹니다. 진동둘레의 줄임코는 끝에서 3번째와 4번째 코를 2코 모아뜨기하고, 요크 경계선의 줄임코는 도안을 참고하세요. 앞판은 뒤판처럼 뜨는데, 앞판 요크는 무늬뜨기 A·A'·B로 이어서 뜹니다. 26단 뜬 뒤 좌우를 나눠서 뜹니다. 이어서 뒤판 요크는 도안을 참고해 되돌아뜨기를 하면서 뜹니다. 뜨개 끝은 쉼코를 합니다. 어깨는 덮어씌워 잇기를 합니다. 소매는 몸판에서 코를 주워 메리야스뜨기로 뜹니다. 소매산의 되돌아뜨기와 소매 밑선의 줄임코는 도안을 참고하세요. 이어서 2코 고무뜨기로 뜨고 뜨개 끝은 무늬를 이어서 뜨면서 덮어씌워 코막음합니다.

● 마무리…옆선·소매 밑선은 떠서 꿰매기를 합니다. 뒤판 요크는 △끼리는 맞대어 빼뜨기 잇기, □·■끼리는 휘감아 연결합니다.

실 사용량
S	305g	11볼
M	330g	11볼
L	350g	12볼
XL	380g	13볼

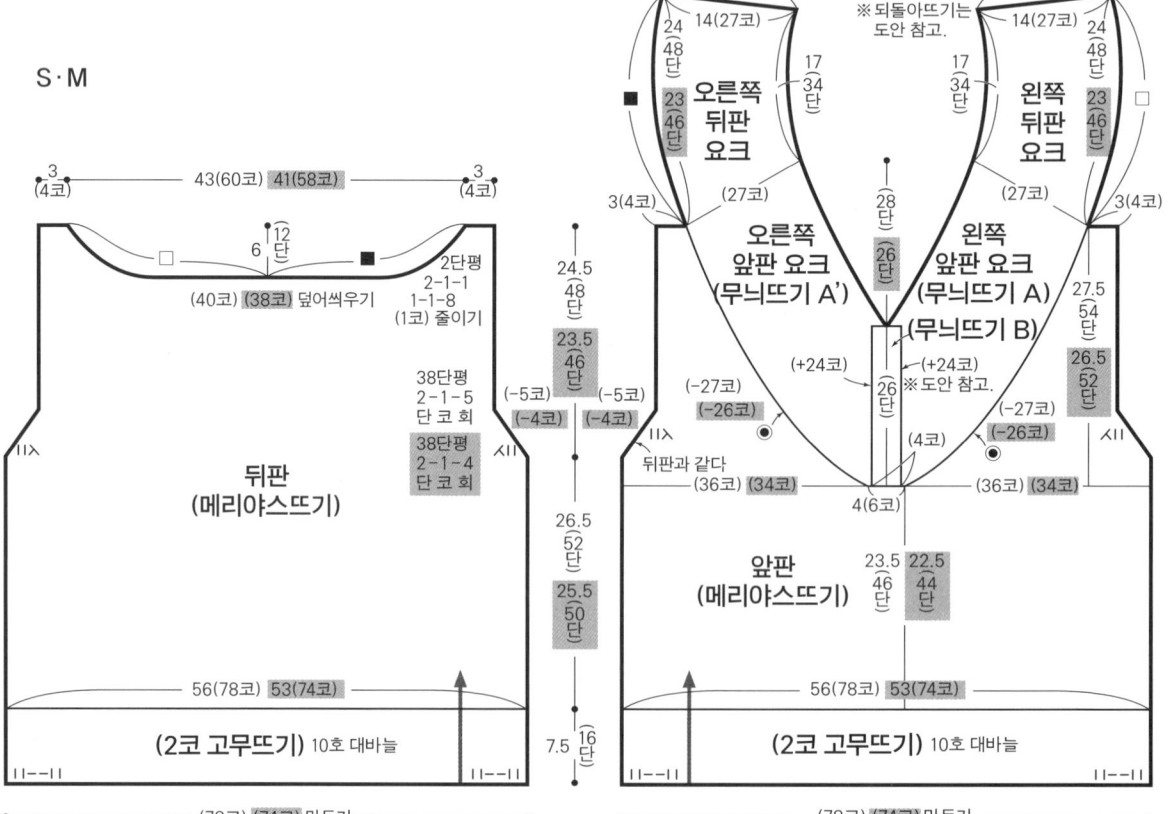

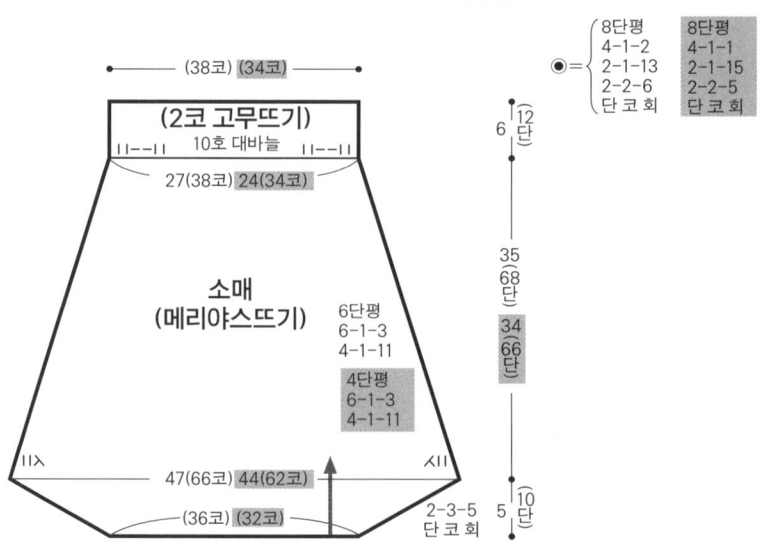

마무리하는 법

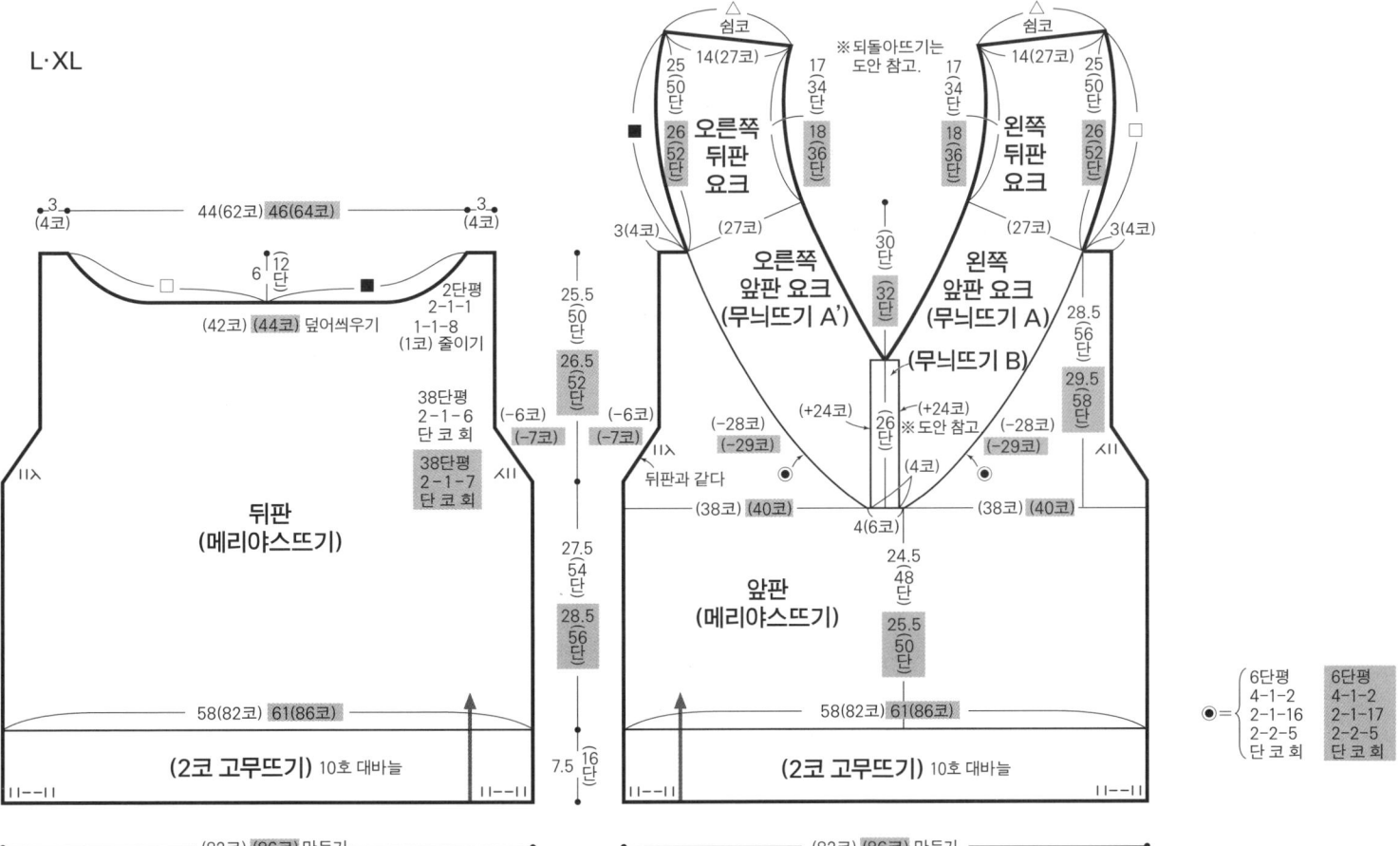
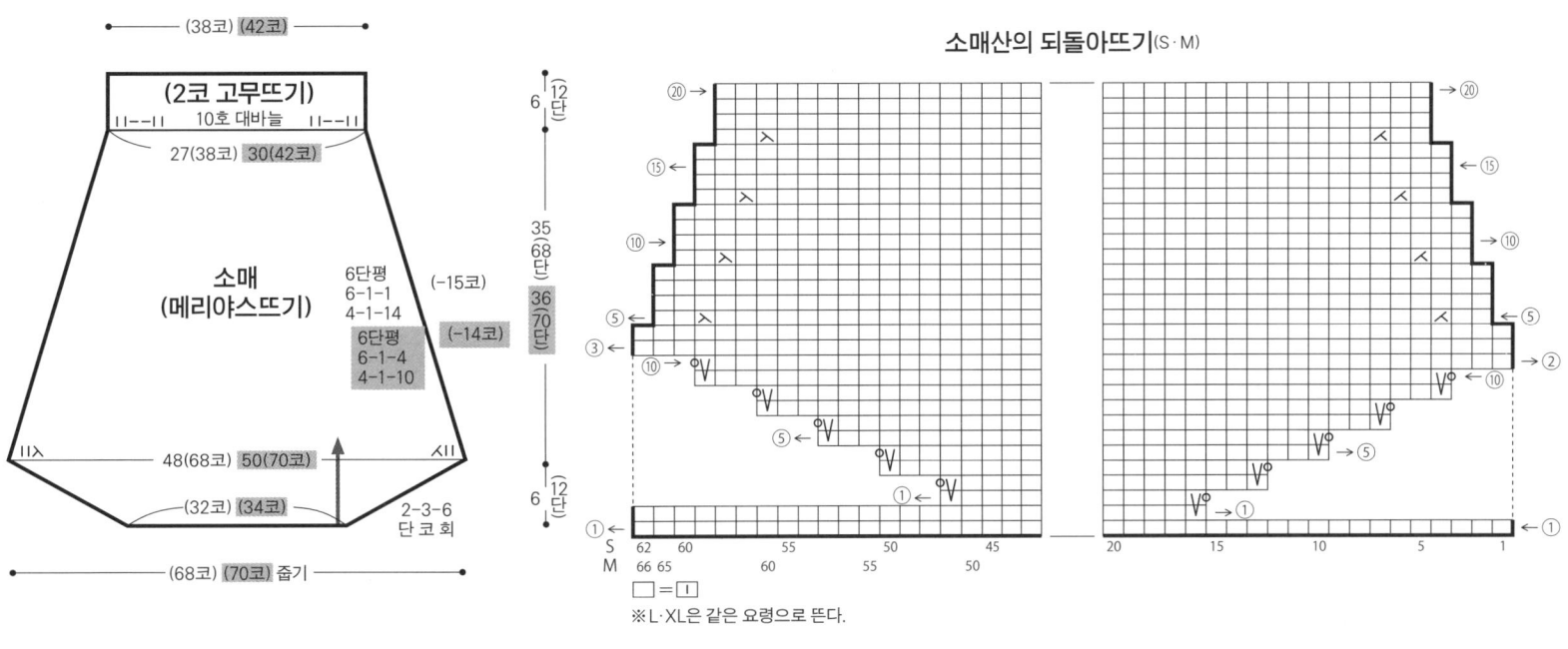
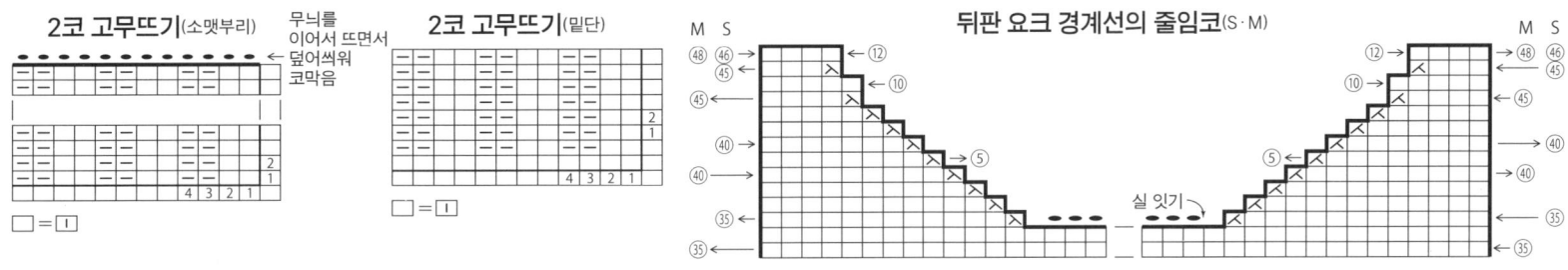

126페이지로 이어집니다. ▶

▶ 125페이지에서 이어집니다.

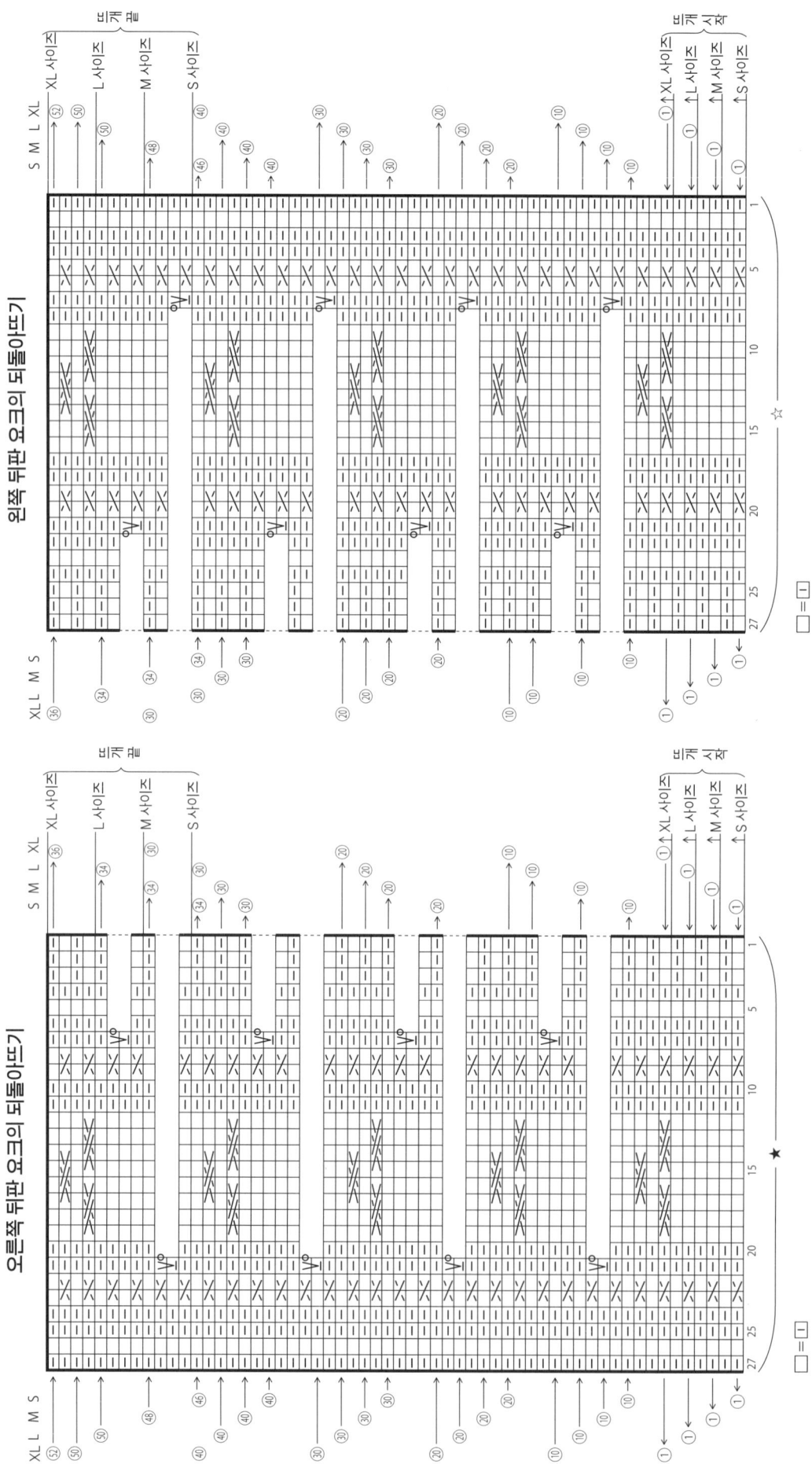

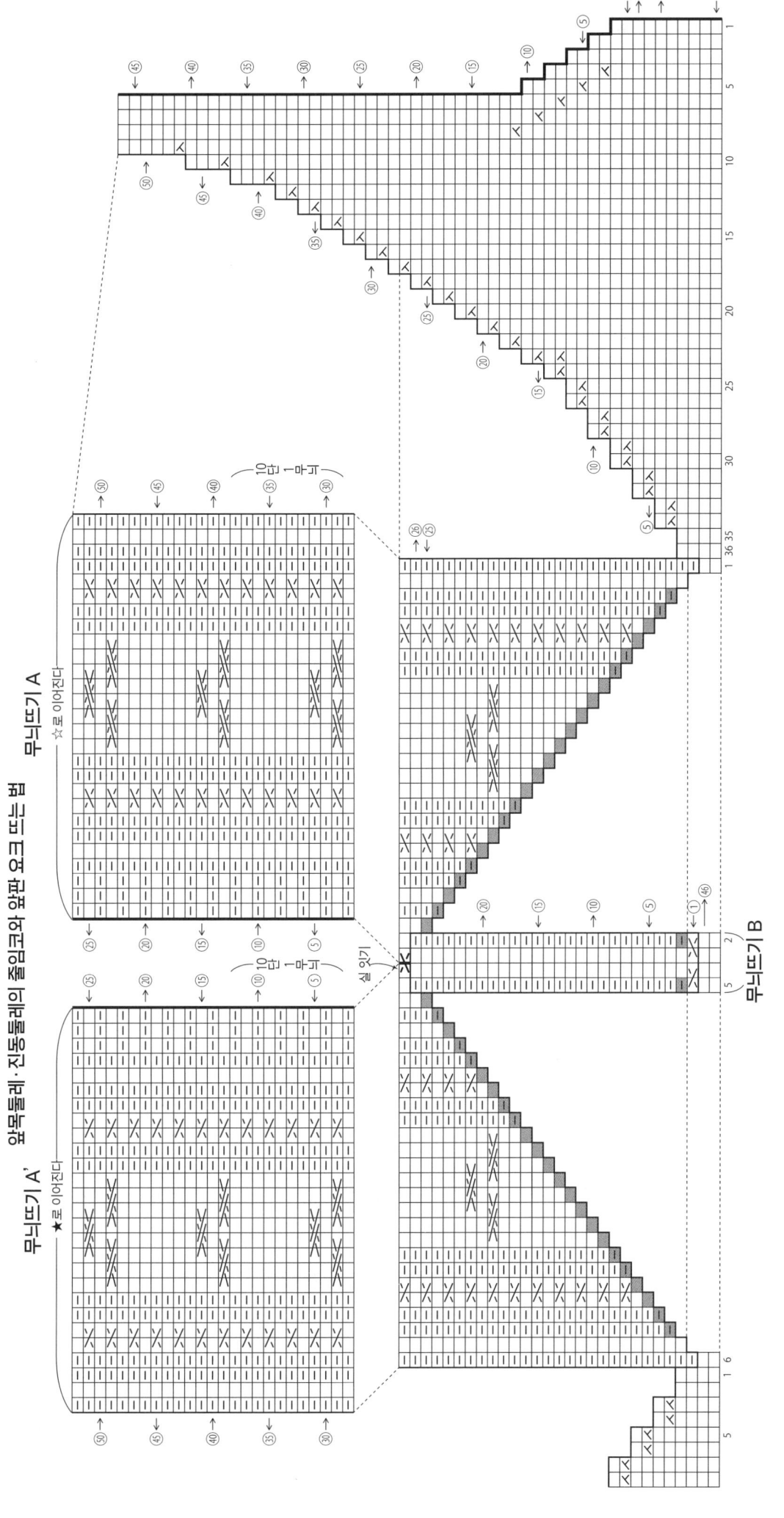

가을 크로셰
28 page ★★★

다이아 스푸만테

재료
실…다이아몬드케이토 다이아 스푸만테 베이지 (5801) 300g 10타래.
단추…지름 13mm 4개

도구
코바늘 4/0호

완성 크기
가슴둘레 106cm, 기장 52cm, 화장 68cm

게이지(10×10cm)
무늬뜨기 25코×12.5단

POINT
● 몸판·소매…몸판은 사슬뜨기로 기초코를 만들어 뜨기 시작해 중심에서 무늬뜨기로 뜹니다. 늘림코는 도안을 참고하세요. 뒤판을 14단, 앞판을 13단 뜬 뒤 ■, □끼리 빼뜨기 사슬 잇기하고, 앞뒤 몸판을 이어서 무늬뜨기로 원형으로 왕복뜨기합니다. 증감코는 도안을 참고하세요. 몸판 아래쪽은 무늬뜨기로 앞뒤 몸판을 각각 뜹니다. 소매는 지정 콧수를 줍고, 소매 밑선과 소매 중심을 줄임코를 하면서 뜹니다.

● 마무리…옆선·소매 밑선은 빼뜨기 사슬 꿰매기·사슬 잇기합니다. 밑단·소맷부리는 테두리뜨기 A로 원형으로 왕복뜨기합니다. 앞판 트임·목둘레 가장자리는 테두리뜨기 B로 뜹니다. 오른쪽 앞판 트임에는 단춧고리를 만듭니다. 단추를 달아 마무리합니다.

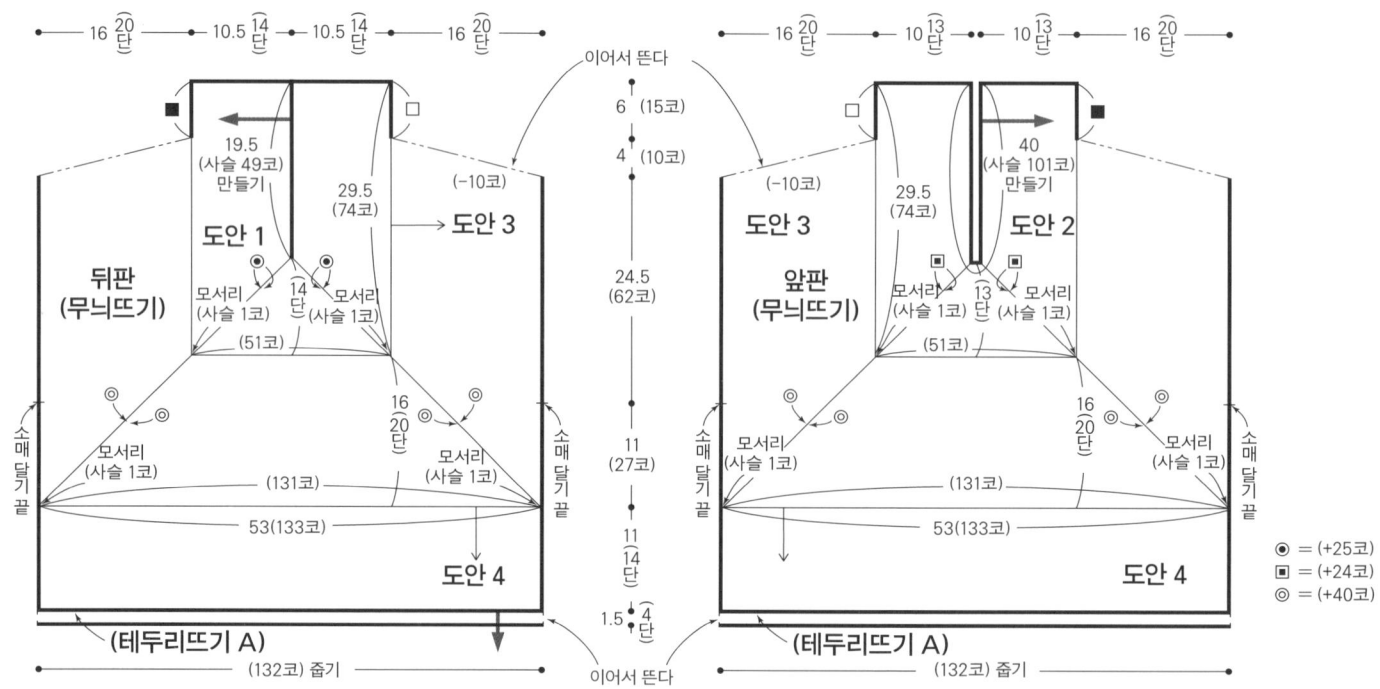

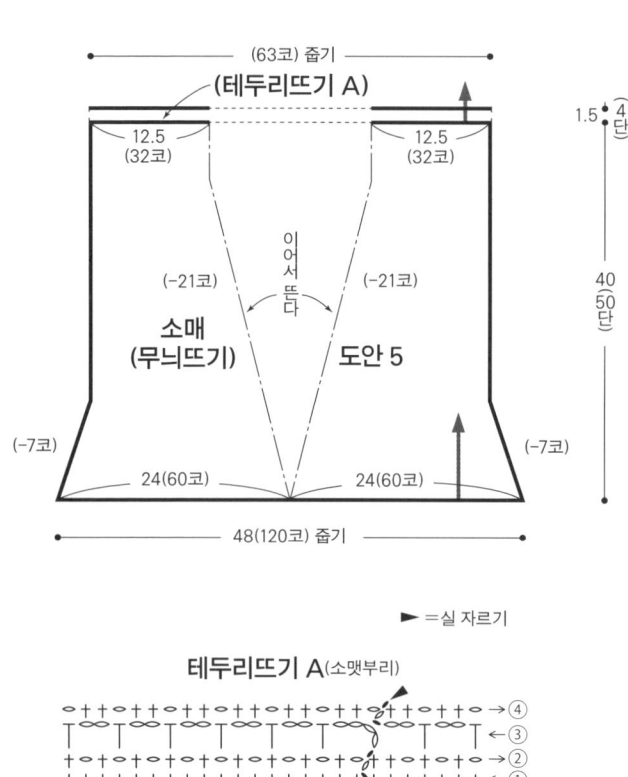

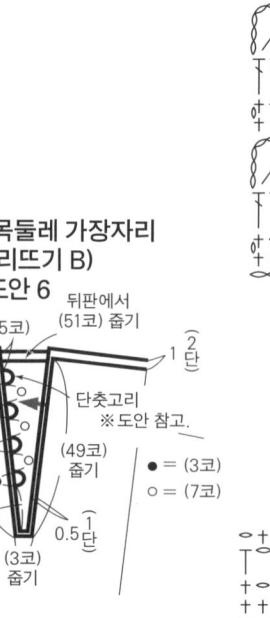

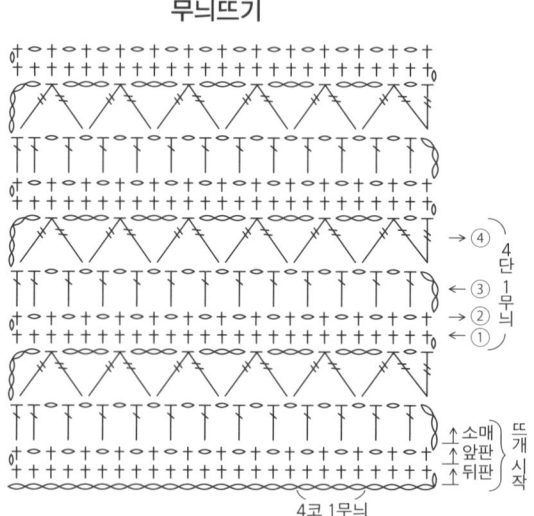

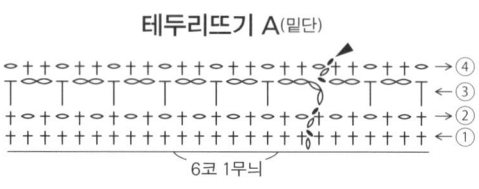

도안 1 뒤중심

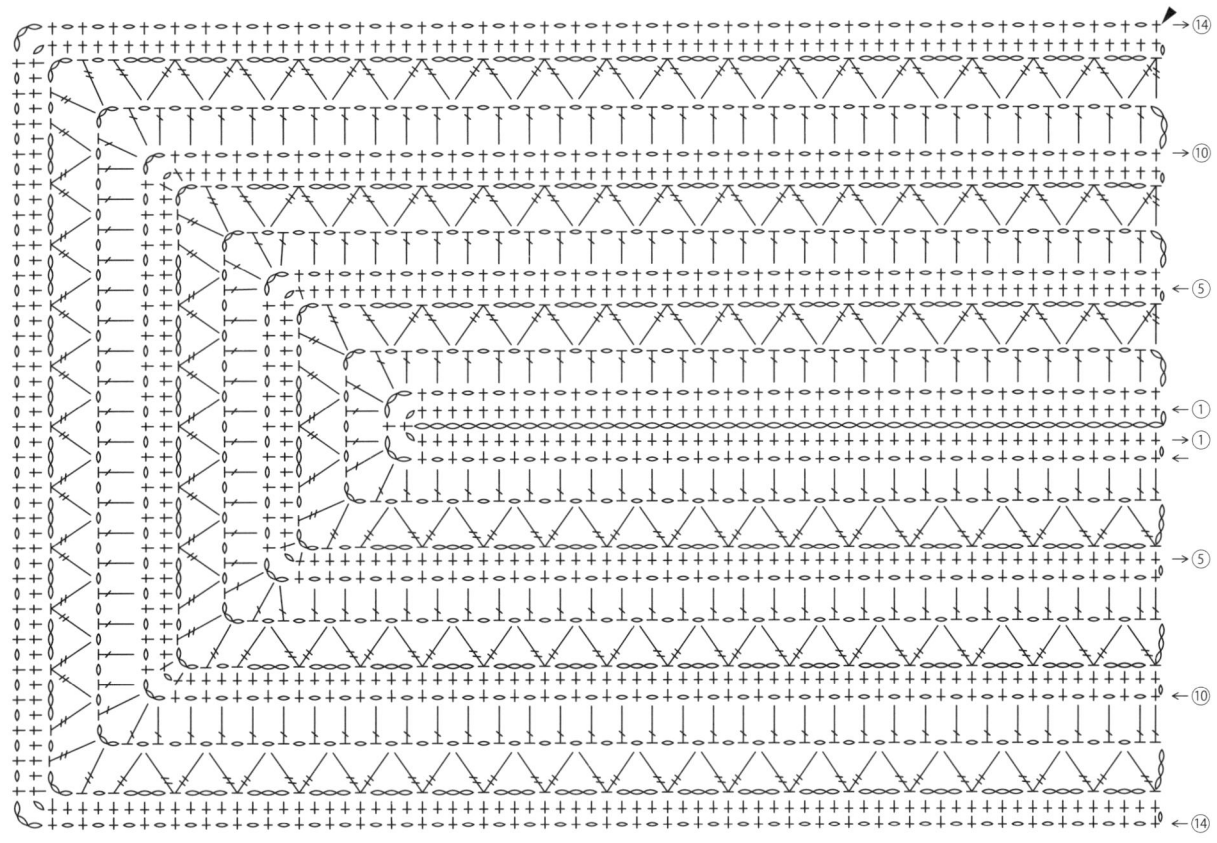

도안 2 앞중심

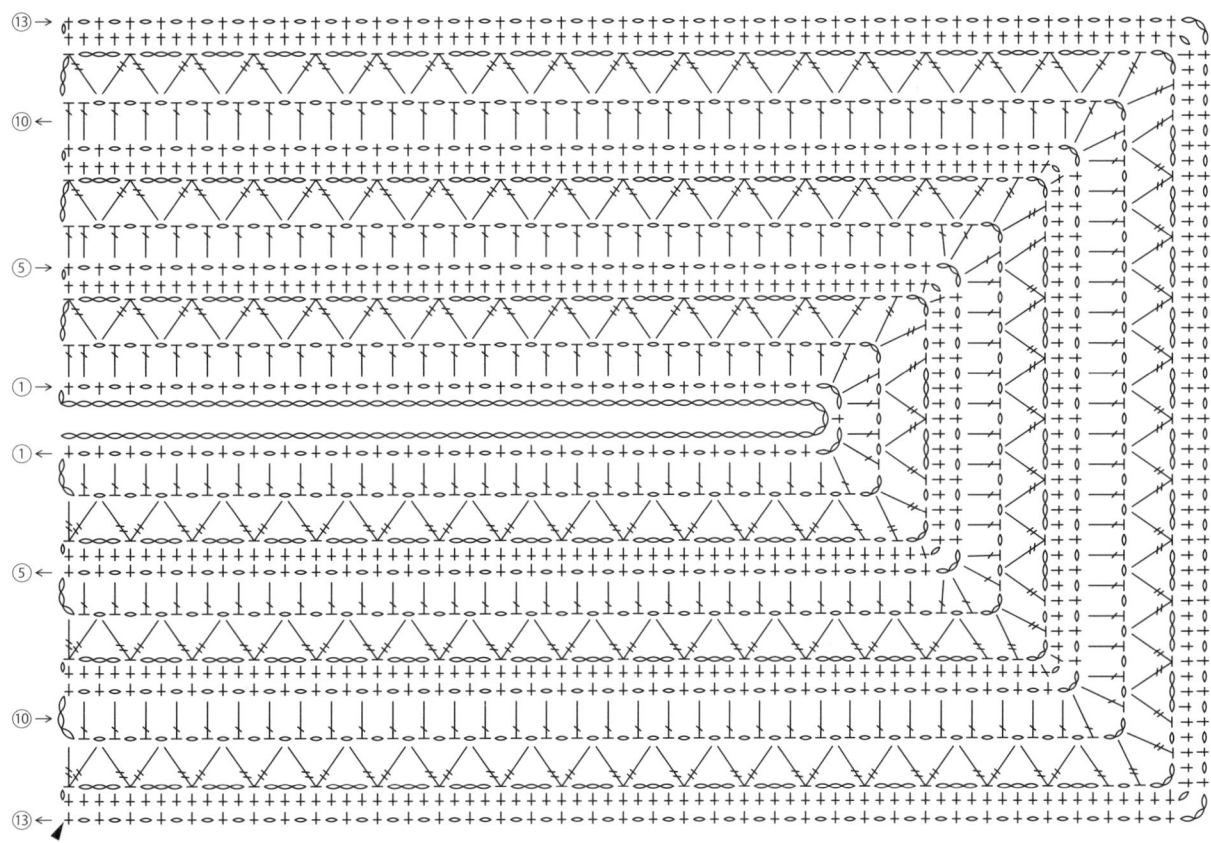

▶ = 실 자르기

130페이지로 이어집니다. ▶

▶ 129페이지에서 이어집니다.

도안 3
어깨 경사

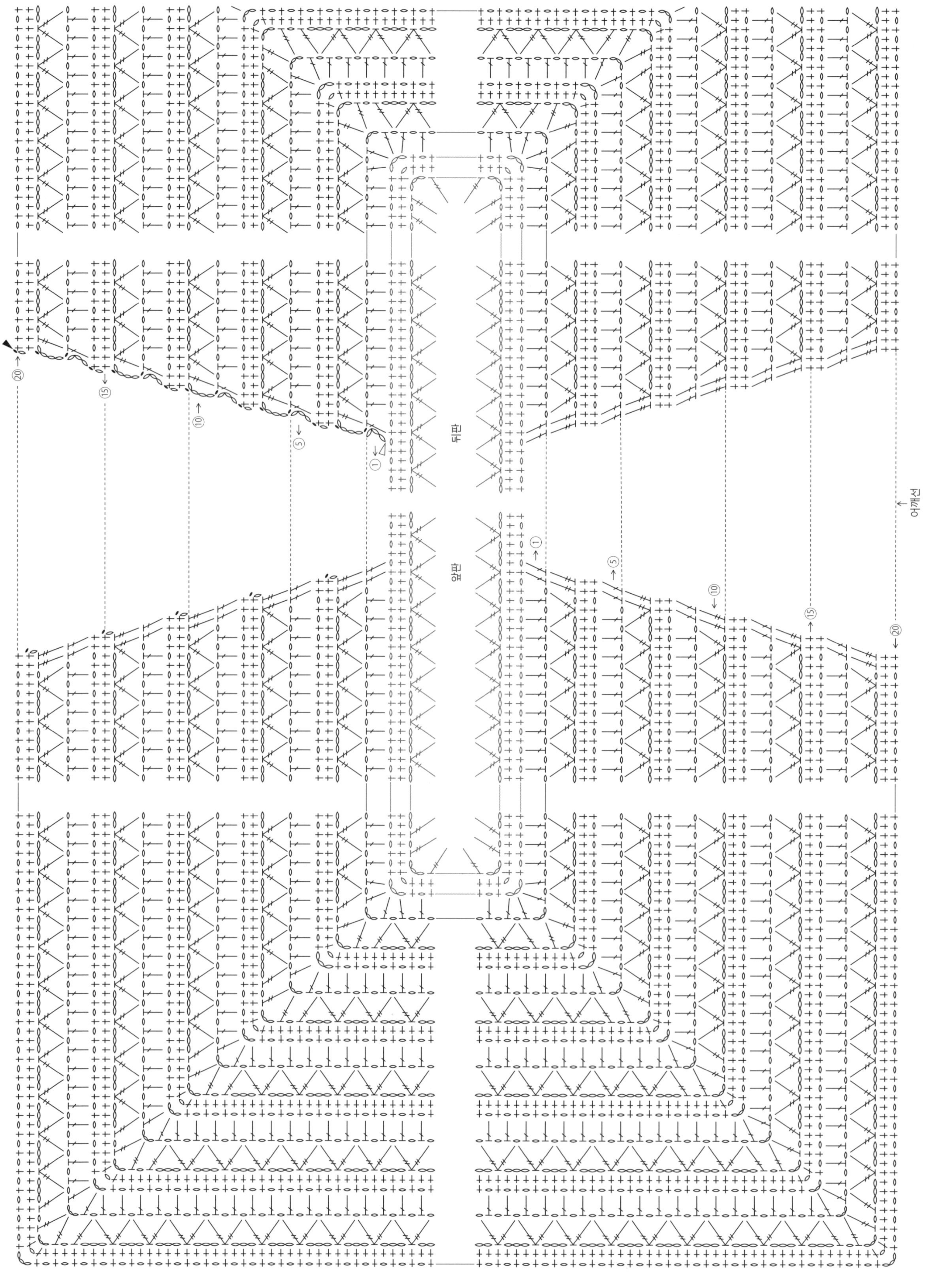

뒤판
앞판
어깨선

△ = 실 잇기
▲ = 실 자르기

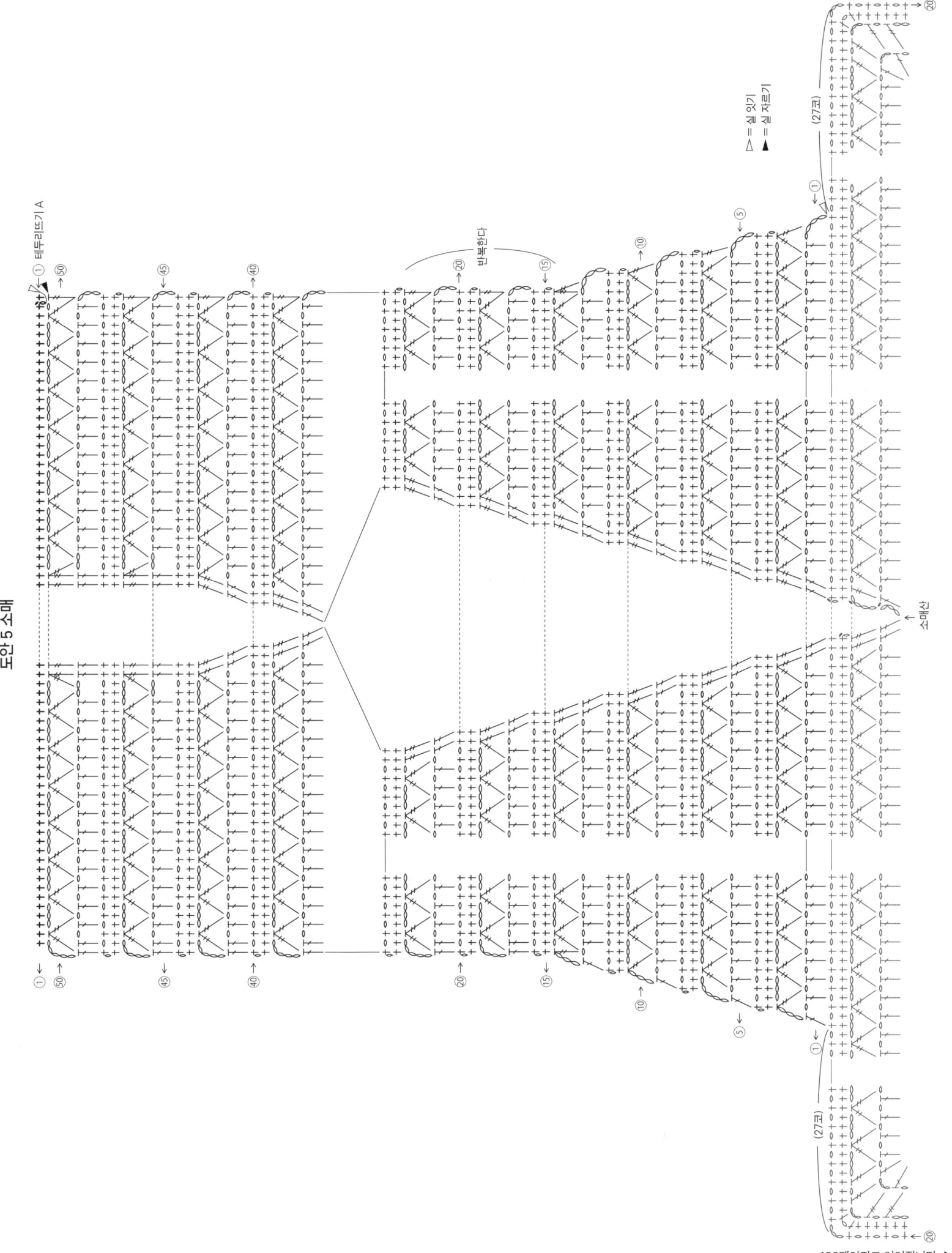

132페이지로 이어집니다. ▶

▶ 131페이지에서 이어집니다.

도안 4 밑단

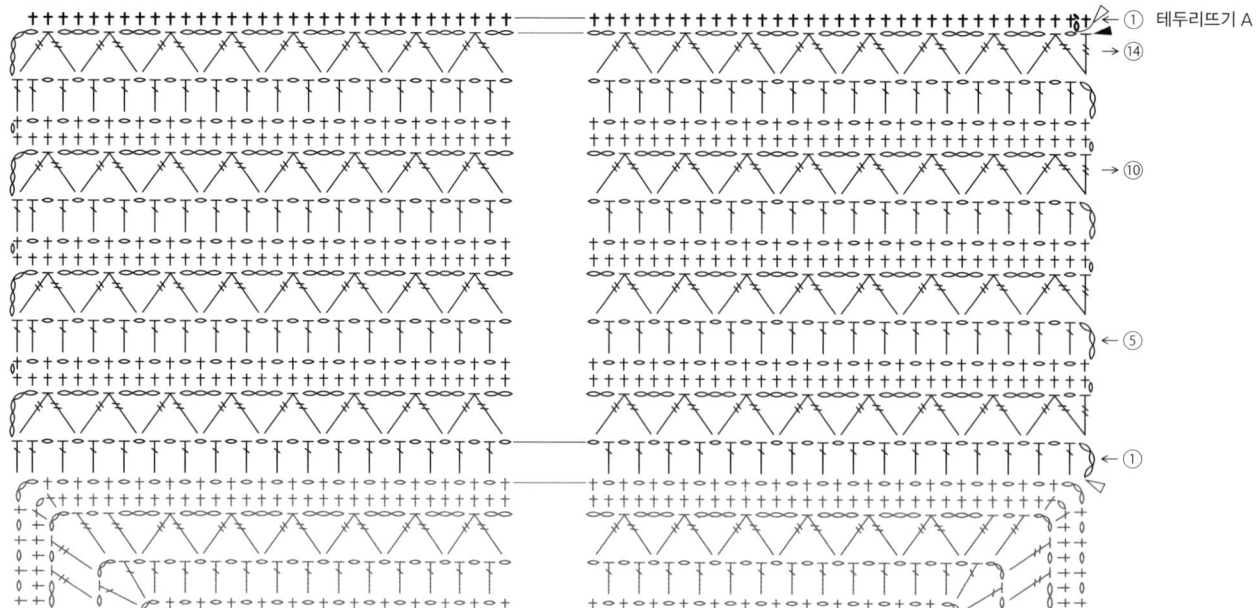

도안 6 목둘레 가장자리

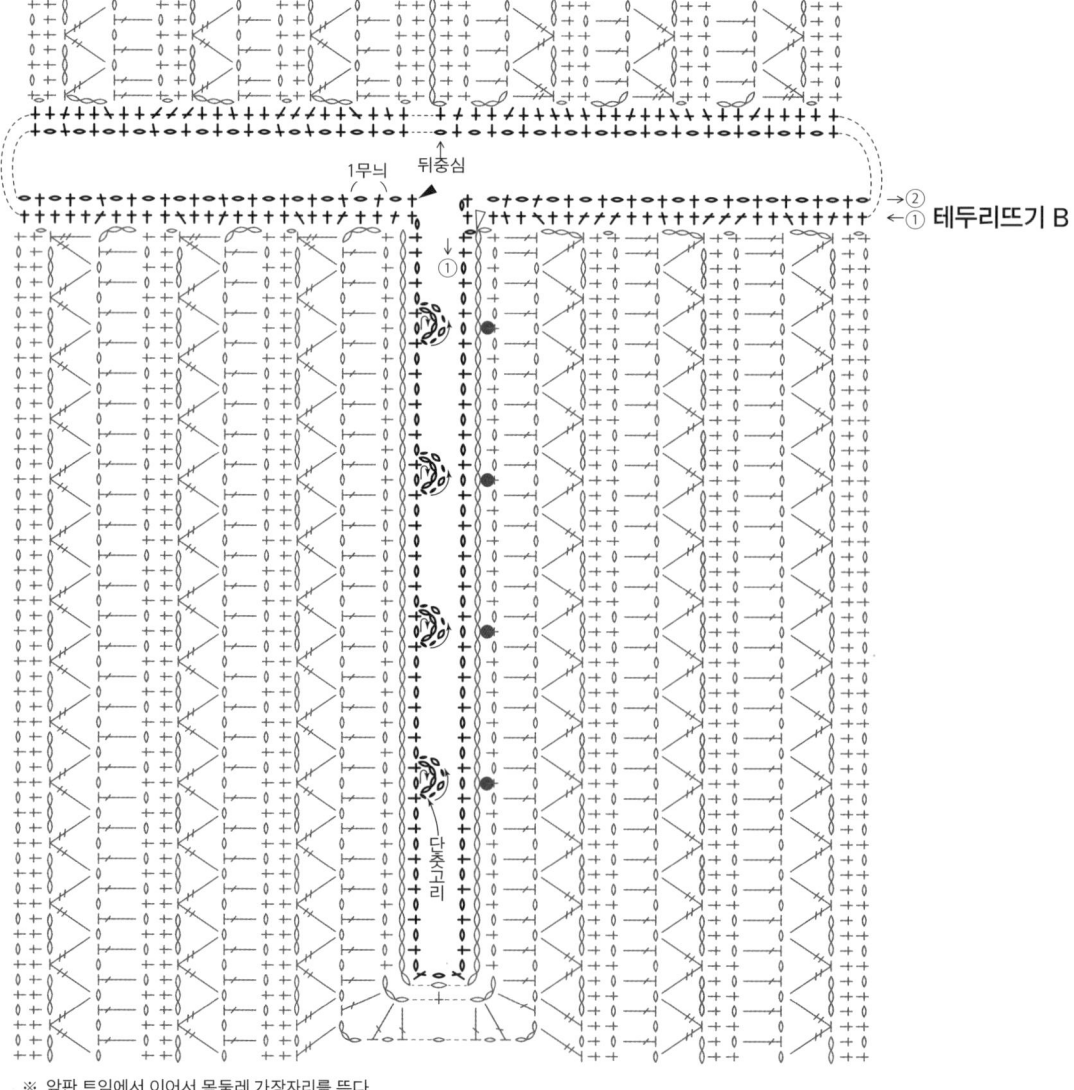

▷ = 실 잇기
▶ = 실 자르기

※ 앞판 트임에서 이어서 목둘레 가장자리를 뜬다.
● = 단추 다는 위치

가을 크로셰
29 page ★★★

다이아 도미나 '비타'

재료
다이아몬드케이토 다이아 도미나 '비타' 에크뤼(5501) 280g 10타래, 베이지(5506) 105g 4타래

도구
코바늘 5/0호

완성 크기
가슴둘레 115cm, 기장 60cm, 화장 71.5cm

게이지
모티브 크기는 도안 참고

POINT
● 몸판·소매…모티브 잇기로 뜹니다. 2번째 장부터는 마지막 단에서 옆 모티브와 연결하며 뜹니다.
● 마무리…지정 콧수를 줍고, 소맷부리는 테두리뜨기 A·B로 원형으로 왕복뜨기합니다. 밑단·앞여밈단·목둘레는 테두리뜨기 A로 각각 뜨고, 테두리뜨기 B는 밑단·앞여밈단·목둘레를 이어서 뜹니다. 테두리뜨기 A의 증감코는 도안을 참고하세요.

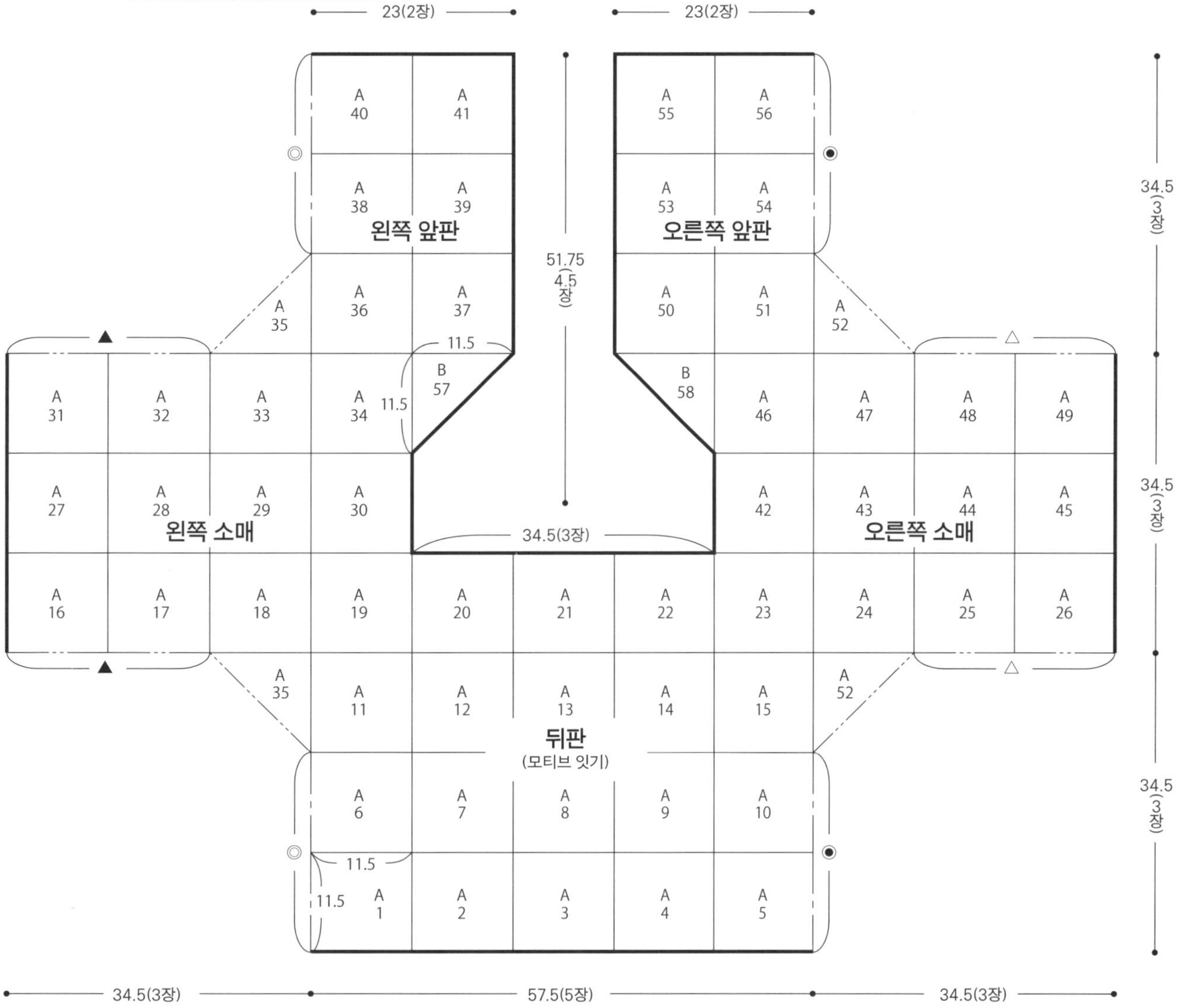

※ 모두 5/0호 코바늘로 뜬다.
※ 모티브 안의 숫자는 연결하는 순서다.
※ 맞춤 표시 (◉, ◎, ▲, △) 끼리는 뜨면서 연결한다.

모티브 모서리 잇는 법

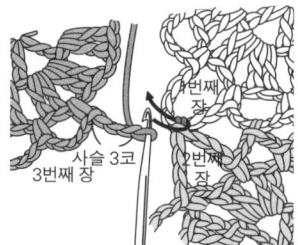

1 3번째 모티브를 연결하는 위치의 바로 앞 사슬 3코를 뜨고, 2번째 모티브의 빼뜨기 코다리 2가닥에 위에서 바늘을 넣은 다음

2 실을 걸어 빼낸다.
4번째 장도 같은 방법으로 빼낸다.

테두리뜨기 A (앞여밈단)

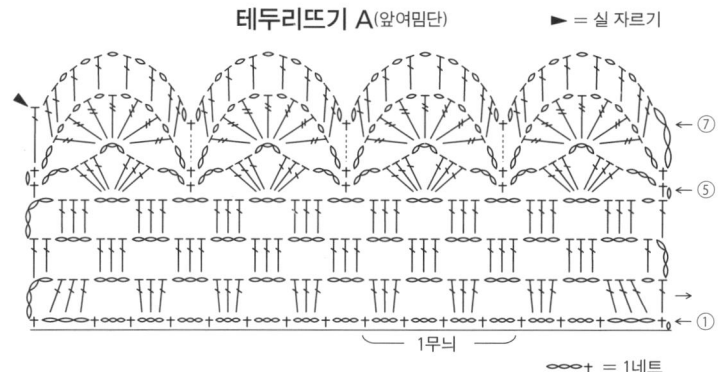

▶ = 실 자르기
⚬⚬⚬+ = 1네트

134페이지로 이어집니다. ▶

▶ 133페이지에서 이어집니다.

모티브 A 56장

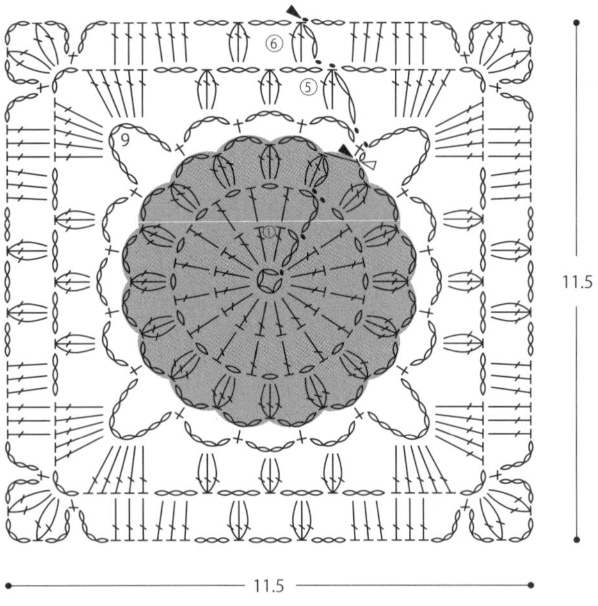

모티브 잇는 법

모티브 B 2장

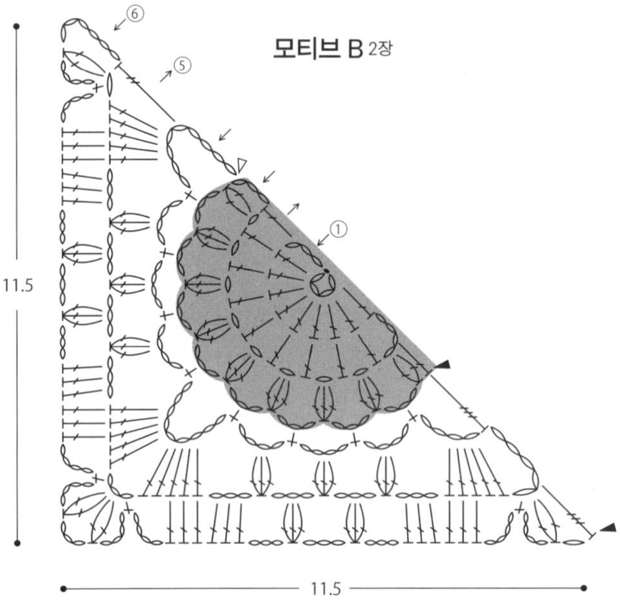

▷ = 실 잇기
▶ = 실 자르기

배색 { ━━━ = 베이지
　　　 ─── = 에크뤼 }

╪ = 세길 긴뜨기

도안 1 소맷부리

←① 테두리뜨기 B

← ⑦
← ⑤ 테두리뜨기 A
← ①

∞ + = 1네트
+ = 모티브의 한길 긴뜨기 코와 코 사이에 바늘을 넣어 뜬다

★ 개수는 작품을 선택하는 기준으로 참고해주세요. ★…초심자도 안심, ★★…자신이 조금 생겼다면, ★★★…끈기도 겸비한 중·상급자, ★★★★…솜씨에 자신 있음. 실은 실물 크기입니다.

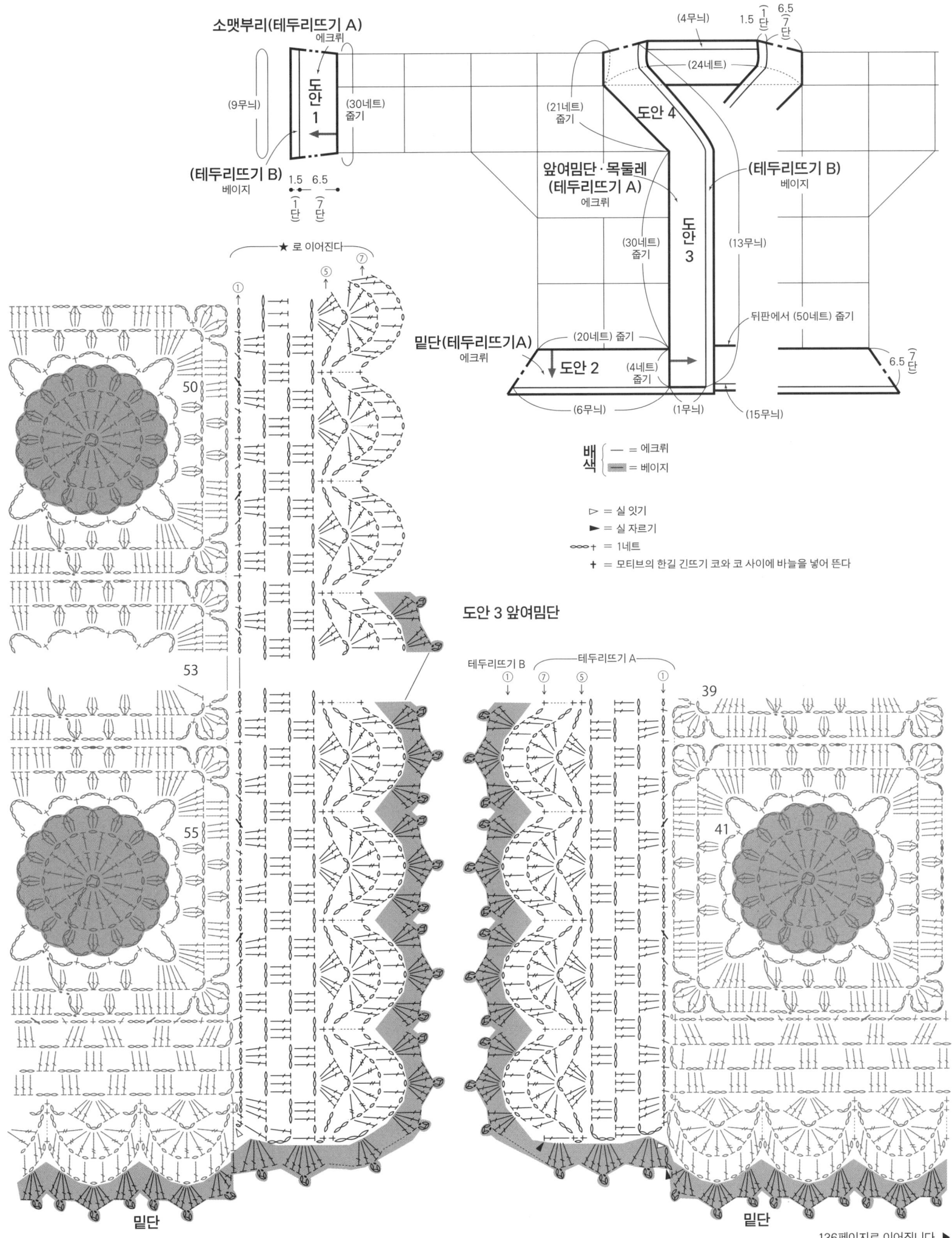

136페이지로 이어집니다. ▶

▶ 135페이지에서 이어집니다.

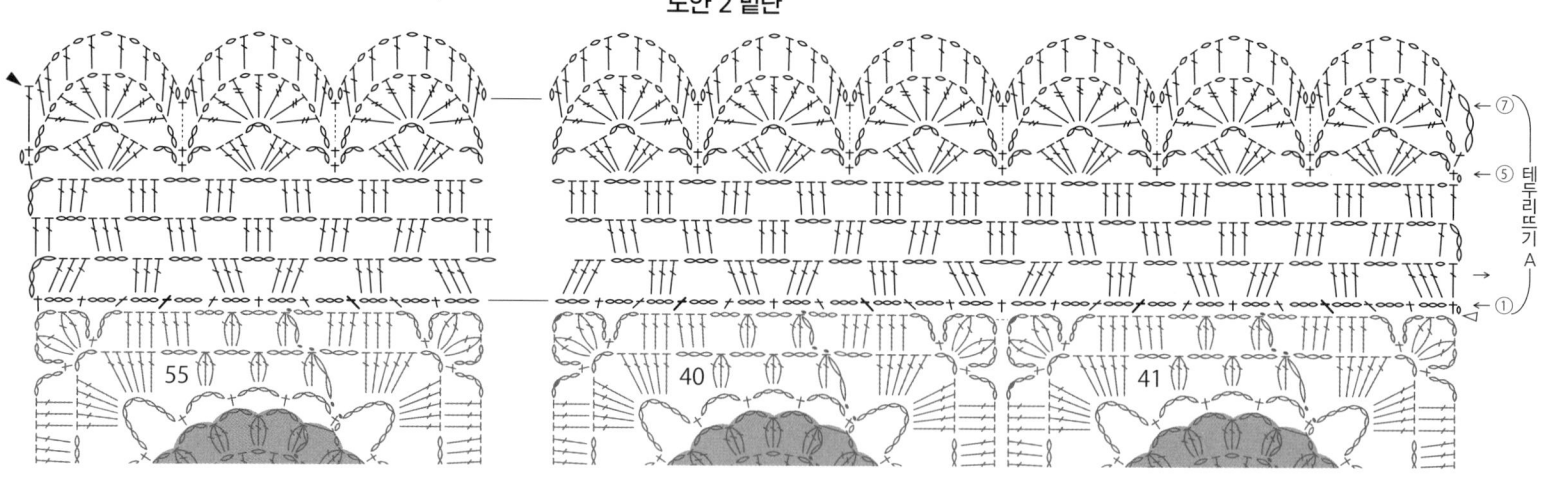

도안 2 밑단

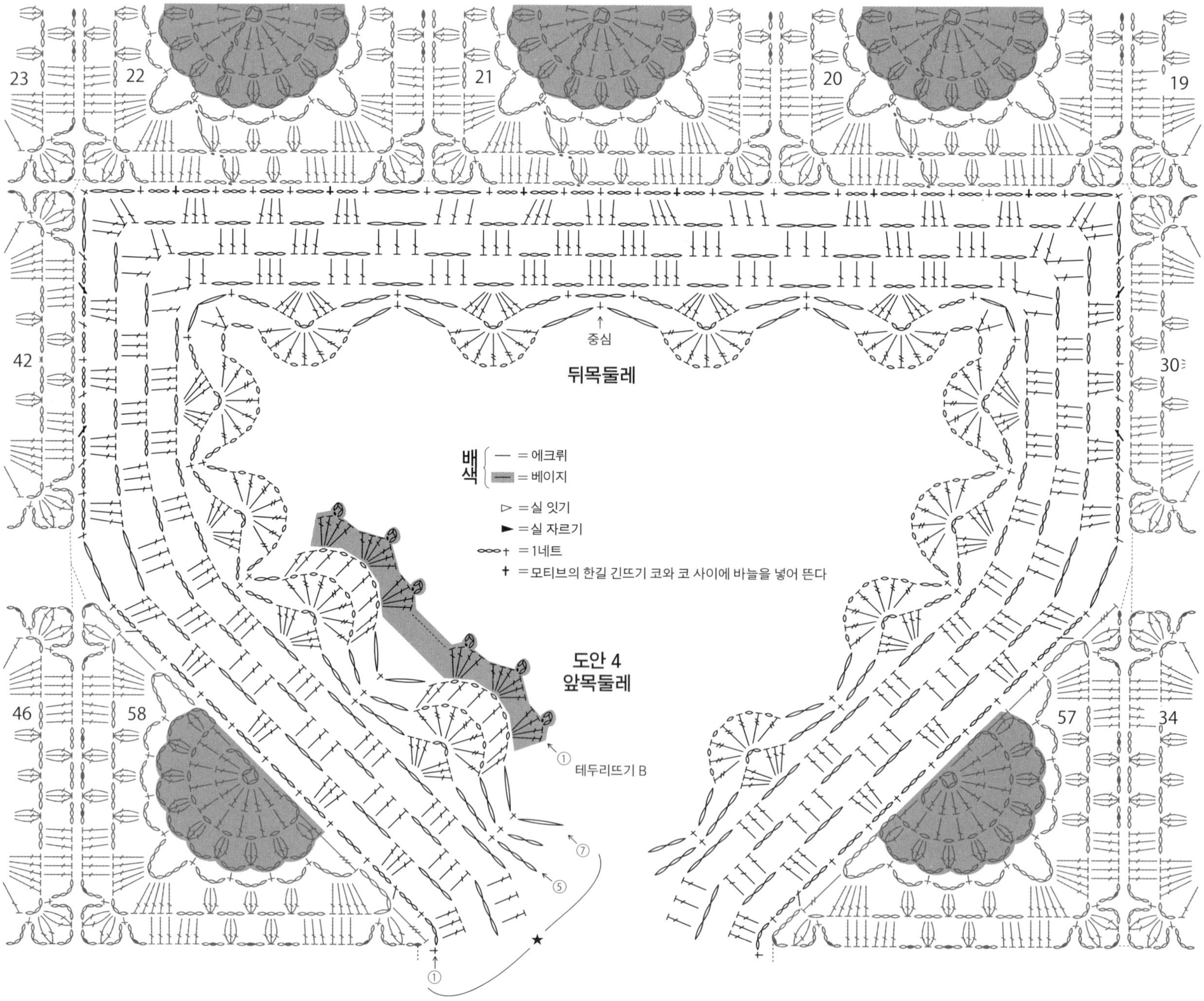

뒤목둘레

중심

배색
— = 에크뤼
━ = 베이지
▷ = 실 잇기
▶ = 실 자르기
∞∞† = 1네트
† = 모티브의 한길 긴뜨기 코와 코 사이에 바늘을 넣어 뜬다

도안 4 앞목둘레

테두리뜨기 B

가을 크로셰
31 page ★★★

알파니카

한길 긴 앞걸어뜨기	한길 긴 뒤걸어뜨기

※일본어 사이트	※일본어 사이트

재료
하마나카 알파니카 연보라색(6) 375g 13타래

도구
코바늘 7/0호

완성 크기
가슴둘레 106cm, 기장 52.5cm, 화장 60cm

게이지
무늬뜨기 A 1무늬=2.2cm, 10cm=13단

POINT
● 몸판·소매…몸판은 사슬뜨기로 기초코를 만들어 뜨기 시작해 무늬뜨기 A·B로 뜹니다. 증감코는 도안을 참고하세요. 어깨는 떠서 꿰매기합니다. 소매는 지정 콧수를 주워 무늬뜨기 A로 뜹니다.
● 마무리…목둘레는 지정 콧수를 주워 테두리뜨기로 원형뜨기합니다. 옆선은 떠서 잇기하는데, 무늬뜨기 B는 도안을 참고해 마지막 단의 코머리가 겉으로 드러나도록 잇습니다. 소매 밑선은 떠서 꿰매기합니다. 소맷부리는 지정 콧수를 주워 테두리뜨기로 원형뜨기합니다.

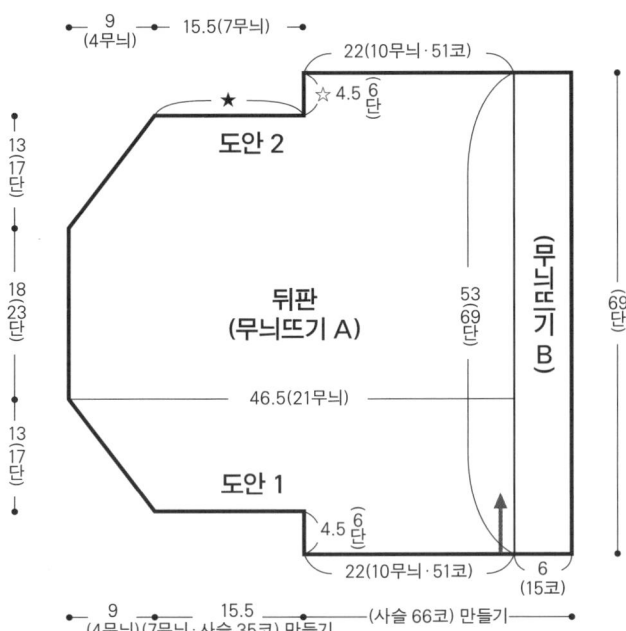

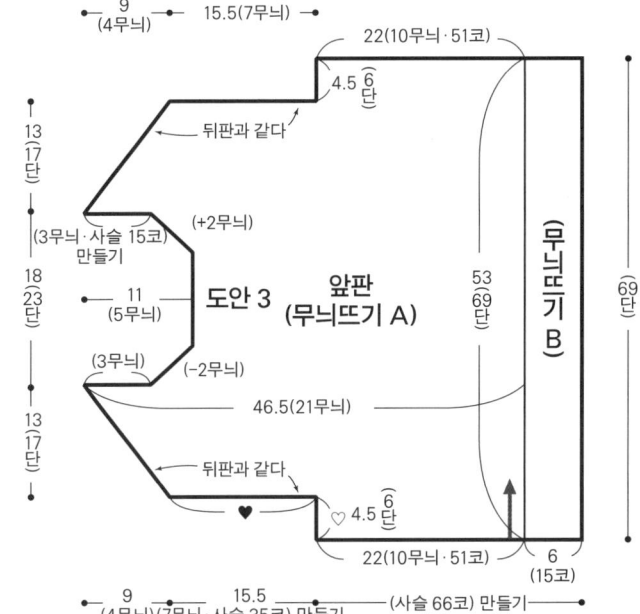

※ 모두 7/0호 코바늘로 뜬다.

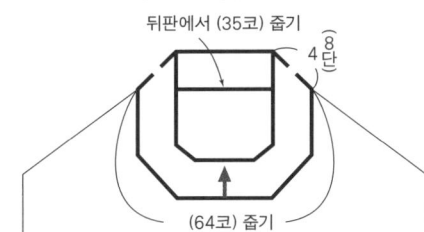

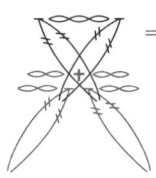

무늬뜨기 A

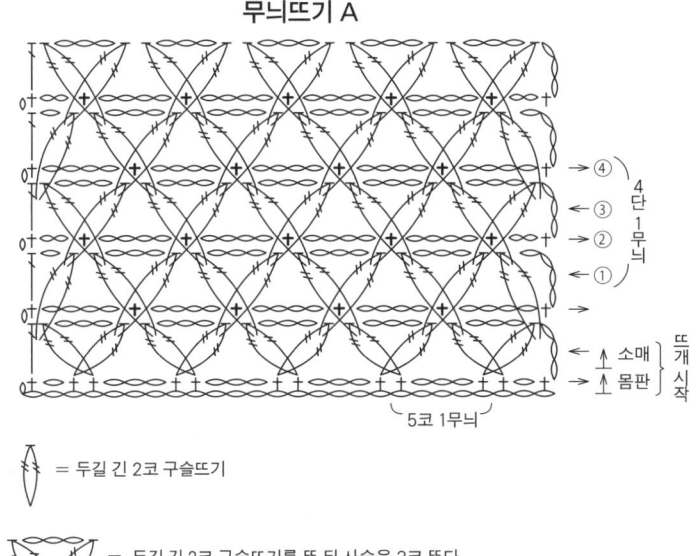

138페이지로 이어집니다. ▶

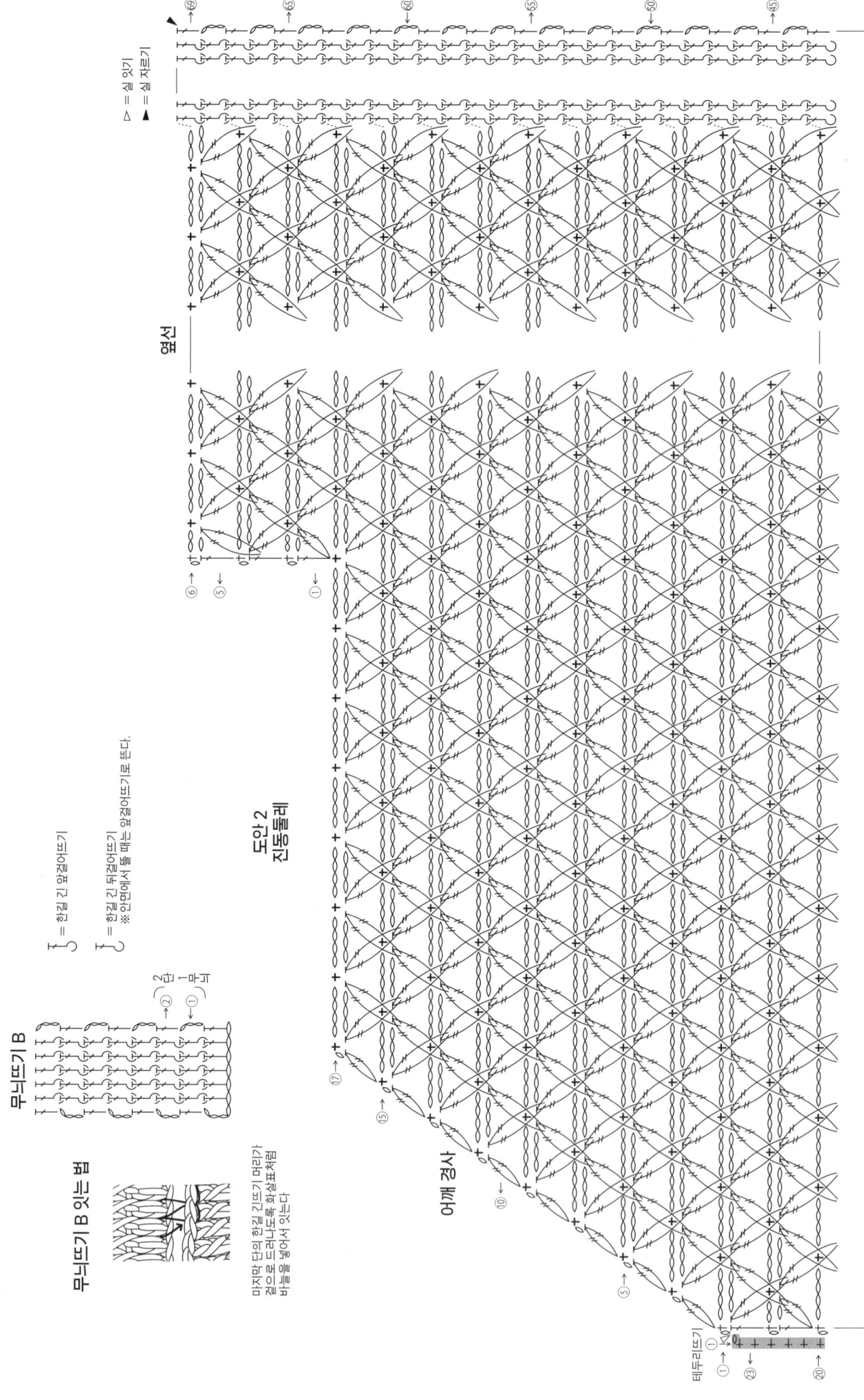

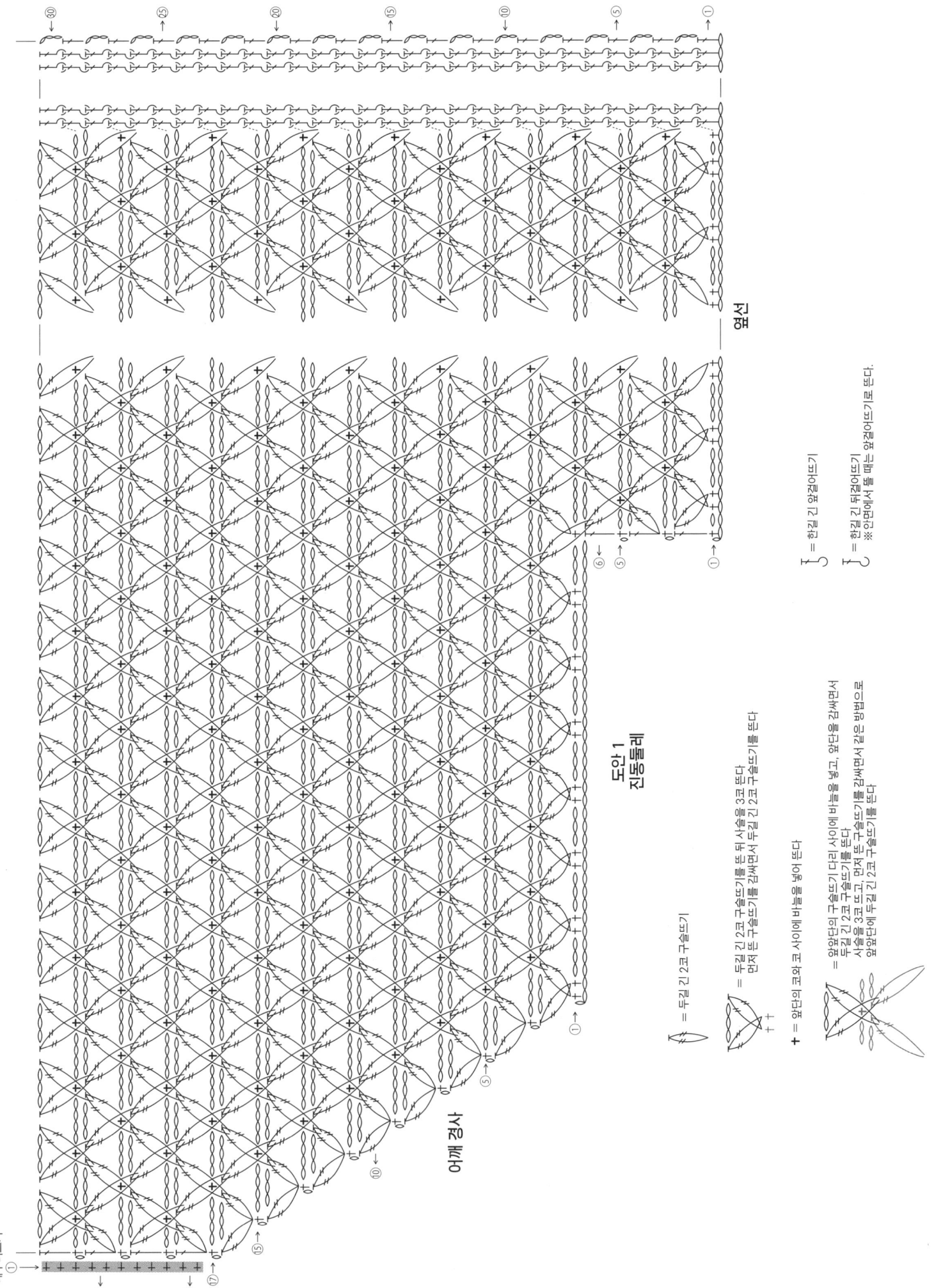

▶ 139페이지에서 이어집니다.

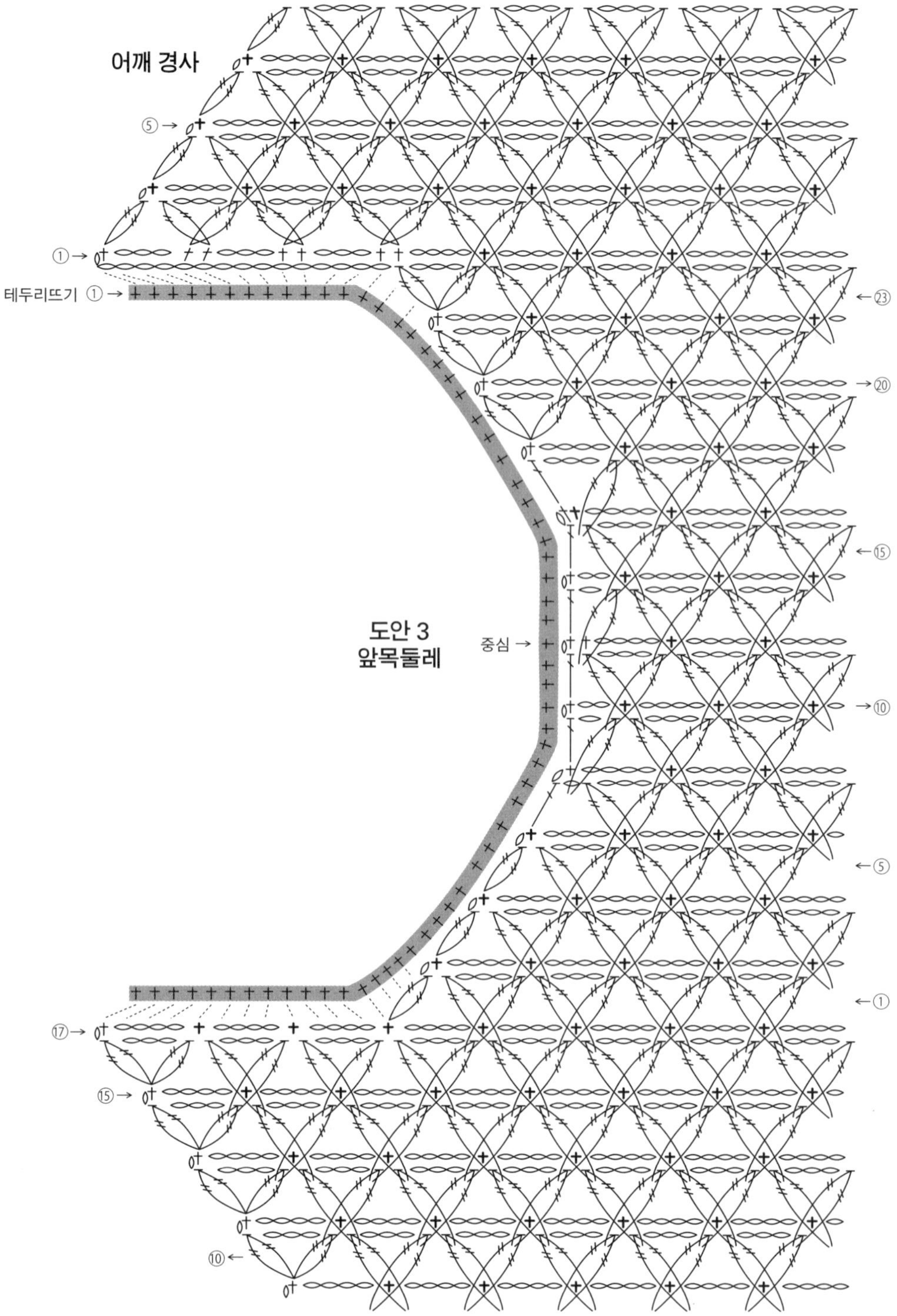

어깨 경사
⑤→
①→
테두리뜨기 ①→
←㉓
→⑳
←⑮
도안 3
앞목둘레
중심→
→⑩
←⑤
←①
⑰→
⑮→
⑩←

테두리뜨기

► = 실 자르기

←⑧
←⑤
←
←①
2코 1무늬

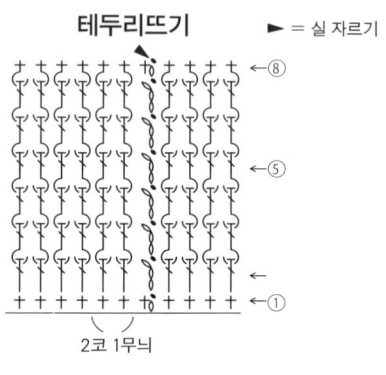

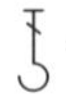

 = 한길 긴 앞걸어뜨기

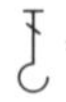

 = 한길 긴 뒤걸어뜨기

 = 짧은 앞걸어뜨기

 = 짧은 뒤걸어뜨기

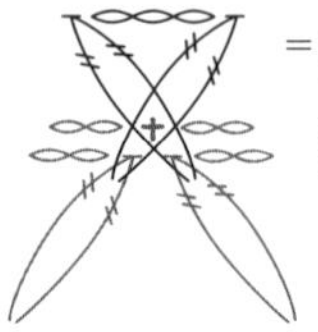

 = 앞앞단의 구슬뜨기 다리 사이에 바늘을 넣고, 앞단을 감싸면서
두길 긴 2코 구슬뜨기를 뜬다
사슬을 3코 뜨고, 먼저 뜬 구슬뜨기를 감싸면서 같은 방법으로
앞앞단에 두길 긴 2코 구슬뜨기를 뜬다

+ = 앞단의 코와 코 사이에 바늘을 넣어 뜬다

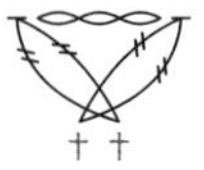

 = 두길 긴 2코 구슬뜨기를 뜬 뒤 사슬을 3코 뜬다
먼저 뜬 구슬뜨기를 감싸면서 두길 긴 2코 구슬뜨기를 뜬다

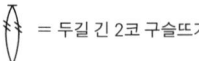

 = 두길 긴 2코 구슬뜨기

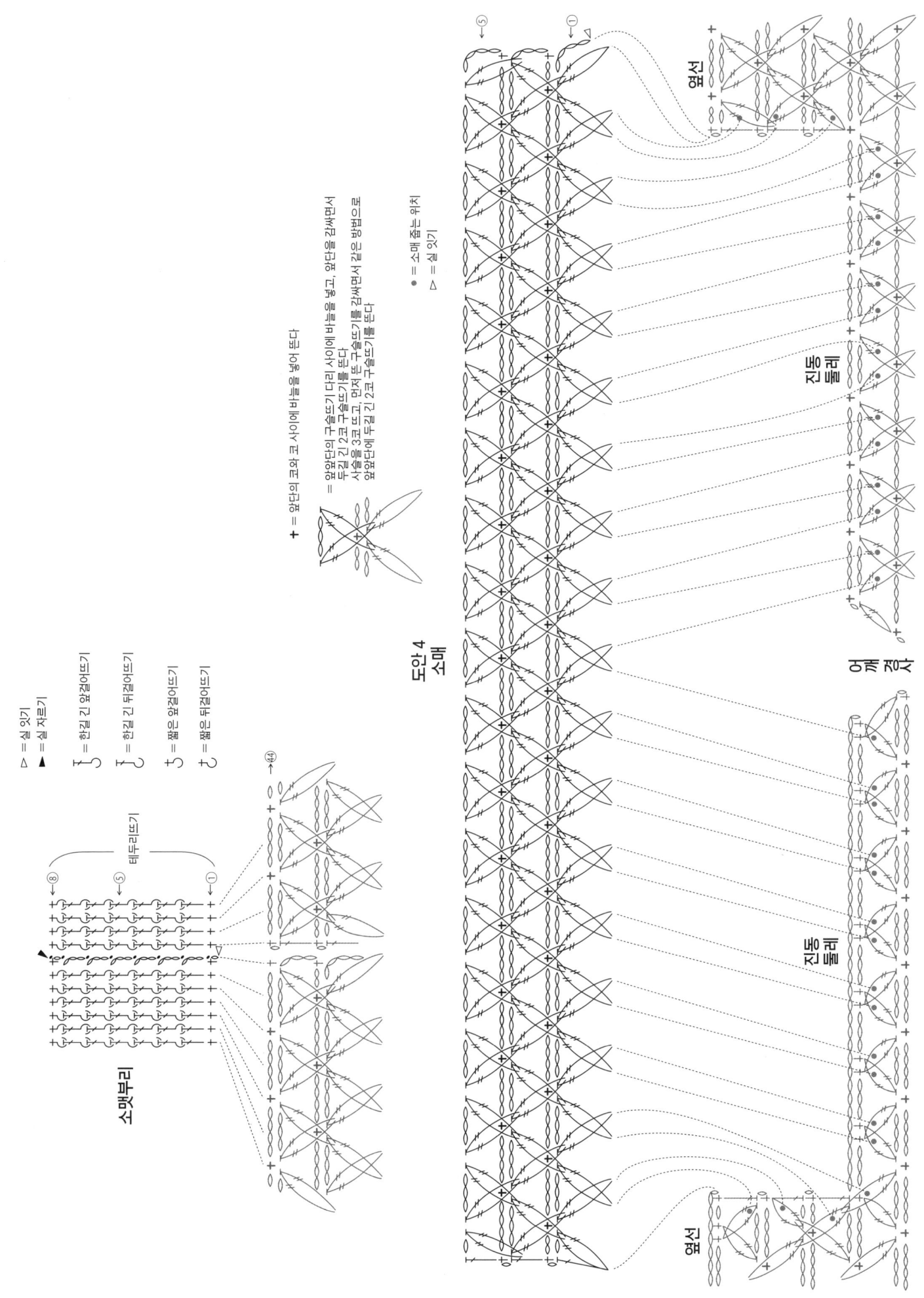

가을 크로셰
30 page ★★★

바카라 크로셰

한길 긴 앞걸어뜨기

※ 일본어 사이트

한길 긴 뒤걸어뜨기

※ 일본어 사이트

재료
리치모어 바카라 크로셰 초록색·파란색·베이지 계열 그러데이션(406) 290g 8타래

도구
코바늘 4/0호

완성 크기
가슴둘레 106cm, 기장 48cm, 화장 71cm

게이지(10×10cm)
무늬뜨기 A 1무늬=4.8cm, 10cm=7단
무늬뜨기 B(10×10cm) 33코×12단.
무늬뜨기 C(10×10cm) 28.5코×13.5단,
무늬뜨기 D(10×10cm) 28.5코×18단

POINT
● 몸판·소매…사슬뜨기로 기초코를 만들면서 1단을 뜨기 시작해 무늬뜨기 A로 뜹니다. 이어서 짧은뜨기, 무늬뜨기 B·C·D로 뜹니다. 줄임코는 도안을 참고하세요. 밑단은 테두리뜨기 A로 뜹니다. 소매는 몸판과 같은 방법으로 뜨기 시작해 무늬뜨기 A, 짧은뜨기, 무늬뜨기 B·C로 뜹니다. 소맷부리 쪽은 짧은뜨기, 무늬뜨기 B·E, 테두리뜨기 B로 뜹니다.
● 마무리…어깨는 빼뜨기 사슬 잇기, 옆선·소매 밑선은 떠서 꿰매기합니다. 목둘레는 지정 콧수를 주워 테두리뜨기 C로 원형뜨기합니다. 소매는 떠서 잇기로 몸판과 연결합니다.

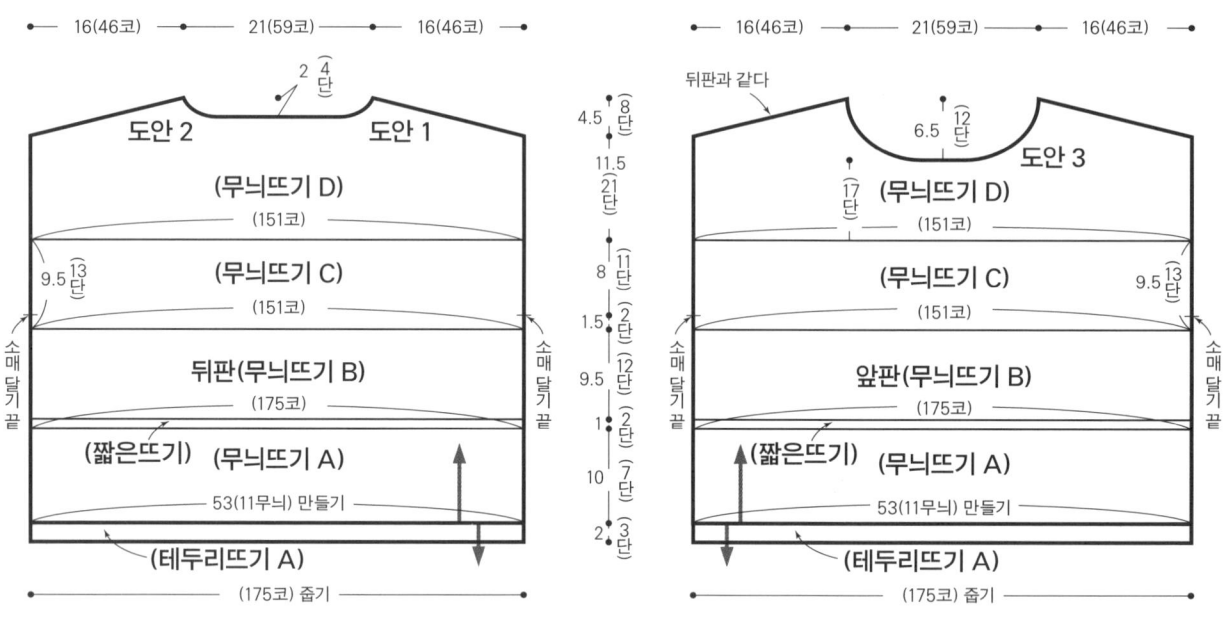

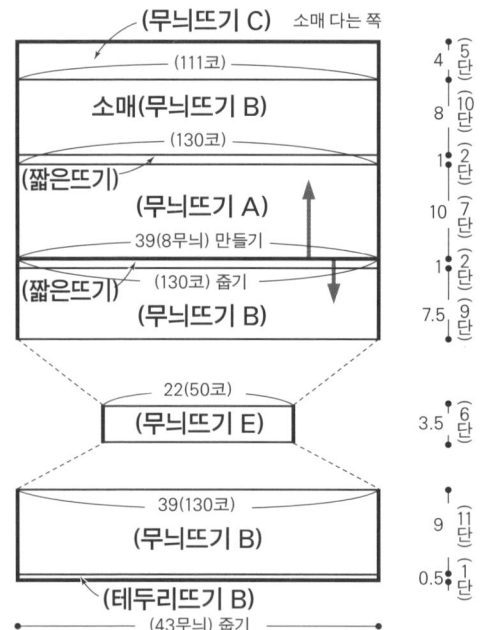

※ 모두 4/0호 코바늘로 뜬다.

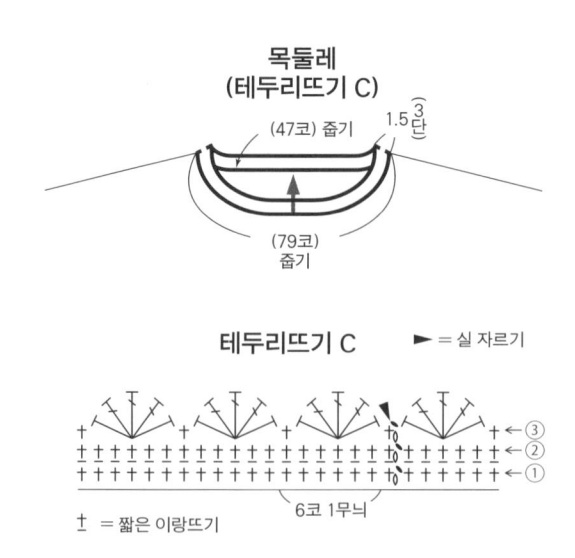

뒤판·앞판

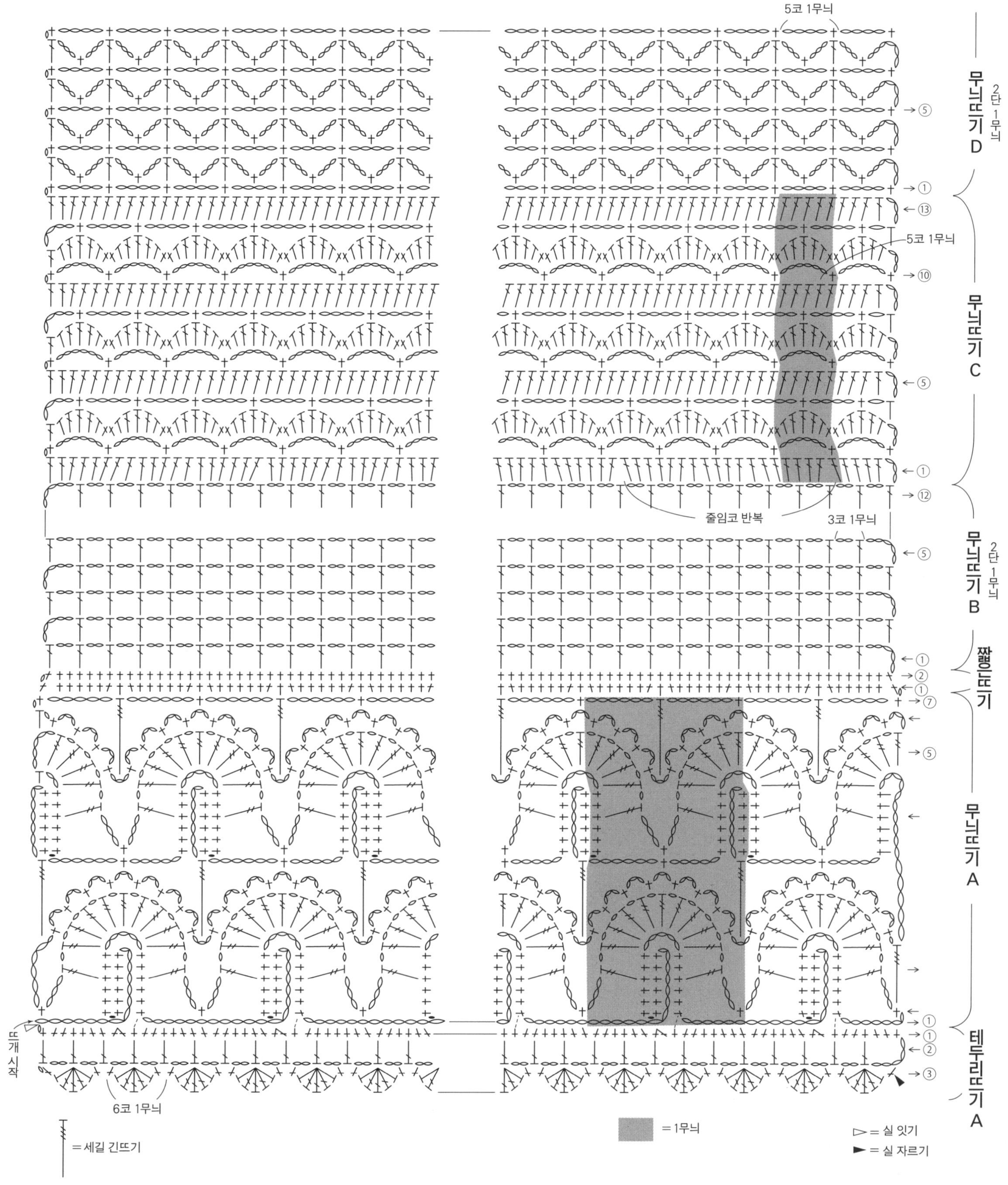

무늬뜨기 D (2단 1무늬)
무늬뜨기 C
무늬뜨기 B (2단 1무늬)
짧은뜨기
무늬뜨기 A
테두리뜨기 A

5코 1무늬
3코 1무늬
줄임코 반복
6코 1무늬
뜨개시작

▨ = 1무늬
▷ = 실 잇기
▶ = 실 자르기
ᖠ = 세길 긴뜨기

144페이지로 이어집니다. ▶

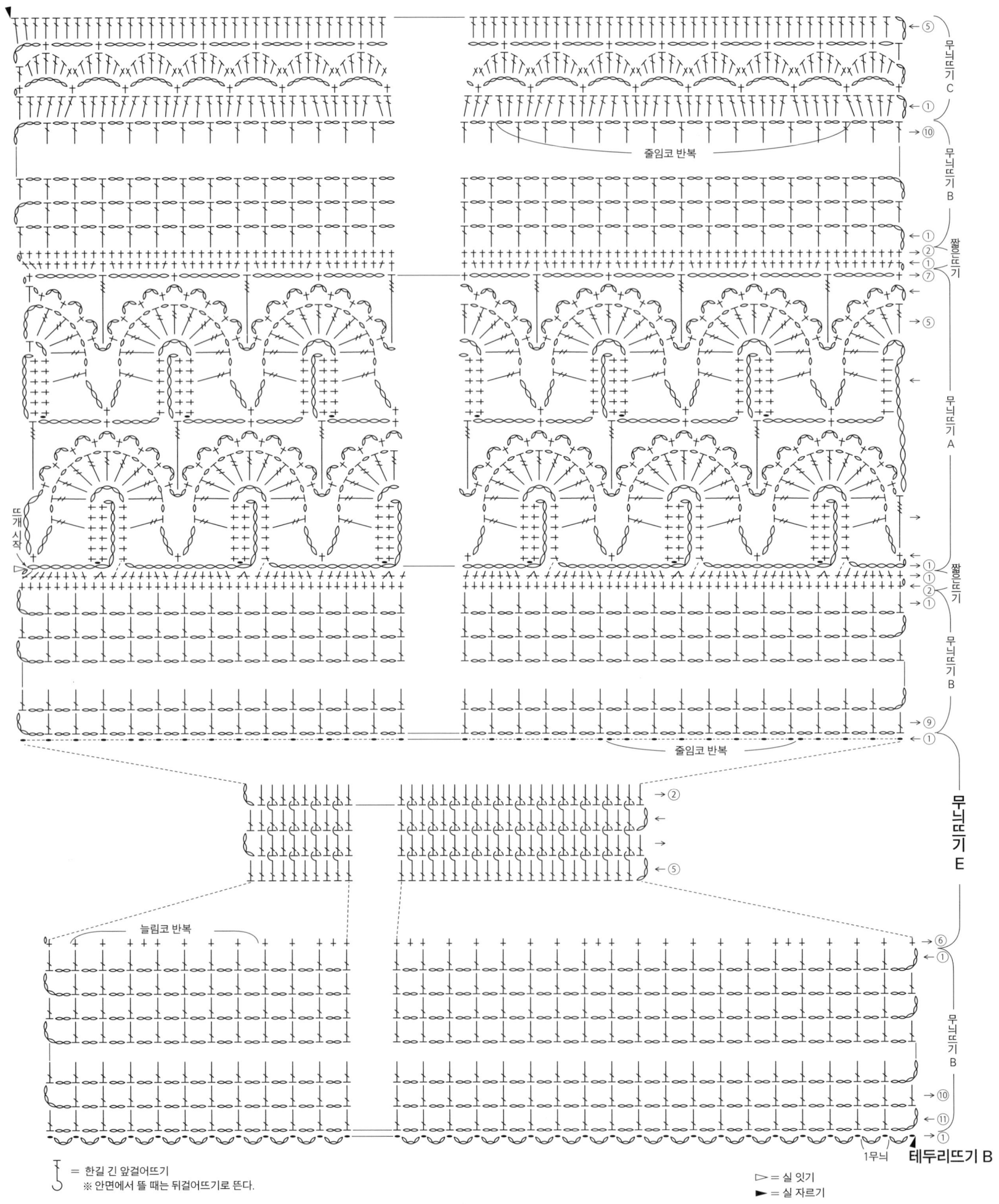

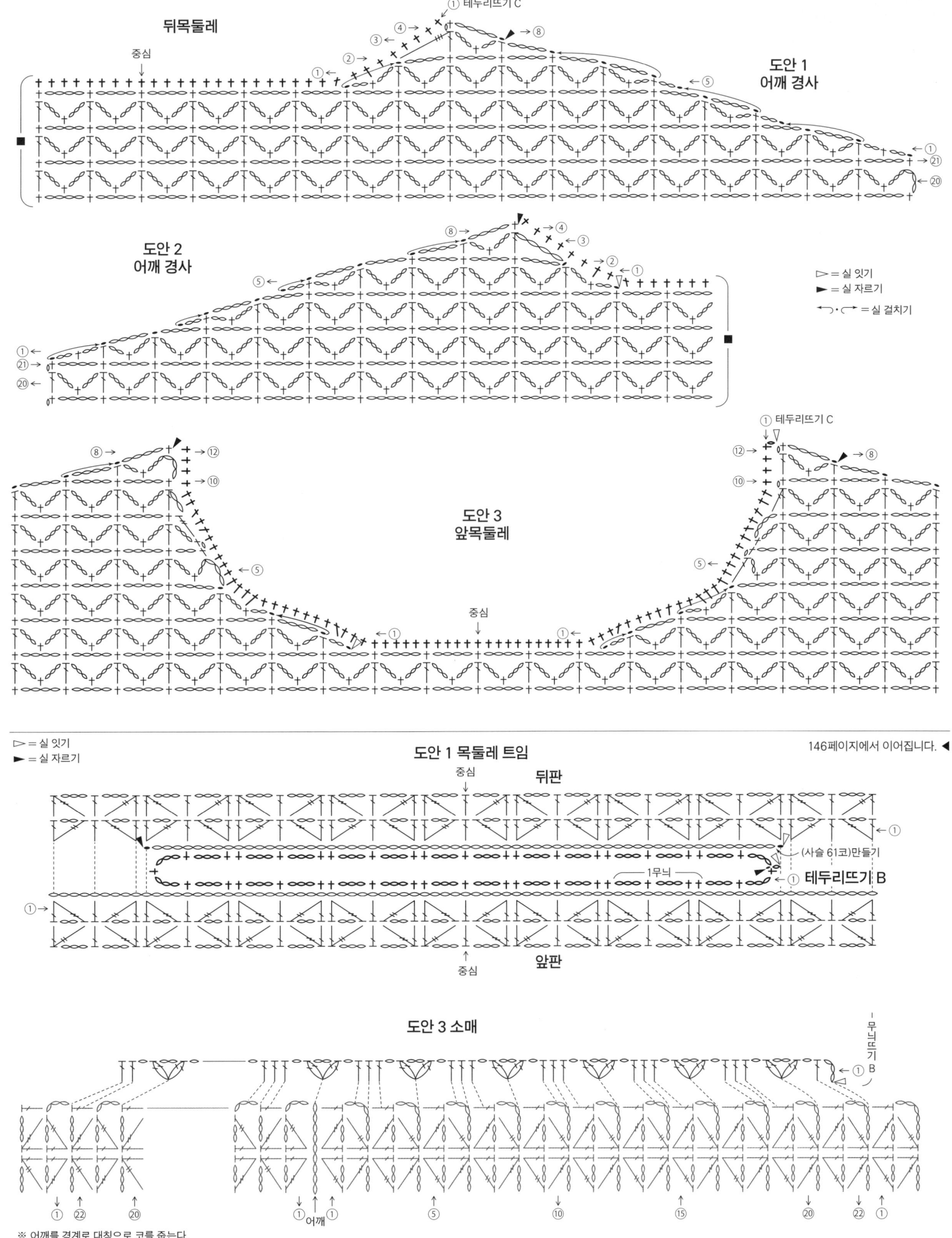

가을 크로셰
34 page ★★

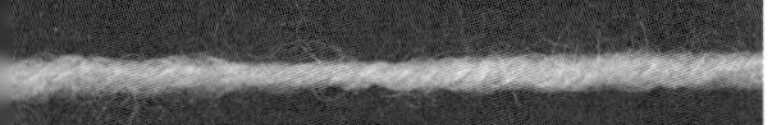

에브리데이 알파카

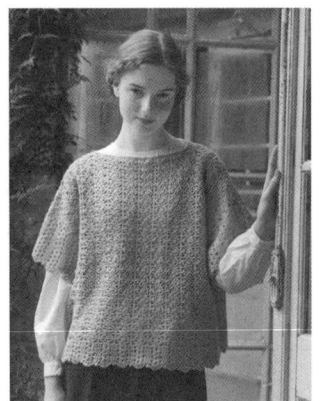

재료
나이토상사 에브리데이 알파카 그레이(206) 300g 3타래
도구
코바늘 6/0호
완성 크기
가슴둘레 126㎝, 기장 50㎝, 화장 43㎝
게이지(10×10㎝)
무늬뜨기 A 23코×9단

POINT
●몸판·소매…앞판은 사슬뜨기로 기초코를 만들어 뜨기 시작해 무늬뜨기 A·B, 테두리뜨기 A로 뜹니다. 뒤판은 앞판 어깨에서 코를 줍고, 목둘레는 연결 사슬코산을 줍는 기초코를 만들어 무늬뜨기 A로 뜹니다. 20단 뜬 뒤 도안을 참고해 좌우로 나눠서 무늬뜨기 A·B, 테두리뜨기 A로 뜹니다. 소매는 지정 위치에서 코를 주워 무늬뜨기 B, 테두리뜨기 A로 뜹니다.
●마무리…옆선·소매 밑선은 빼뜨기 사슬 꿰매기합니다. 목둘레 가장자리는 지정 콧수를 주워 테두리뜨기 B로 원형뜨기합니다.

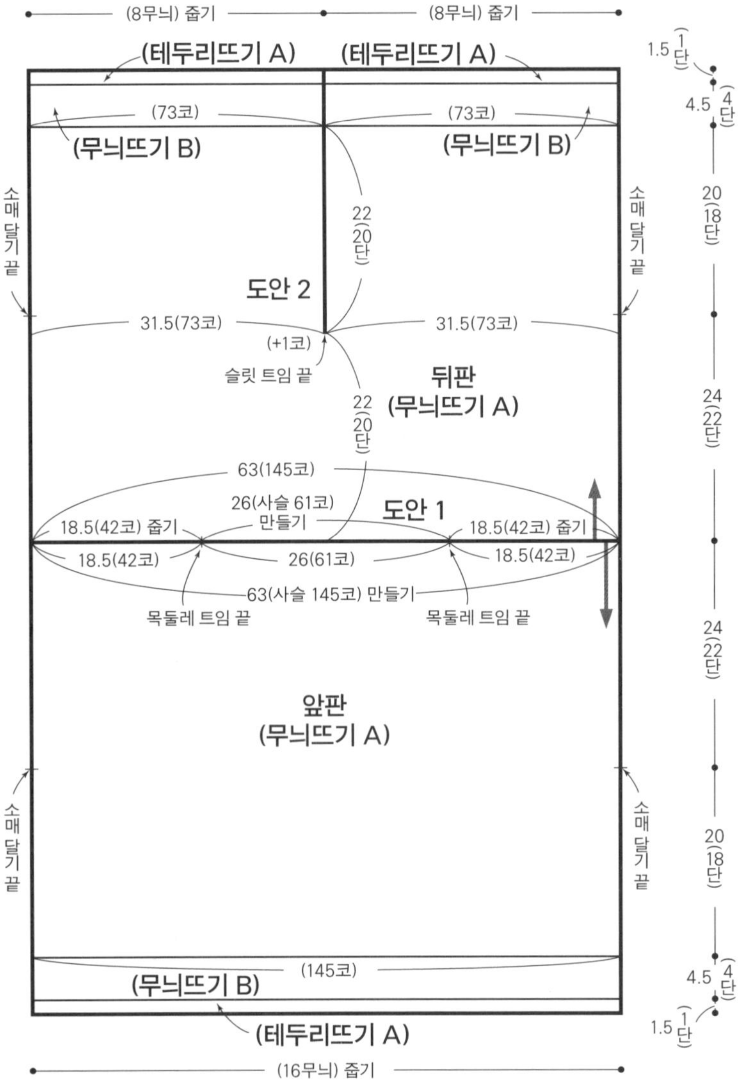

※모두 6/0호 코바늘로 뜬다.

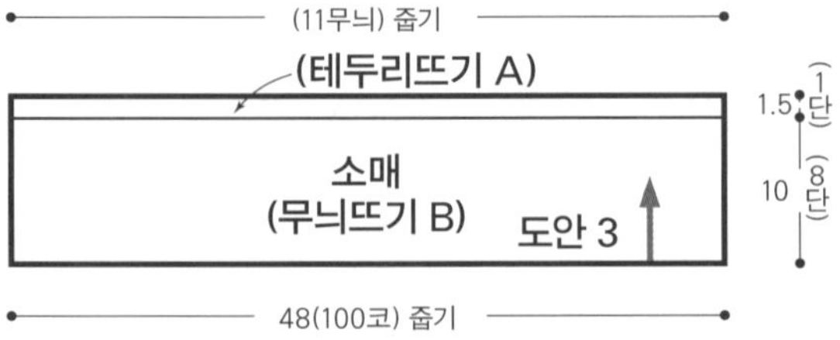

목둘레 가장자리
(테두리뜨기 B)

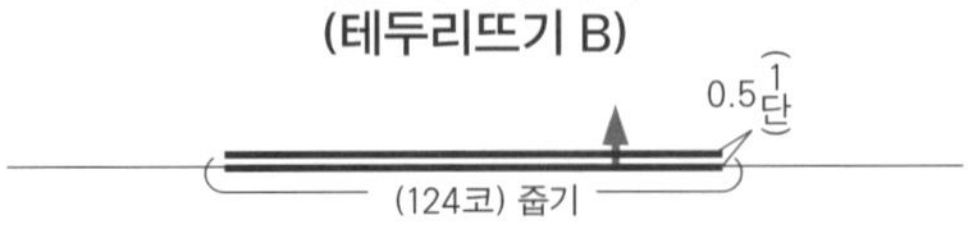

무늬뜨기 A

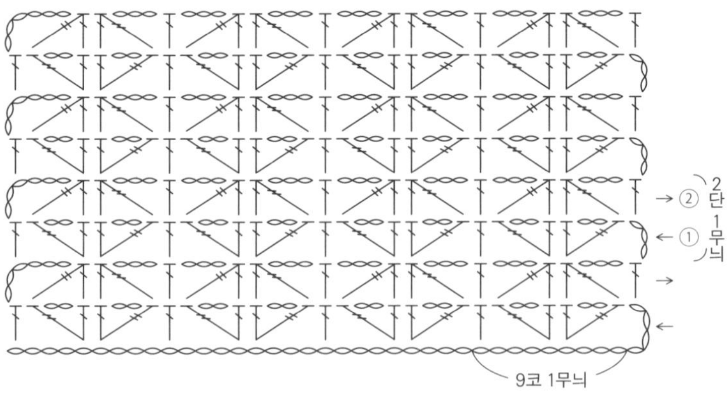

무늬뜨기 B(소매)

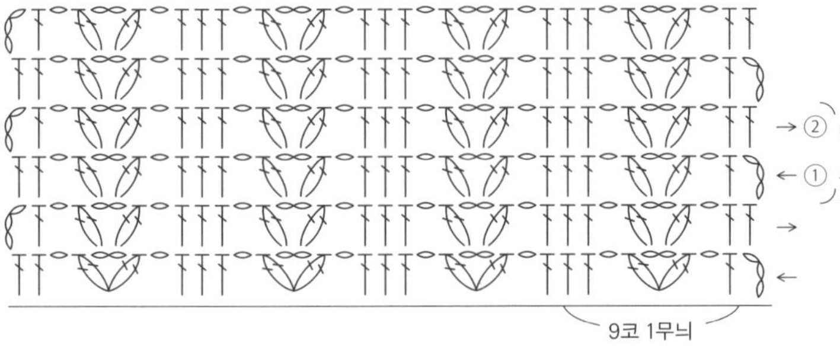

무늬뜨기 B(뒤판, 앞판)

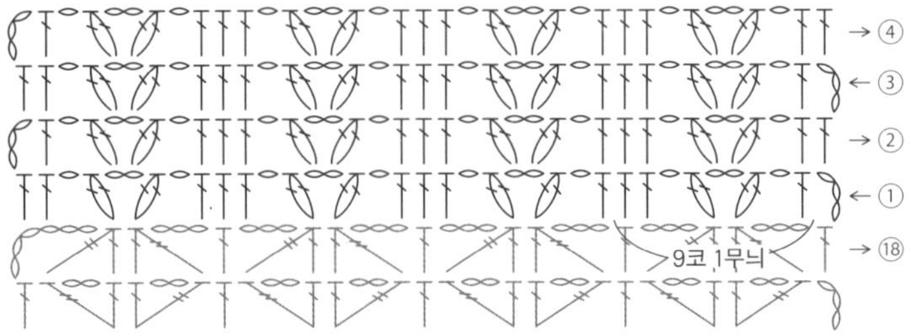

▷ = 실 잇기
► = 실 자르기

도안 2 뒤판 슬릿

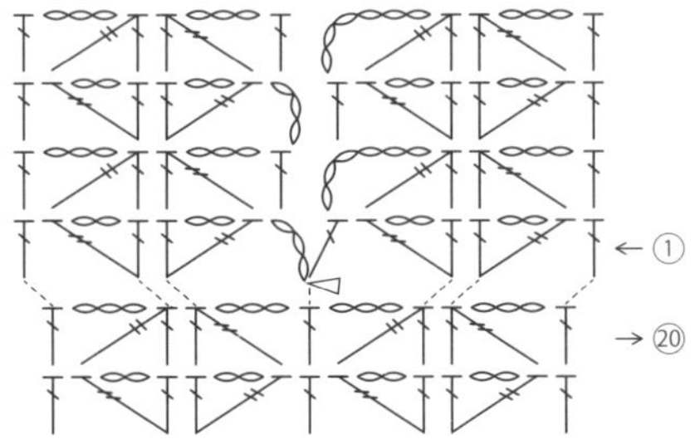

테두리뜨기 A

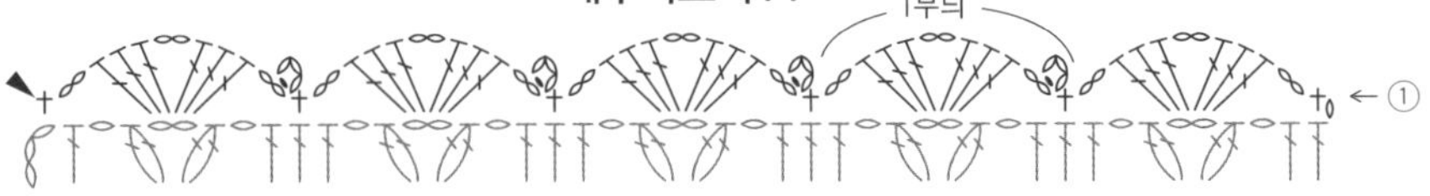

◀ 145페이지로 이어집니다.

가을 크로셰
32 page ★★★

시젠노 쓰무기 mofu

KUKAT

한길 긴 앞걸어뜨기

※ 일본어 사이트

재료
올림푸스 시젠노 쓰무기 mofu 라이트 베이지(202) 370g 13타래, KUKAT 베이지(2) 115g 3타래

도구
코바늘 8/0호·9/0호·7/0호·6/0호

완성 크기
가슴둘레 96m, 어깨너비 40cm, 기장 55.5cm, 소매길이 38cm

게이지
무늬뜨기 1무늬=4cm, 10cm=9.5단(8/0호 코바늘)

POINT
● 몸판·소매…사슬뜨기로 기초코를 만들어 뜨기 시작해 무늬뜨기로 뜨는데, 몸판은 게이지 조정을 하면서 뜨므로 주의합니다. 진동둘레·목둘레·소매산의 줄임코는 도안을 참고하세요.

● 마무리…어깨는 휘감아 잇기, 옆선·소매 밑선은 휘감아 꿰매기합니다. 밑단·목둘레·소맷부리는 뜨개 시작 위치에 주의하면서 코를 줍고, 테두리뜨기로 원형뜨기합니다. 소맷부리의 분산 늘림코는 도안을 참고하세요. 소매는 빼뜨기 사슬 꿰매기로 몸판과 연결합니다.

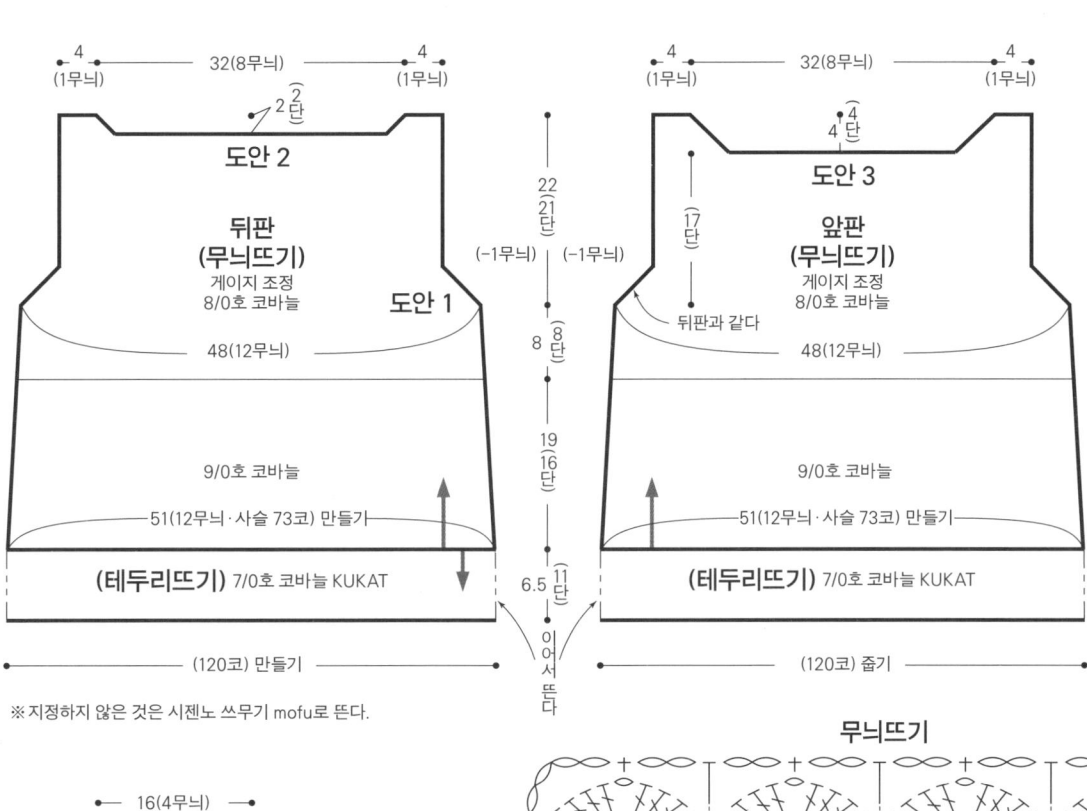

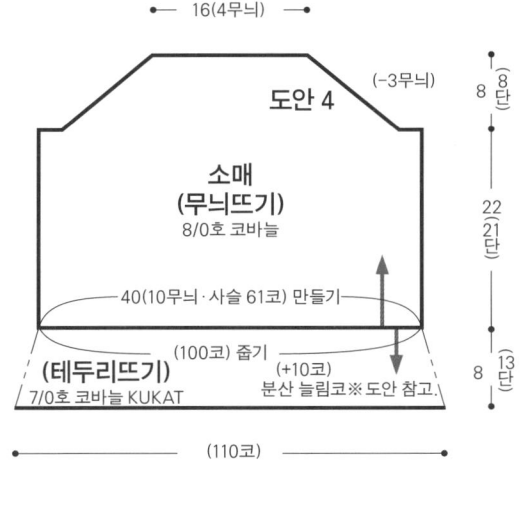

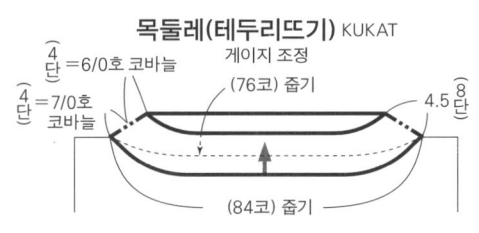

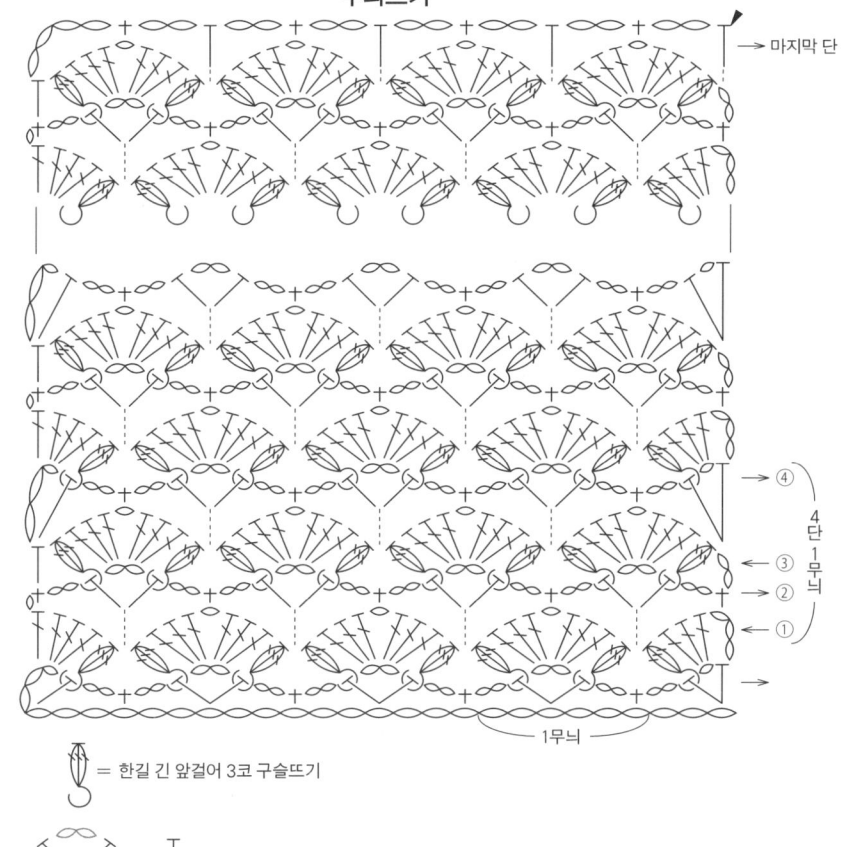

148페이지로 이어집니다. ▶

147

▶ 147페이지에서 이어집니다.

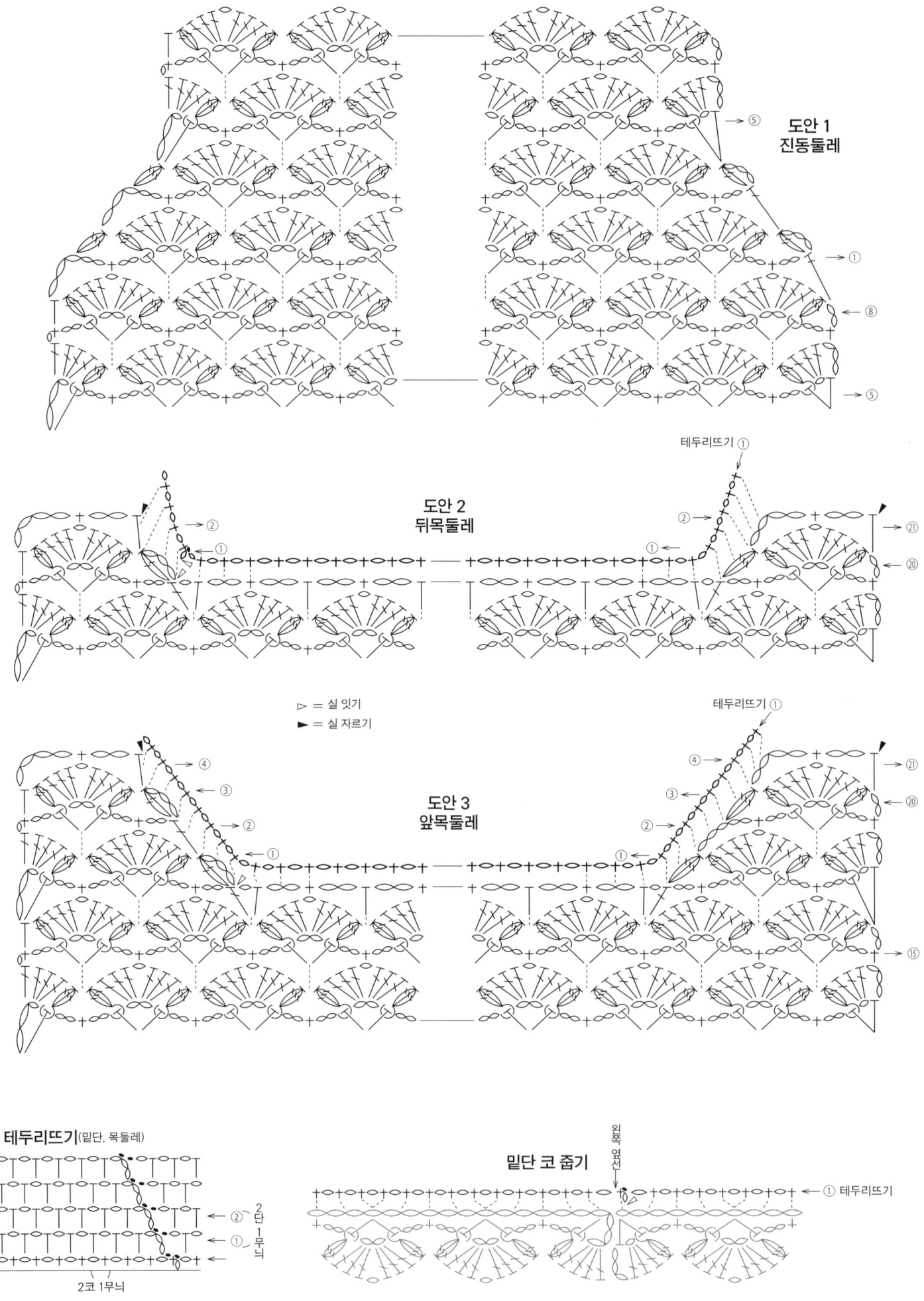

도안 1 진동둘레

도안 2 뒤목둘레

▷ = 실 잇기
▶ = 실 자르기

도안 3 앞목둘레

테두리뜨기 (밑단, 목둘레)

밑단 코 줍기

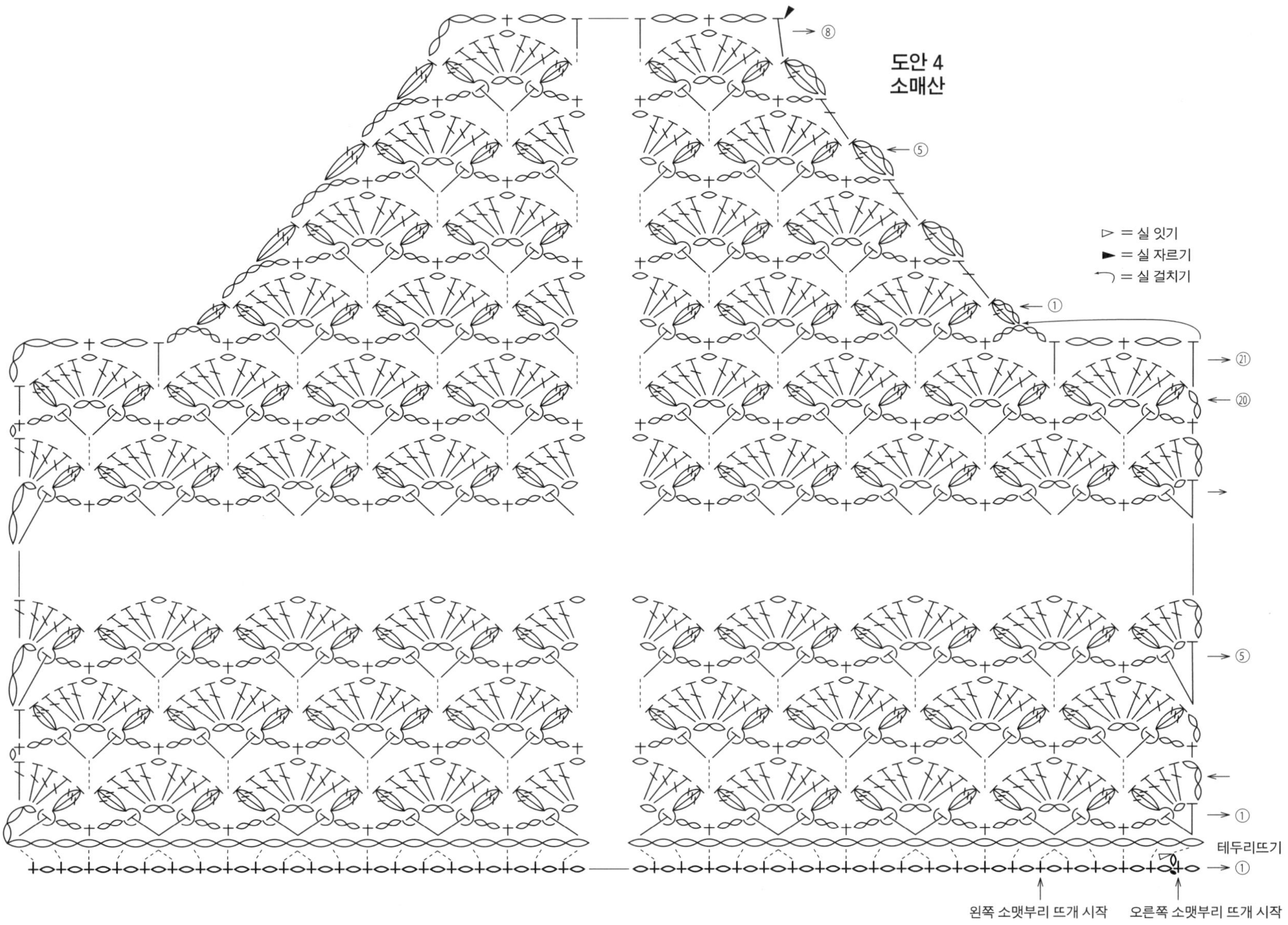

도안 4
소매산

▷ = 실 잇기
▶ = 실 자르기
↷ = 실 걸치기

테두리뜨기

왼쪽 소맷부리 뜨개 시작   오른쪽 소맷부리 뜨개 시작

소맷부리의 분산 늘림코

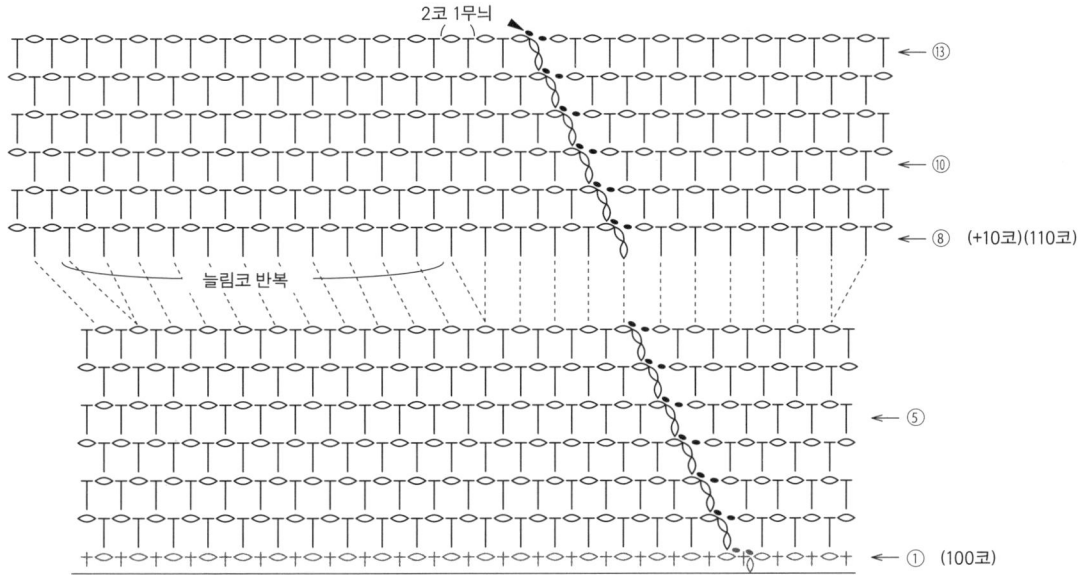

149

가을 크로셰
33 page ★★★

시젠노 쓰무기 SEN

재료
올림푸스 시젠노 쓰무기 SEN 라이트 그레이(303) 200g 5타래, 파우더 블루(305) 5g 1타래

도구
코바늘 4/0호·5/0호

완성 크기
가슴둘레 98cm, 어깨너비 29cm, 기장 43cm

게이지
무늬뜨기 A(10×10cm) 30.5코×18단, 무늬뜨기 B 1무늬=2.6cm, 10cm=16.5단(4/0호 코바늘)

POINT
●몸판…뒤판은 사슬뜨기로 기초코를 만들어 뜨기 시작해 짧은뜨기, 무늬뜨기 A로 뜹니다. 늘림코는 도안을 참고하세요. 앞판은 뒤판에서 코를 주워 무늬뜨기 A로 뒤판과 같은 방법으로 뜹니다. 뒤판·앞판 '아래'는 지정 콧수를 줍고, 게이지 조정하면서 무늬뜨기 A·B·B', 테두리뜨기 A로 원형으로 왕복뜨기합니다.
●마무리…목둘레·진동둘레는 지정 콧수를 주워 테두리뜨기 B로 원형뜨기합니다.

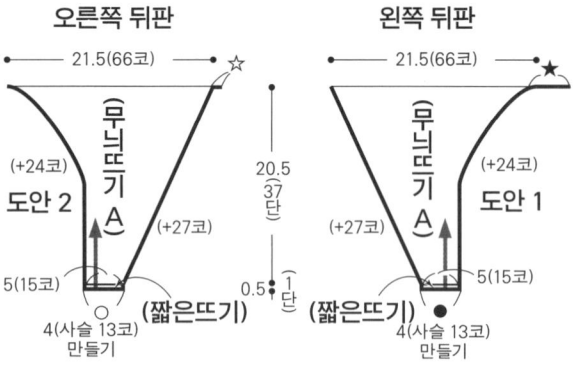
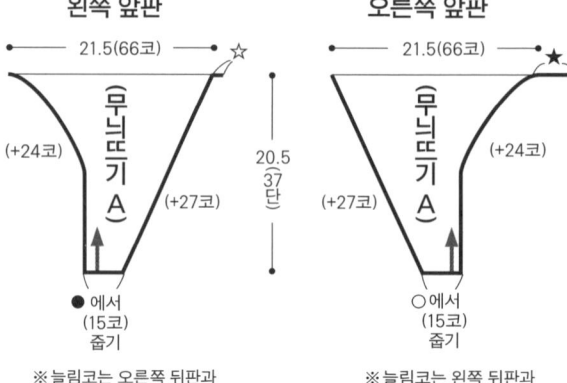

※ 지정하지 않은 것은 4/0호 코바늘로 뜬다.
※ 지정하지 않은 것은 그레이로 뜬다.
※ 마지막 단까지 떴으면 ☆는 사슬 3코, ★는 사슬 13코를 떠서 뒤판·앞판 '아래'의 기초코로 사용한다.

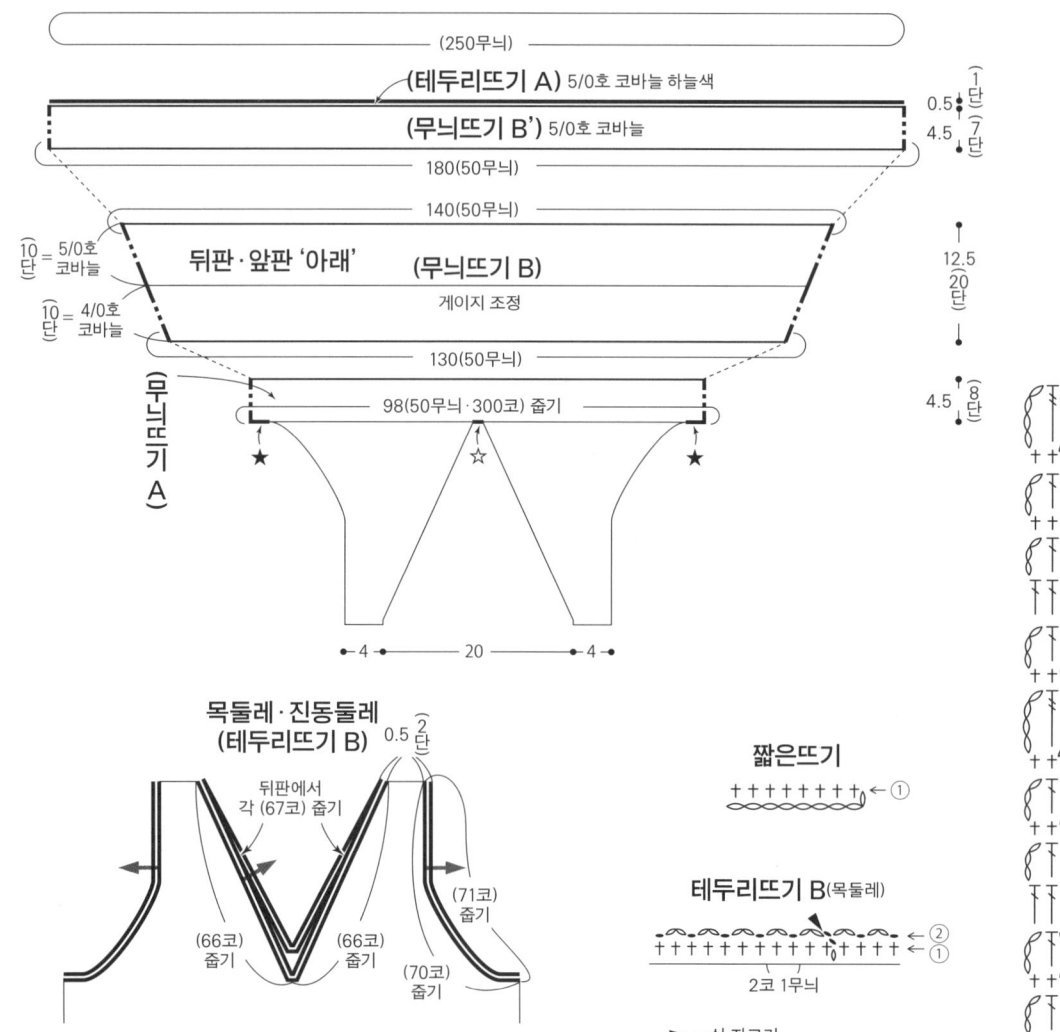

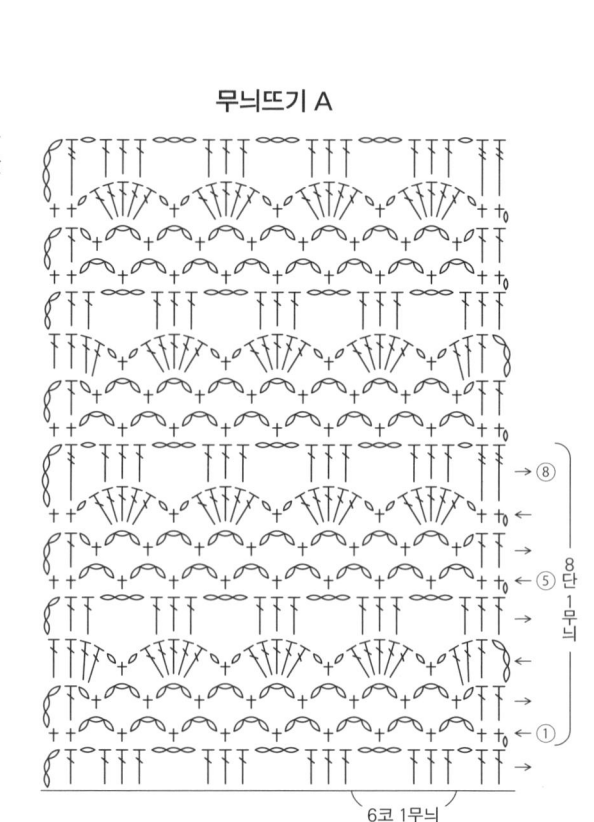

무늬뜨기 A

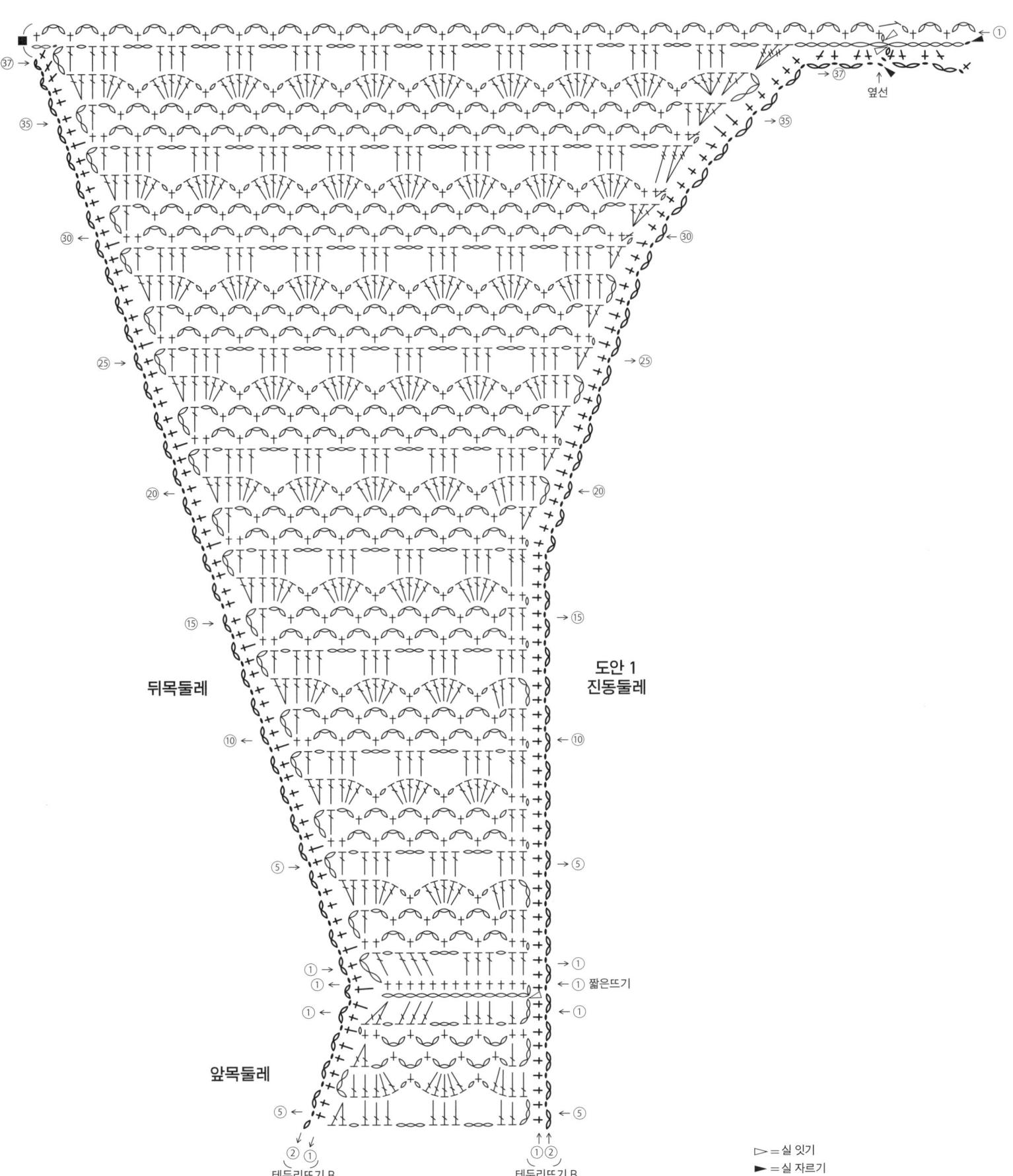

152페이지로 이어집니다. ▶

▶ 151페이지에서 이어집니다.

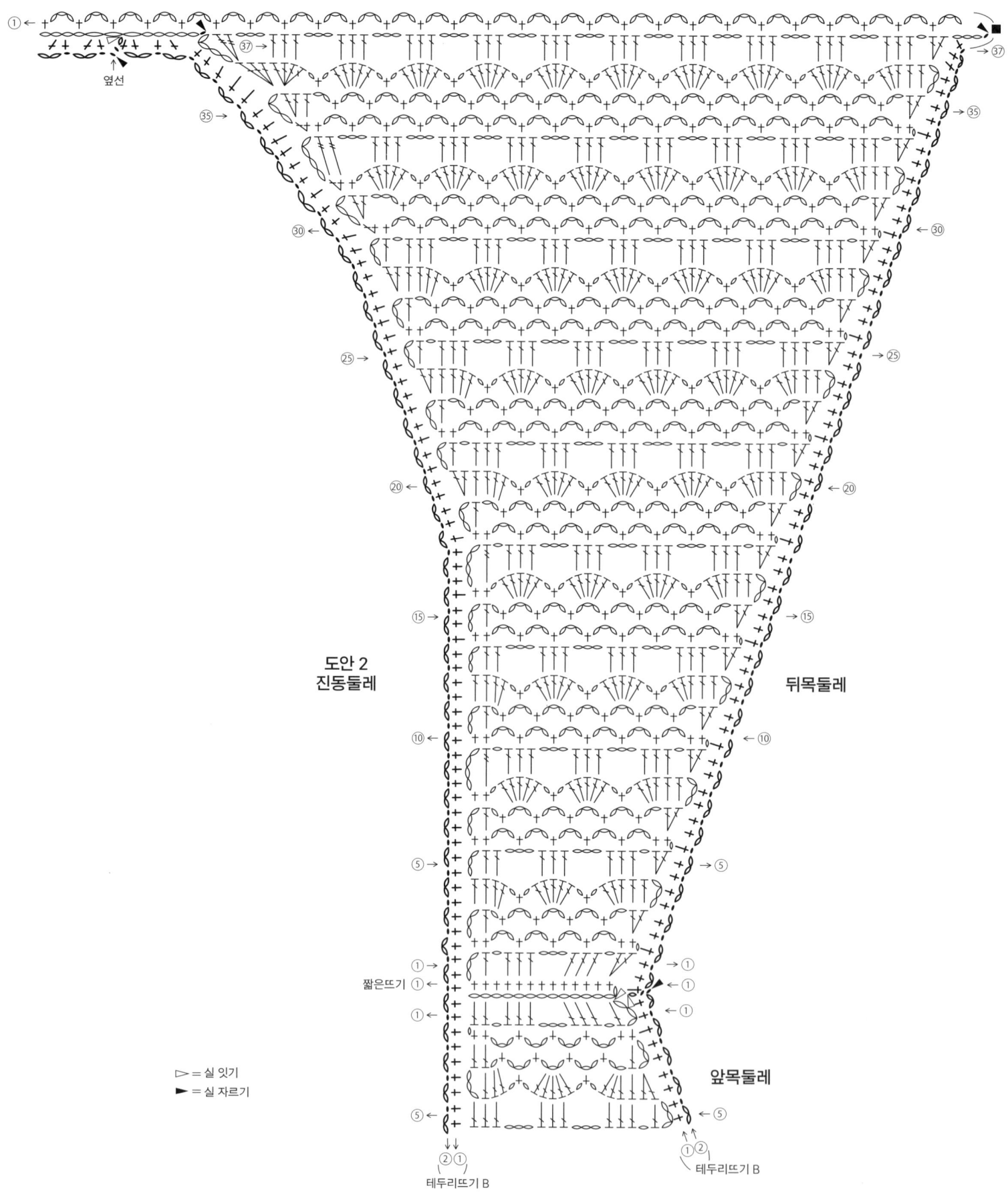

154페이지에서 이어집니다. ◀

뒤판·앞판 '아래' 뜨는 법

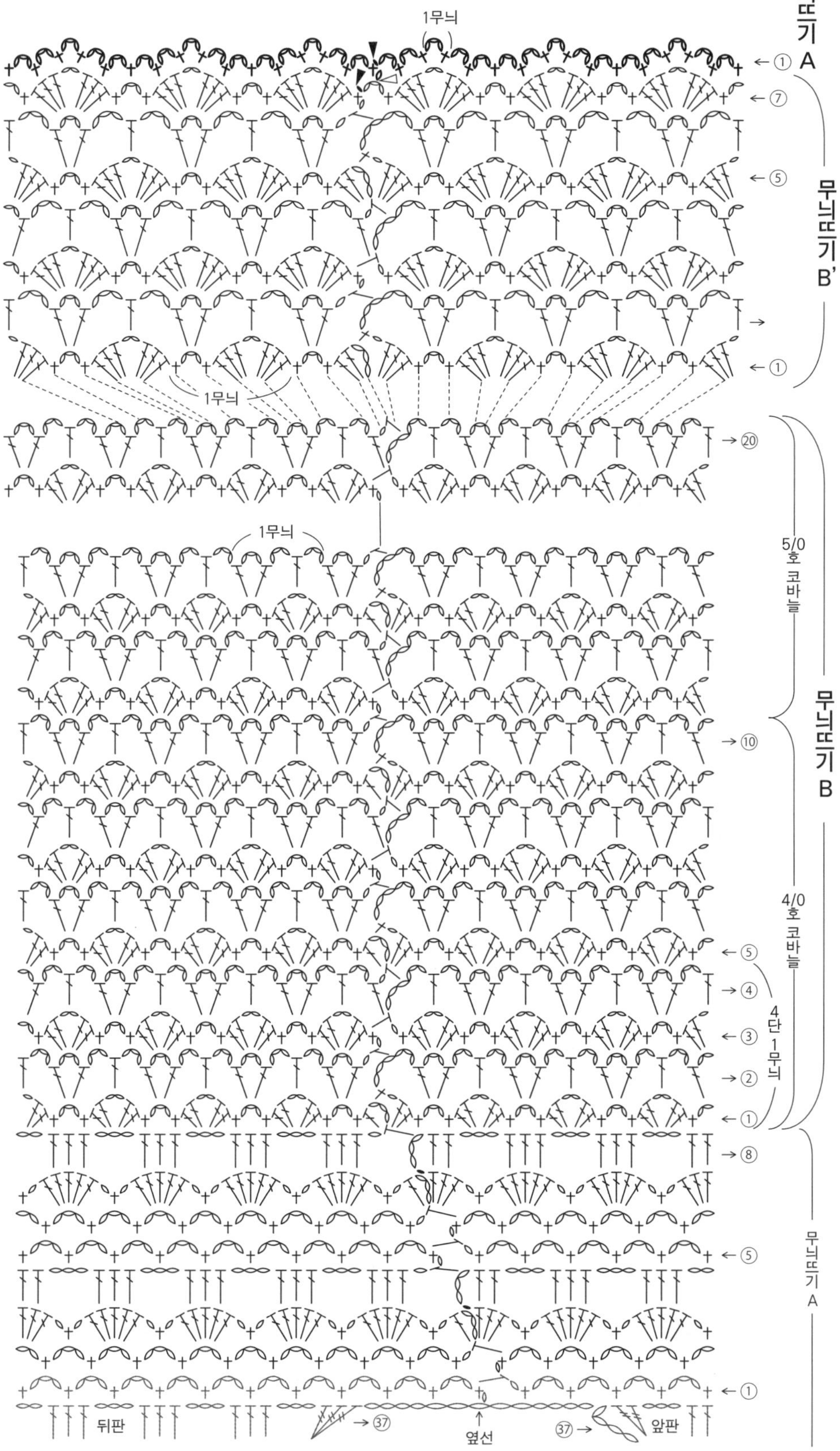

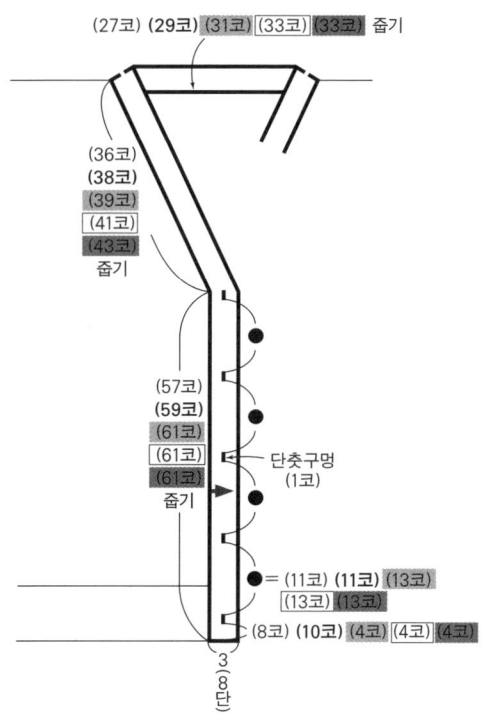

앞여밈단·목둘레
(1코 고무뜨기) 7호 대바늘

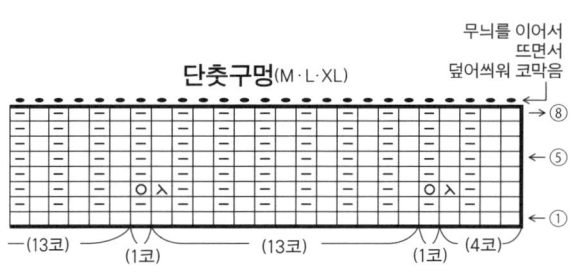

단춧구멍(M·L·XL)

□ = □
※ XS·S는 같은 요령으로 뜬다.

▷ = 실 잇기
▶ = 실 자르기

Enjoy Keito
41 page ★★★

마리보

브리오시 뜨기
(겉뜨기 끌어올려뜨기)

※일본어 사이트

재료
Keito 마리보 블루 그레이(MLB18). 실 사용량은 도안의 표를 참고하세요. 지름 22mm 단추 5개

도구
대바늘 8호·7호

완성 크기
XS…가슴둘레 102cm, 어깨너비 41cm, 기장 55.5cm, 소매길이 54.5cm
S…가슴둘레 108cm, 어깨너비 44cm, 기장 57.5cm, 소매길이 56cm
M…가슴둘레 113cm, 어깨너비 47cm, 기장 59.5cm, 소매길이 56cm
L…가슴둘레 120cm, 어깨너비 51cm, 기장 60.5cm, 소매길이 56cm
XL…가슴둘레 130cm, 어깨너비 55cm, 기장 61.5cm, 소매길이 55cm

게이지(10×10cm)
무늬뜨기 14코×27.5단

POINT
● 몸판·소매…손가락에 실을 걸어서 기초코를 만들어 뜨기 시작해 1코 고무뜨기, 무늬뜨기로 뜹니다. 줄임코는 2코부터는 덮어씌우기, 첫코는 가장자리 1코를 세워서 줄임코를 합니다. 소매 밑선의 늘림코는 1코 안쪽에서 돌려뜨기 늘림코합니다.
● 마무리…어깨는 덮어씌워 잇기합니다. 앞여밈단·목둘레는 몸판에서 지정 콧수를 주워 1코 고무뜨기로 뜹니다. 오른쪽 앞여밈단에는 단춧구멍을 냅니다. 뜨개 끝은 무늬를 이어서 뜨면서 덮어씌워 코막음합니다. 소매는 코와 단 잇기로 몸판과 연결합니다. 옆선·소매 밑선은 떠서 꿰매기합니다. 단추를 달아 마무리합니다.

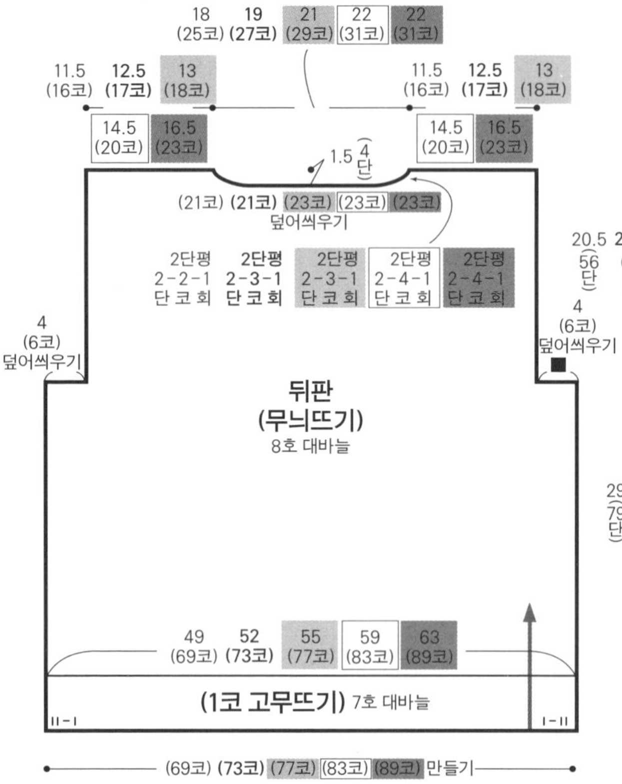

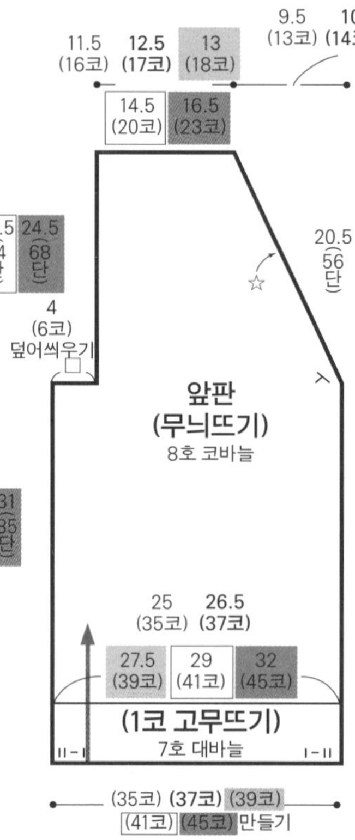

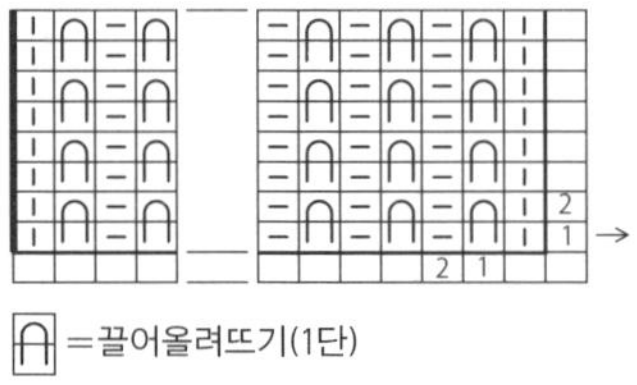

실 사용량

XS	345g	4콘
S	380g	4콘
M	400g	4콘
L	430g	5콘
XL	460g	5콘

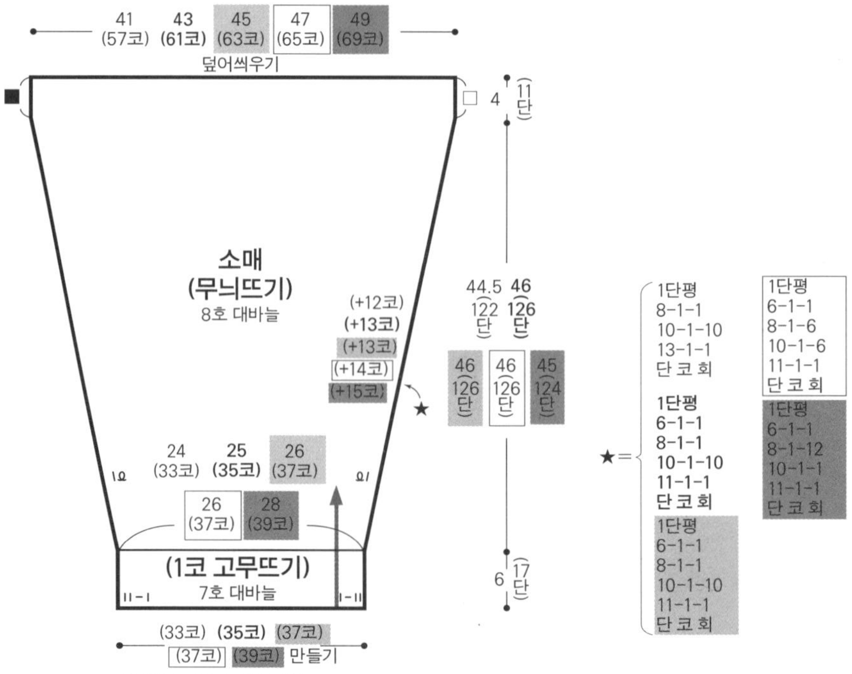

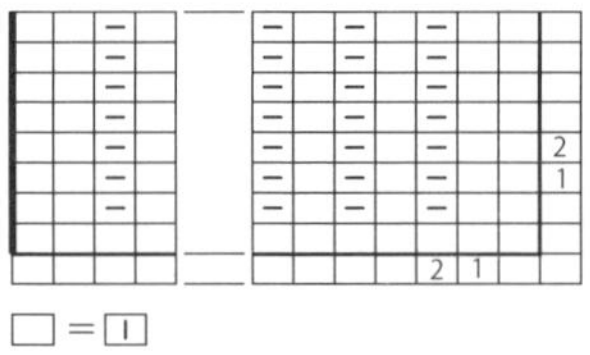

◀ 153페이지로 이어집니다.

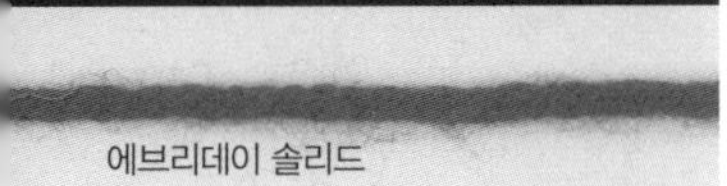

가을 크로셰
35 page ★★★

에브리데이 솔리드

한길 긴 앞걸어뜨기
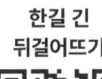
※일본어 사이트

한길 긴 뒤걸어뜨기

※일본어 사이트

재료
나이트상사 에브리데이 솔리드 황록색(104) 445g 5타래. 지름 20mm 단추 5개

도구
코바늘 6/0호

완성 크기
가슴둘레 98cm, 기장 47.5cm, 화장 70.5cm

게이지
무늬뜨기 A 1무늬(8코)=3.5cm, 10cm=12단.
무늬뜨기 B 1무늬=4.5cm, 10cm=10단

POINT
● 몸판·소매…몸판은 사슬뜨기로 기초코를 만들어 뜨기 시작해 무늬뜨기 A로 뜹니다. 증감코는 도안을 참고하세요. 어깨는 빼뜨기 사슬 잇기합니다. 소매는 지정 콧수를 주워 무늬뜨기 B로 뜹니다. 분산 늘림코는 도안을 참고하세요.
● 마무리…옆선·소매 밑선은 빼뜨기 사슬 꿰매기합니다. 밑단·목둘레·앞여밈단은 지정 콧수를 주워 테두리뜨기로 뜹니다. 오른쪽 앞여밈단에는 단춧구멍을 냅니다. 소맷부리는 지정 콧수를 주워 테두리뜨기로 원형뜨기합니다. 단추를 달아 마무리합니다.

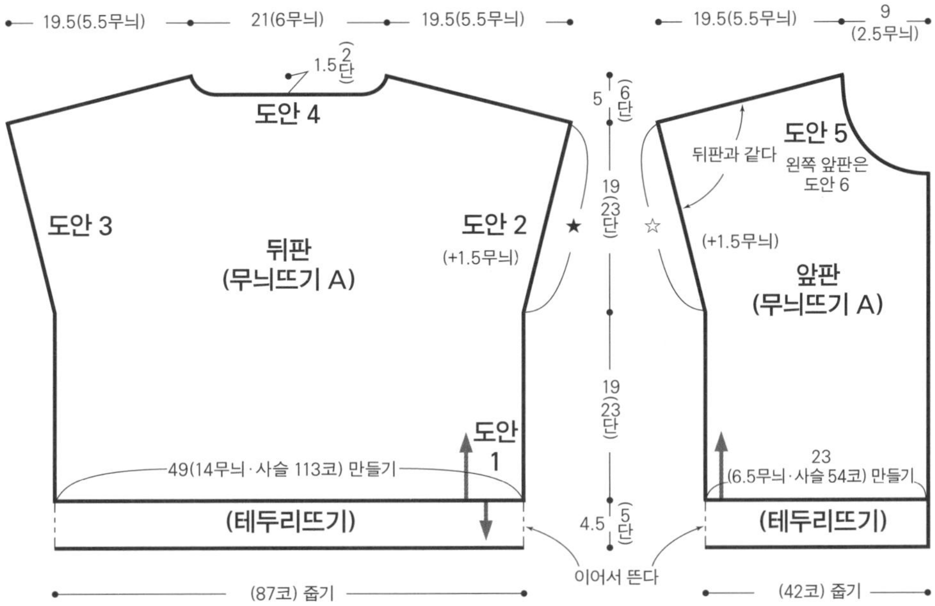

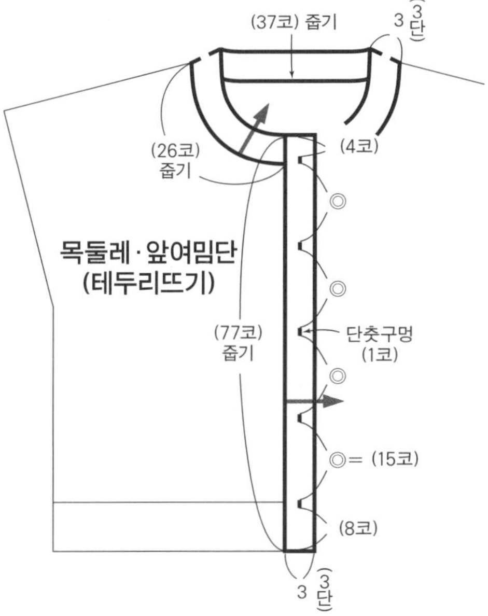

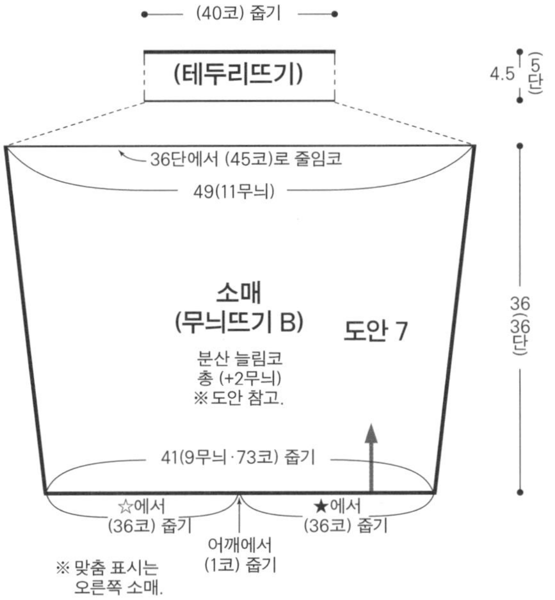

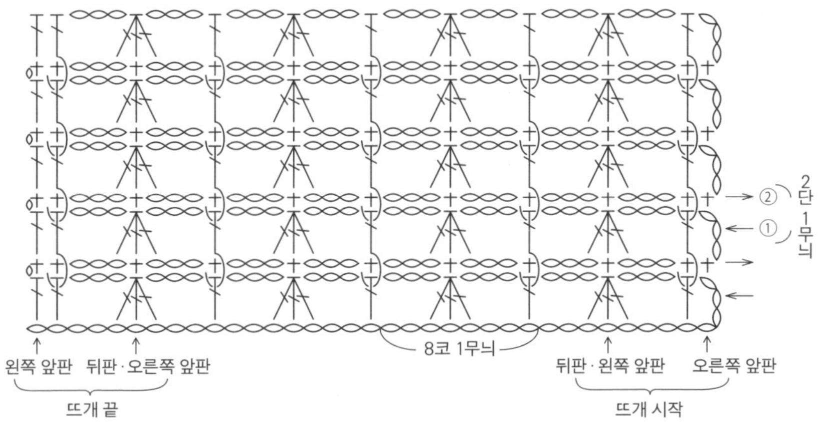

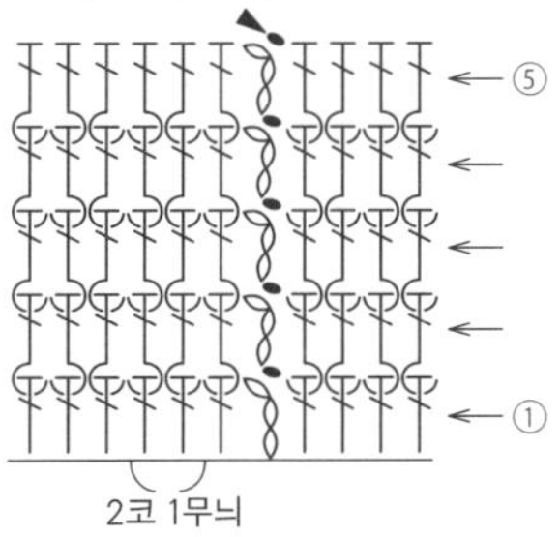

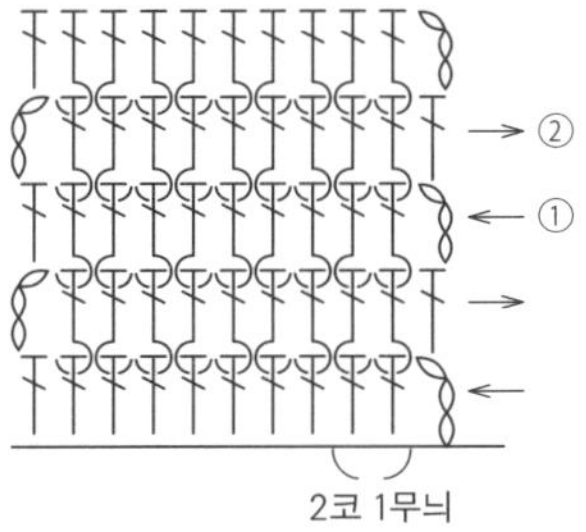

156페이지로 이어집니다. ▶

▶ 155페이지에서 이어집니다.

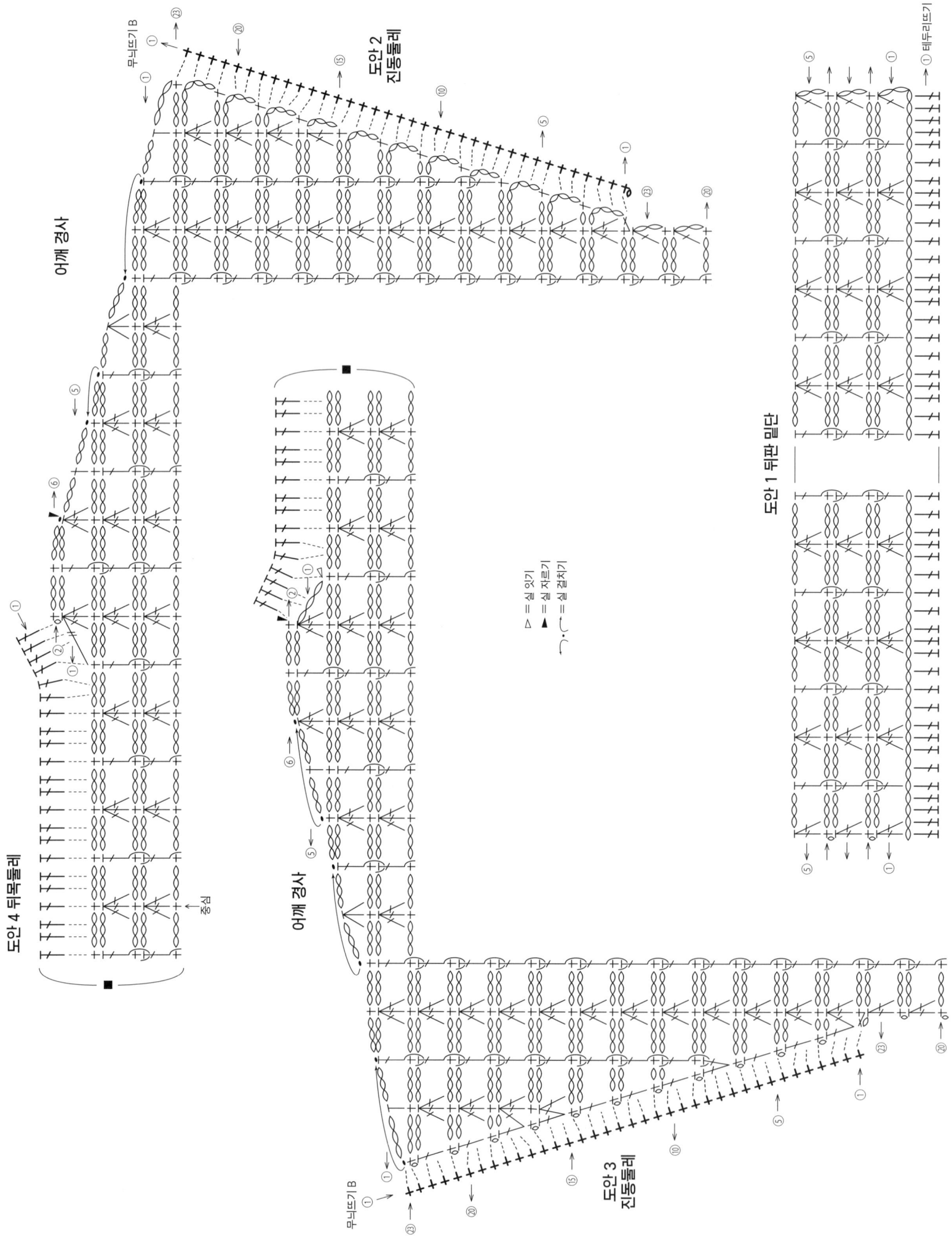

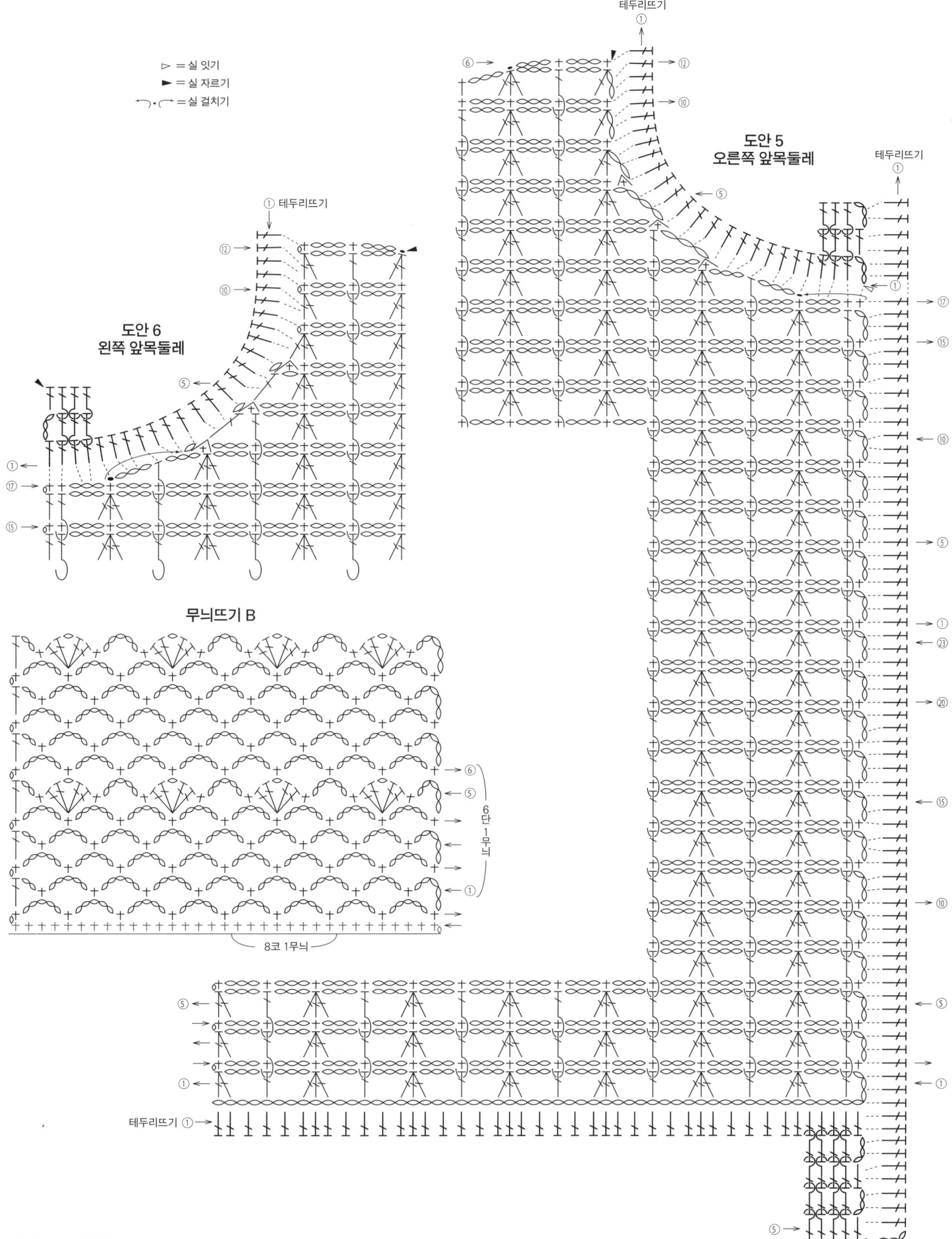

▶ 157페이지에서 이어집니다.

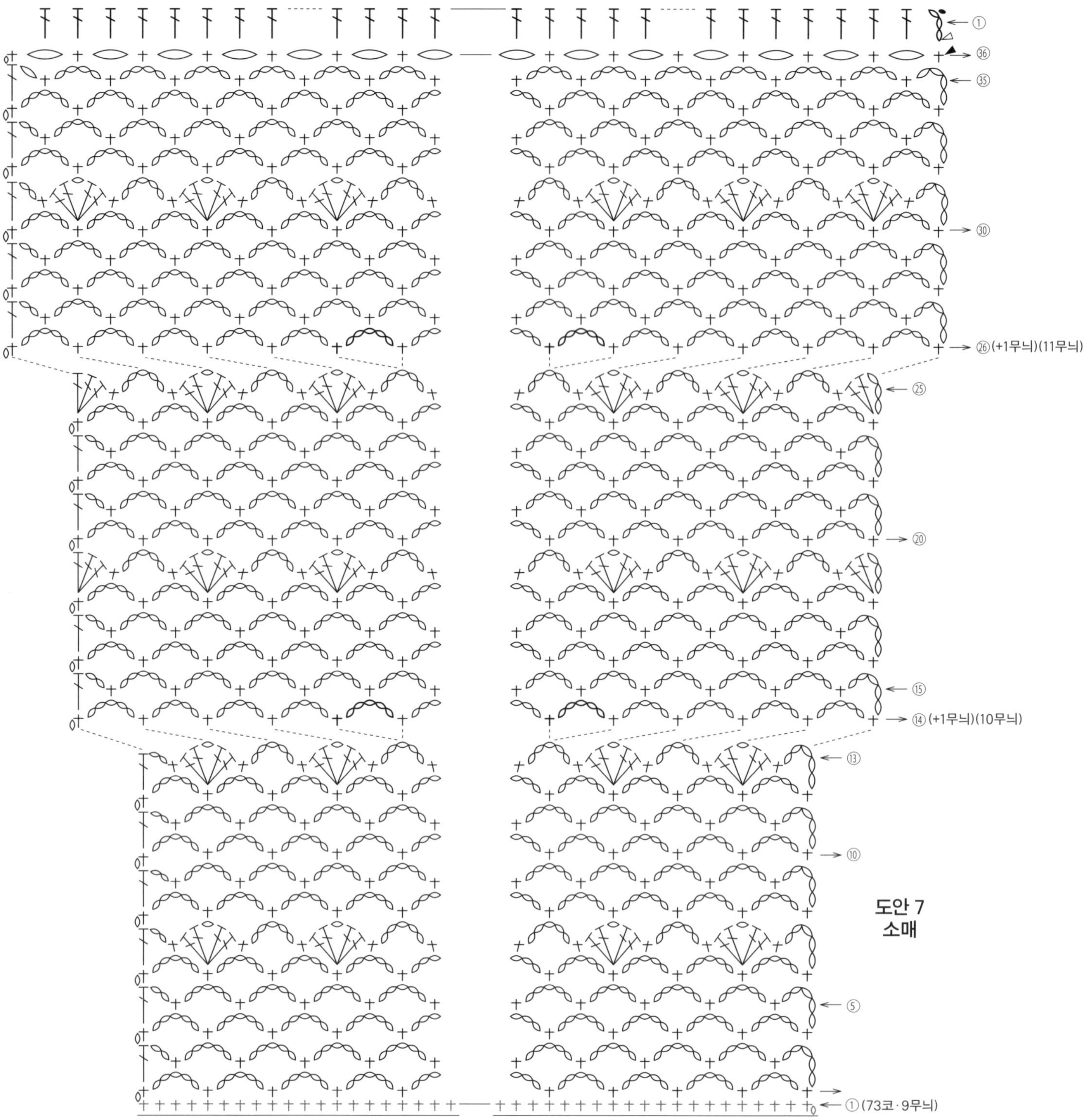

도안 7
소매

▷ = 실 잇기
► = 실 자르기

단춧구멍(오른쪽 앞여밈단)

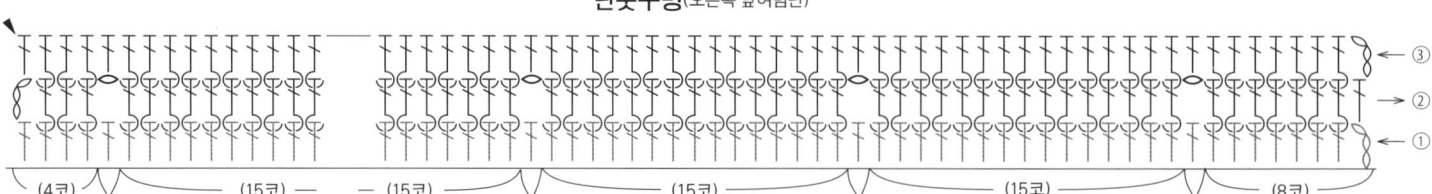

베스트가 좋아
42 page 작품 ★★★

하나쓰무기

2코 고무뜨기 코막음
(원형뜨기)

※일본어 사이트

재료
Silk HASEGAWA 하나쓰무기(花紬) 주황색(127 APRICOT) 135g 6볼, 분홍색(132 PEONY) 135g 6볼.

도구
대바늘 6호·4호

완성 크기
가슴둘레 98cm, 어깨너비 34cm, 기장 53.5cm

게이지(10×10cm)
무늬뜨기 29코×26단

POINT
● 몸판…모두 분홍색과 주황색을 1가닥씩 합사해서 2가닥으로 뜹니다. 손가락에 걸어서 만드는 기초코로 뜨개를 시작해서 2코 고무뜨기와 무늬뜨기를 합니다. 줄임코는 2코부터는 덮어씌우기, 첫 코는 가장자리 1코를 세워서 줄임코하는데 무늬 패턴이 바뀌는 부분이 있으므로 도안을 참고하세요.
● 마무리…어깨는 덮어씌워 잇기, 옆선은 떠서 꿰매기합니다. 목둘레와 진동둘레는 지정된 콧수만큼 주워서 2코 고무뜨기를 원형으로 뜹니다. 뜨개 끝은 2코 고무뜨기 코막음합니다.

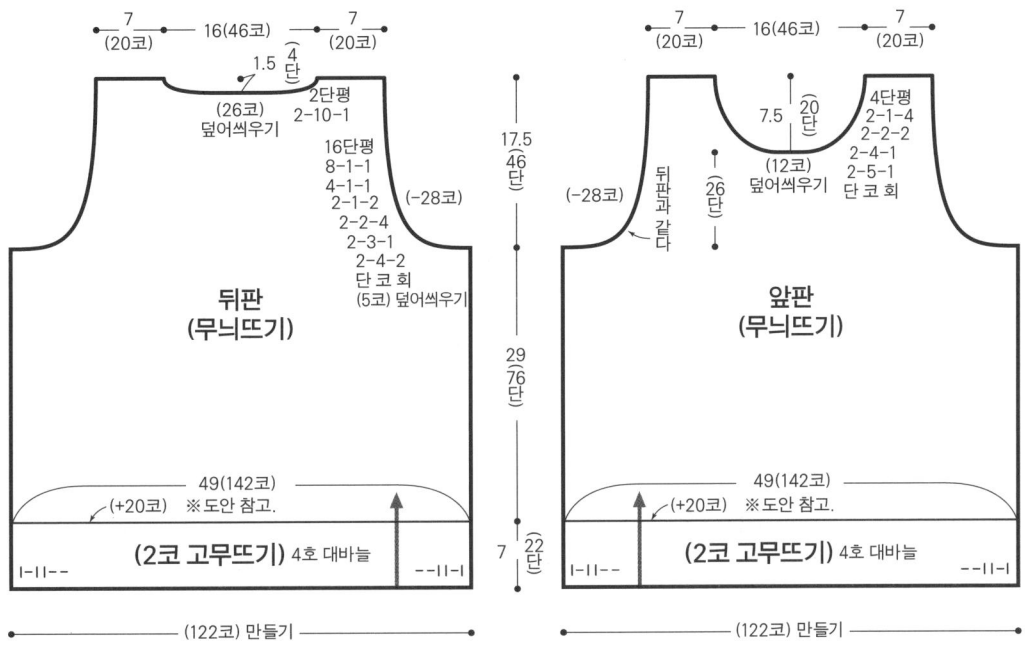

※지정하지 않은 것은 모두 6호 대바늘로 뜬다.
※모두 분홍색과 주황색을 합사해서 2가닥으로 뜬다.

무늬뜨기

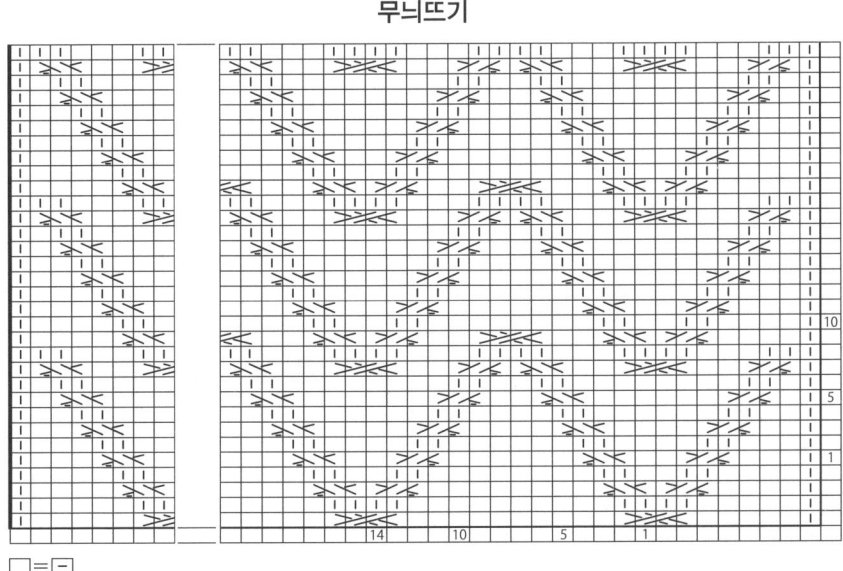

목둘레, 진동둘레(2코 고무뜨기) 4호 대바늘

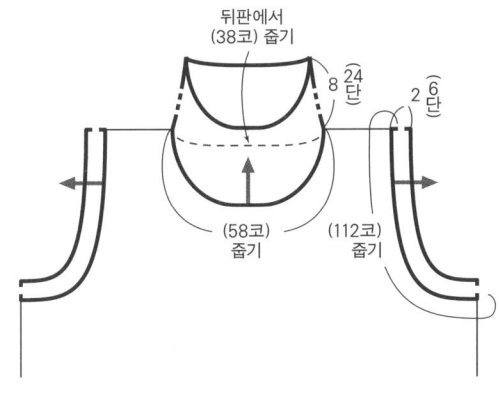

2코 고무뜨기(목둘레, 진동둘레)

160페이지로 이어집니다. ▶

159

▶ 159페이지에서 이어집니다.

몸판 늘림코

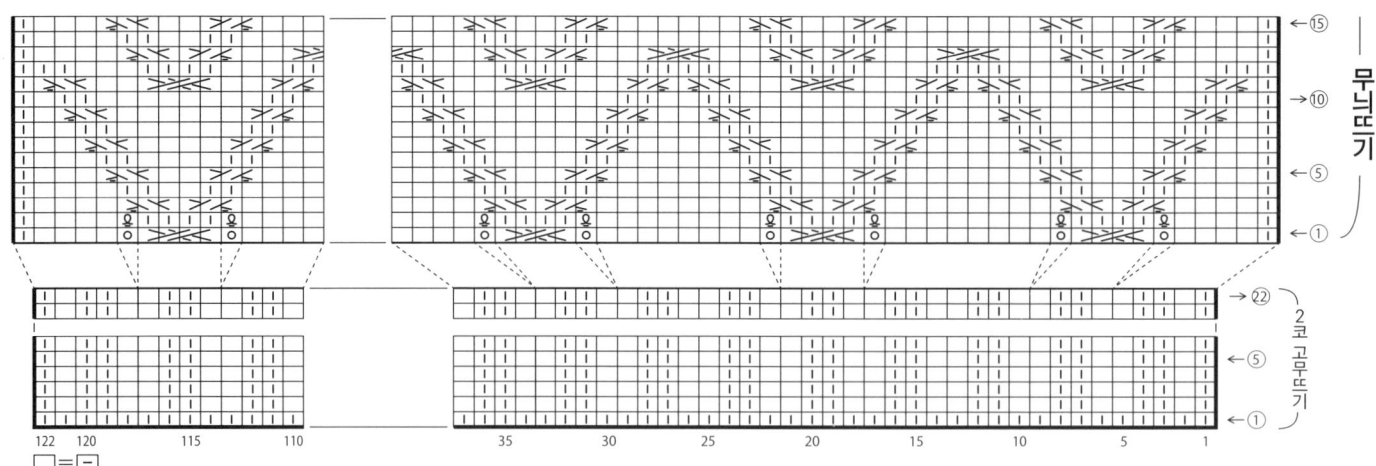

진동둘레 줄임코

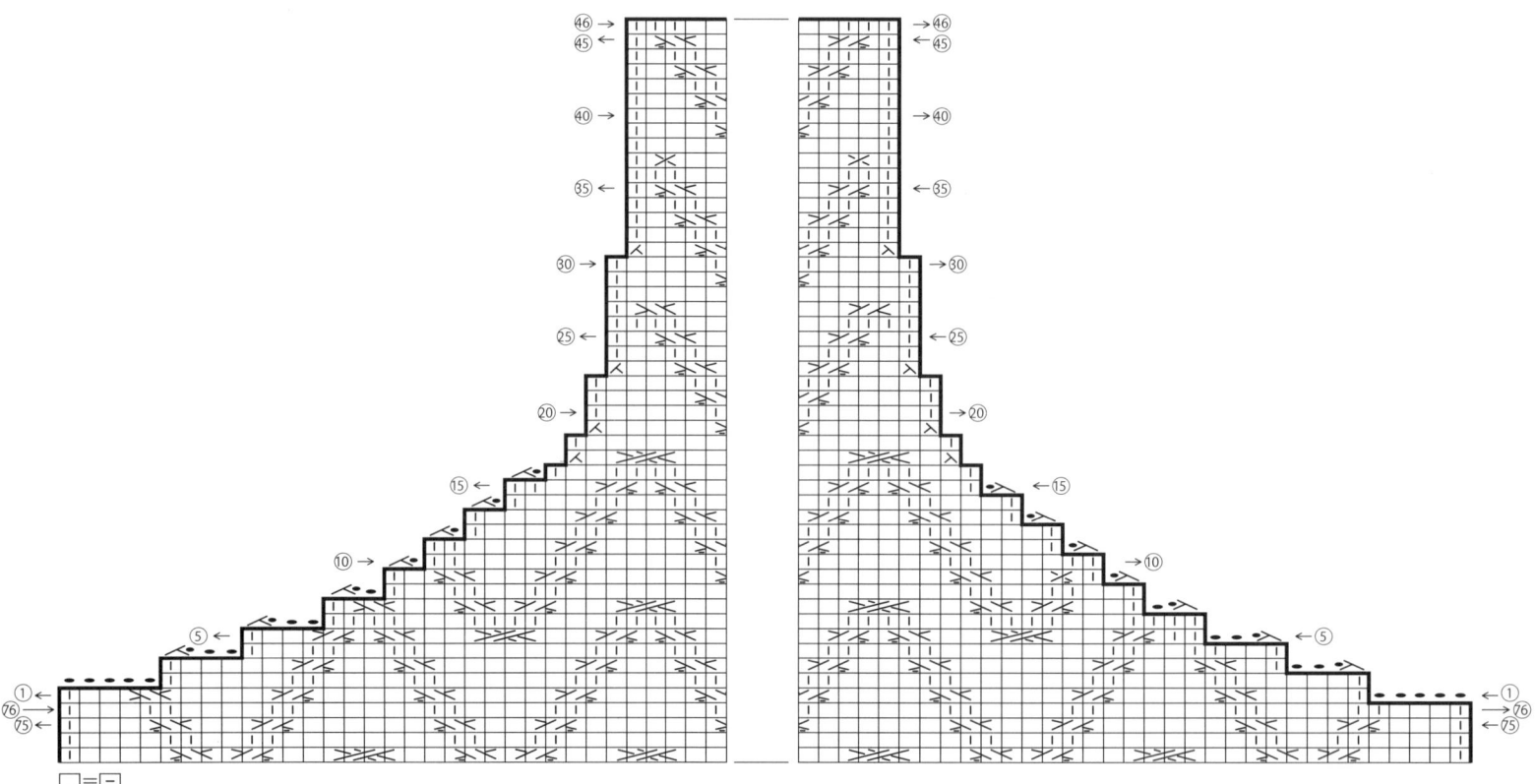

앞판 목둘레 줄임코

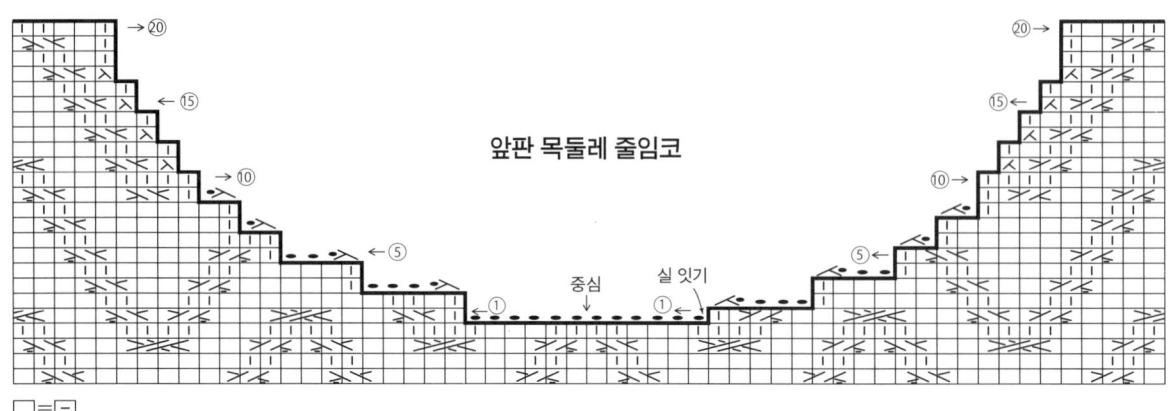

베스트가 좋아
43 page 작품 ★★★

님버스

몽블랑

재료
실…Silk HASEGAWA 님버스 파란색 계열 믹스(3 BLUE) 245g 10볼, 몽블랑 하늘색(644-21 AQUA) 85g 4볼

단추…지름 18mm 2개

도구
대바늘 9호·8호·6호

완성 크기
가슴둘레 98cm, 어깨너비 36cm, 기장 53cm

게이지
안메리야스뜨기 15.5코×23단(10×10cm), 무늬뜨기 A 1무늬(14코)=7cm, 무늬뜨기 B 1무늬(14코)=5cm, A, B 모두 10cm=23단

POINT
●몸판…모두 님버스와 몽블랑을 1가닥씩 합사해서 2가닥으로 뜹니다. 손가락에 걸어서 만드는 기초코로 뜨개를 시작해서 2코 고무뜨기를 합니다. 계속해서 왼쪽 뒤판, 앞판은 안메리야스뜨기, 무늬뜨기 A, B, 오른쪽 뒤판은 안메리야스뜨기와 무늬뜨기 A를 합니다. 줄임코는 2코부터는 덮어씌우기, 첫코는 가장자리 1코를 세워서 줄임코합니다.
●마무리…어깨는 덮어씌워 잇기, 옆선은 떠서 꿰매기합니다. 목둘레, 뒤판 가장자리는 2코 고무뜨기를 왕복으로 뜹니다. 왼쪽 뒤판 가장자리에는 단춧구멍을 냅니다. 뜨개 끝은 무늬뜨기를 계속하면서 덮어씌워 코막음합니다. 진동둘레는 지정된 콧수만큼 주워서 2코 고무뜨기를 원형으로 뜹니다. 뜨개 끝은 목둘레와 같은 방법으로 뜹니다. 단추를 달아서 완성합니다.

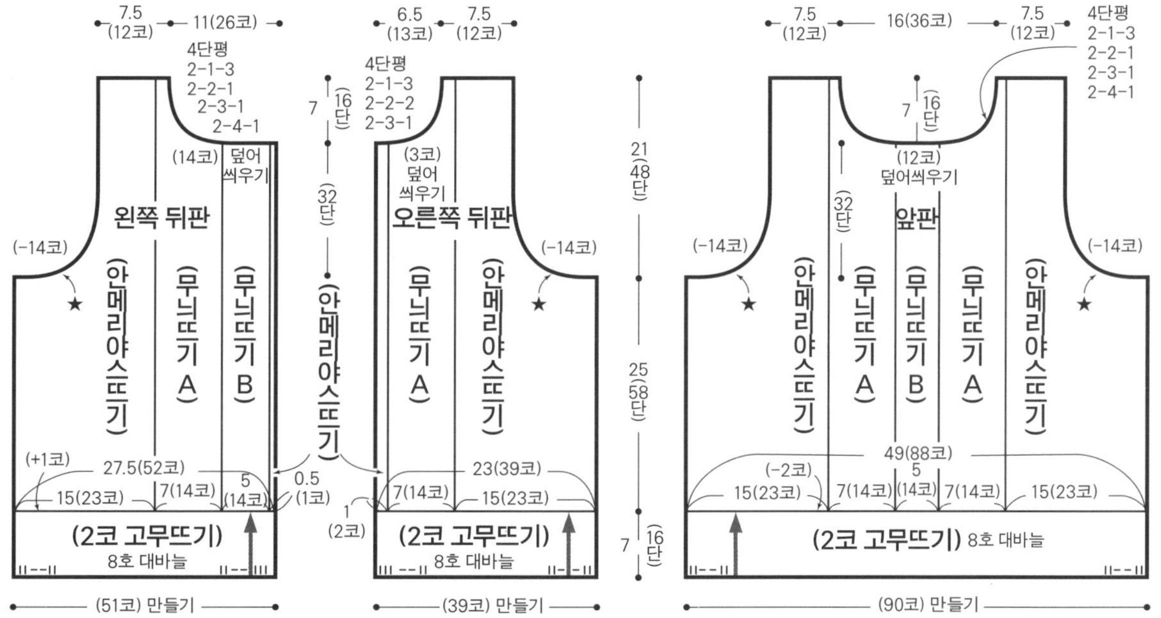

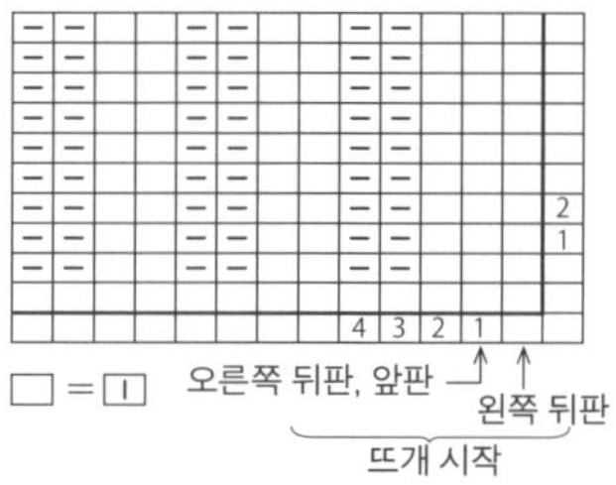

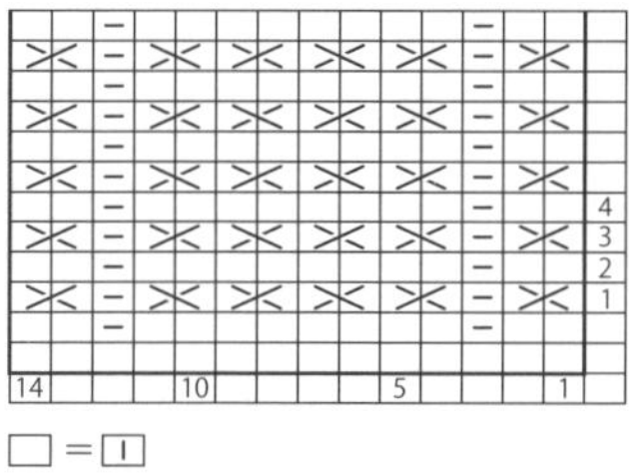

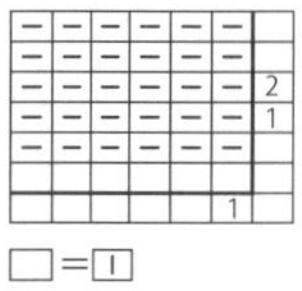

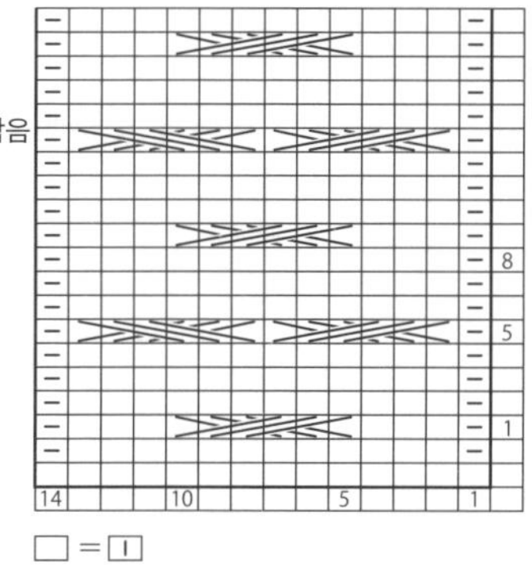

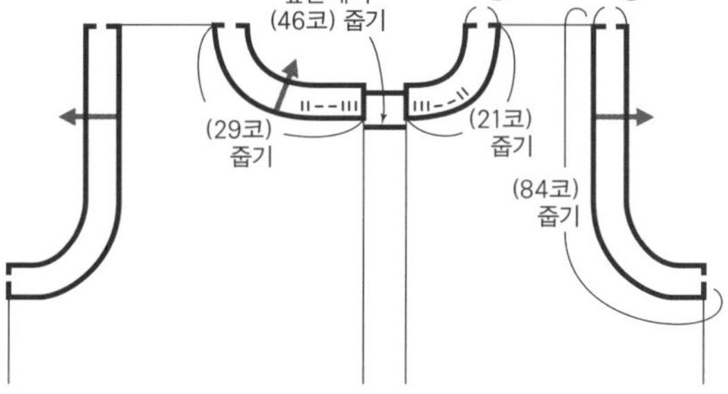

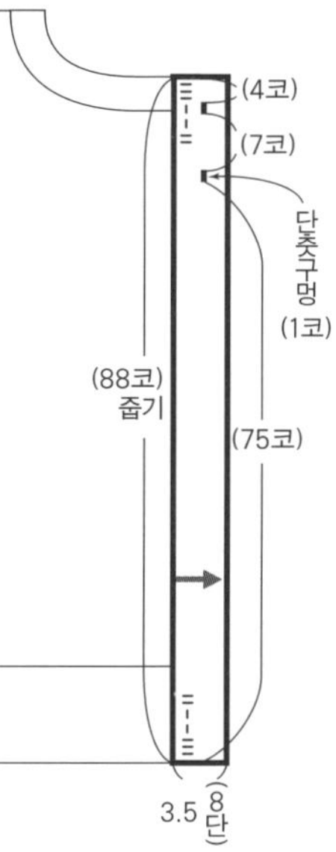

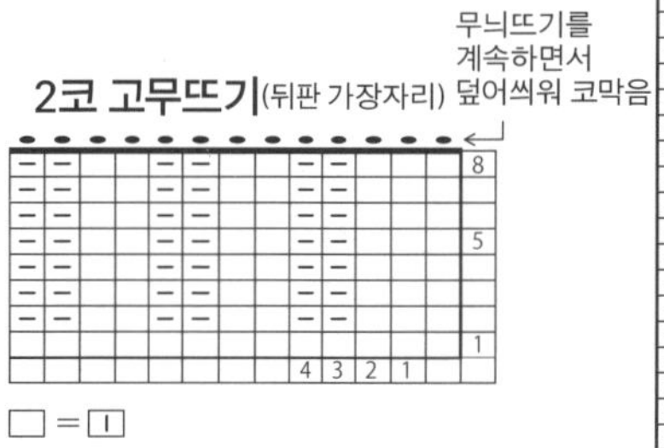

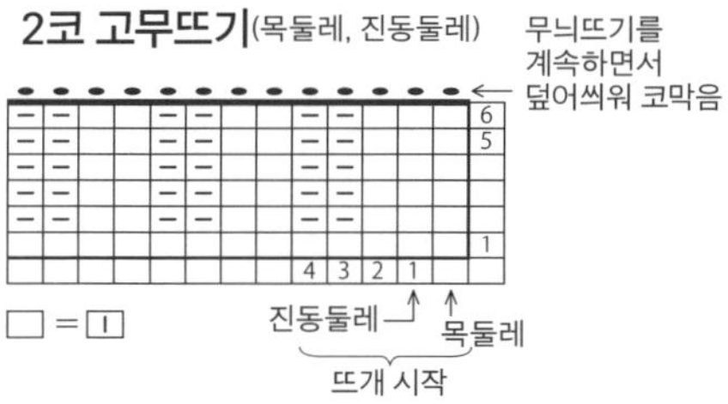

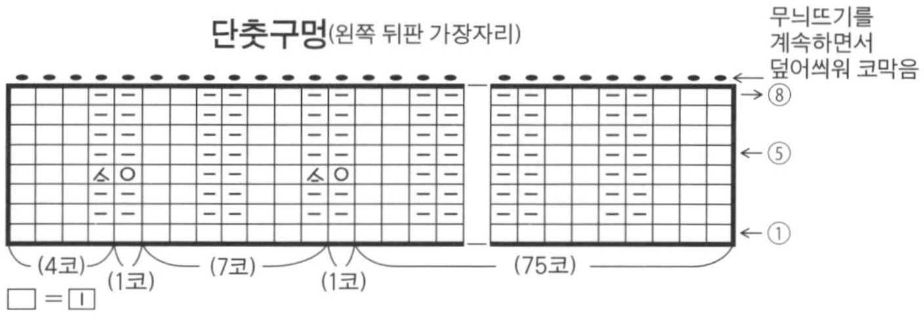

베스트가 좋아
44 page 작품 ★★★

모크울 B

실을 가로로 걸치는
배색무늬뜨기

※ 일본어 사이트

재료
데오리야 모크울(Moku wool) B 진갈색(10) 170g, 벽돌색(01) 15g, 베이지(05) 15g, 연갈색(06) 15g, 연두색(04) 10g

도구
대바늘 8호·6호

완성 크기
가슴둘레 90cm, 어깨너비 32cm, 기장 39.5cm

게이지(10×10cm)
배색무늬뜨기 20코×26단

POINT
●몸판…2코 고무뜨기 기초코로 뜨개를 시작해서 앞뒤판에 각각 2코 고무뜨기를 왕복으로 뜹니다.

2고 고무뜨기를 뜬 후에 앞뒤판을 이어서 배색무늬뜨기를 원형으로 뜹니다. 배색무늬뜨기는 실을 가로로 걸치는 방법으로 뜹니다. 진동둘레에서 위쪽은 앞뒤판을 나눠서 왕복뜨기합니다. 앞판은 무늬 패턴이 바뀌는 곳이 있으므로 도안을 참고하세요. 진동둘레의 줄임코는 처음 5코는 쉼코, 2코부터는 덮어씌우기, 첫코는 가장자리 1코를 세워서 줄임코합니다. 목둘레도 같은 방법으로 중심 코는 쉼코한 다음 줄임코합니다.

●마무리…어깨는 덮어씌워 잇기를 합니다. 목둘레, 진동둘레는 지정된 콧수만큼 주워서 2코 고무뜨기를 원형으로 뜹니다. 뜨개 끝은 2코 고무뜨기 코막음을 합니다.

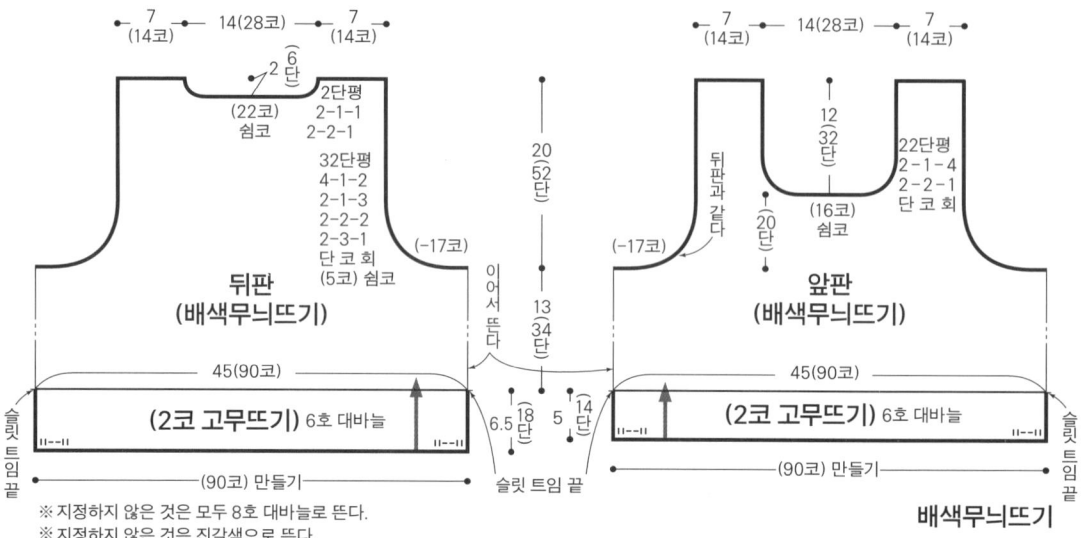

※ 지정하지 않은 것은 모두 8호 대바늘로 뜬다.
※ 지정하지 않은 것은 진갈색으로 뜬다.

2코 고무뜨기(밑단)

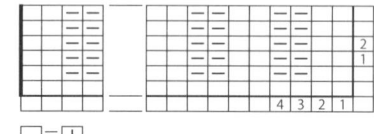

□ = ▯

※ 2코 고무뜨기 기초코→P.163

목둘레, 진동둘레(2코 고무뜨기) 6호 대바늘

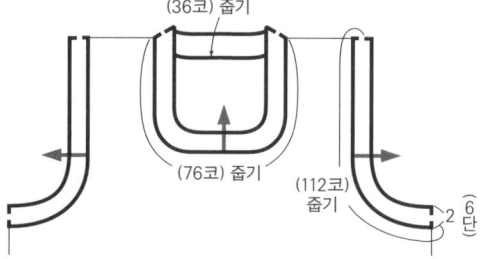

2코 고무뜨기(목둘레, 진동둘레)

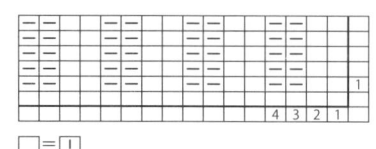

□ = ▯

배색무늬뜨기

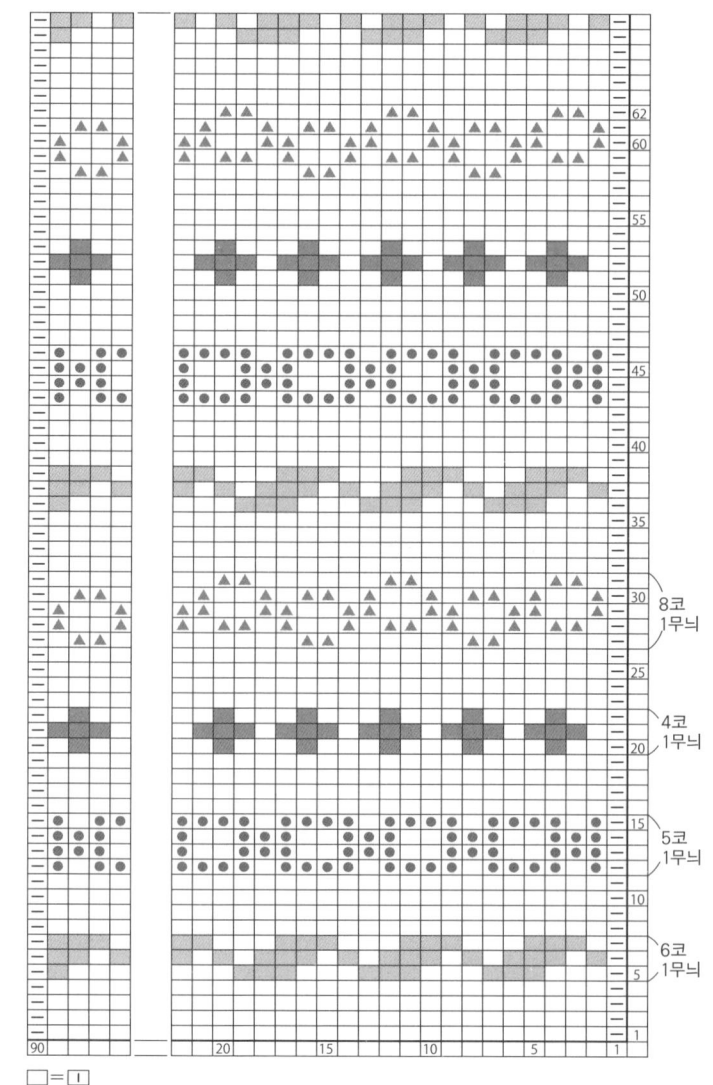

배색
□ = 진갈색
▨ = 벽돌색
● = 연갈색
▩ = 연두색
▲ = 베이지

진동둘레, 앞판 목둘레 줄임금

= 진갈색
= 베이지
= 벽돌색
= 연갈색
= 연두색

배색

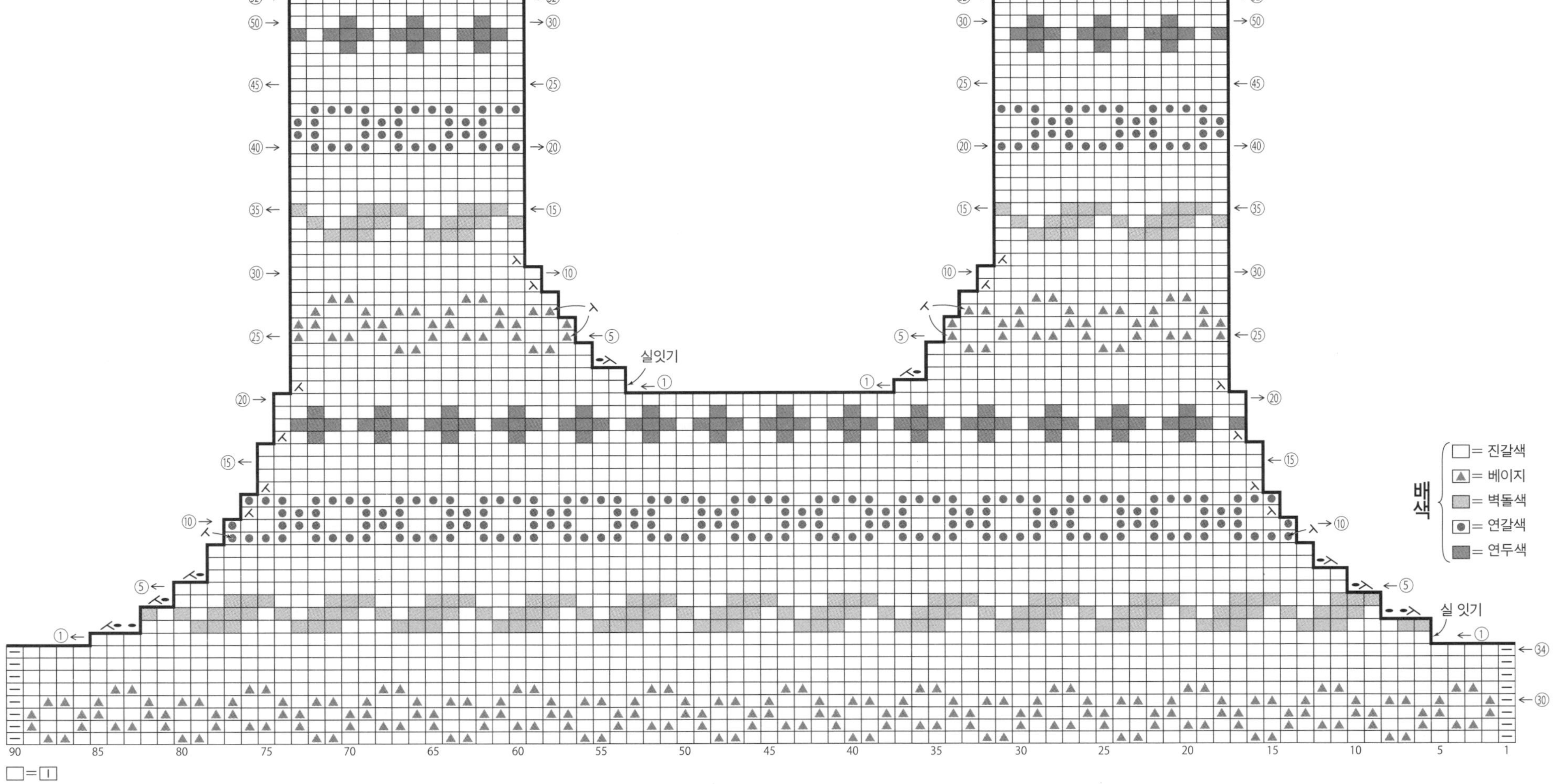

별도 사슬 2코 고무뜨기 기초코
양쪽 가장자리 모두 겉뜨기가 2코일 때

1단

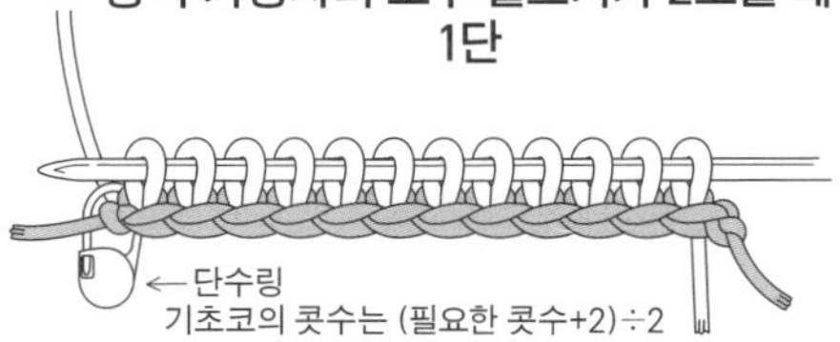

□ = ㅣ

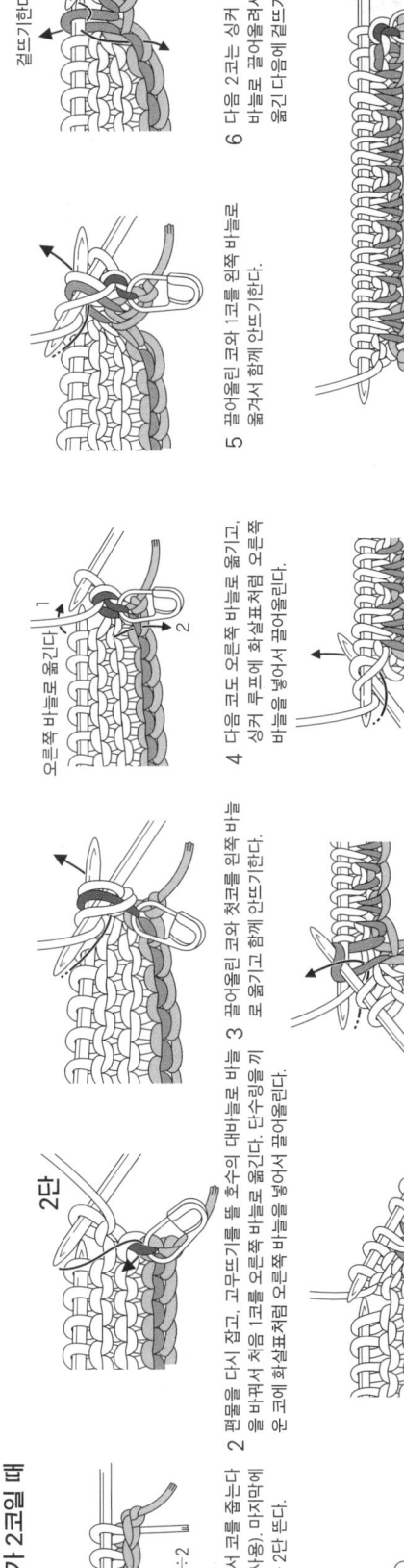

1 작품 또는 실로 별도 사슬 기초코의 코산에서 코를 줍는다 (고무뜨기를 뜨는 코보다 2호 큰 대바늘 사용). 마지막에 단수링을 끼운다. 계속해서 메리야스뜨기를 2단 뜬다.

단수링
기초코의 콧수는 (필요한 콧수+2)÷2

2 편물을 다시 잡고, 고무뜨기를 뜰 호수의 대바늘로 바늘을 바꿔서 처음 1코를 오른쪽 바늘로 옮긴다. 단수링을 끼운 오른쪽 끝코에 화살표처럼 오른쪽 바늘을 넣어서 끌어올린다.

3 끌어올린 코와 왓첫코를 함께 안뜨기한다. 단수링을 오른쪽 바늘로 옮긴다.

4 다음 코는 오른쪽 바늘로 옮기고, 성귀 루프에 화살표처럼 왼쪽 바늘을 넣어서 끌어올린다.

오른쪽 바늘로 옮긴다

5 끌어올린 코와 1코를 왼쪽 바늘로 옮겨서 함께 안뜨기한다.

6 다음 2코는 성귀 루프를 오른쪽 바늘로 꼬아서 오른쪽 바늘로 옮긴 다음에 안뜨기한다.

걸뜨기한다

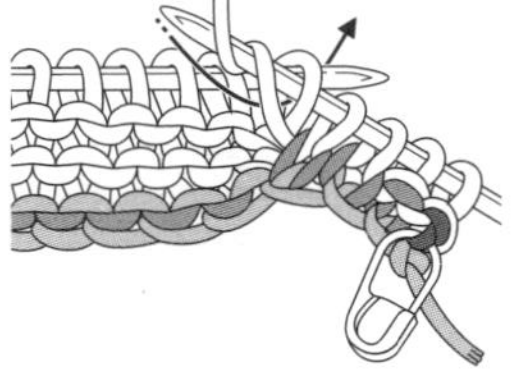

7 다음 2코는 왼쪽 바늘에 걸린 코를 안뜨기한다.

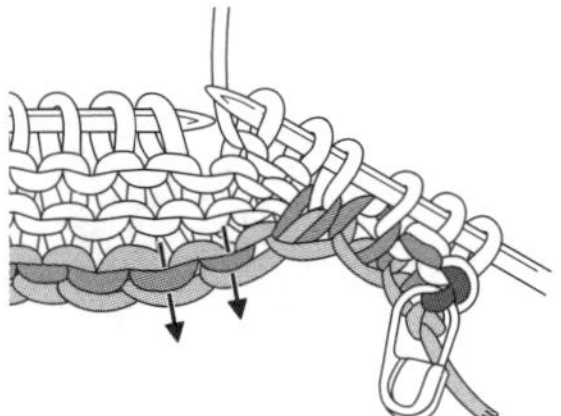

8 6, 7을 반복한다.

9 마지막 성귀 루프 2코를 걸뜨기한다.

10 왼쪽 바늘에 걸린 2코를 안뜨기한다.

11 2코 고무뜨기 기초초 완성. 고무뜨기 2단을 완성했다.

베스트가 좋아
45 page 작품 ★★★

실크울 코드

실을 가로로 걸치는
배색무늬뜨기

※ 일본어 사이트

재료
데오리야 실크울 코드 남색(03) 200g, 연회색(11) 25g, 에크뤼(12) 25g, 베이지(07) 15g

도구
대바늘 4호·5호·3호

완성 크기
가슴둘레 104cm, 어깨너비 43cm, 기장 54.5cm

게이지(10×10cm)
메리야스뜨기 24.5코×31단,
배색무늬뜨기 24.5코×28.5단

POINT
● 몸판…손가락에 걸어서 만드는 기코초로 뜨개를 시작해서 밑단을 1코 고무뜨기합니다. 계속해서 뒤판은 메리야스뜨기, 앞판은 배색무늬뜨기를 합니다. 배색무늬뜨기는 실을 가로로 걸치는 방법으로 뜹니다. 뒤판의 줄임코는 도안을 참고하세요. 앞판의 줄임코는 2코부터 덮어씌우기, 첫코는 가장자리 1코를 세워서 줄임코를 합니다.

● 마무리…어깨는 코와 단 잇기로 연결합니다. 진동둘레는 1코 고무뜨기를 왕복으로 뜹니다. 뜨개 끝은 무늬뜨기를 계속하면서 덮어씌워 코막음합니다. 옆선, 진동둘레 아래는 떠서 꿰매기합니다. 목둘레는 지정된 콧수만큼 주워서 1코 고무뜨기를 원형으로 뜹니다. 뜨개 끝은 진동둘레와 같은 방법으로 합니다.

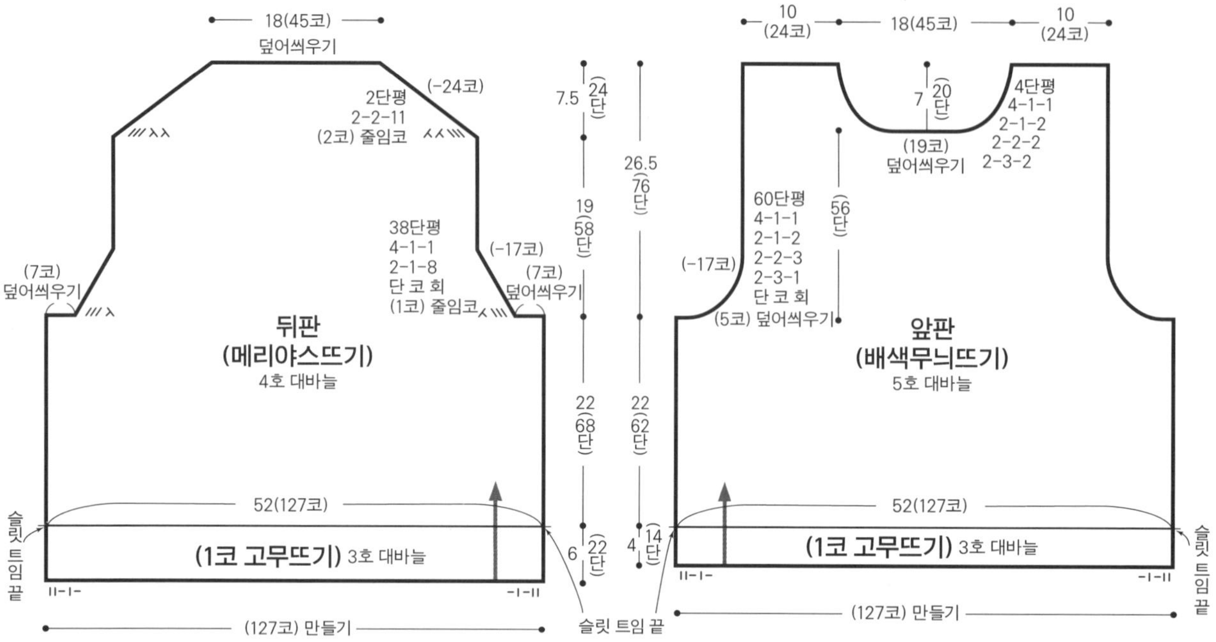

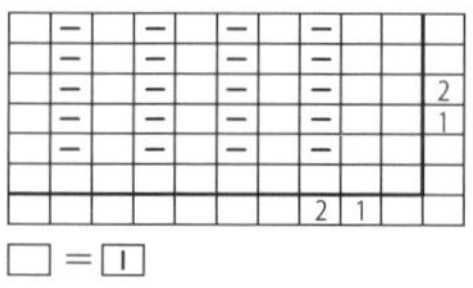

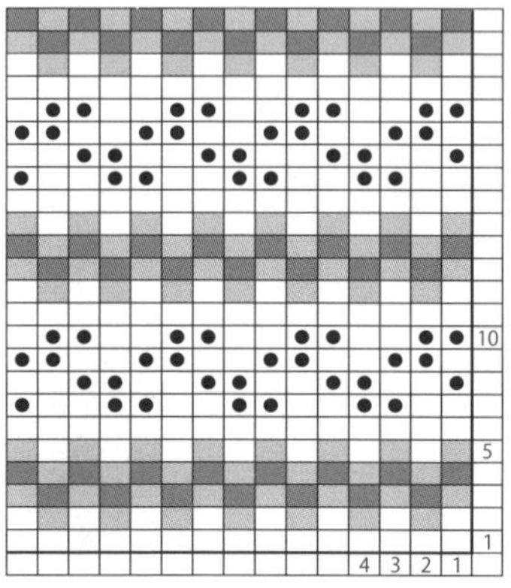

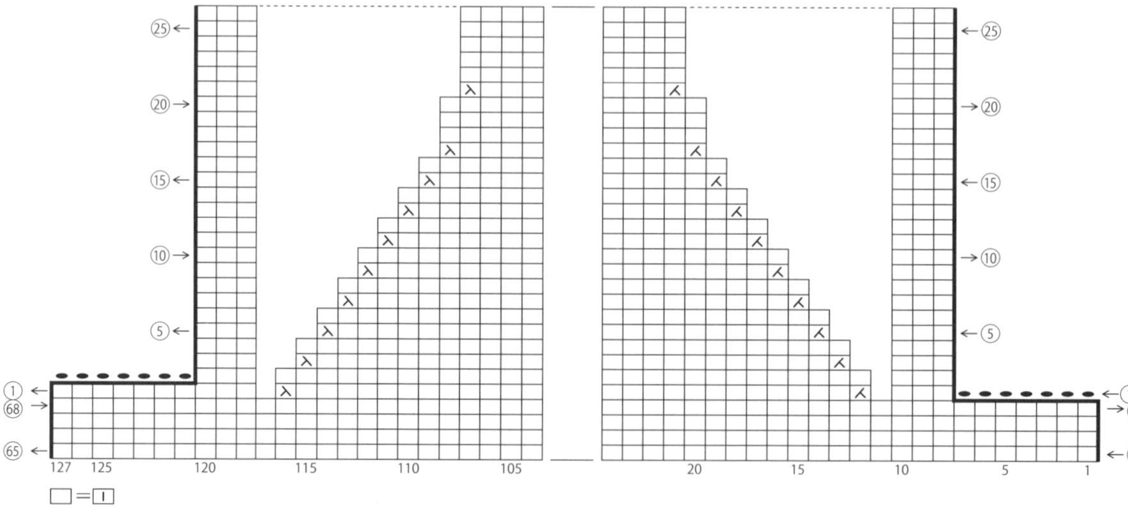

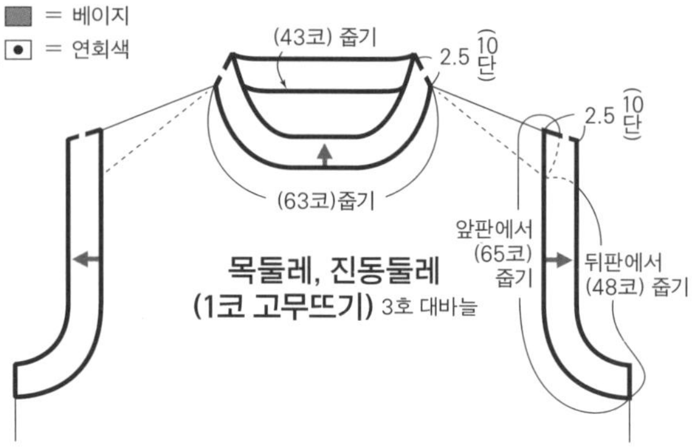

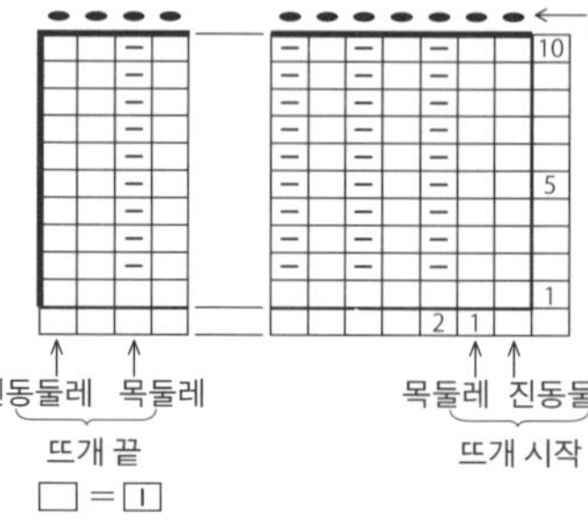

165페이지로 이어집니다. ▶

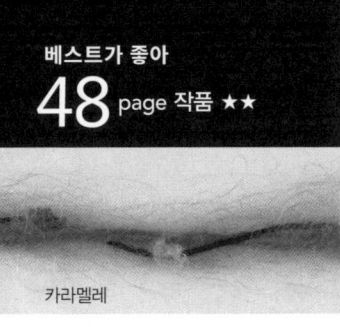

베스트가 좋아
48 page 작품 ★★

카라멜레

재료
퍼피 카라멜레(Caramelle) 초록색 계열 믹스
(106) 285g 6볼

도구
대바늘 8mm · 7mm

완성 크기
가슴둘레 110cm, 어깨너비 45cm, 기장 64.5cm

게이지(10×10cm)
메리야스뜨기 10.5코×14단

POINT
● 몸판…손가락에 걸어서 만드는 기초코로 뜨개를 시작해서 1코 고무뜨기, 메리야스뜨기를 합니다. 진동둘레 줄임코는 도안을 참고하세요. 목둘레 줄임코는 2코부터는 덮어씌우기, 첫코는 가장자리 1코를 세워서 줄임코하는데 앞판 중심의 12코는 쉼코를 합니다.
● 마무리…어깨는 덮어씌워 잇기, 옆선은 떠서 꿰매기합니다. 목둘레는 지정된 콧수만큼 주워서 1코 고무뜨기합니다. 뜨개 끝은 무늬뜨기를 계속하면서 덮어씌워 코막음합니다.

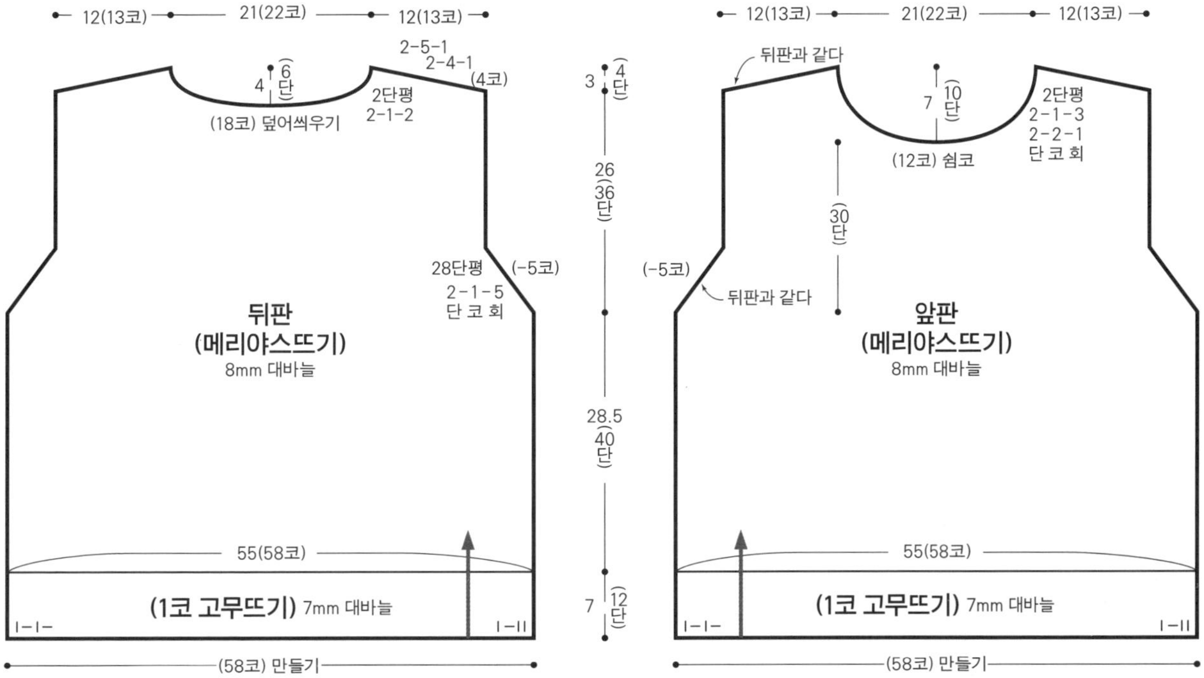

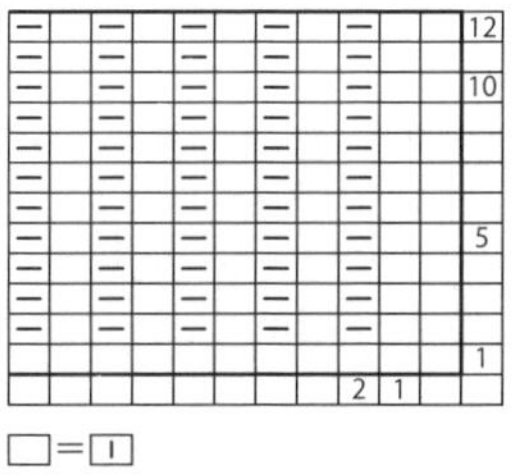

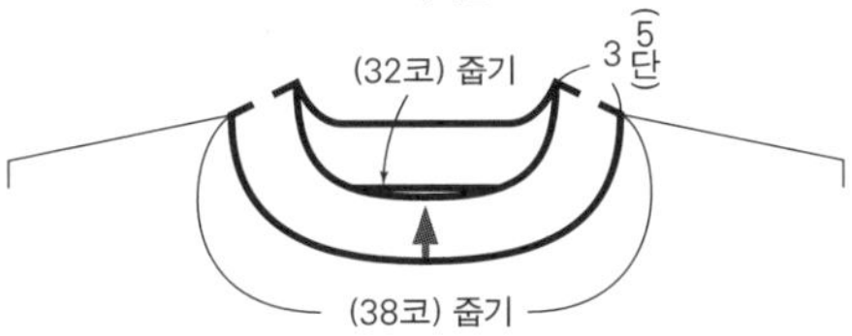

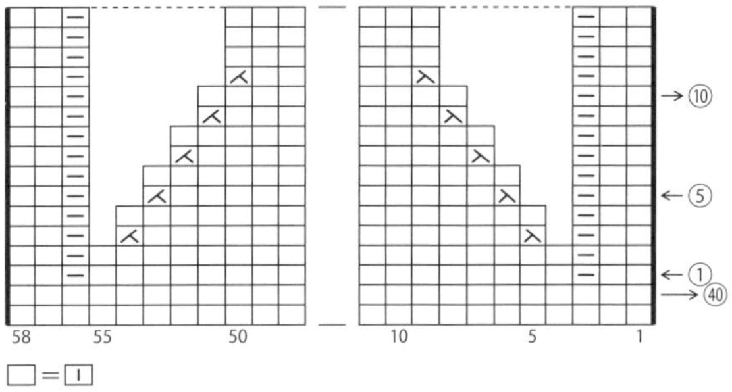

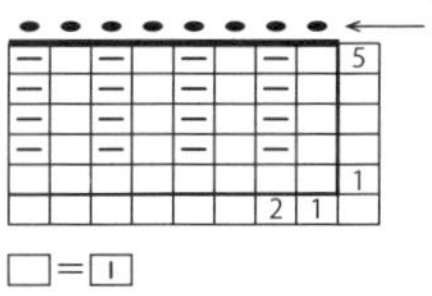

▶ 164페이지에서 이어집니다.

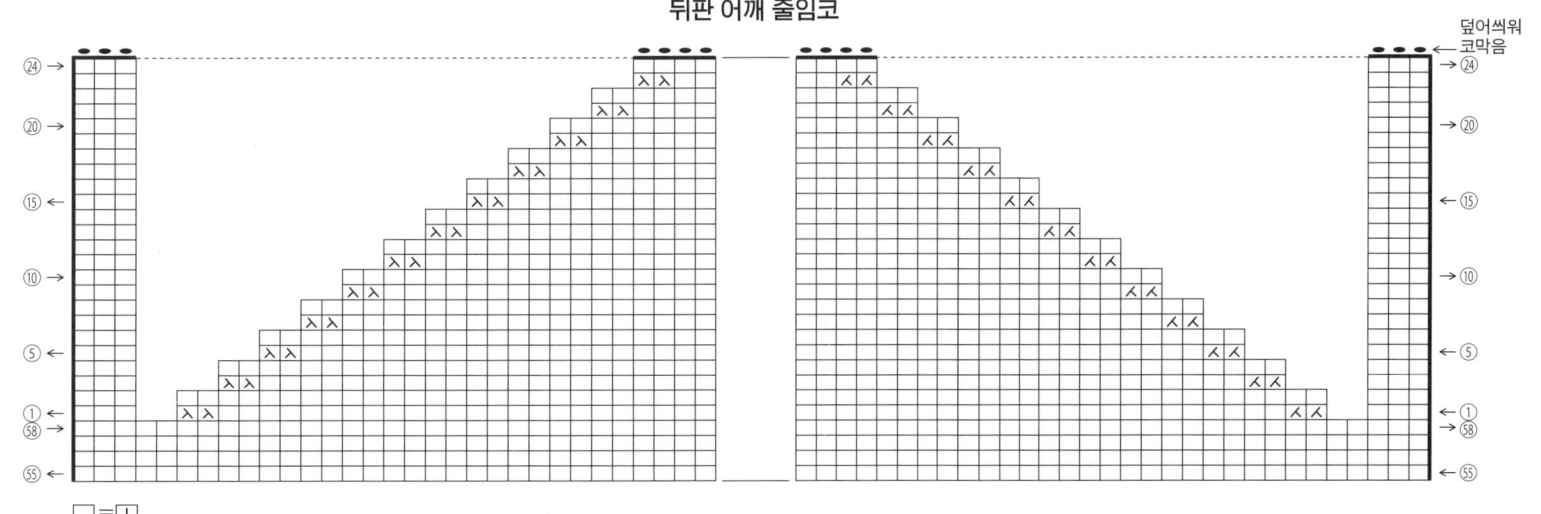

베스트가 좋아
46 page 작품 ★★

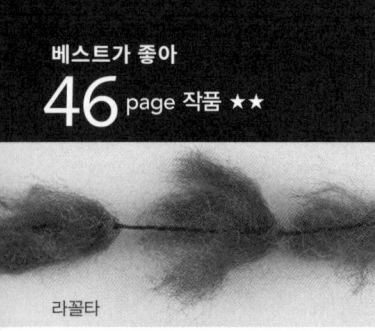

라꼴타

재료
퍼피 라꼴타(RACCOLTA) 초록색·파란색·분홍색·노란색 계열(203) 140g 3볼

도구
대바늘 10mm, 코바늘 10mm

완성 크기
가슴둘레 96cm, 어깨너비 32cm, 기장 40cm

게이지(10×10cm)
메리야스뜨기 5코×7단

POINT
● 손가락에 걸어서 만드는 기코초로 뜨개를 시작해서 앞뒤판을 이어서 메리야스뜨기를 합니다. 14단을 뜨면 앞뒤판을 나눠서 뜹니다. 첫코의 줄임코는 가장자리 1코를 세워서 줄임코합니다. 뜨개 끝은 쉼코를 하고, 어깨는 빼뜨기잇기를 합니다. 뒤판 목둘레 트임은 코바늘 10mm로 너무 뻑뻑하지 않도록 주의하면서 빼뜨기 코막음을 합니다.

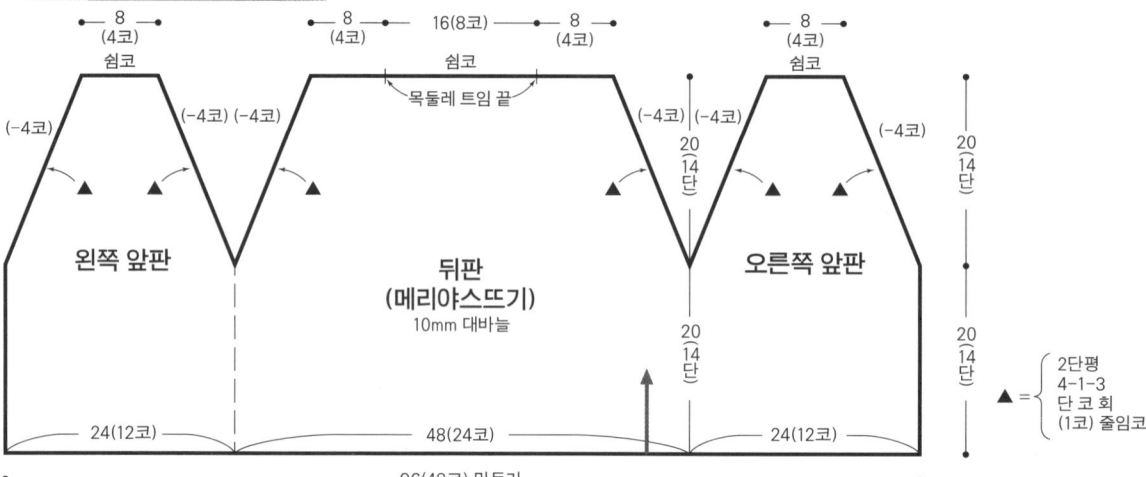

베스트가 좋아
47 page 작품 ★★

나스체레(Nascere)

재료
퍼피 나스체레(Nascere) 핑크 베이지(706) 480g 10볼

도구
대바늘 10mm

완성 크기
가슴둘레 110cm, 기장 57cm, 화장 27.5cm

게이지(10×10cm)
메리야스뜨기 7코×10단

POINT
● 몸판…손가락에 걸어서 만드는 기코초로 뜨개를 시작해서 2코 고무뜨기, 메리야스뜨기를 합니다. 목둘레는 첫코의 줄임코는 가장자리 1코를 세워서 줄임코하는데 중심의 7코를 뒤판은 덮어씌워 코막음, 앞판은 쉼코합니다.
● 마무리…어깨는 덮어씌워 잇기, 옆선은 떠서 꿰매기합니다. 목둘레는 지정된 콧수만큼 주워서 2코 고무뜨기를 원형으로 뜹니다. 뜨개 끝은 무늬뜨기를 계속하면서 덮어씌워 코막음합니다.

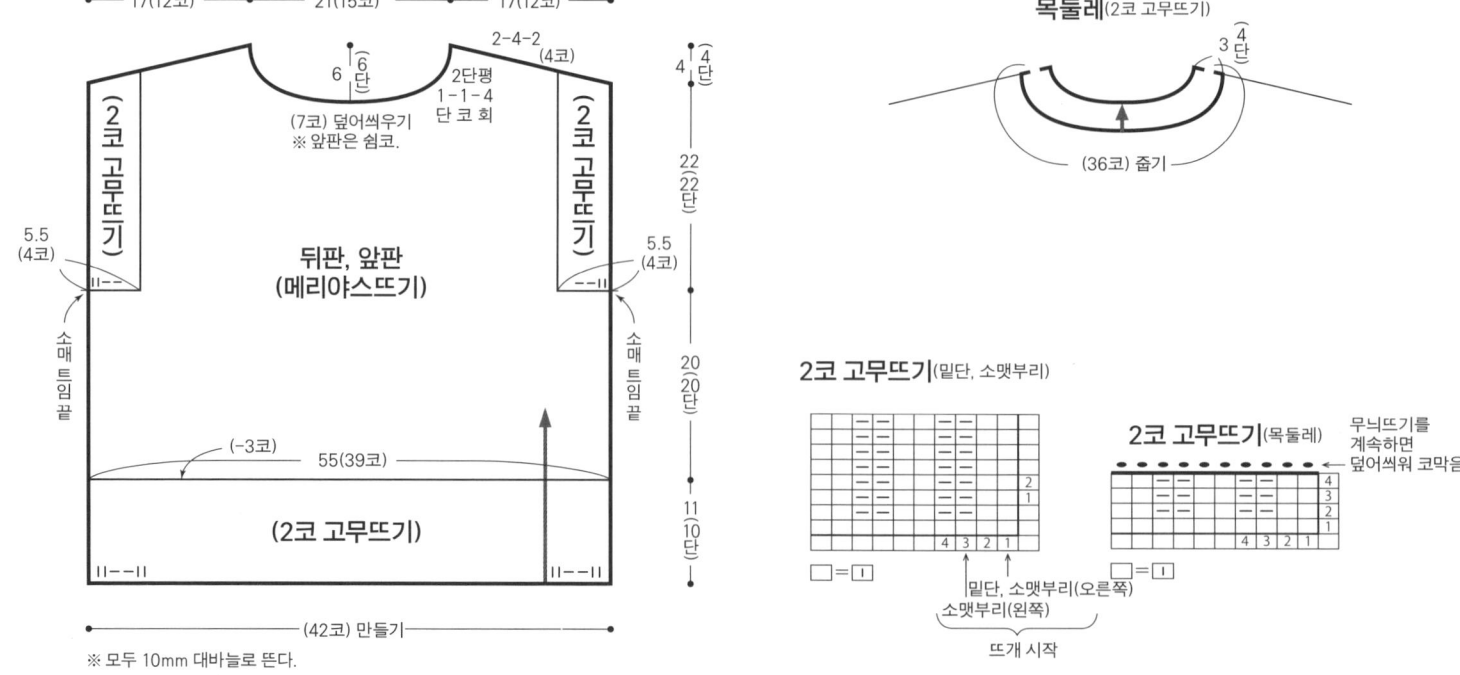

색을 즐기는 니트&크로셰
53 page 작품 ★★★

캐롤

스레드 코드
※ 일본어 사이트

안걸러뜨기(2단)
※ 일본어 사이트

재료
[풀오버] 스키얀 캐롤 진분홍(557) 185g 4볼, 라이트 그레이(551) 80g 2볼
[스누드] 스키얀 캐롤 진분홍(557) 35g 1볼, 라이트 그레이(551) 15g 1볼

도구
대바늘 10호·8호, 코바늘 6/0호

완성 크기
[풀오버] 가슴둘레 100cm, 어깨너비 38cm, 기장 52.5cm, 소매길이 51cm
[스누드] 목둘레 53cm, 기장 23.5cm

게이지(10×10cm)
무늬뜨기, 줄무늬 무늬뜨기 20.5코×30단

POINT
● 풀오버…몸판은 손가락에 걸어서 만드는 기초코로 뜨개를 시작해서 1코 고무뜨기, 줄무늬 무늬뜨기, 무늬뜨기를 합니다. 진동둘레, 목둘레 줄임코는 2코부터는 덮어씌우기, 첫코는 가장자리 1코를 세워서 줄임코하는데 목둘레 중심의 코는 쉼코합니다. 소매는 별도 사슬 기초코로 뜨개를 시작해서 줄무늬 무늬뜨기, 무늬뜨기를 합니다. 소매산의 줄임코는 진동둘레와 같은 방법으로 뜹니다. 소맷부리는 기초코 사슬을 풀어서 코를 줍고 1코 고무뜨기를 합니다. 뜨개 끝은 1코 고무뜨기 코막음을 합니다. 어깨는 덮어씌워 잇기, 옆선, 소매 밑선은 떠서 꿰매기합니다. 목둘레는 지정된 콧수만큼 주워서 1코 고무뜨기합니다. 뜨개 끝은 소맷부리와 같은 방법으로 합니다. 소매는 빼뜨기잇기로 몸판과 연결합니다.

● 스누드…손가락에 걸어서 만드는 기초코로 뜨개를 시작해서 1코 고무뜨기, 줄무늬 무늬뜨기를 원형으로 뜹니다. 지정된 위치에 끈을 통과시킬 구멍을 냅니다. 뜨개 끝은 덮어씌워 코막음합니다. 끈을 뜨고 마무리하는 법을 참고해서 완성합니다.

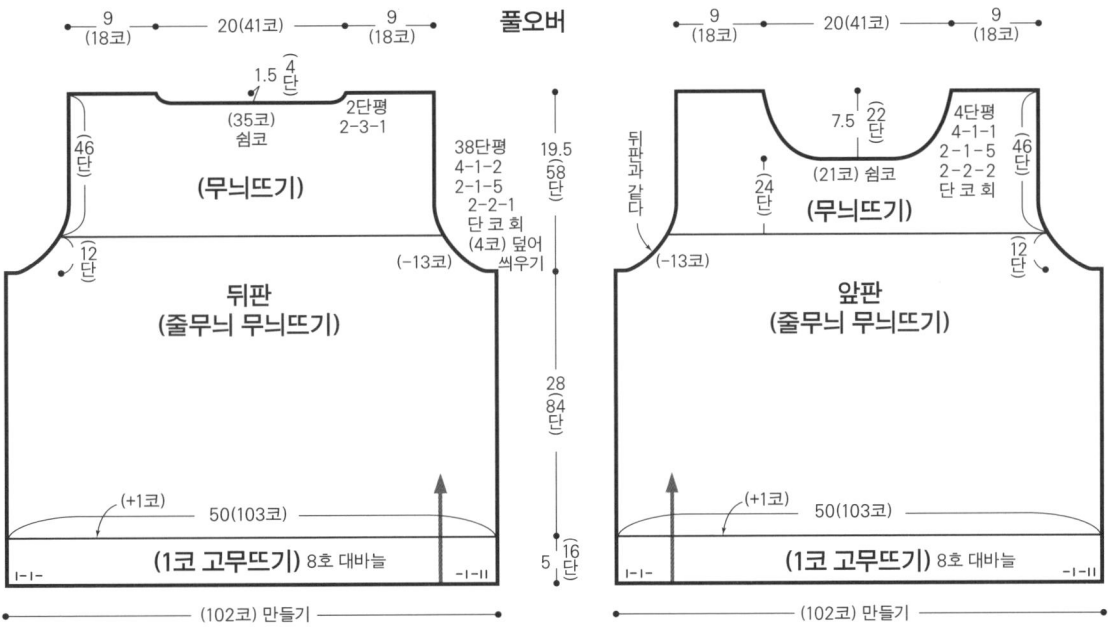

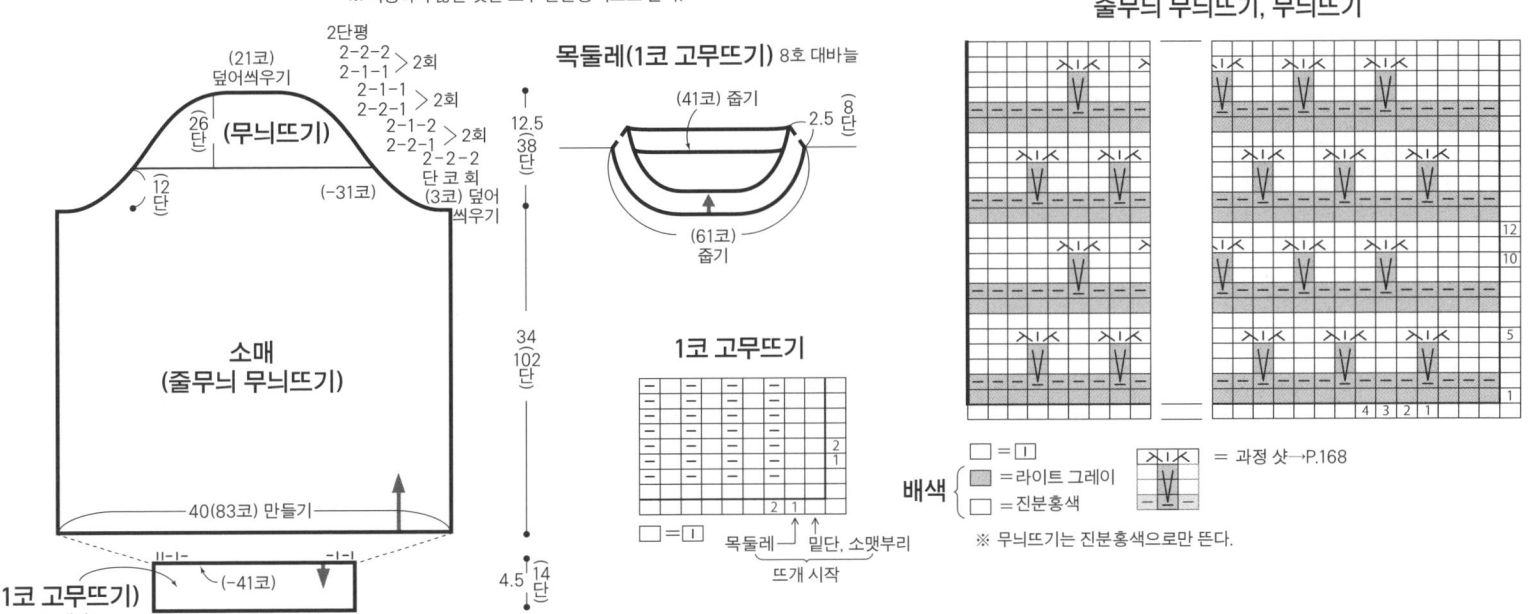

168페이지로 이어집니다. ▶

▶ 167페이지에서 이어집니다.

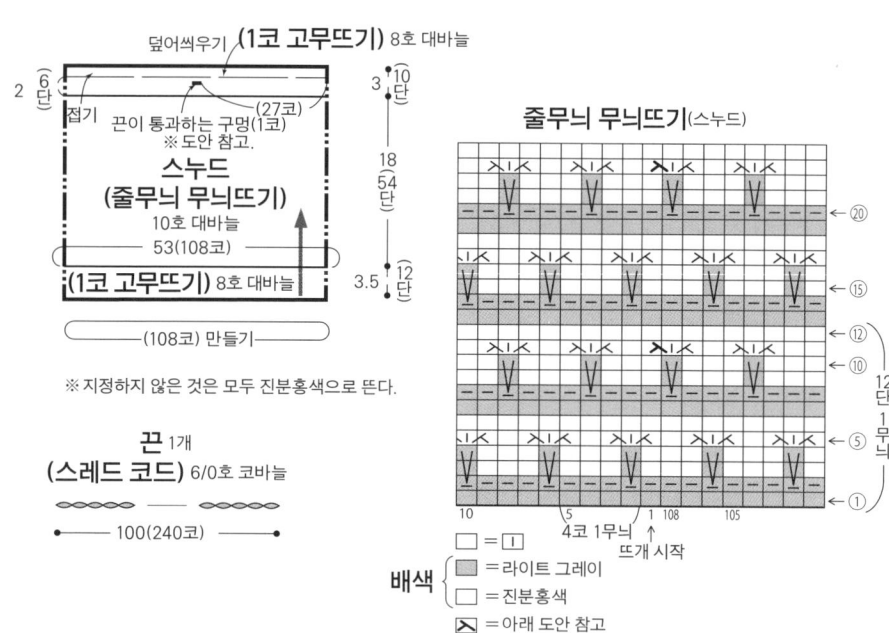
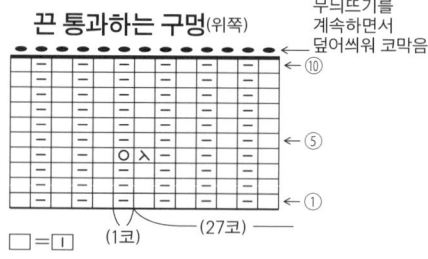

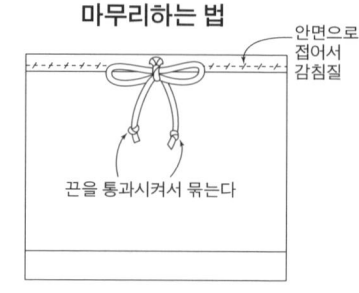

뜨는 법

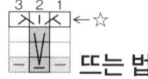

1 ☆단은 1의 코와 2의 코(걸러뜨기)에 화살표처럼 바늘을 넣고 왼코 위 2코 모아뜨기를 한다.

2 2의 코를 왼쪽 바늘에 돌려놓고 걸뜨기한다.

3 2의 걸러뜨기 코에 화살표처럼 왼쪽 바늘을 넣고 오른쪽 바늘에 건다.

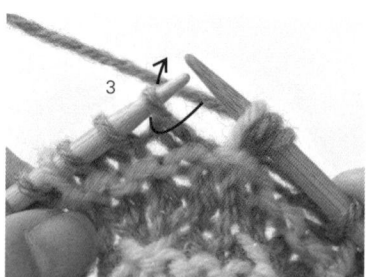

4 3의 코를 겉뜨기한다.

5 겉뜨기한 코에 2의 걸러뜨기 코를 덮어씌운다.

6 완성한 모습.

단 경계의 ⟋ 뜨는 법

1 11단의 첫코는 걸러뜨기하고, ★의 코는 겉뜨기 한다. 계속해서 도안대로 뜬다.

2 단의 마지막은 왼코 위 2코 모아뜨기, 걸러뜨기에 겉뜨기까지 한 다음에 ★의 코를 오른쪽 바늘로 옮기고 걸러뜨기 코를 덮어씌운다.

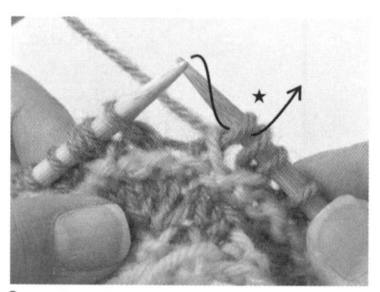

3 ★의 코를 왼쪽 바늘로 돌려놓는다.

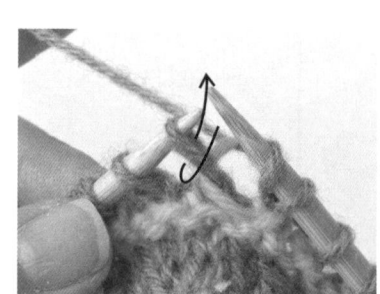

4 겉뜨기한다(12단의 첫 코).

이벤트용 니트 50·51 page ★★★

아메리

하마나카 순모 중세

피콜로

재료
하마나카 아메리, 하마나카 순모 중세, 피콜로. 실의 색이름·색번호·사용량·부자재는 도안의 표를 참고하세요.

도구
코바늘 5/0호·3/0호

완성 크기
도안 참고

POINT
● 도안을 참고해서 각 파트를 뜹니다. 마무리하는 법을 참고해서 완성합니다.

실 사용량과 부자재

	사용실	색이름(색번호)	사용량	부자재
엄마곰	아메리	갈색(8)	40g 1볼	인형 눈 솔리드아이(H221-305-1) 5mm 2개 수예용 솜 적당량
		진갈색(9)	적당량 1볼	
아기곰 (2마리)	하마나카 순모 중세	연갈색(4)	35g 1볼	인형 눈 솔리드아이(H221-345-1) 4.5mm 4개 수예용 솜 적당량
	아메리	진갈색(9)	적당량 1볼	

엄마곰과 아기곰

※ 엄마곰은 5/0호 코바늘, 아기곰은 3/0호 코바늘로 뜬다.
※ 지정하지 않은 것은 엄마곰은 갈색, 아기곰은 연갈색으로 뜬다.

머리 엄마곰 1장 / 아기곰 1장씩

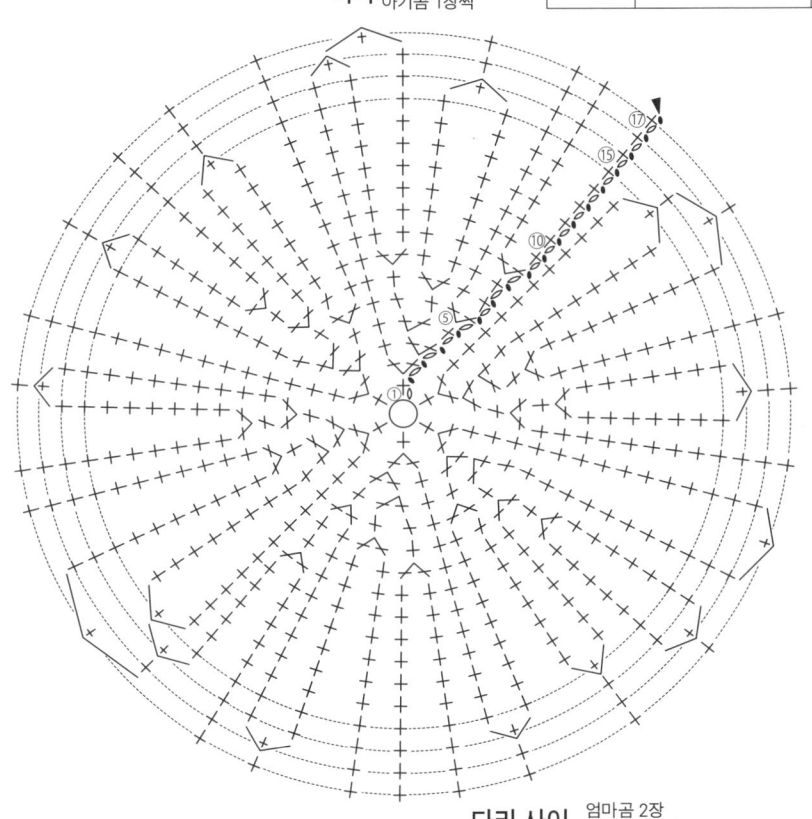

귀 엄마곰 2장 / 아기곰 2장씩

▷ = 실 잇기
▶ = 실 자르기

꼬리 엄마곰 1장 / 아기곰 1장씩

주둥이 엄마곰 1장 / 아기곰 1장씩

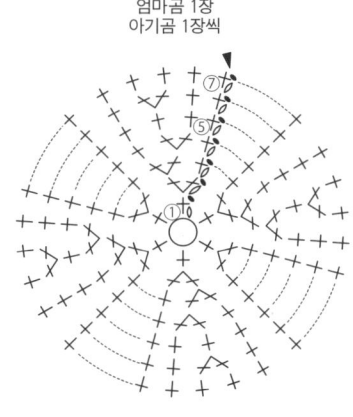

머리 증감코

단수	코수	
17단	27코	(-3코)
16단	30코	(-5코)
15단	35코	(-5코)
14단	40코	(-4코)
9~13단	44코	
8단	44코	(+4코)
7단	40코	(+4코)
6단	36코	(+6코)
5단	30코	(+6코)
4단	24코	(+6코)
3단	18코	(+6코)
2단	12코	(+6코)
1단	6코	

주둥이 늘림코

단수	콧수	
7단	24코	
6단	24코	(+4코)
5단	20코	
4단	20코	(+4코)
3단	16코	(+4코)
2단	12코	(+6코)
1단	6코	

다리 엄마곰 4개 / 아기곰 4개씩

발꿈치 쪽

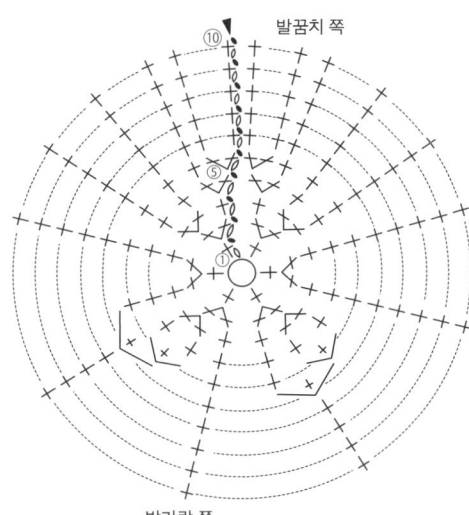

발가락 쪽

※ 오른쪽 다리는 실을 자르지 않고 계속해서 다리 사이를 뜬다.

다리 사이 엄마곰 2장 / 아기곰 2장씩

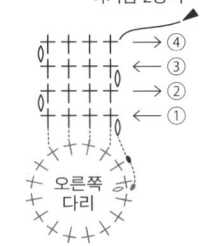

오른쪽 다리

※ 뜨개 끝의 실을 6cm 남기고 자른다.

다리 증감코

단수	콧수	
7단~10단	16코	
6단	16코	(-2코)
5단	18코	(+2·-2코)
4단	18코	(+2코)
3단	16코	(+4코)
2단	12코	(+6코)
1단	6코	

배 엄마곰 1장 / 아기곰 1장씩

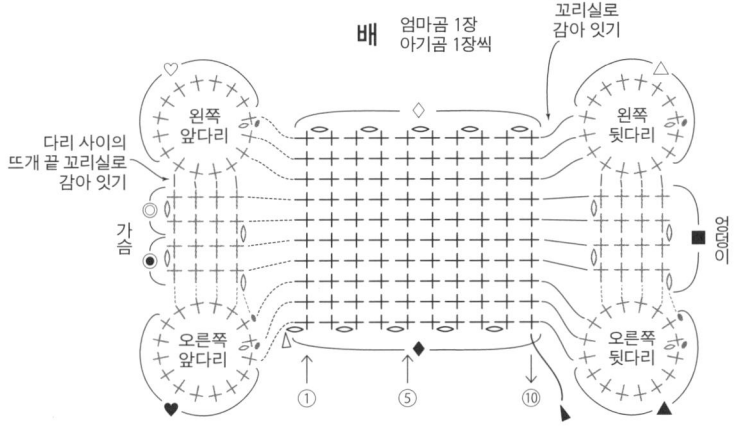

※ 뜨개 끝은 15cm 남기고 실을 자른다.

다리, 배 뜨는 법

① 오른쪽 앞다리, 오른쪽 뒷다리를 뜨고, 계속해서 다리 사이를 각각 뜬 다음에 실을 6cm 남기고 자른다.
② 왼쪽 앞다리, 왼쪽 뒷다리를 뜨고, 다리 사이의 뜨개 끝 꼬리실로 각각을 감아 잇기한다.
③ 도안을 참고해서 앞다리와 다리 사이의 지정된 위치에서 코를 주워서 배를 뜬 다음에 실을 15cm 남기고 자른다.
④ 배의 뜨개 끝 꼬리실로 뒷다리와 다리 사이를 감아 잇기한다.

170페이지로 이어집니다. ▶

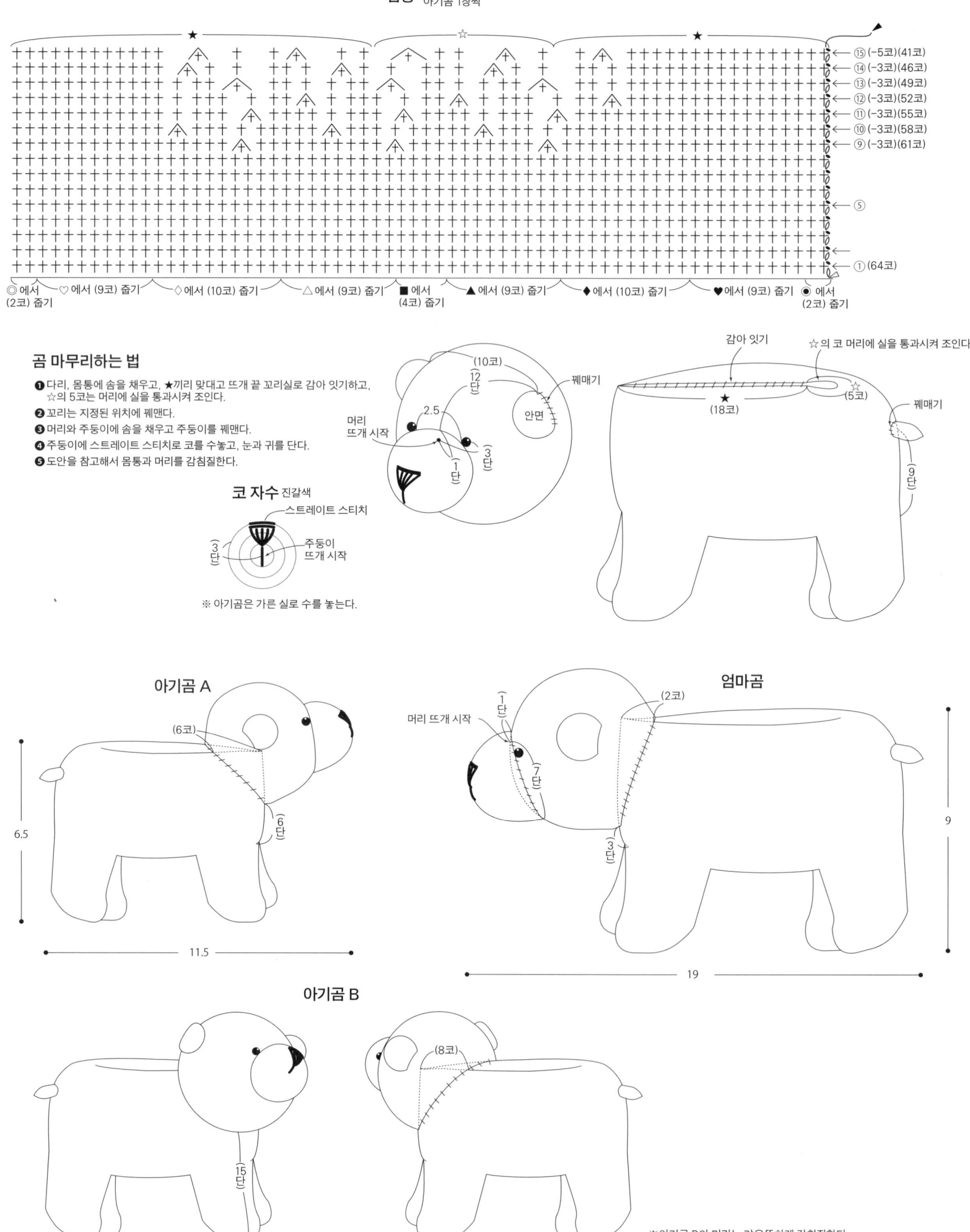

실 사용량 및 부자재

	사용실	색이름(색번호)	사용량	부자재
도토리 (4개 분량)	피콜로	적갈색(29)	2.5g 1볼	수예솜 적당량
		연갈색(21)	1.5g 1볼	
		올리브 그린(32)	1.5g 1볼	
감 (6개 분량)	피콜로	주황색(7)	6g 1볼	
		초록색(35)	1.5g 1볼	
연어 (4마리 분량)	피콜로	회색(33)	6g 1볼	크고 둥근 비즈 (검은색) 8개 수예솜 적당량
		남색(36)	4g 1볼	
으름 (6개 분량)	하마나카 순모 중세	보라색(45)	3g 1볼	
		에크뤼(2)	2g 1볼	

※ 모두 3/0호 코바늘로 뜬다.

▷ = 실 잇기
▶ = 실 자르기

도토리 A, B 4개씩

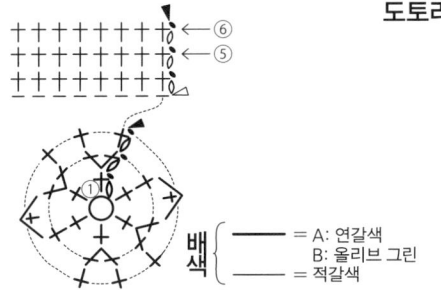

배색 { ━ = A: 연갈색 / B: 올리브 그린
─── = 적갈색 }

† = 앞단 짧은뜨기 코머리의 뒤 반 코를 주워서 뜬다.
※ 뜨개 시작의 매직링 기초코의 실을 길게 남겨 둔다.

도토리 마무리하는 법

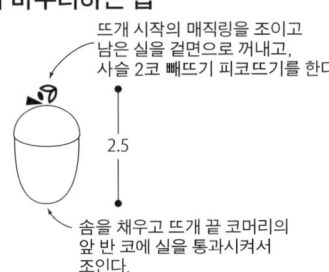

뜨개 시작의 매직링을 조이고 남은 실을 겉면으로 꺼내고, 사슬 2코 빼뜨기 피코뜨기를 한다

솜을 채우고 뜨개 끝 코머리의 앞 반 코에 실을 통과시켜서 조인다.

감

열매 주황색 6개

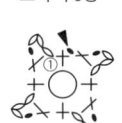

꼭지 초록색 6장

※ 뜨개 시작의 매직링 기코초의 꼬리실을 길게 남겨 둔다.

감 열매 증감코

단수	콧수	
8단	8코	(−8코)
7단	16코	(−4코)
4~6단	20코	
3단	20코	(+4코)
2단	16코	(+8코)
1단	8코	

감 마무리하는 법

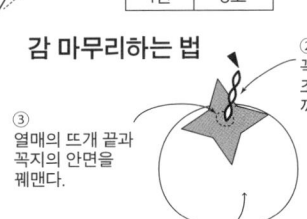

① 솜을 채우고 뜨개 끝 코머리의 앞 반 코에 실을 통과시켜서 조인다.
② 꼭지의 뜨개 시작의 매직링을 조이고 남은 실을 겉면으로 꺼내서 사슬 3코를 뜬다.
③ 열매의 뜨개 끝과 꼭지의 안면을 꿰맨다.

연어

본체 8장

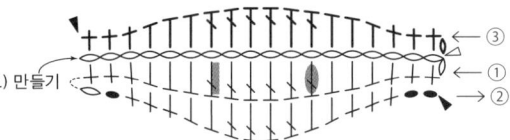

(사슬 18코) 만들기

※ 1단은 기초코 사슬의 반 코와 코산을 주워서 뜨고, 3단은 기초코의 남은 반 코를 주워서 뜬다.

배색 { ─── = 회색 / ━ = 남색 }

▬ = 왼쪽 가슴지느러미를 꿰매는 위치
⬬ = 오른쪽 가슴지느러미를 꿰매는 위치

가슴지느러미 회색 8장

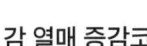

연어 마무리하는 법

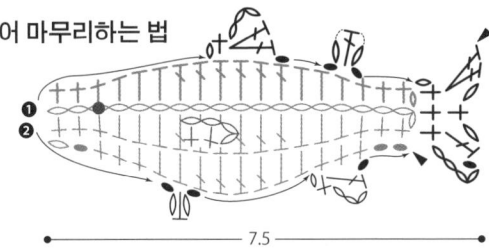

● = 눈 다는 위치

❶ 본체를 안면끼리 맞대고 남색 실로 화살표 방향으로 감아 잇기하면서 등지느러미와 꼬리지느러미를 뜬다.
❷ 안에 솜을 채우며 회색 실로 화살표 방향으로 감아 잇기하면서 배지느러미와 꼬리지느러미를 뜬다.
❸ 눈 다는 위치에 비즈를 꿰맨다.

으름

껍질 보라색 6장

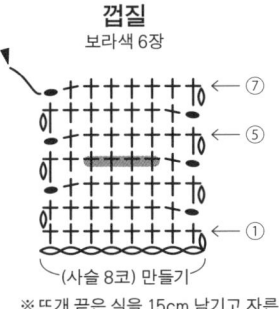

(사슬 8코) 만들기

※ 뜨개 끝 실을 15cm 남기고 자른다.

▬ = 열매를 꿰매서 다는 위치(안쪽에 꿰맨다)

열매 에크뤼 6장

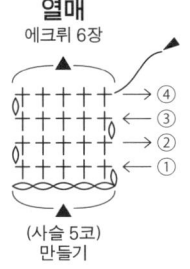

(사슬 5코) 만들기

※ 뜨개 끝 실을 10cm 남기고 자른다.

으름 마무리하는 법

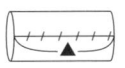

❶ 열매 겉면을 맞대고 맞춤기호끼리 감아 잇기한다.

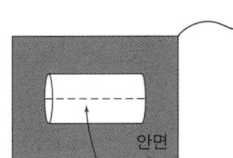

❷ 열매를 겉면이 울지 않도록 껍질에 꿰맨다.

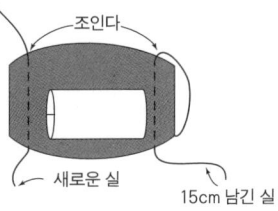

❸ 가장자리에서 1코 안쪽에 실을 통과시켜서 조인다.

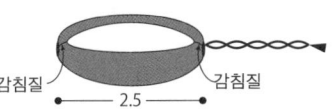

❹ 양쪽 가장자리에 1코를 감침질하고, ❸에서 조인 실 중에서 뜨개 끝 꼬리실을 조인 곳의 중심으로 실을 꺼내서 사슬 5코를 뜬다.

Enjoy Keito
40 page ★

마리보

재료
실…Keito 마리보 옐로(MLB16)140g 2콘.
단추…길이 50mm 토글 단추 1개

도구
대바늘 6호

완성 크기
폭 16.5cm, 길이 95cm

게이지(10×10cm)
메리야스뜨기·무늬뜨기 A~D 18코×28.5단

POINT
●손가락에 실을 걸어서 기초코를 만들어 뜨기 시작해 가터뜨기, 메리야스뜨기, 무늬뜨기 A~D로 원형뜨기합니다. 뜨개 끝은 덮어씌워 코막음합니다. 뜨개 시작 쪽과 뜨개 끝 쪽은 각각 휘감아 잇기로 연결합니다. 끈은 아이코드로 뜹니다. 도안을 참고해 끈과 단추를 달아 마무리합니다.

머플러
무늬뜨기 A 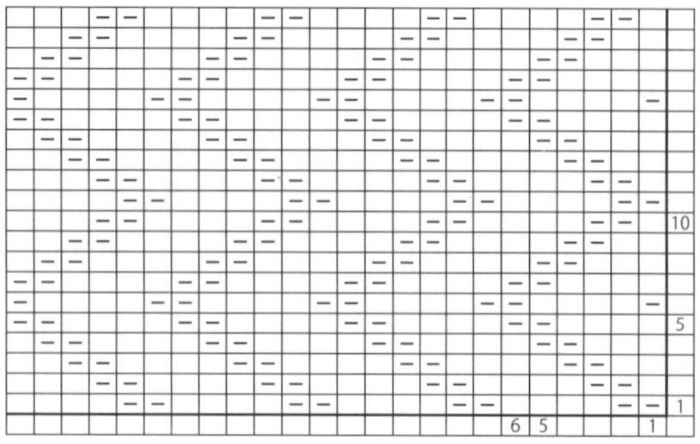
무늬뜨기 B 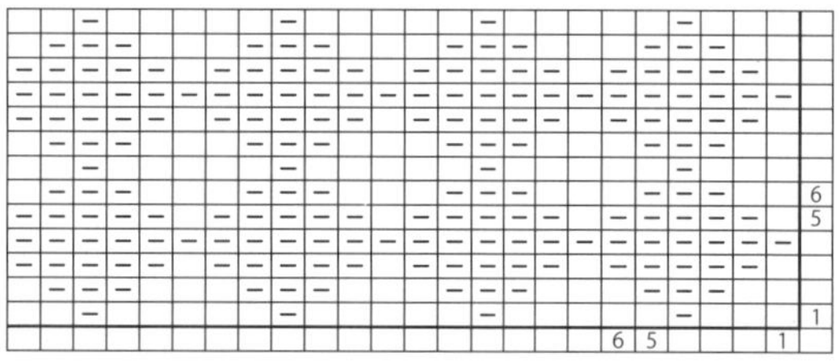
무늬뜨기 C 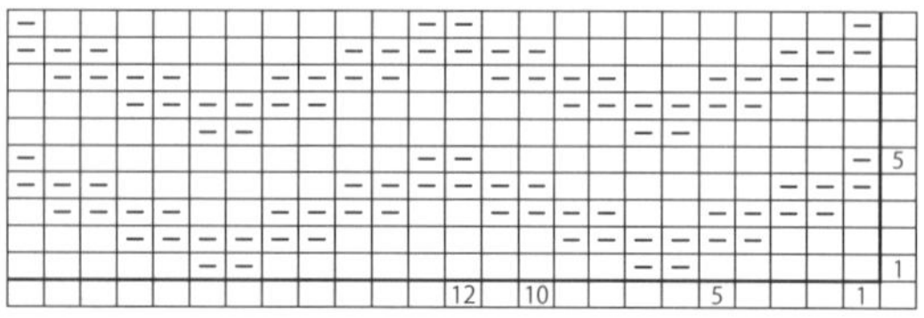
무늬뜨기 D 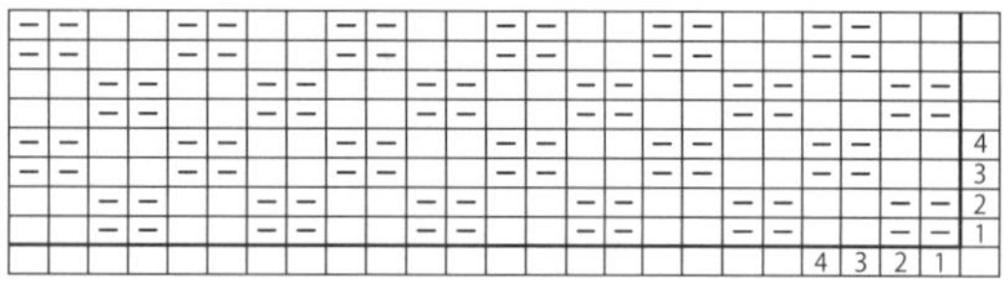
가터뜨기
끈 (아이코드) 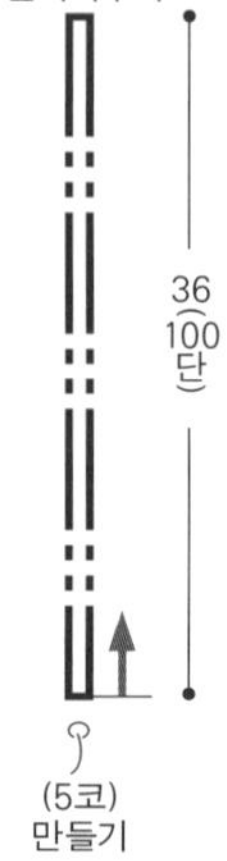
아이코드 뜨는 법
마무리하는 법

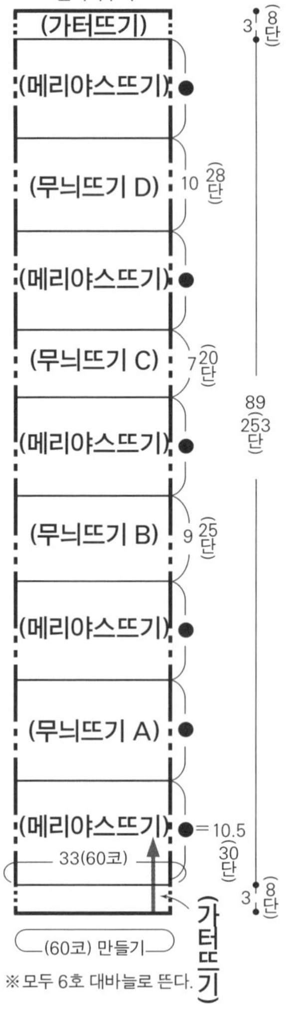

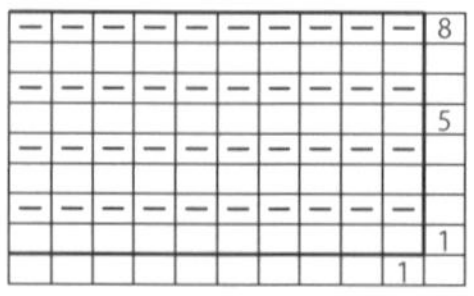

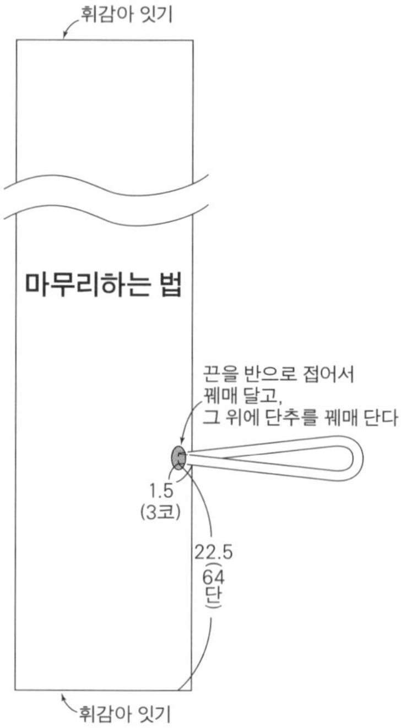

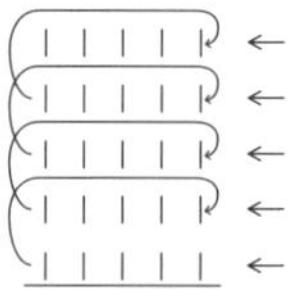

173페이지에서 이어집니다. ◀

뒤판 밑단 중심에서 코 줍는 법

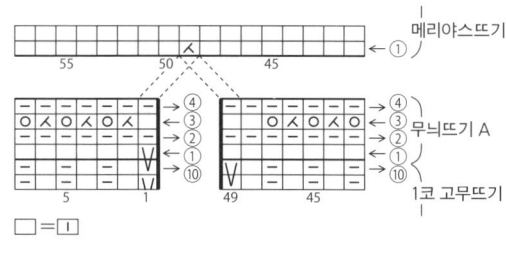

몸판 코 줍는 법

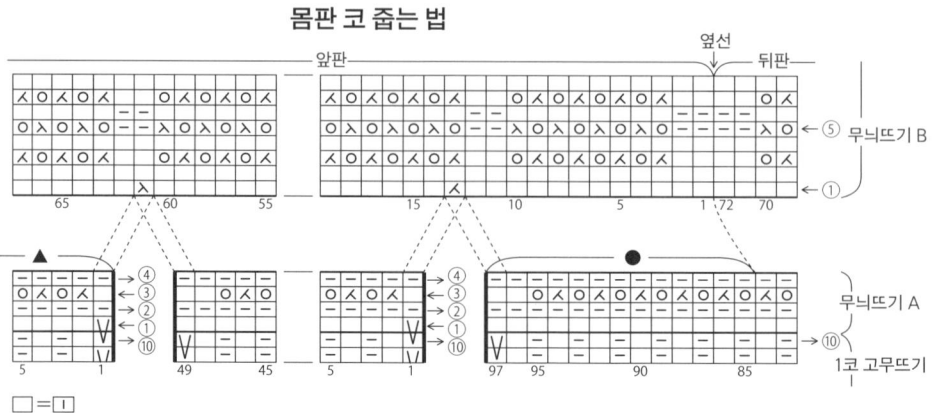

색을 즐기는 니트&크로셰
52 page 작품 ★★★

로톤

1코 고무뜨기 코막음
(원형뜨기)

※ 일본어 사이트

재료
스키얀 로톤 에크뤼·초록색·빨간색 계열(653)
575g 12볼

도구
대바늘 15호

완성 크기
가슴둘레 132cm, 기장 58cm, 화장 71.5cm

게이지(10×10cm)
무늬뜨기 B·C 11코×24단

POINT
● 몸판·소매…손가락에 걸어서 만드는 기초코로 뜨개를 시작해서 뒤판 밑단은 1코 고무뜨기, 무늬뜨기 A, 메리야스뜨기를 하고, 앞판 밑단은 1코 고무뜨기, 무늬뜨기 A를 합니다. 밑단의 경계는 도안을 참고하면서 코를 겹쳐 뜹니다. 계속해서 지정된 위치에서 코를 줍고, 앞뒤판을 이어서 무늬뜨기 B를 원형으로 뜹니다. 소매 달기 끝에서 위쪽은 앞뒤판을 나눠서 왕복뜨기합니다. 목둘레 줄임코는 2코부터는 덮어씌워 코막음, 첫 코는 가장자리 1코를 세워서 줄임코입니다. 어깨는 덮어씌워 잇기합니다. 소매는 지정된 위치에서 코를 줍고, 무늬뜨기 A·C, 1코 고무뜨기를 원형으로 뜹니다. 뜨개 끝은 1코 고무뜨기 코막음합니다.
● 마무리…목둘레는 지정된 콧수만큼 주워서 테두리뜨기를 원형으로 뜹니다. 뜨개 끝은 소맷부리와 같은 방법으로 뜹니다.

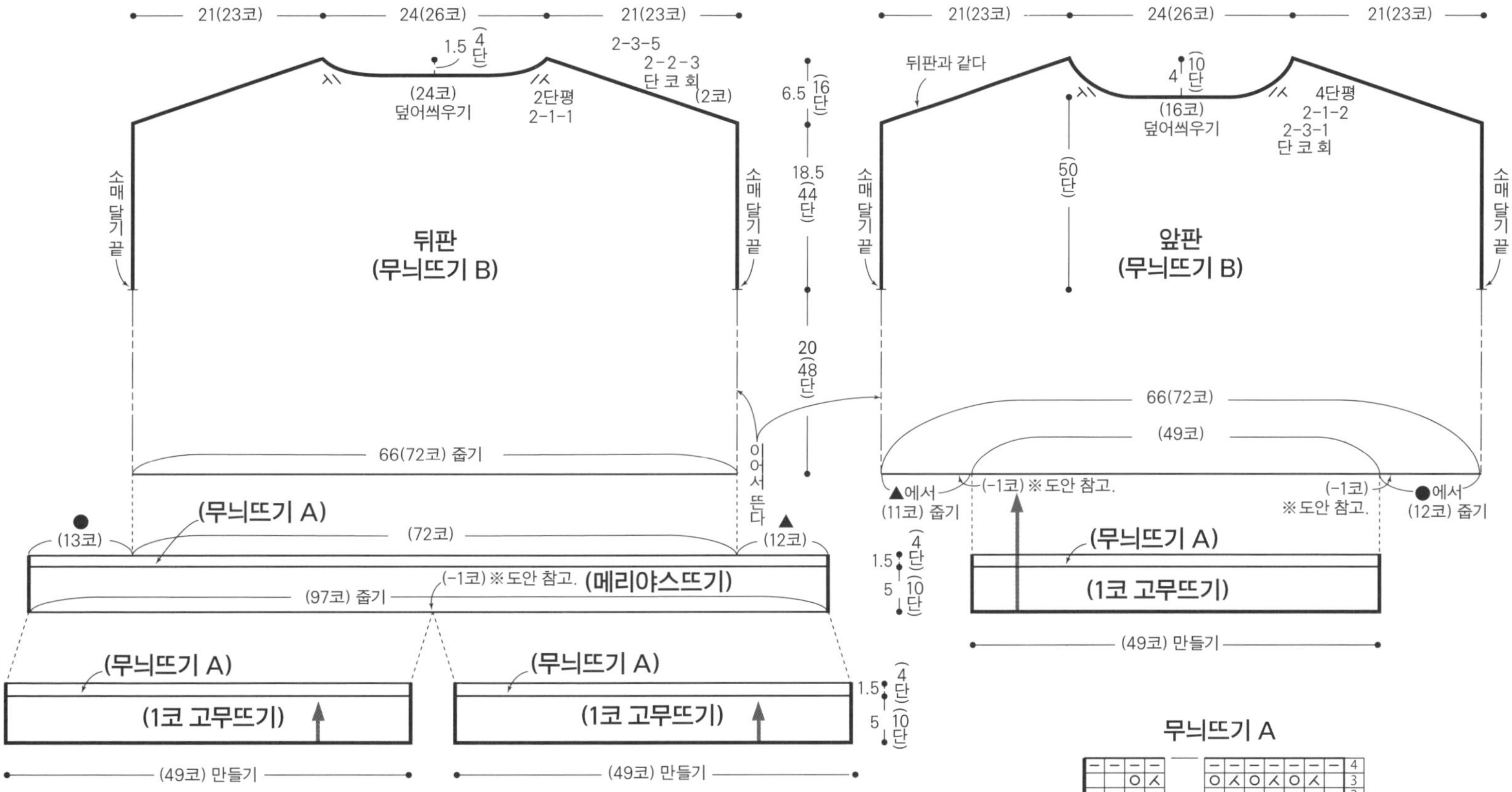

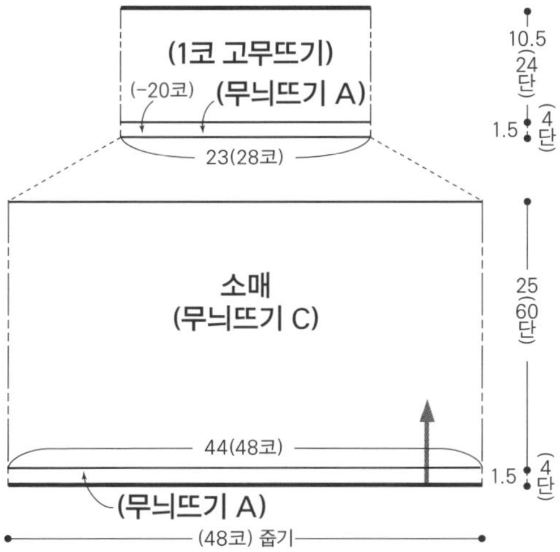

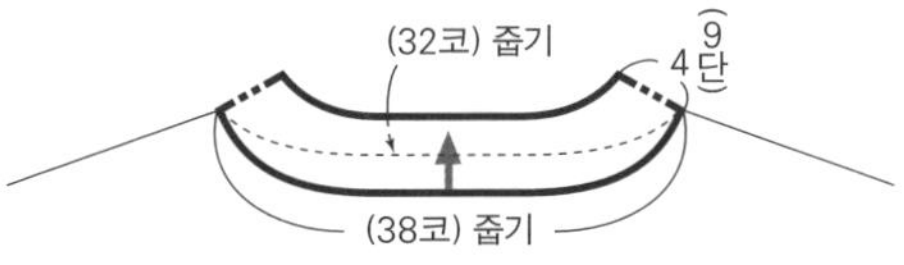

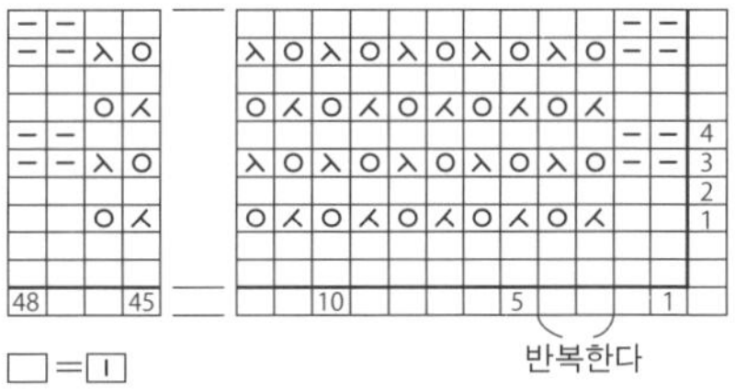

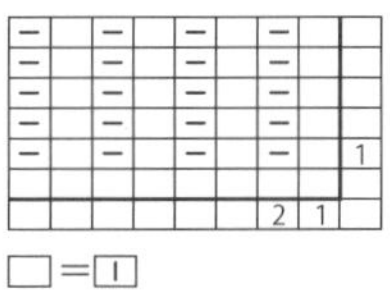

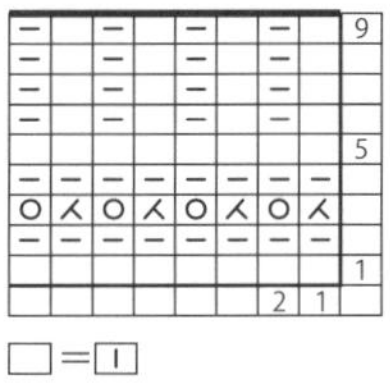

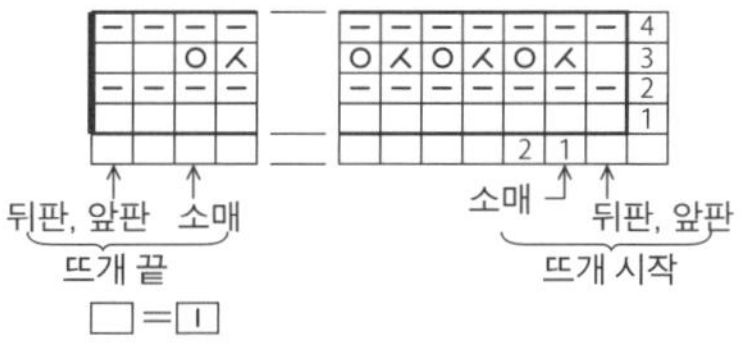

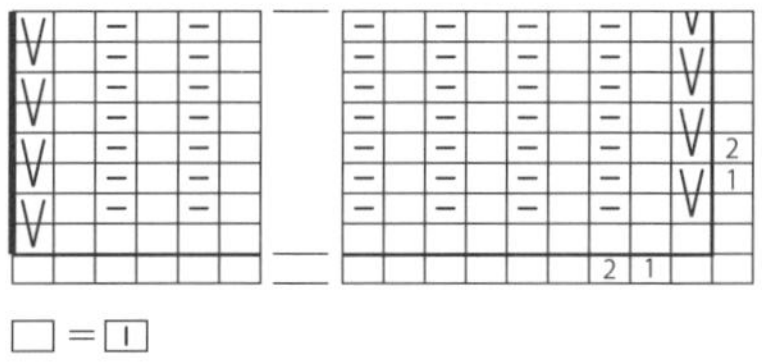

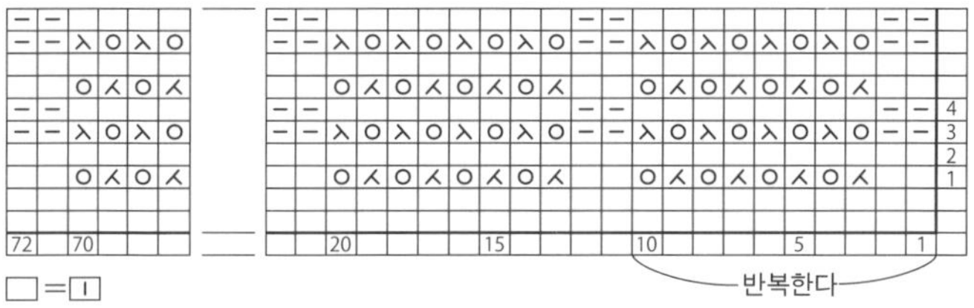

◀ 172페이지로 이어집니다.

베스트가 좋아
49 page 작품 ★★★

룰렛

브리오시(겉뜨기 쪽) 끌어올려뜨기

※ 일본어 사이트

브리오시(안뜨기 쪽) 끌어올려뜨기

※ 일본어 사이트

재료
실…퍼피 룰렛(Roulette) 빨간색·하얀색·파란색·카키색 계열 그러데이션(506) 300g 3볼
단추…지름 35mm 3개

도구
대바늘 7호

완성 크기
가슴둘레 98.5cm, 기장 48.5cm, 화장 24cm

게이지(10×10cm)
무늬뜨기 A·B 20코×36단

POINT
● 몸판…손가락에 걸어서 만드는 기코초로 뜨개를 시작해서 뒤판은 무늬뜨기 A, 앞판은 무늬뜨기 A·B를 합니다. 오른쪽 앞판에는 단춧구멍을 냅니다. 앞판 목둘레 줄임코는 가장자리 1코를 세워서 줄임코합니다.
● 마무리…어깨는 덮어씌워 잇기, 옆선은 떠서 꿰매기합니다. 주머니는 몸판과 같은 방법으로 뜨개를 시작해서 무늬뜨기 A, 안메리야스뜨기를 합니다. 뜨개 끝은 안뜨기하면서 덮어씌워 코막음. 몸판의 지정된 위치에 주머니를 답니다. 단추를 달아서 완성합니다.

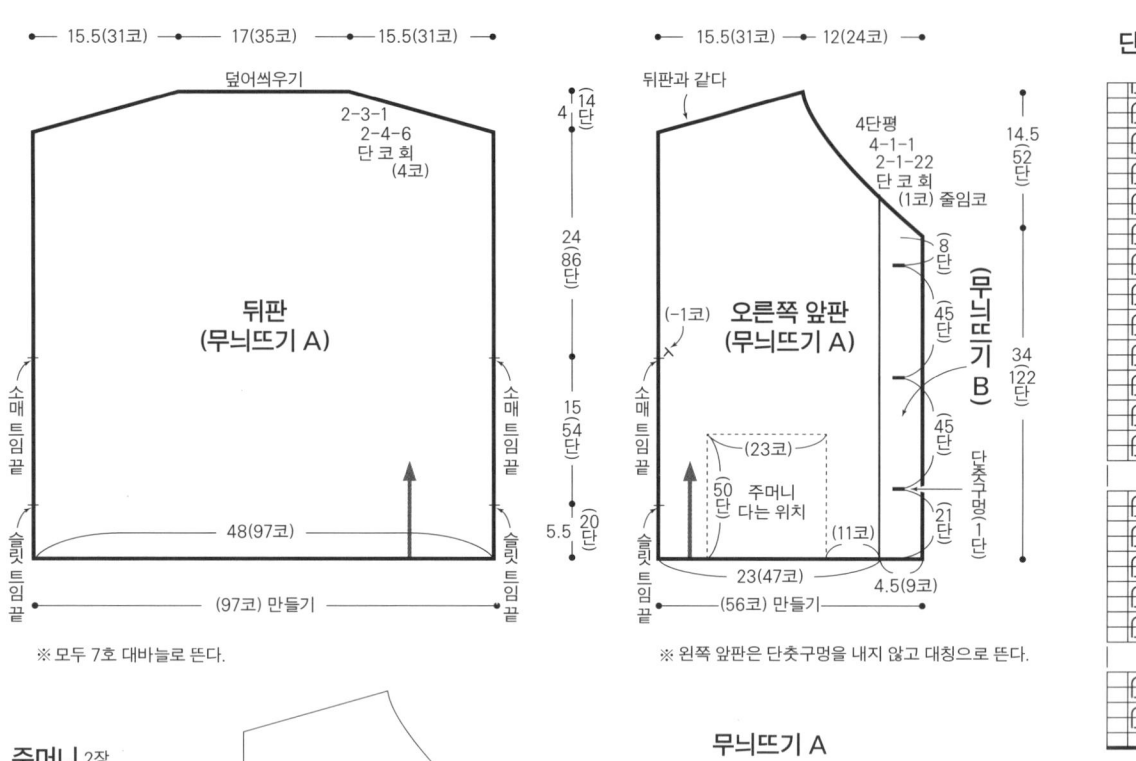

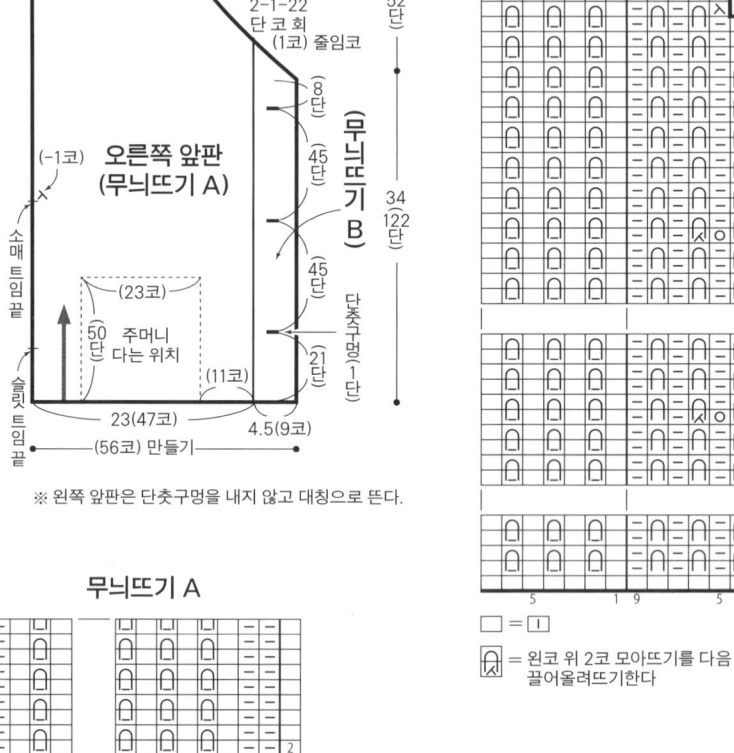

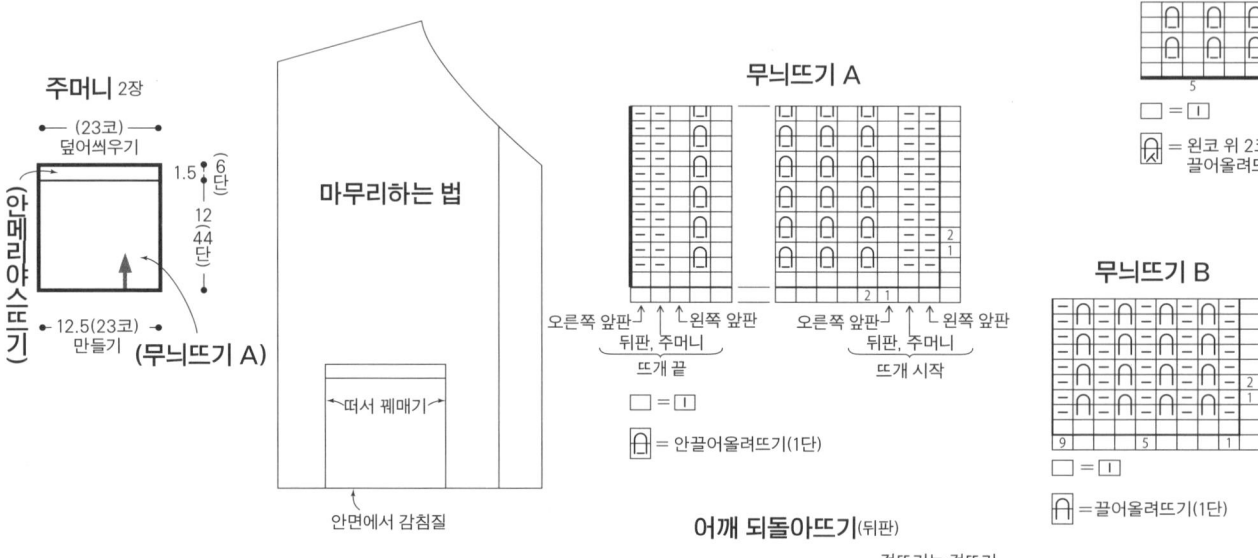

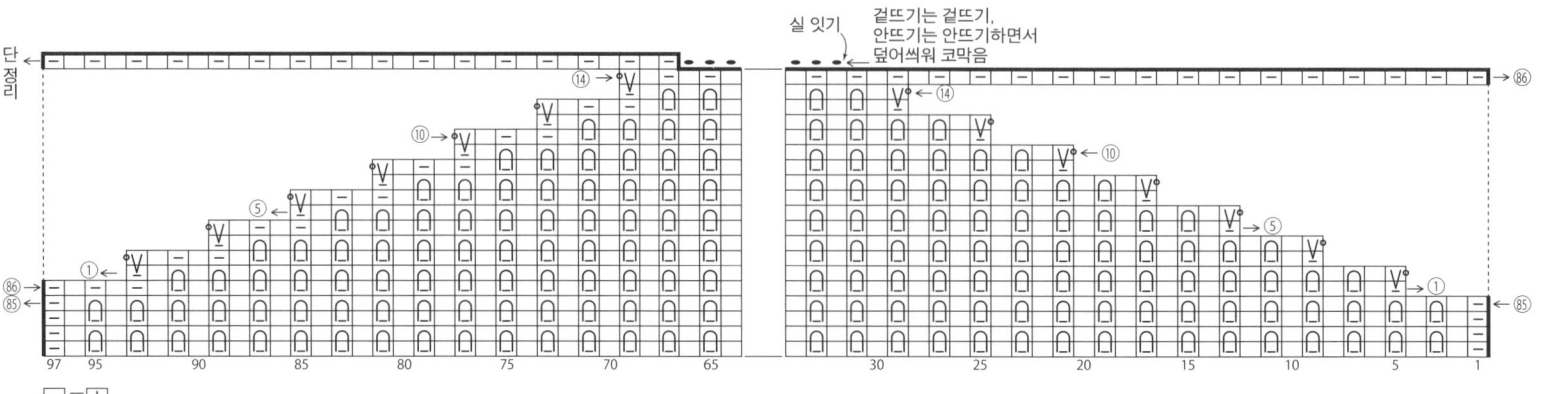

서술형 패턴으로 뜨는 옷
59 page ★★★

리오스

걸러뜨기(2단)

※ 일본어 사이트

재료
말라브리고 리오스 적갈색·노란색·녹색 계열 그러데이션(886 Diana) 500g 5타래

도구
대바늘 10호·5호

완성 크기
가슴둘레 110cm, 길이 47.5cm, 화장 62.5cm

게이지(10×10cm)
무늬뜨기 A 24.5코×25단,
무늬뜨기 B 24.5코×30단

POINT
● 몸판, 소매…손가락에 실을 걸어서 기초코를 만들어 뜨기 시작하고, 무늬뜨기 A, B로 뜹니다. 뒤판의 줄임코는 도안을 참고하세요. 앞목둘레선의 줄임코는 2코 이상은 덮어씌우기, 1코는 가장자리 1코를 세우는 줄임코를 합니다. 어깨는 ●, ○끼리 코와 단 잇기로 연결합니다. 소매는 지정 위치에서 코를 주워 무늬뜨기 A, B로 뜹니다. 소매 밑선의 줄임코는 가장자리에서 2코째와 3코째를 2코 모아뜨기합니다. 뜨개 끝은 무늬를 이어서 뜨면서 덮어씌워 코막음합니다.
● 마무리…옆선, 소맷부리는 떠서 꿰매기를 합니다. 목둘레는 지정 콧수를 주워 무늬뜨기 A로 뜨는데, 앞판 중심의 무늬가 이어지도록 뜨므로 주의합니다. 뜨개 끝은 소맷부리와 같은 방법으로 합니다.

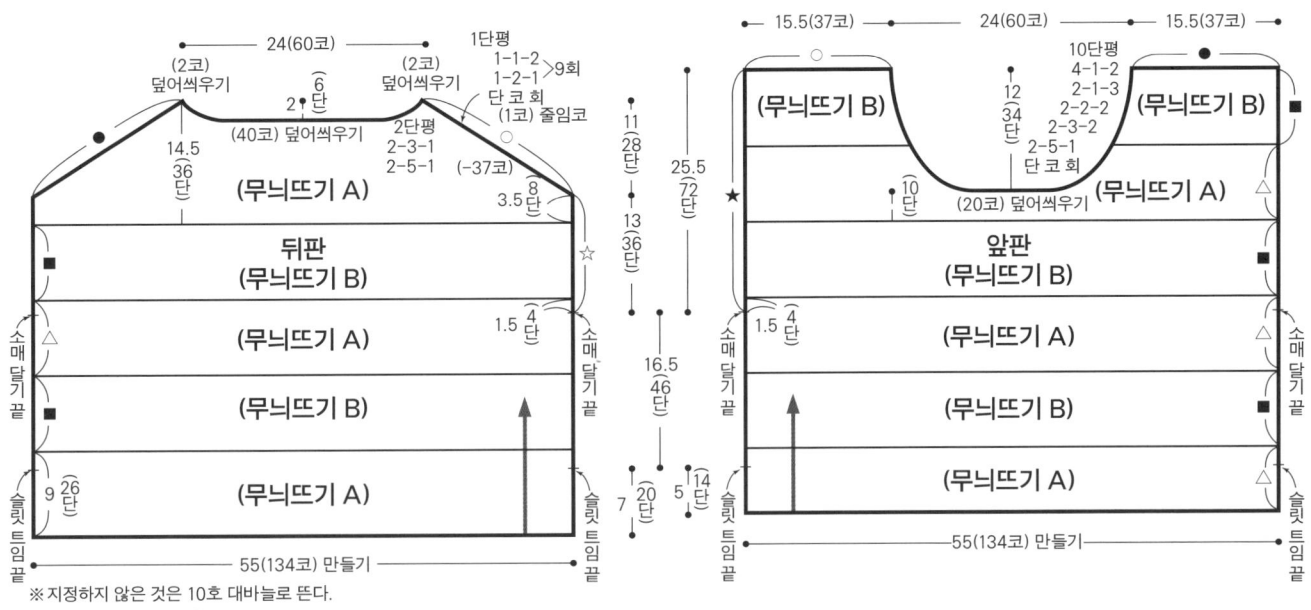

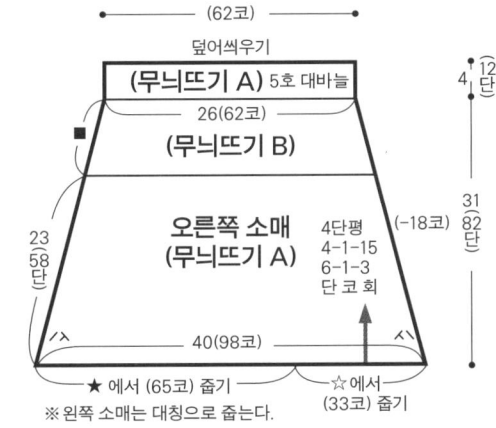

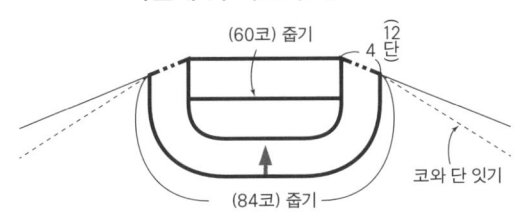

무늬뜨기 A·B

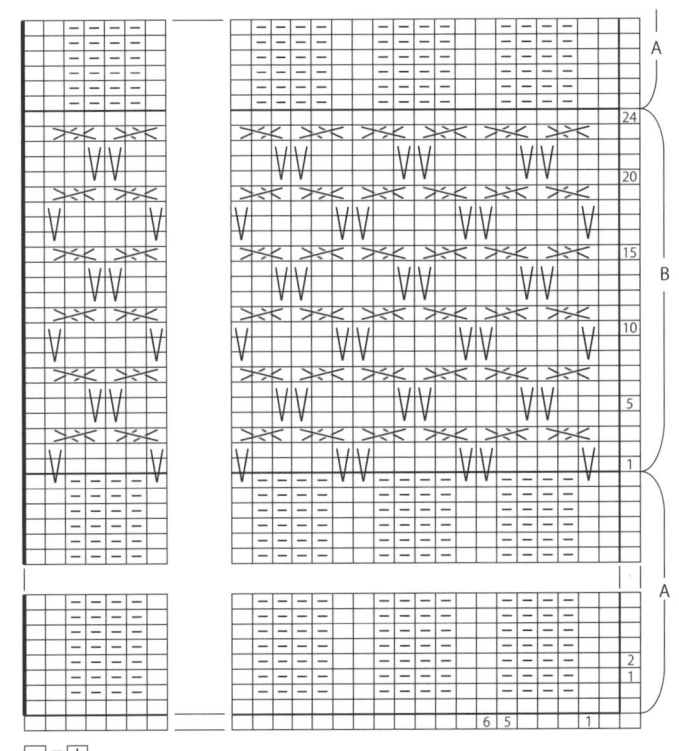

176페이지로 이어집니다. ▶

175

▶175페이지에서 이어집니다.

뒤판 어깨 경사와 목둘레선의 줄임코

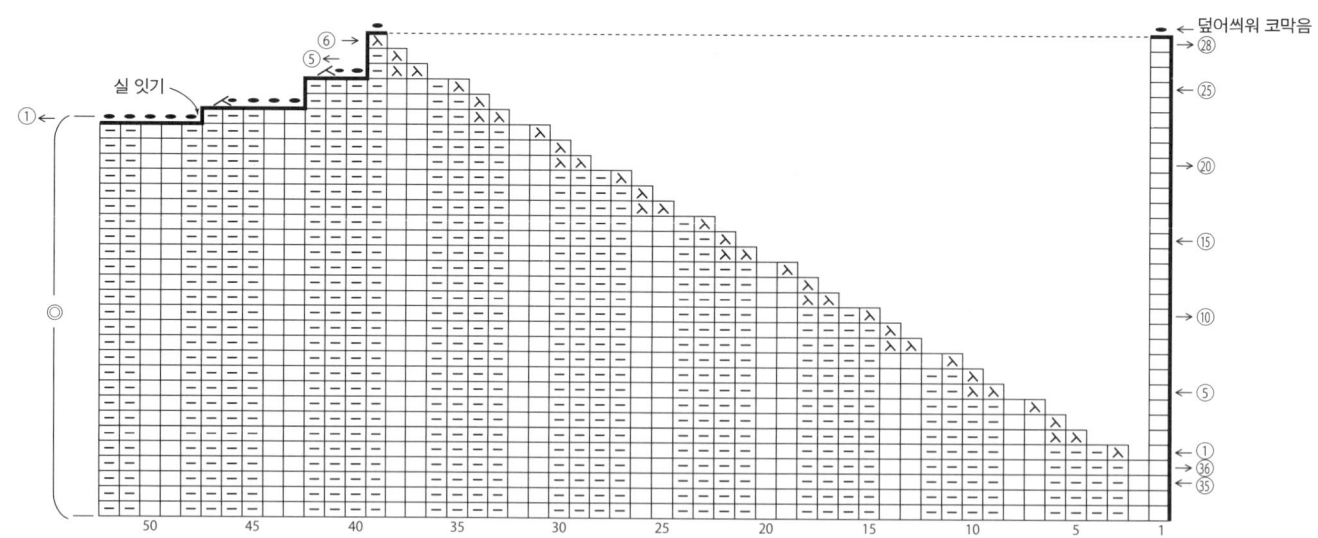

소매 밑선의 줄임코

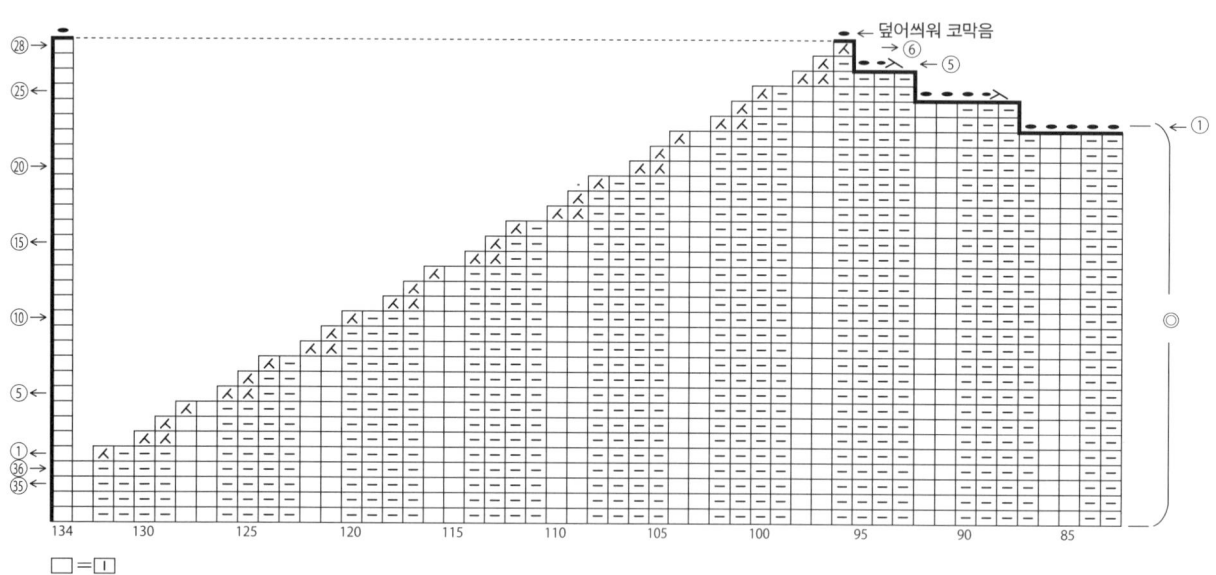

무늬뜨기 A (목둘레)

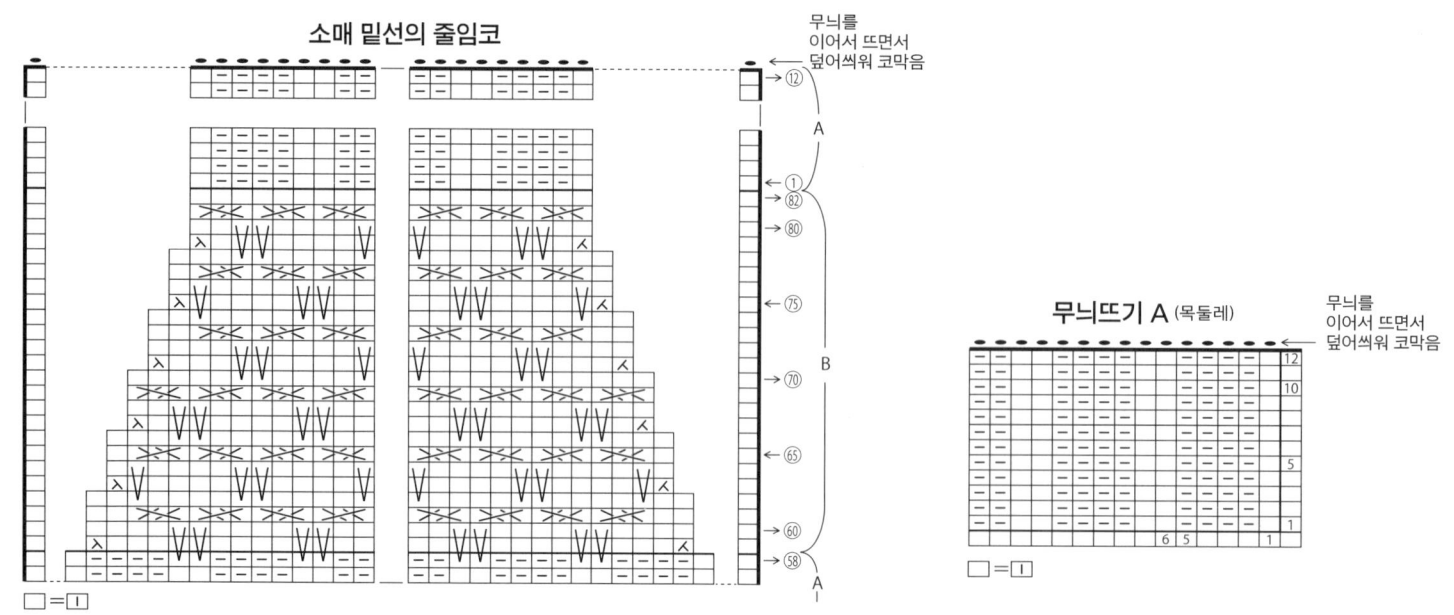

서술형 패턴

특별한 용어/기법
오른코 위 1/2 : 오른코 위 1코와 2코의 교차뜨기
왼코 위 1/2 : 왼코 위 1코와 2코의 교차뜨기

무늬뜨기 A 6코·2단 1무늬
1단째(겉단) :【겉뜨기 2, 안뜨기 4】를 2코 남을 때까지 반복하고, 겉뜨기 2.
2단째(안단) :【안뜨기 2, 겉뜨기 4】를 2코 남을 때까지 반복하고, 안뜨기 2.

무늬뜨기 B 6코·8단 1무늬
1단째(겉단) : 겉뜨기 1,【걸러뜨기 1, 겉뜨기 4, 걸러뜨기 1】을 1코 남을 때까지 반복하고, 겉뜨기 1.
2단째(안단) : 안뜨기 1,【실을 앞쪽에 두고 걸러뜨기 1, 안뜨기 4, 실을 앞쪽에 두고 걸러뜨기 1】을 1코 남을 때까지 반복하고, 안뜨기 1.
3단째 : 겉뜨기 1,【오른코 위 1/2, 왼코 위 1/2】를 1코 남을 때까지 반복하고, 겉뜨기 1.
4단째 : 안뜨기.
5단째 : 겉뜨기 1,【겉뜨기 2, 걸러뜨기 2, 겉뜨기 2】를 1코 남을 때까지 반복하고, 겉뜨기 1.
6단째 : 안뜨기 1,【안뜨기 2, 실을 앞쪽에 두고 걸러뜨기 2, 안뜨기 2】를 1코 남을 때까지 반복하고, 안뜨기 1.
7단째 : 겉뜨기 1,【왼코 위 1/2, 오른코 위1/2】를 1코 남을 때까지 반복하고, 겉뜨기 1.
8단째 : 안뜨기.

뒤판
〈밑단~어깨 경사 직전〉
10호 대바늘에 손가락에 실을 걸어서 기초코를 134코 만든다.
무늬뜨기 A를 26단(기초코 포함) 뜬다. 뜨다가 20단째 양쪽 옆선에 슬릿 트임 끝을 표시한다.
계속해서 무늬뜨기 B를 24단, 무늬뜨기 A를 20단 뜬다. A를 뜨다가 16단째의 양쪽 옆선에 소매 달기 끝을 표시한다.
무늬뜨기 B를 24단, 무늬뜨기 A를 8단 더 뜬다.

〈어깨의 줄임코〉
무늬뜨기 A를 이어서 뜨면서 아래와 같이 줄임코를 한다.
1단째(줄임코단 1) : 겉뜨기 1, 오른코 겹쳐 2코 모아뜨기, 3코 남을 때까지 무늬뜨기 A로 뜨고, 왼코 겹쳐 2코 모아뜨기, 겉뜨기 1.
2단째(줄임코단 2) : 안뜨기 1, 왼코 겹쳐 2코 모아 안뜨기×2회, 5코 남을 때까지 무늬뜨기 A로 뜨고, 오른코 겹쳐 2코 모아 안뜨기×2회, 안뜨기 1.
3단째(줄임코단 3) : 겉뜨기 1, 오른코 겹쳐 2코 모아뜨기, 3코 남을 때까지 무늬뜨기 A로 뜨고, 왼코 겹쳐 2코 모아뜨기, 겉뜨기 1.
4단째(줄임코단 4) : 안뜨기 1, 왼코 겹쳐 2코 모아 안뜨기, 3코 남을 때까지 무늬뜨기 A로 뜨고, 오른코 겹코 2코 모아 안뜨기, 안뜨기 1.
5단째(줄임코단 5) : 겉뜨기 1, 오른코 겹쳐 2코 모아뜨기×2회, 5코 남을 때까지 무늬뜨기 A로 뜨고, 왼코 겹쳐 2코 모아뜨기×2회, 겉뜨기 1.
6단째(줄임코단 6) : 안뜨기 1, 왼코 겹쳐 2코 모아 안뜨기, 3코 남을 때까지 무늬뜨기 A로 뜨고, 오른코 겹쳐 2코 모아 안뜨기, 안뜨기 1.
위의 6단을 3회 더, 그리고 1~4단째까지 한 번 더 뜬다.

〈목둘레선의 줄임코〉
어깨의 줄임코를 하면서, 다음과 같이 목둘레선의 줄임코를 한다.
어깨의 줄임코를 시작하고 23단째에서 왼바늘에 58코 남을 때까지 뜬다. 남은 코는 쉼코를 하고, 어깨의 줄임코를 계속하면서 오른쪽 뒤판 목둘레선을 다음과 같이 뜬다.
넥 쪽에서 덮어씌우기를 2단마다 5코, 그리고 2단마다 3코, 2단평으로 뜬다.
남은 2코를 덮어씌운다. 실을 자른다.
쉬어둔 코의 처음 40코를 덮어씌운다.
계속해서 왼쪽 뒤판 목둘레선도 오른쪽 뒤판 목둘레선의 덮어씌우기와 같은 방법으로 좌우 대칭이 되게 뜬다.
남은 2코를 덮어씌운다. 실을 자른다.

앞판
〈밑단~어깨 경사 직전〉
10호 대바늘에 손가락에 실을 걸어서 기초코를 134코 만든다.
무늬뜨기 A를 20단(기초코 포함) 뜬다. 뜨다가 14단째의 양쪽 옆선에 슬릿 트임 끝을 표시한다.
계속해서 무늬뜨기 B를 24단, 무늬뜨기 A를 20단 뜬다. A를 뜨다가 16단째의 양쪽 옆선에 소매 달기 끝을 표시한다.
무늬뜨기 B를 24단, 무늬뜨기 A를 10단 더 뜬다.

〈목둘레선의 줄임코〉
1~10단째까지 무늬뜨기 A, 11~34단째까지 무늬뜨기 B를 뜨면서 목둘레선의 줄임코를 한다.
57코 뜨고 왼바늘의 남은 코는 쉼코를 한다.
다음 단의 넥 쪽에서 5코 덮어씌우고, 다음에 2단마다 3코를 2회, 2단마다 2코를 2회 덮어씌우고, 이어서 2단마다 1코를 3회, 4단마다 1코를 2회 줄임코한 다음 10단평으로 뜬다.
어깨의 코는 덮어씌워 코막음하고 실을 자른다.

쉬어둔 코의 처음 20코를 덮어씌운다.
계속해서 오른쪽 앞판 목둘레선도 왼쪽 앞판 목둘레선의 줄임코와 같은 방법으로 좌우 대칭이 되게 뜬다.
실을 자른다.
어깨는 코와 단 잇기로 연결한다.

소매
앞뒤 몸판 각각의 소매 다는 위치에서 98코 줍는다.
뒤판 쪽은 소매 달기 끝에서 어깨 끝까지 36단에서 33코, 앞판 쪽은 어깨 끝에서 소매 달기 끝까지 72단에서 65코 줍는다. 총 108단에서 98코 줍는다.
1~58단째까지 무늬뜨기 A, 59~82단째까지 무늬뜨기 B를 뜨면서 소매 끝을 향해 양 끝에서 아래와 같이 줄임코를 하면서 뜬다.
줄임코단은 겉단에서 무늬뜨기 A 또는 무늬뜨기 B를 뜨면서, 가장자리에서 1코 안쪽에서 뜨개 시작 쪽은 무늬에 맞춰서 왼코 겹쳐 2코 모아뜨기, 뜨개 끝 쪽은 무늬에 맞춰서 오른코 겹쳐 2코 모아뜨기한다.
줄임코단은 6단마다 3회, 4단마다 15회 줄임코한다. 마지막 줄임코단 다음은 4단평으로 뜬다.

계속해서 5호 대바늘로 바꾸고 소매의 테두리뜨기로 무늬뜨기 A를 12단 뜬다.
마지막은 무늬를 이어서 뜨면서 덮어씌워 코막음한다.
소매 밑선을 떠서 꿰매기한다.

목둘레
5호 대바늘로 왼쪽 어깨에서 앞판 목둘레선을 따라서 84코, 뒤판 목둘레선에서 60코 줍는다. 총 144코.
앞판의 무늬에 맞도록 조정하면서 무늬뜨기 A를 12단 원형으로 뜬다. 마지막은 무늬를 이어서 뜨면서 덮어씌워 코막음한다.
옆선과 소매 밑선은 떠서 꿰매기한다.

Color Palette
60·61 page ★★★

시젠노쓰무기 SEN

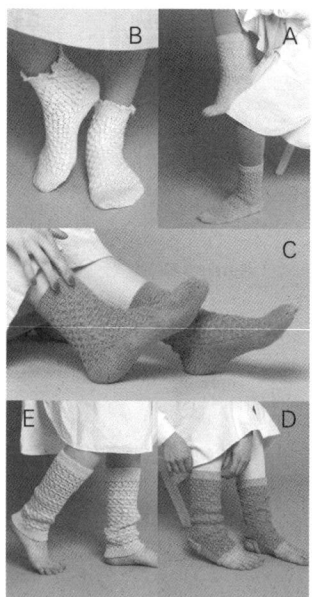

재료
올림푸스 시젠노쓰무기 SEN
- [A] 라이트베이지(302) 65g 2볼, 카나리 옐로(308) 20g 1볼
- [B] 오프화이트(301) 65g 2볼
- [C] 버블검 핑크(307) 70g 2볼
- [D] 라이트그레이(303) 70g 2볼, 파우더 블루(305) 15g 1볼
- [E] 베이비 핑크(306) 40g 1볼, 파우더 블루(305)·셔벗 라임(304) 각 25g 1볼

도구
- [A, C, D] 대바늘 2호·1호
- [B] 대바늘 2호·1호, 코바늘 3/0호
- [E] 대바늘 3호·2호

완성 크기
- [A] 바닥 길이 19.5cm, 길이 24cm
- [B] 바닥 길이 19.5cm, 길이 15cm
- [C] 바닥 길이 19.5cm, 길이 18.5cm
- [D] 발목 둘레 20cm, 길이 27cm
- [E] 발목 둘레 23cm, 길이 30.5cm

게이지(10×10cm)
무늬뜨기, 줄무늬 무늬뜨기 39코×42단,
메리야스뜨기 31코×42단

POINT
● A, B, C…손가락에 실을 걸어서 기초코를 만들어 뜨기 시작해 1코 고무뜨기, 무늬뜨기, 메리야스뜨기로 원형으로 뜹니다. 발뒤꿈치 위치에는 별실을 떠 넣어둡니다. 이어서 발끝은 도안을 참고하면서 메리야스뜨기로 원형으로 뜹니다. 뜨개 끝은 쉼코를 하고 메리야스 잇기로 연결합니다. 발뒤꿈치는 별실을 풀어 코를 줍고 도안을 참고하면서 메리야스뜨기로 원형으로 뜹니다. 뜨개 끝은 발끝처럼 정리합니다. B의 입구는 테두리뜨기를 원형으로 뜹니다.

● D…발끝과 발뒤꿈치 이외에는 A, B, C처럼 뜹니다. 발끝 쪽은 도안을 참고하면서 가터뜨기로 원형으로 뜹니다. 뜨개 끝은 덮어씌워 코막음합니다. 발뒤꿈치 둘레는 별실을 풀어 코를 줍고 도안을 참고하면서 가터뜨기로 원형으로 뜹니다. 뜨개 끝은 발끝 쪽처럼 정리합니다.

● E…손가락에 실을 걸어서 기초코를 만들어 뜨기 시작해 1코 고무뜨기, 줄무늬 무늬뜨기로 원형으로 뜹니다. 뜨개 끝은 무늬를 이어서 뜨면서 덮어씌워 코막음합니다.

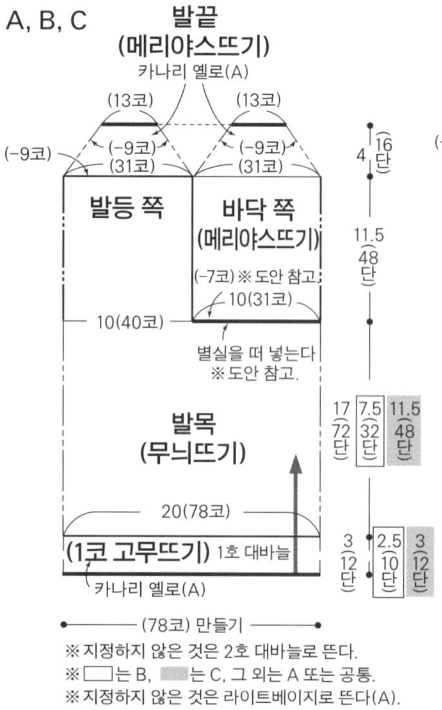

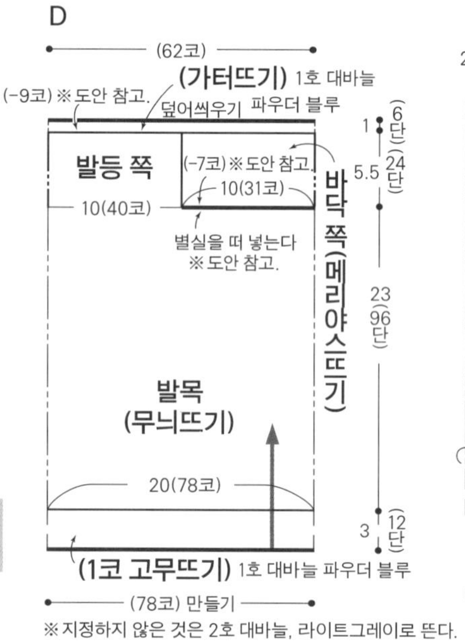

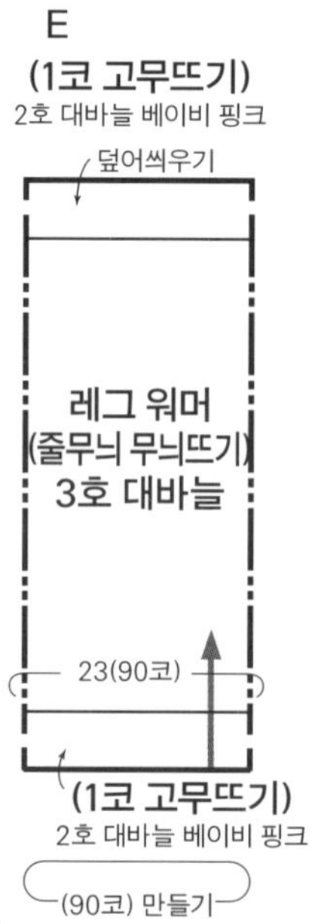

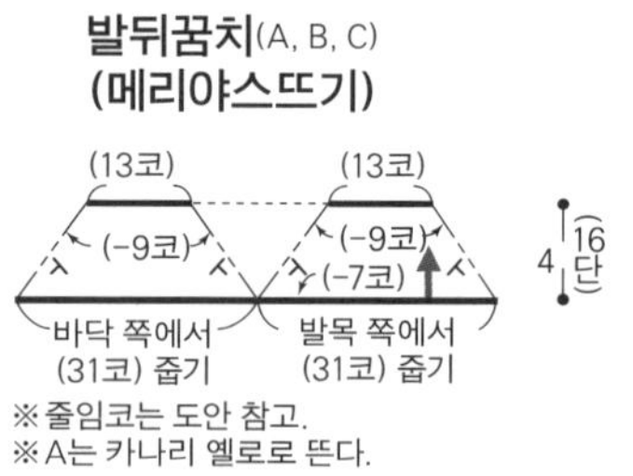

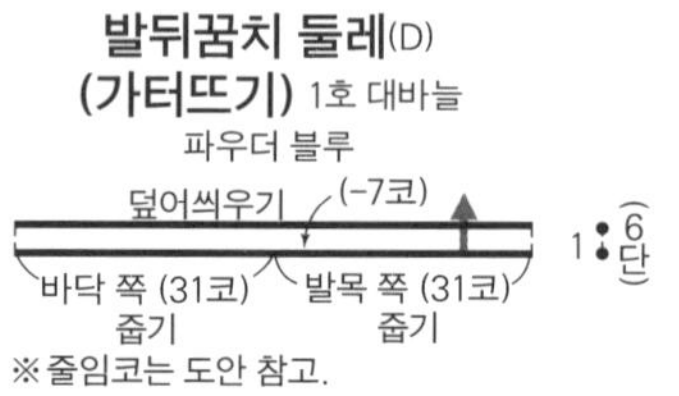

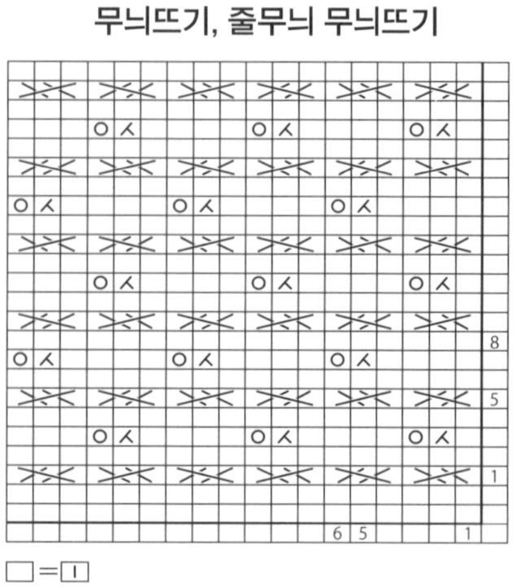

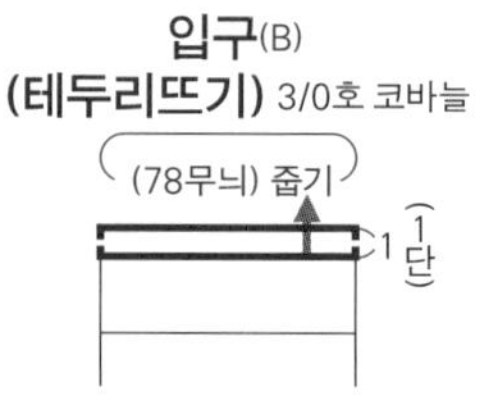

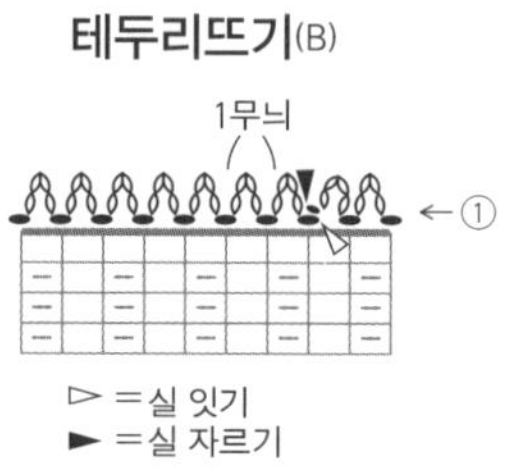

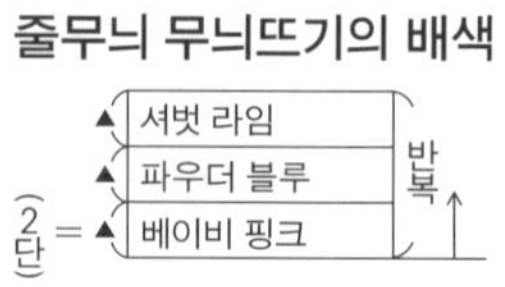

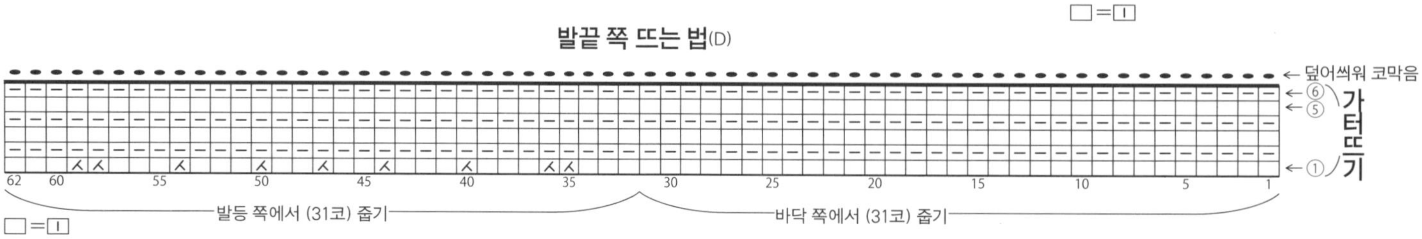

발뒤꿈치 떠 다는 위치 뜨는 법(A, B, C, D)

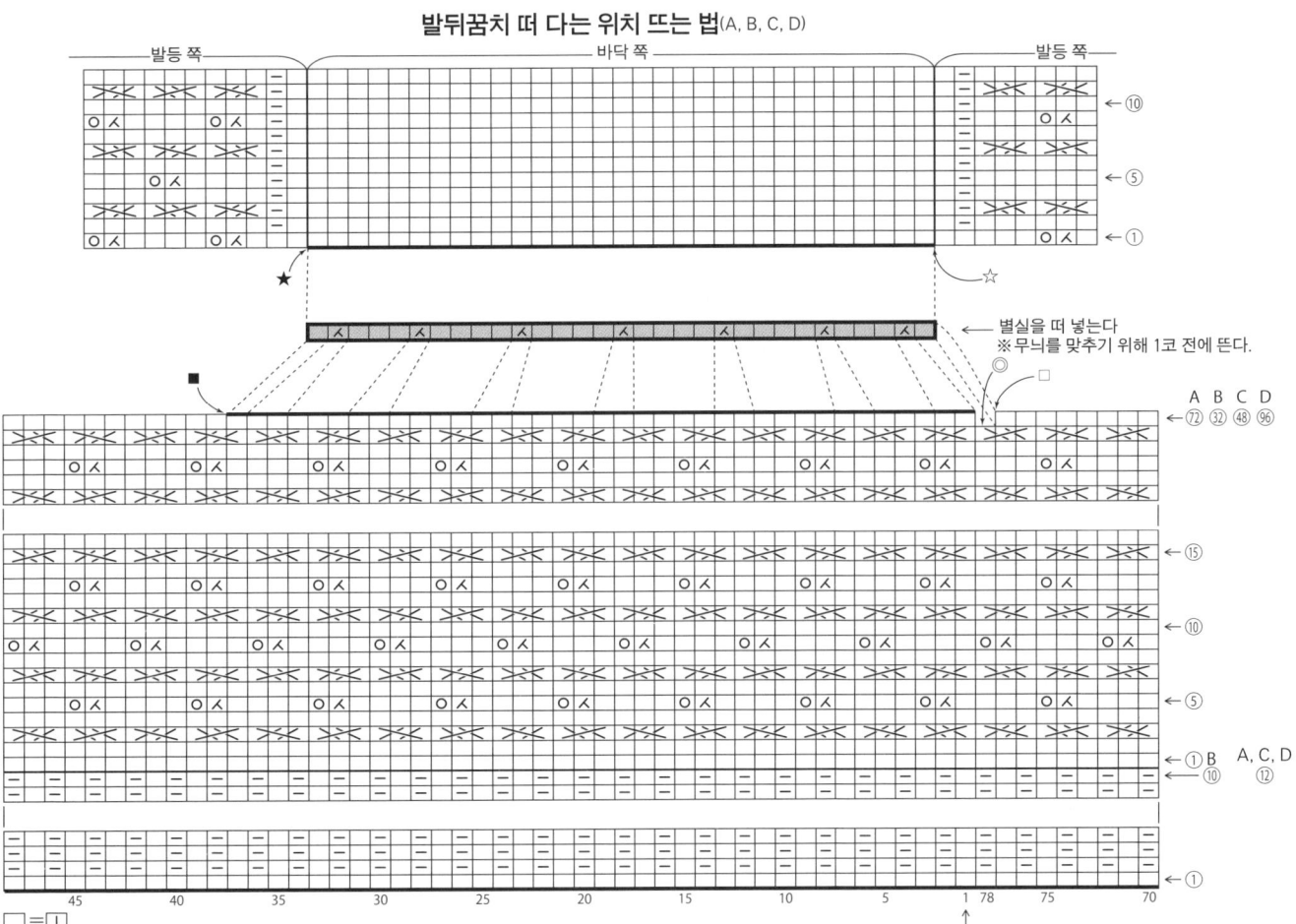

발끝 뜨는 법(A, B, C)

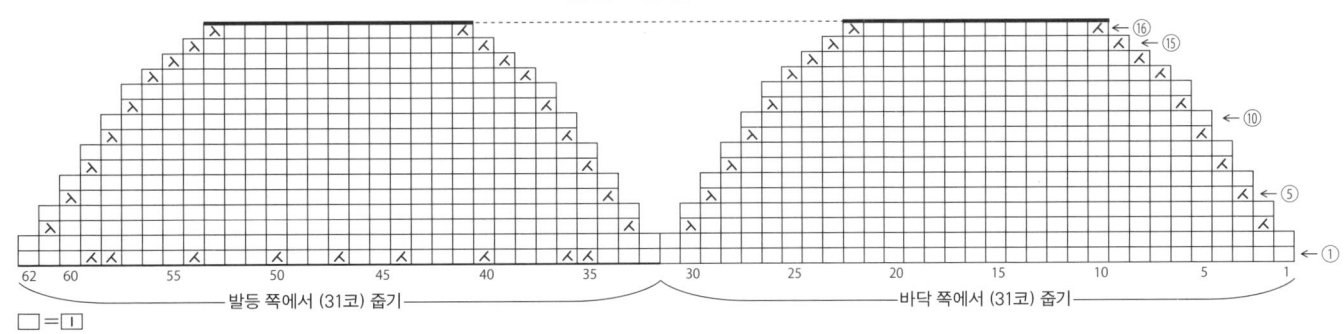

발뒤꿈치 뜨는 법(A, B, C)

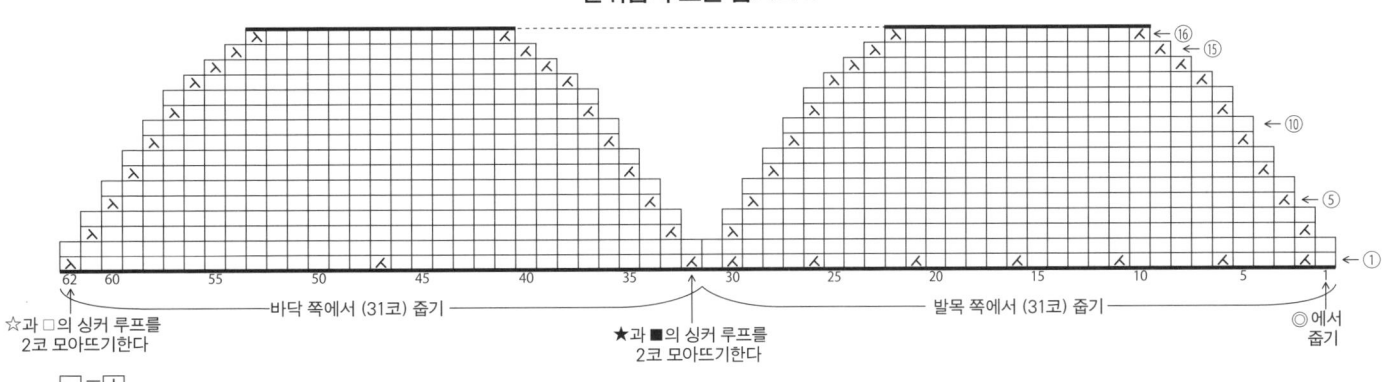

발뒤꿈치 주위 뜨는 법(D)

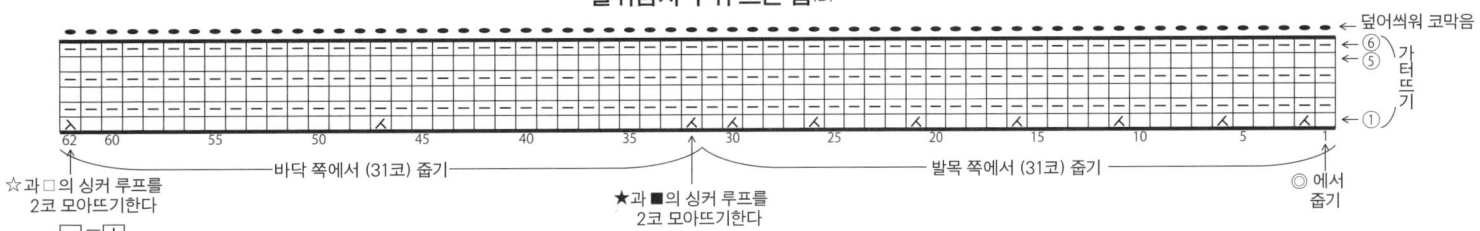

색을 즐기는 니트&크로셰
54 page 작품 ★★★

시젠노쓰무기 mofu

한길 긴 앞걸어뜨기

※ 일본어 사이트

재료
올림푸스 시젠노쓰무기 mofu
[카디건] 실…샤베트 라임(211) 115g 4볼, 피치 핑크(210) 100g 4볼, 오프 화이트(201) 80g 3볼, 파스텔 에메랄드(212) 80g 3볼, 베이비 블루(203) 75g 3볼

단추…지름 19mm 4개

[모자] 베이비 블루(203) 30g 1볼, 오프 화이트(201) 25g 1볼, 피치 핑크(210) 10g 1볼, 샤베트 라임(211) 10g 1볼, 파스텔 에메랄드(212) 10g 1볼

도구
코바늘 9/0호, 대바늘 2호·3호

완성 크기
[카디건] 가슴둘레 113cm, 어깨너비 45cm, 기장 57cm, 소매 길이 49.5cm
[모자] 머리둘레 56cm, 깊이 22cm

게이지(10×10cm)
줄무늬 무늬뜨기 16코×16단

POINT
●카디건…피치 핑크로 사슬뜨기 기초코로 뜨개를 시작해서 줄무늬 무늬뜨기를 합니다. 증감코는 도안을 참고하세요. 밑단, 소맷부리는 지정된 콧수만큼 주워서 1코 고무뜨기를 합니다. 뜨개 끝은 무늬뜨기를 계속하면서 덮어씌워 코막음합니다. 어깨는 빼뜨기 사슬 잇기, 옆선, 소매 밑선은 빼뜨기 사슬 꿰매기와 떠서 꿰매기합니다. 앞단·목둘레는 지정된 콧수만큼 주워서 1코 고무뜨기를 합니다. 오른쪽 앞단에는 단춧구멍을 냅니다. 뜨개 끝은 밑단과 같은 방법으로 뜹니다. 소매는 빼뜨기 사슬 잇기로 몸판과 연결합니다. 단추를 달아서 완성합니다.

●모자…파스텔 에메랄드로 사슬뜨기 기초코로 뜨개를 시작해서 줄무늬 무늬뜨기를 원형으로 왕복뜨기합니다. 분산 줄임코는 도안을 참고하세요. 뜨개 끝은 마지막 단의 코에 실을 2번 통과시켜서 조입니다. 기초코에서 코를 주워서 1코 고무뜨기를 원형으로 뜹니다. 뜨개 끝은 무늬뜨기를 계속하면서 덮어씌워 코막음합니다. 오프 화이트로 방울을 만들어 지정된 위치에 꿰매서 답니다.

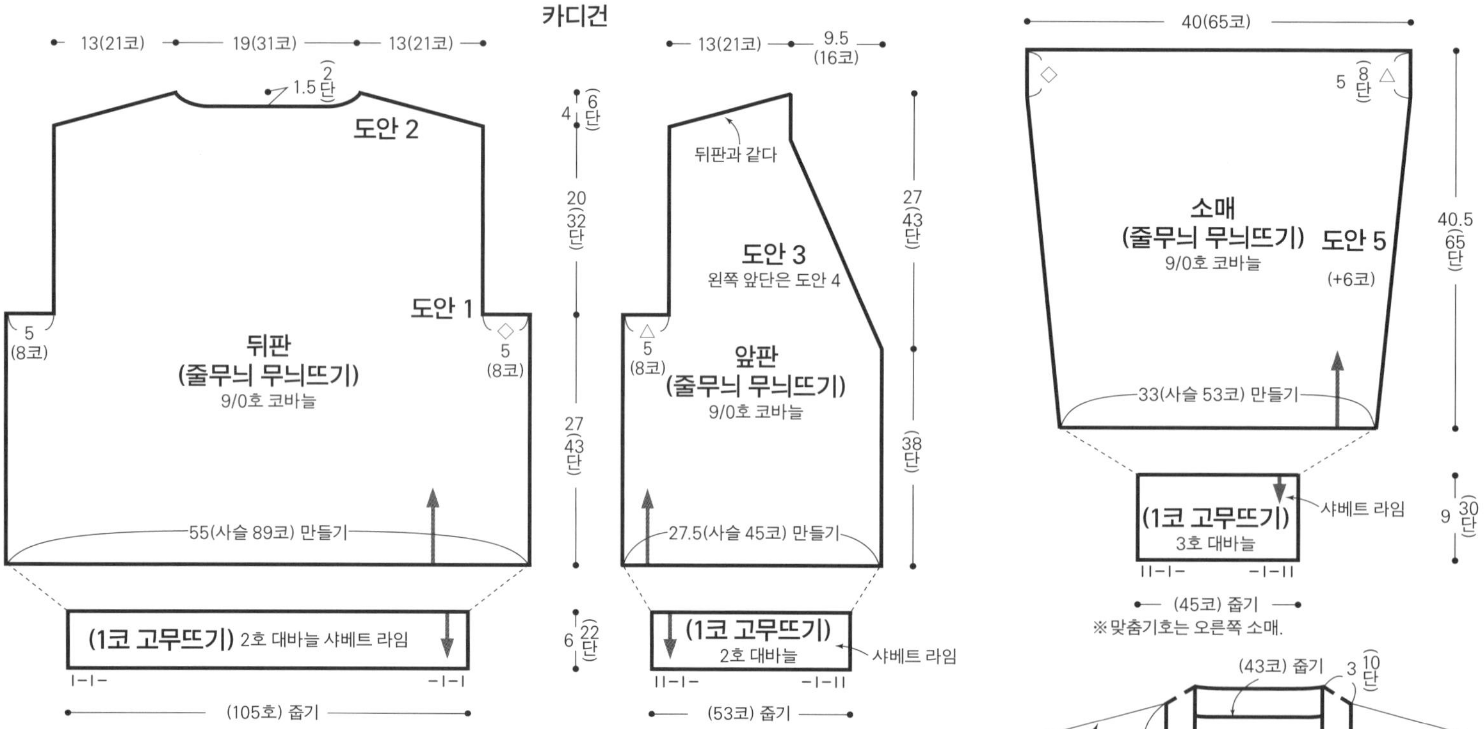

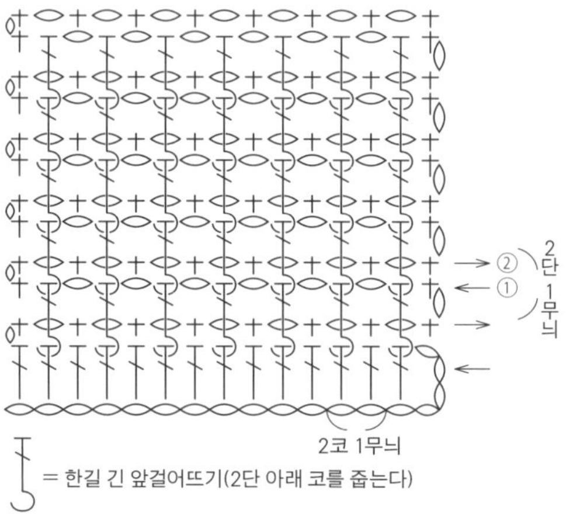

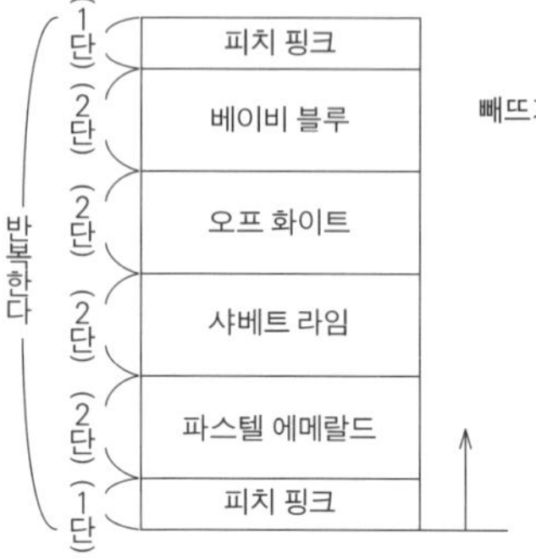

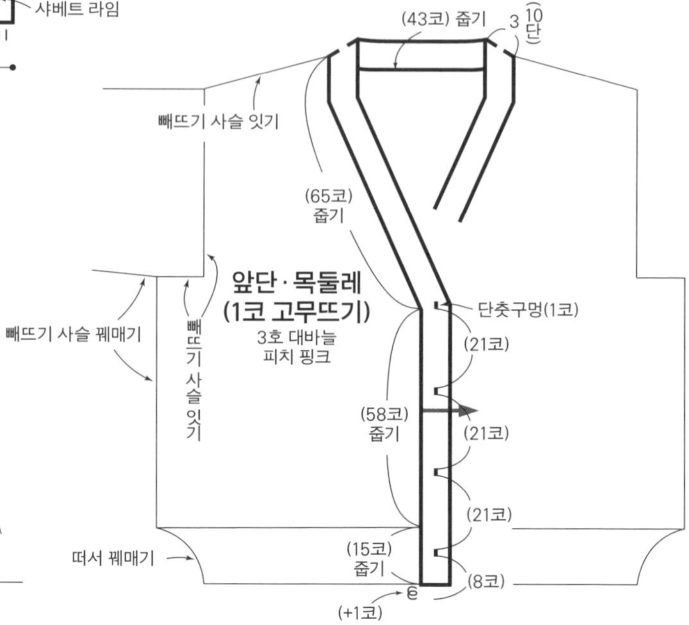

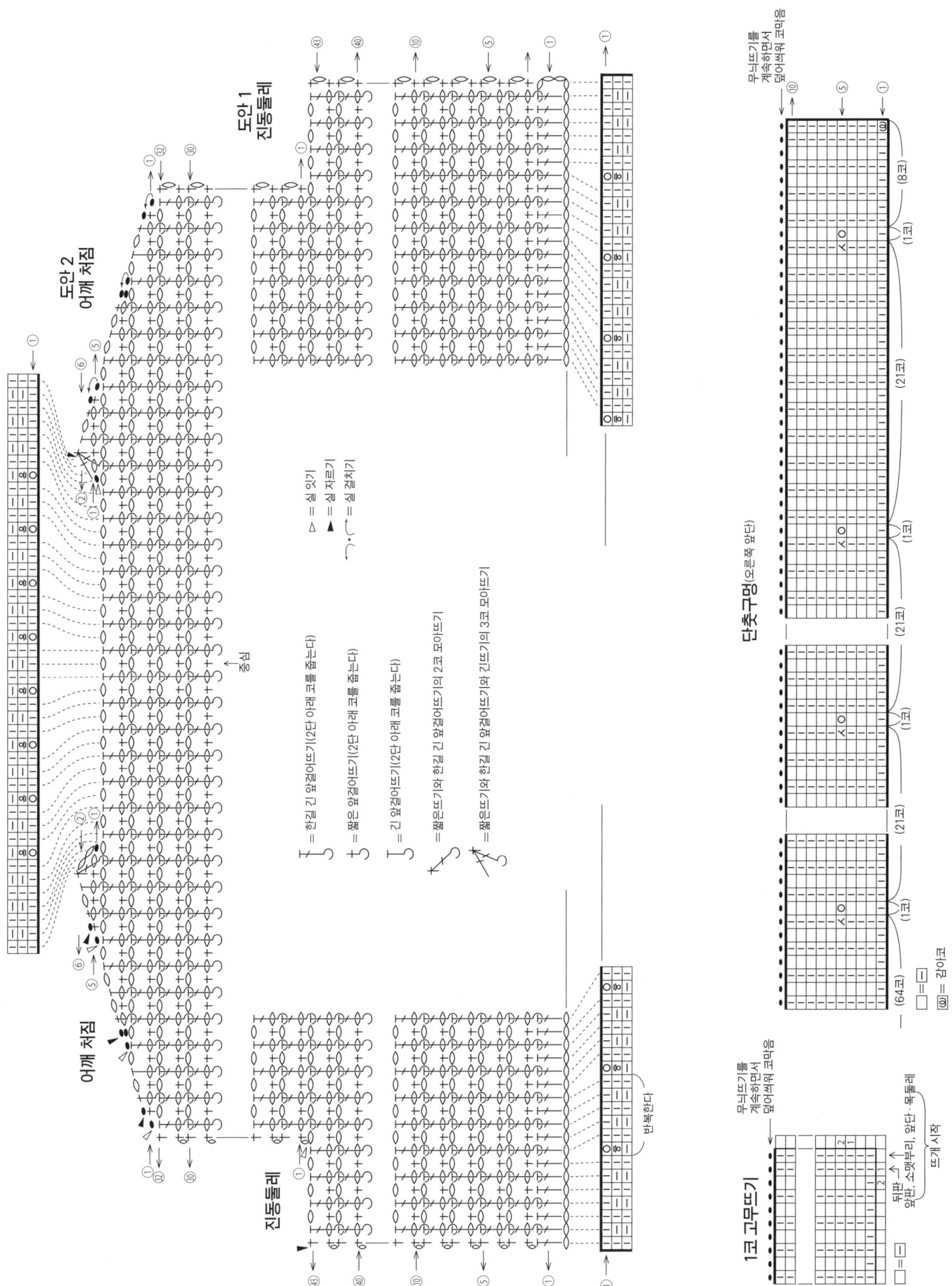

▶ 181페이지에서 이어집니다.

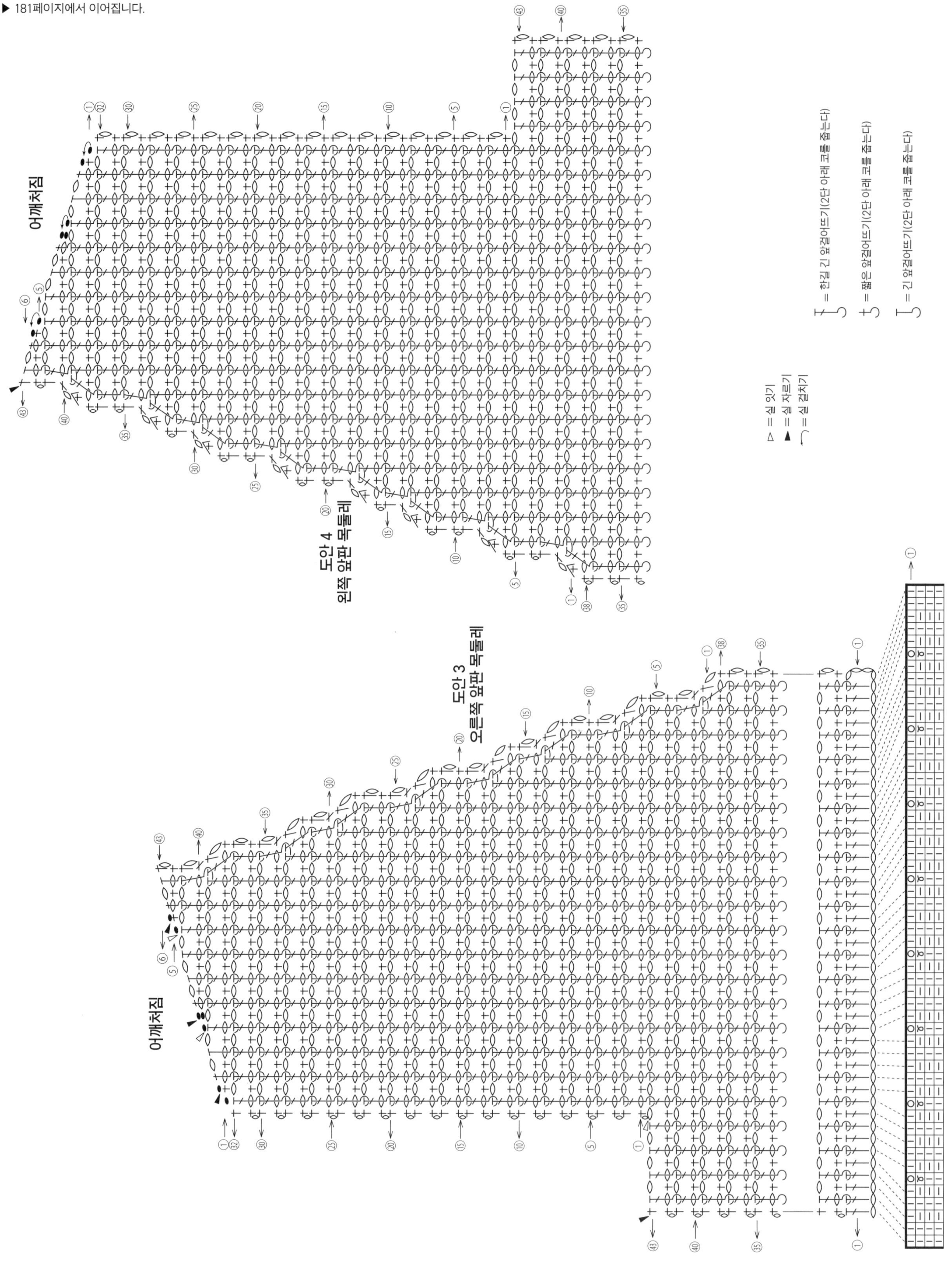

도안 4 왼쪽 앞판 목둘레

도안 3 오른쪽 앞판 목둘레

어깨처짐

△ = 실 잇기
▲ = 실 자르기
⌒ = 실 겹치기

⌒ = 한길 긴 앞걸어뜨기(2단 아래 코를 줍는다)
⌒ = 짧은 앞걸어뜨기(2단 아래 코를 줍는다)
⌒ = 긴 앞걸어뜨기(2단 아래 코를 줍는다)

★ 개수는 작품을 선택하는 기준으로 참고해주세요. ★…초심자도 안심, ★★…자신이 조금 생겼다면, ★★★…끈기도 겸비한 중·상급자, ★★★★…솜씨에 자신 있음. 실은 실물 크기입니다.

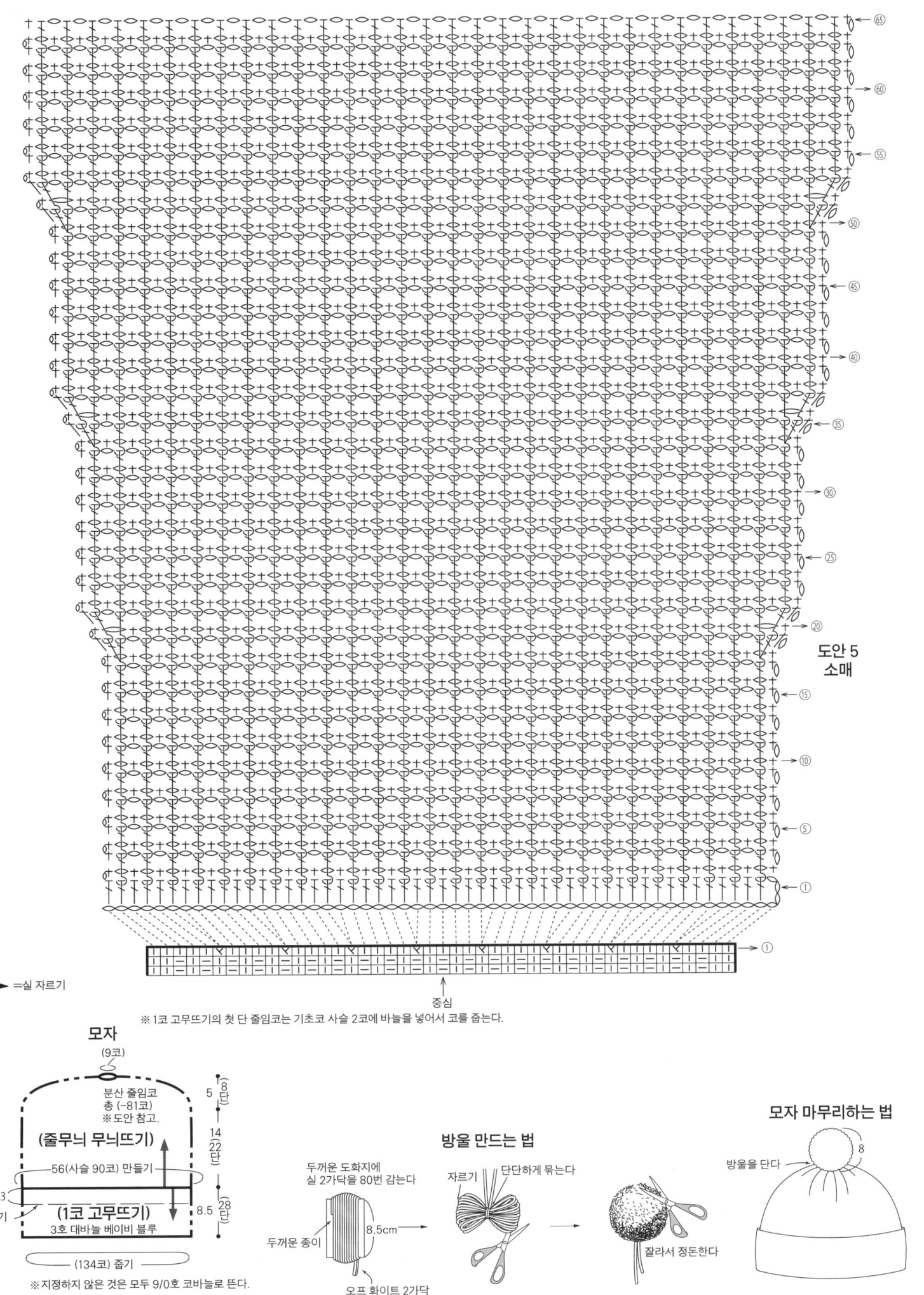

▶183페이지에서 이어집니다.

줄무늬 무늬뜨기 배색(모자)

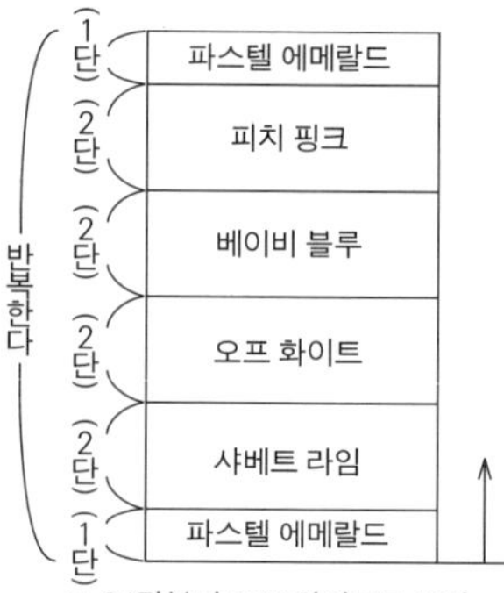
1단
파스텔 에메랄드
2단
피치 핑크
2단
베이비 블루
2단
오프 화이트
2단
샤베트 라임
1단
파스텔 에메랄드
반복한다

※ 24단부터 오프 화이트로 뜬다.

1코 고무뜨기
(모자)

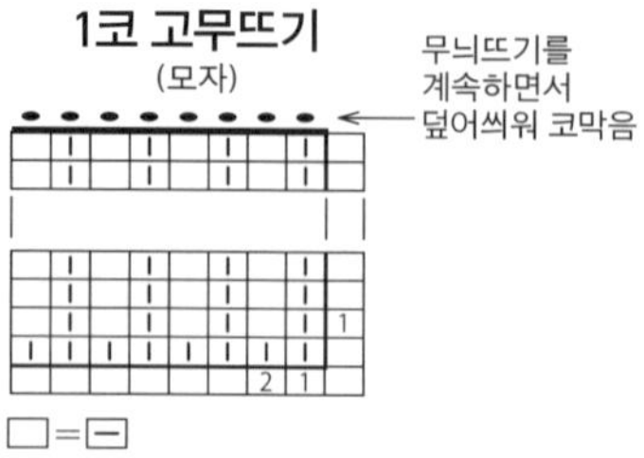
무늬뜨기를
계속하면서
덮어씌워 코막음
1
2 1
□=⊟

모자 분산 줄임코

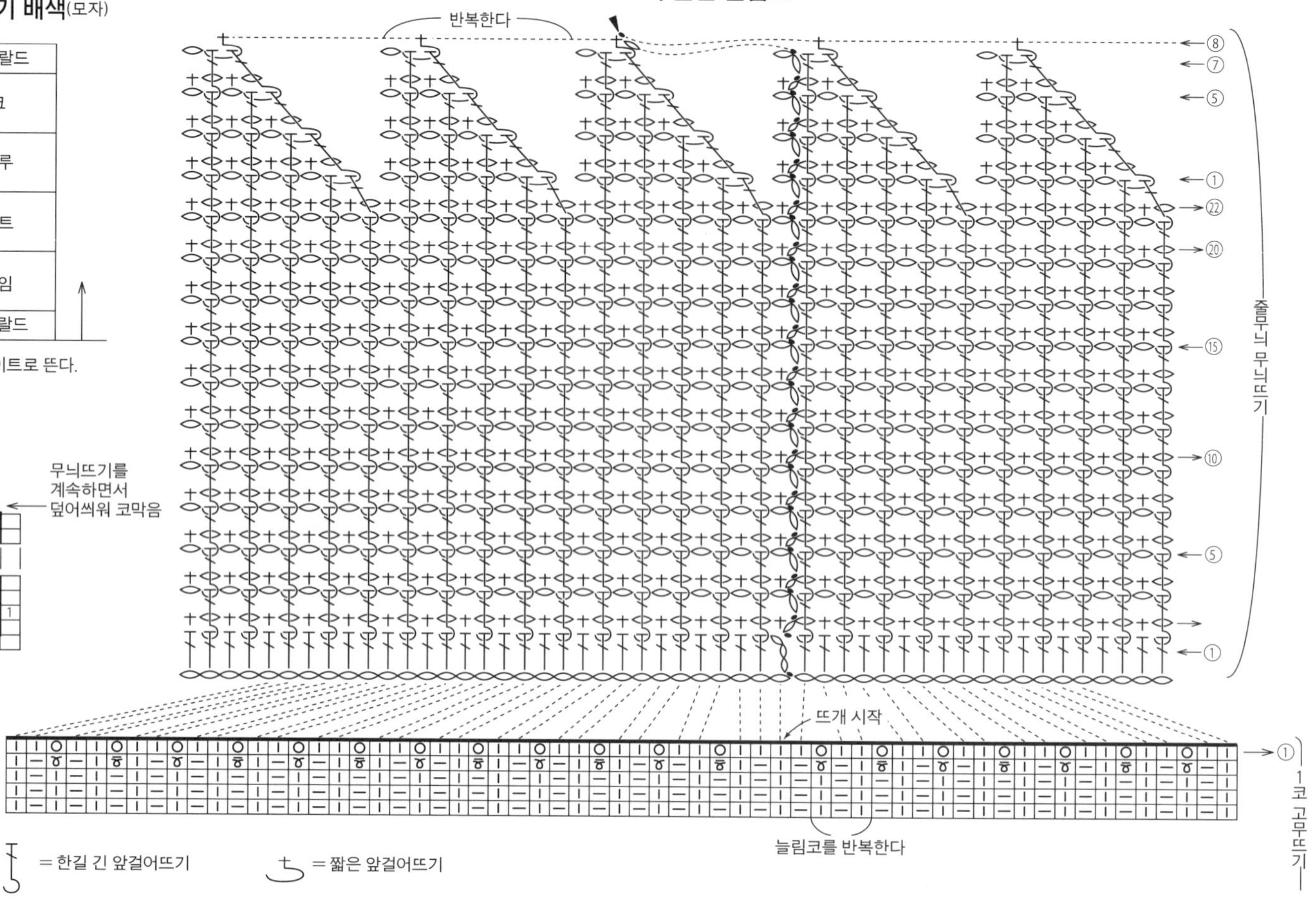
► = 실 자르기
반복한다
⑧
⑦
⑤
①
㉒
⑳
⑮
⑩
⑤
①
줄무늬 무늬뜨기
뜨개 시작
①
1코 고무뜨기
늘림코를 반복한다
= 한길 긴 앞걸어뜨기
= 짧은 앞걸어뜨기

185페이지에서 이어집니다. ◀

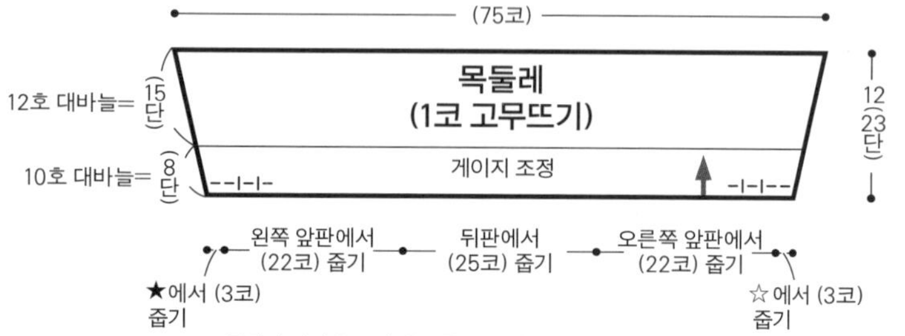
(75코)
목둘레
(1코 고무뜨기)
게이지 조정
12호 대바늘= 15단
10호 대바늘= 8단
12
23
단
왼쪽 앞판에서
(22코) 줍기
뒤판에서
(25코) 줍기
오른쪽 앞판에서
(22코) 줍기
★에서 (3코)
줍기
☆에서 (3코)
줍기

※몸판의 겉면을 보면서 코를 줍는다.

1코 고무뜨기 (목둘레)

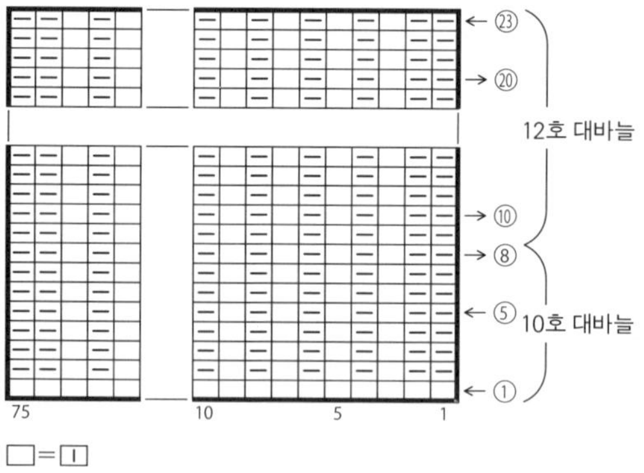
㉓
⑳
12호 대바늘
⑩
⑧
⑤
10호 대바늘
①
75
10
5
1
□=⊟

배색무늬뜨기

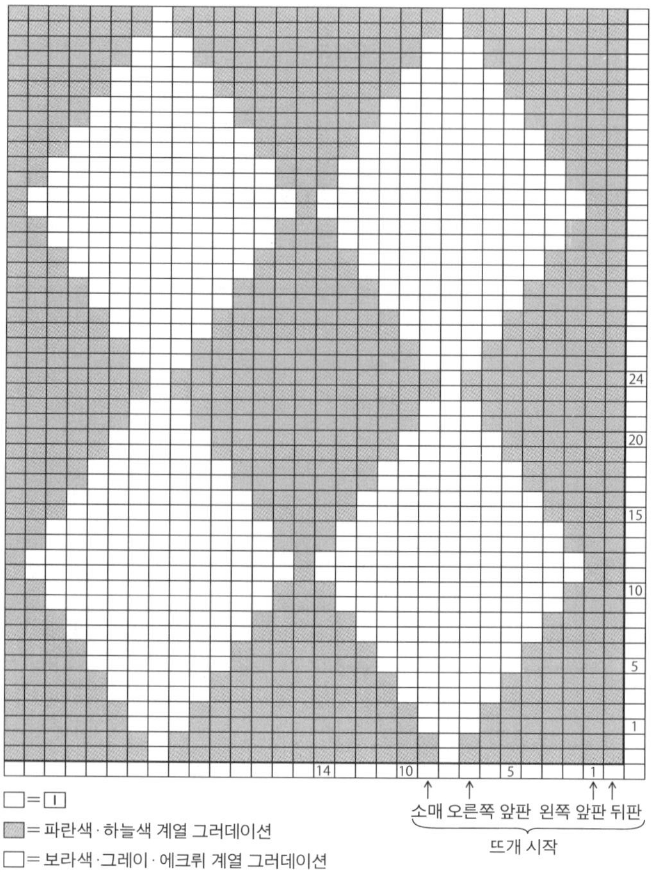
24
20
15
10
5
1
14
10
5
1
□=⊟
소매 오른쪽 앞판 왼쪽 앞판 뒤판
뜨개 시작

배색
- ▨= 파란색·하늘색 계열 그러데이션
- □= 보라색·그레이·에크뤼 계열 그러데이션

그러데이션 니트
81 page ★★★

브리오 XL

실을 세로로 걸치는 배색무늬뜨기

※ 일본어 사이트

재료
실…DMC 브리오 XL 보라색·그레이·에크뤼 그러데이션(407) 400g 4볼, 파란색·하늘색 계열 그러데이션(402) 220g 3볼
단추…지름 22mm 6개

도구
대바늘 12호·10호

완성 크기
가슴둘레 116cm, 어깨너비 50cm, 기장 67cm, 소매길이 54cm

게이지(10×10cm)
배색무늬뜨기 13코×19단,
메리야스뜨기 13코×19단

POINT
●몸판·소매…몸판은 별도 사슬로 기초코를 만들어 뜨기 시작하고, 배색무늬로 뜹니다. 배색무늬는 실을 세로로 걸치는 방법으로 뜹니다. 진동둘레의 줄임코는 가장자리 2코를 세우는 줄임코, 목둘레선의 줄임코는 2코 이상은 덮어씌우기, 1코는 가장자리 1코를 세우는 줄임코를 합니다. 밑단은 기초코의 사슬을 풀어서 코를 줍고, 1코 고무뜨기로 뜹니다. 뜨개 끝은 1코 고무뜨기 코막음합니다. 어깨는 덮어씌워 잇기를 합니다. 소매는 몸판에서 코를 주워 메리야스뜨기, 배색무늬뜨기, 1코 고무뜨기로 뜹니다. 소매 밑선의 줄임코는 진동둘레와 같은 방법으로 합니다. 뜨개 끝은 밑단과 같은 방법으로 합니다.

●마무리…옆선, 소매 밑단은 떠서 꿰매기를 합니다. 앞여밈단은 지정 콧수를 주워 1코 고무뜨기로 뜹니다. 왼쪽 앞여밈단에는 단춧구멍을 만듭니다. 뜨개 끝은 밑단과 같은 방법으로 합니다. 목둘레는 지정 콧수를 주워 게이지 조정을 하면서 1코 고무뜨기로 뜹니다. 뜨개 끝은 밑단과 같은 방법으로 합니다. 단추를 달아 완성합니다.

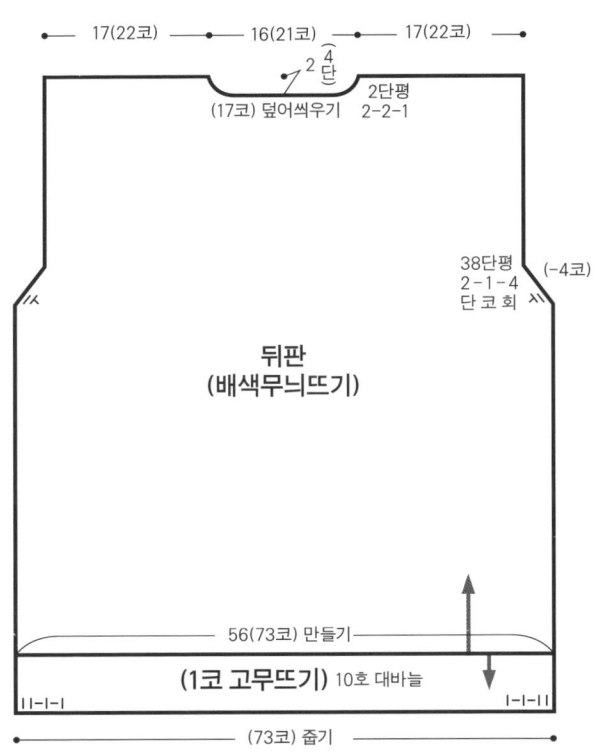

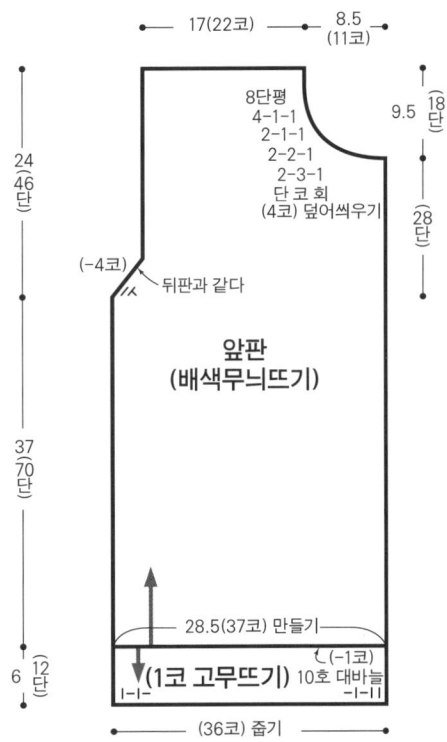

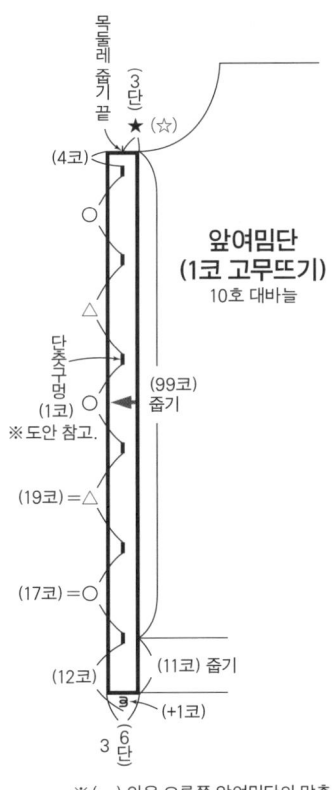

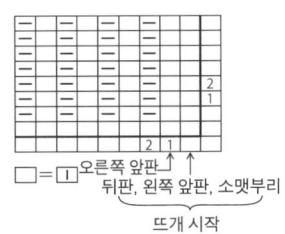

1코 고무뜨기 (밑단, 소맷부리)

단춧구멍 (왼쪽 앞여밈단)

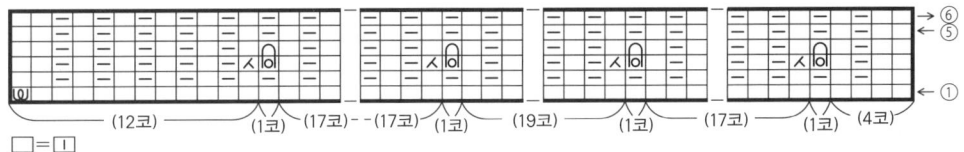

◀ 184페이지로 이어집니다.

색을 즐기는 니트&크로셰
55 page 작품 ★★★

SILK&WOOL

한길 긴 뒤걸어뜨기
※ 일본어 사이트

한길 긴 5코 팝콘뜨기
※ 일본어 사이트

재료
올림푸스 SILK&WOOL 로얄 블루(11) 395g 8볼

도구
코바늘 6/0호

완성 크기
가슴둘레 120㎝, 기장 50㎝, 화장 71.5㎝

게이지(10×10㎝)
무늬뜨기 A·B 26코×10.5단

POINT
● 몸판·소매…사슬뜨기 기초코로 뜨개를 시작해서 무늬뜨기 A·B를 합니다. 무늬뜨기로 바뀌는 선과 목둘레 줄임코는 도안을 참고하세요.
● 마무리…어깨는 감아 잇기, 옆선, 소매 밑선은 감아 꿰매기합니다. 지정된 콧수만큼 주워서 밑단은 테두리뜨기 A, 소맷부리, 목둘레는 테두리뜨기 B를 각각 원형으로 뜹니다.

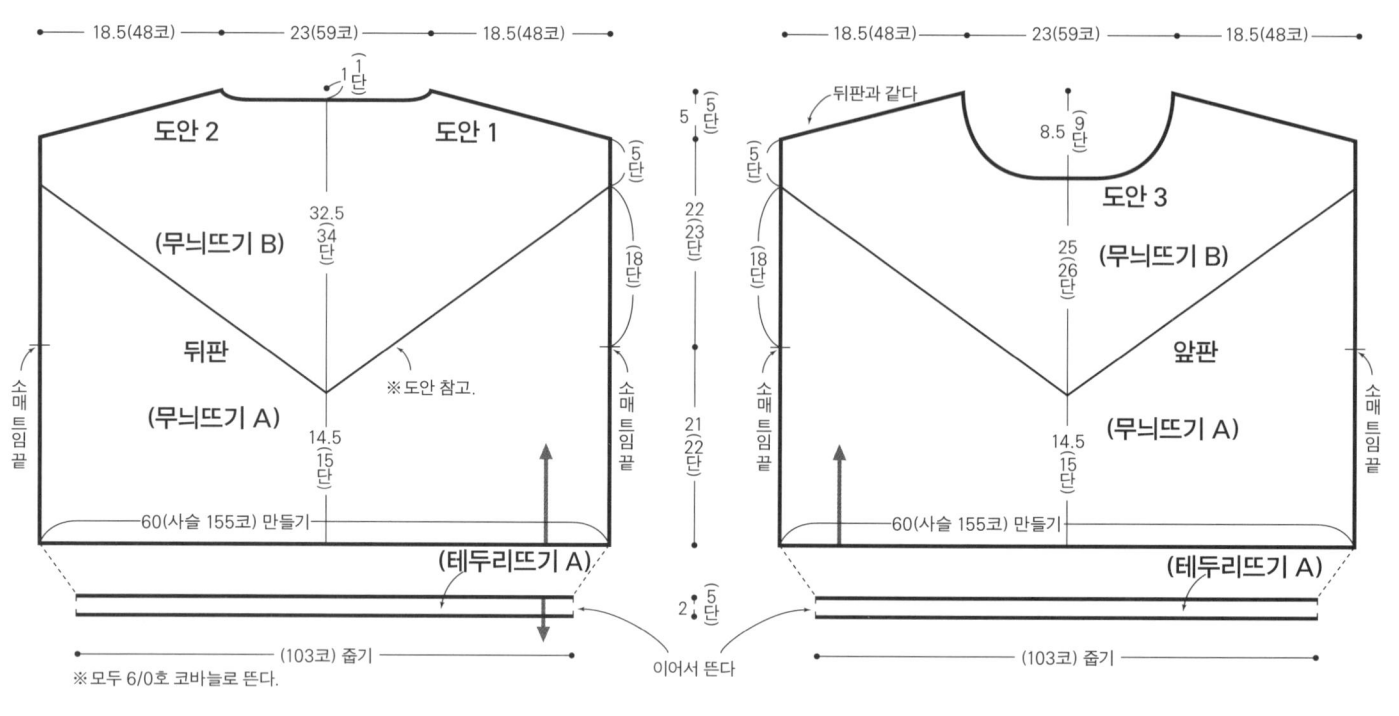

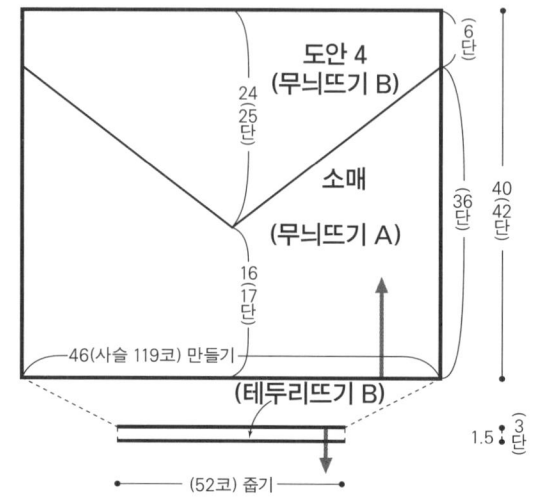

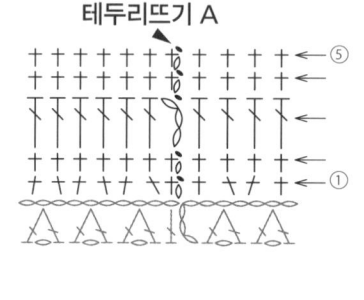

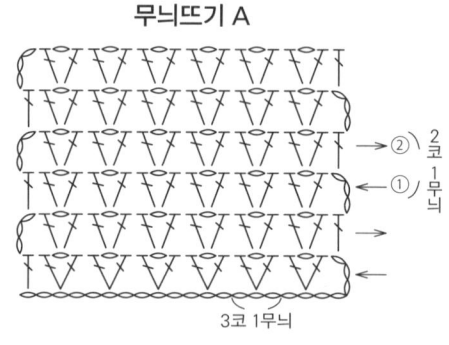

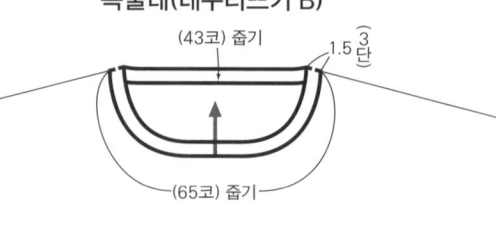

무늬뜨기 B 뜨는 법

1. 한길 긴 2코 구슬뜨기를 뜨고, 그 코다리 사이를 다발로 주운 후에 빼뜨기, 사슬 2코, 한길 긴뜨기 2코, 사슬 2코를 2번 반복한다.

2. 앞단의 한길 긴뜨기 코머리에 빼뜨기하고 1과 같은 요령으로 뜨개를 진행한다.

3. 빼뜨기를 다발로 주워 뜨고, 1에서 뜬 코가 앞쪽에 오도록 뜨개를 진행한다.

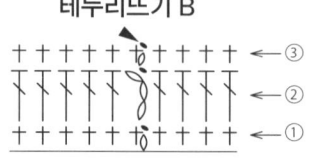

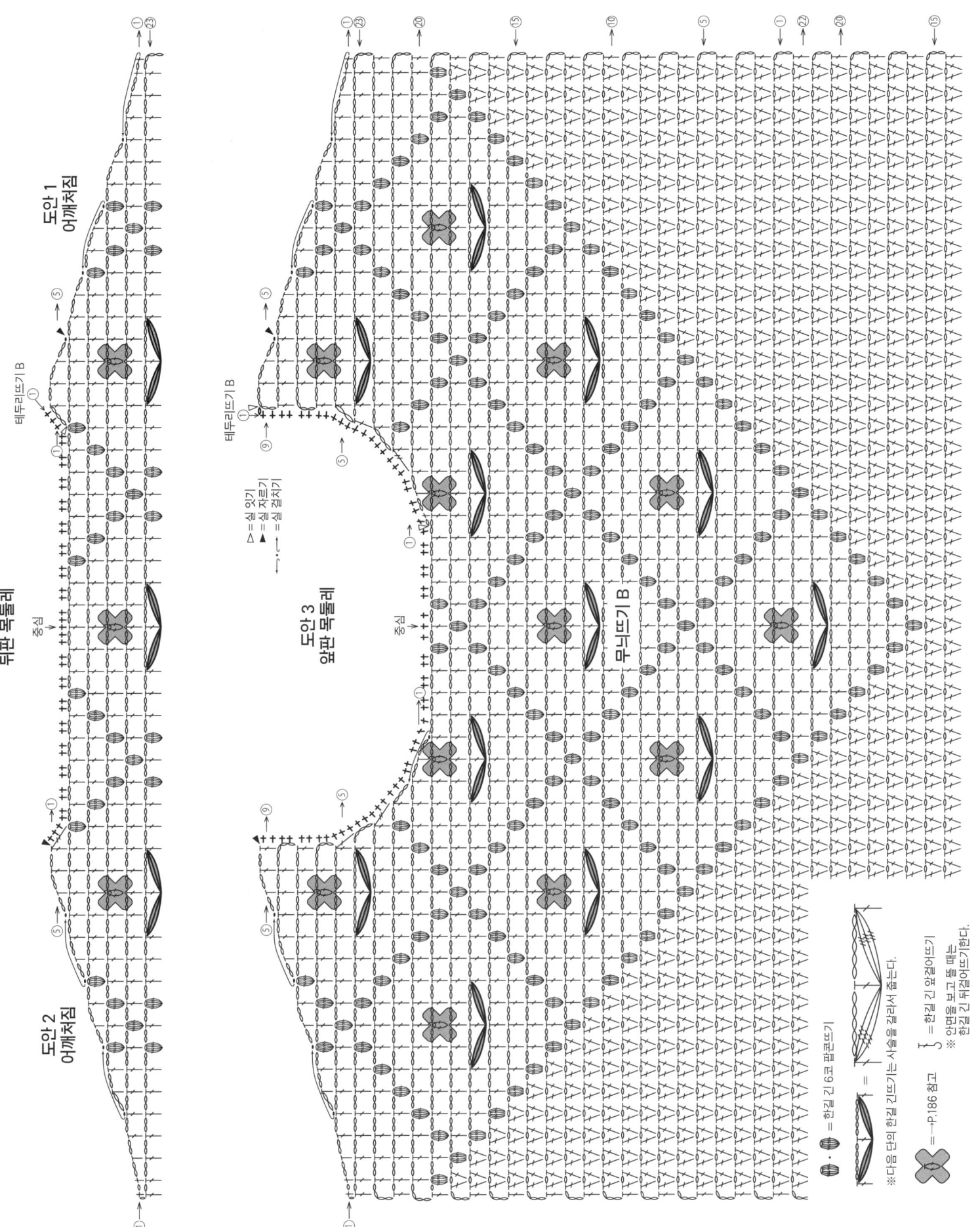

188페이지로 이어집니다. ▶

▶ 187페이지에서 이어집니다.

도안 4 소매

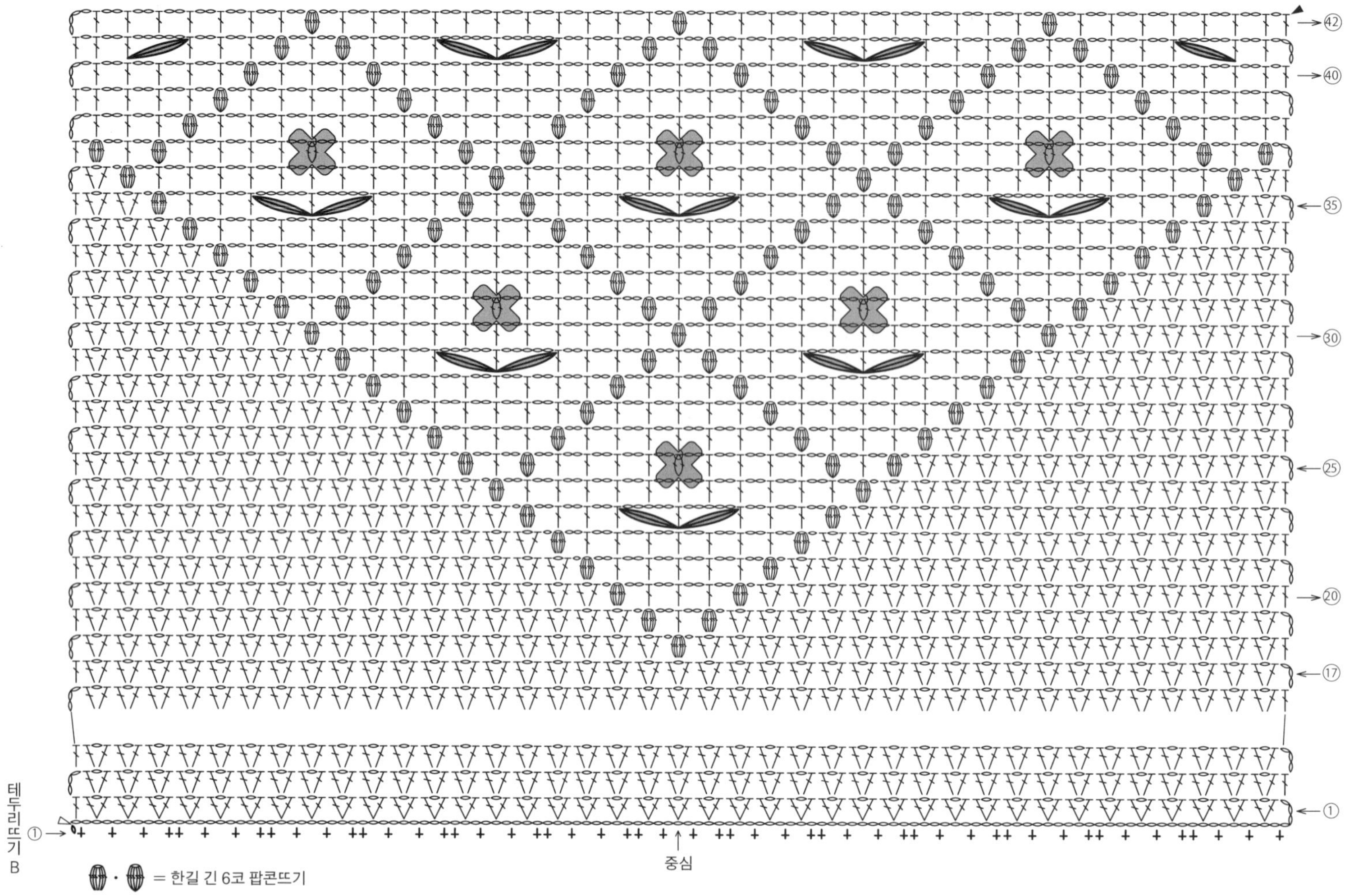

◨ · ◨ = 한길 긴 6코 팝콘뜨기

= P.186 참고

▷ = 실 잇기
▶ = 실 자르기

= 한길 긴 앞걸어뜨기
※ 안면을 보고 뜰 때는 한길 긴 뒤걸어뜨기를 한다.

무늬뜨기

189페이지에서 이어집니다. ◀

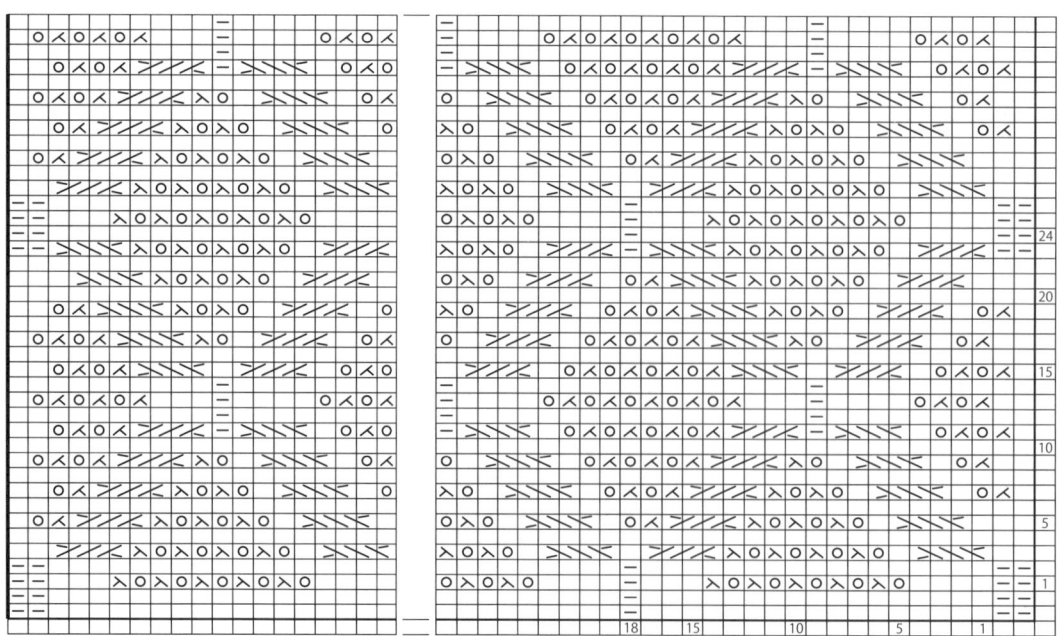

□ = ①
= 오른코 위 3코와 1코의 교차뜨기
= 왼코 위 3코와 1코의 교차뜨기

그러데이션 니트
82 page ★★★

다이아 루카

오른코 늘림코	왼코 늘림코

※일본어 사이트	※일본어 사이트

오른코 안뜨기 늘림코	왼코 안뜨기 늘림코

※일본어 사이트	※일본어 사이트

재료
다이아몬드케이토 다이아 루카 보라색 계열 그러데이션(5606) 370g 13볼

도구
대바늘 6호·4호

완성 크기
가슴둘레 106cm, 기장 55cm, 화장 74cm

게이지(10×10cm)
무늬뜨기 24.5코×30단

POINT
●몸판, 소매…몸판은 떠나갈 실로 사슬 기초코를 만들어 뜨기 시작하고 2코 고무뜨기, 무늬뜨기로 뜹니다. 무늬뜨기 1단째의 증감코는 도안 참고하세요. 뒤판의 어깨 경사와 앞목둘레선의 줄임코는 도안을 참고해서 뜹니다. 어깨는 코와 단 잇기와 메리야스 잇기로 연결합니다. 소매는 몸판에서 코를 주워 무늬뜨기로 뜹니다. 줄임코는 가장자리 2코를 세우는 줄임코를 합니다. 소맷부리는 도안을 참고해 증감코를 하면서 코를 주워 2코 고무뜨기로 뜹니다. 뜨개 끝은 무늬를 이어서 뜨면서 덮어씌워 코막음합니다.

●마무리…옆선, 소매 밑선은 떠서 꿰매기를 합니다. 목둘레는 지정 콧수를 주워 2코 고무뜨기로 원형으로 뜹니다. 뜨개 끝은 소맷부리와 같은 방법으로 합니다.

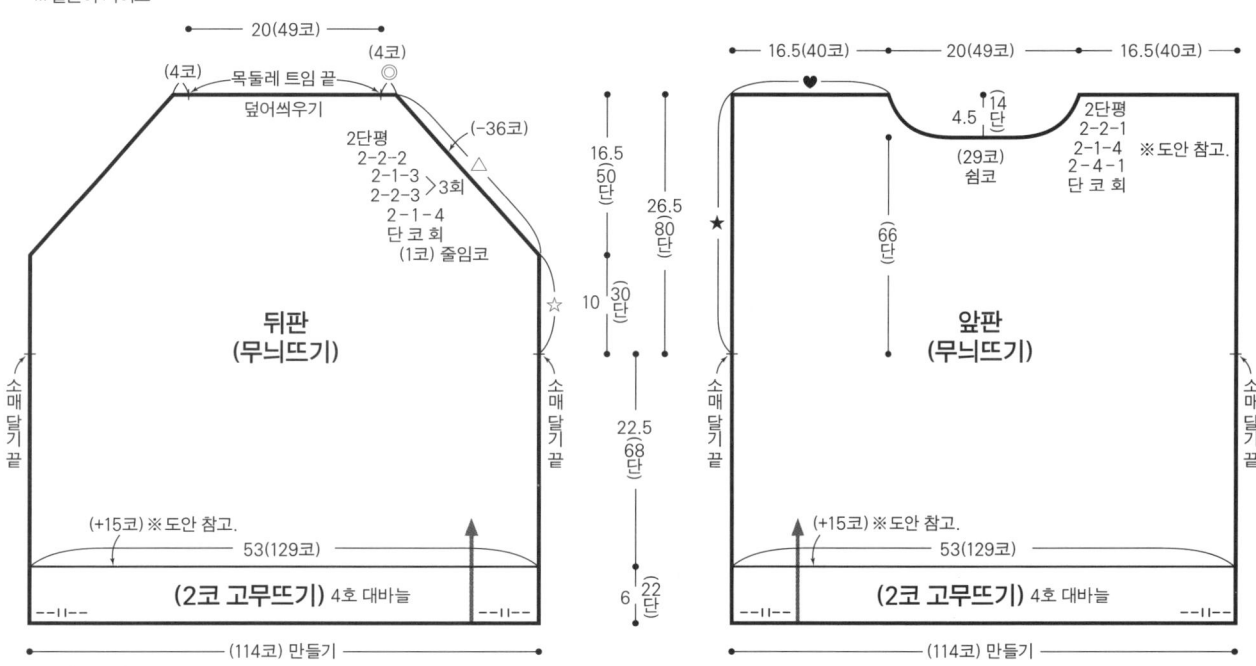

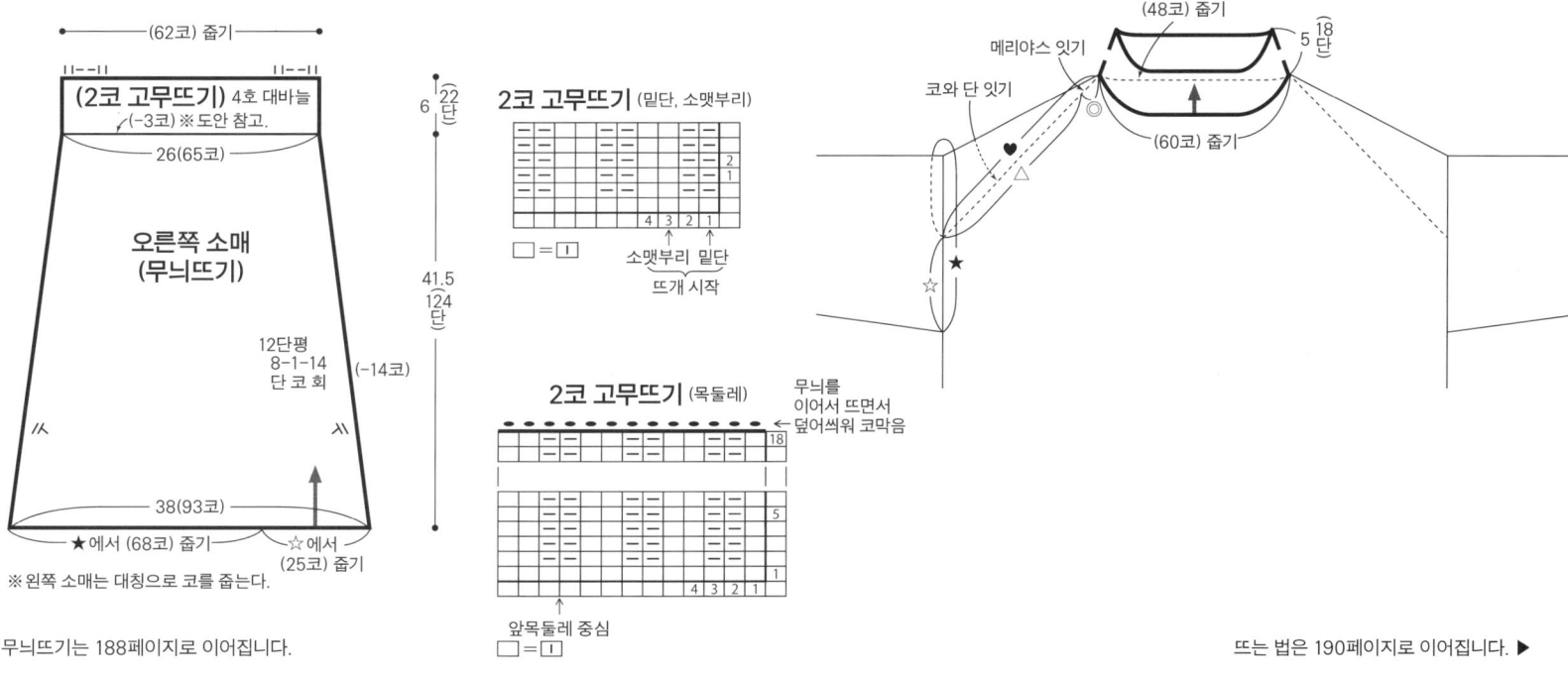

◀ 무늬뜨기는 188페이지로 이어집니다.

뜨는 법은 190페이지로 이어집니다. ▶

▶ 189페이지에서 이어집니다.

밑단의 증감코

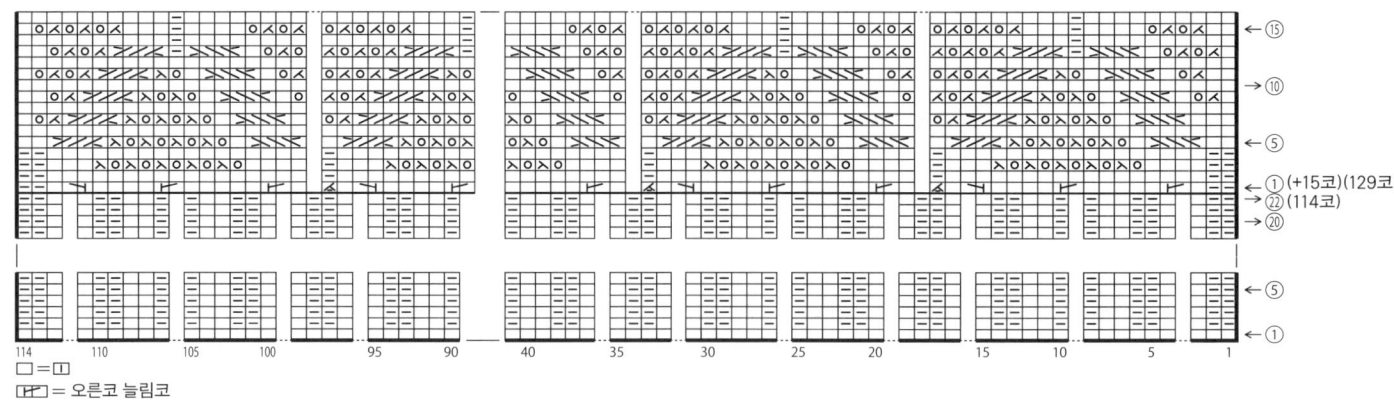

뒤판 어깨 경사의 줄임코

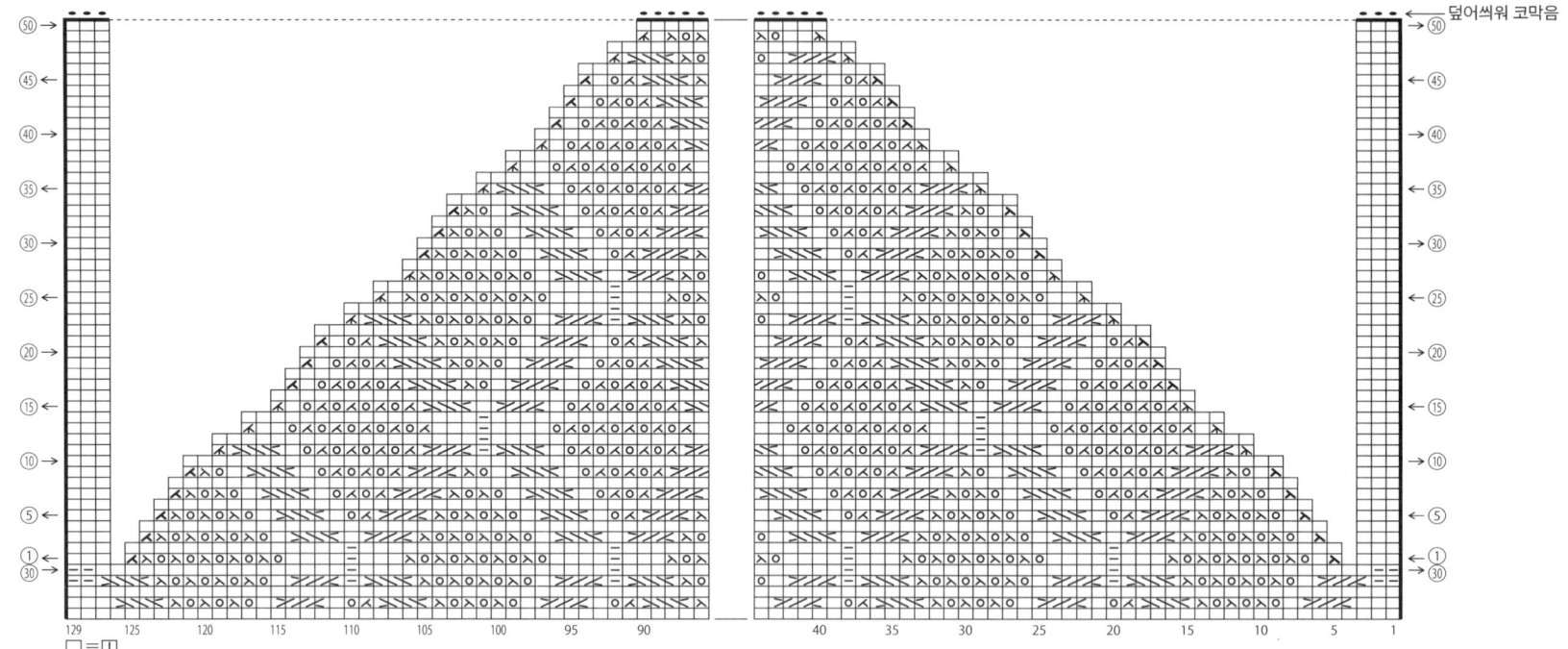

앞목둘레선의 줄임코

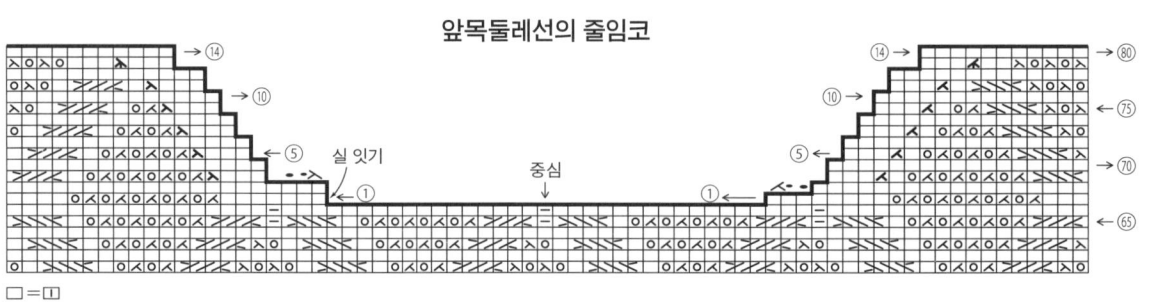

소맷부리의 증감코

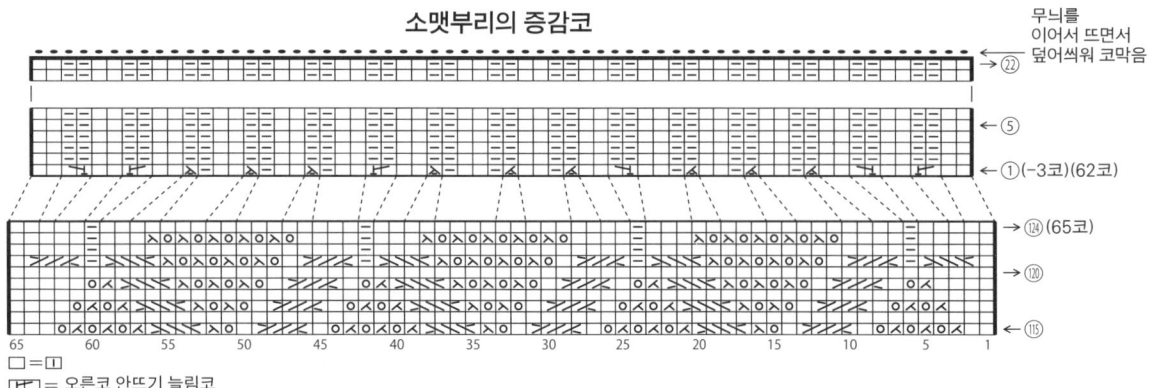

서술형 패턴으로 뜨는 옷
58 page ★★★

재료
말라브리고 청키 청록 계열 믹스(083 Water Green) 445g 5타래

도구
대바늘 13호·11호

완성 크기
가슴둘레 110cm, 길이 46cm, 화장 31cm

게이지(10×10cm)
메리야스뜨기 13코×19단, 무늬뜨기 14코×19단

POINT
● 몸판…별도 사슬로 기초코를 만들어 뜨기 시작하고 메리야스뜨기, 무늬뜨기로 뜹니다. 목둘레선의 줄임코는 도안을 참고하세요.
● 마무리…어깨는 덮어씌워 잇기, 옆선은 떠서 꿰매기를 합니다. 밑단은 기초코의 사슬을 풀어서 코를 줍고, 테두리뜨기로 원형으로 뜹니다. 뜨개 끝은 무늬를 이어서 뜨면서 덮어씌워 코막음합니다. 목둘레, 소맷부리는 지정 콧수를 주워 테두리뜨기로 원형으로 뜹니다. 뜨개 끝은 밑단과 같은 방법으로 합니다.

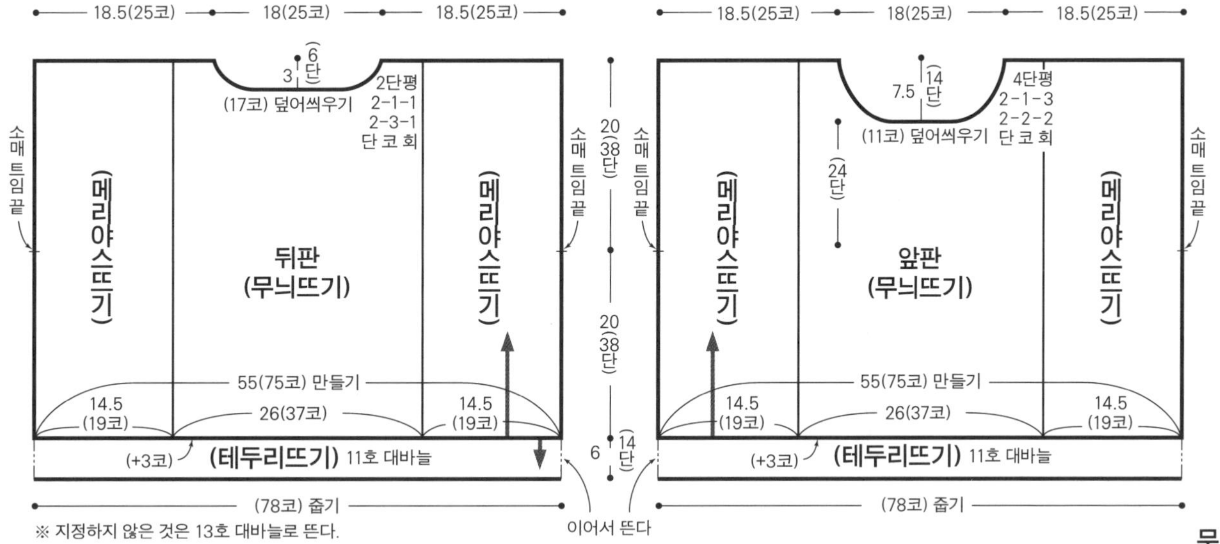

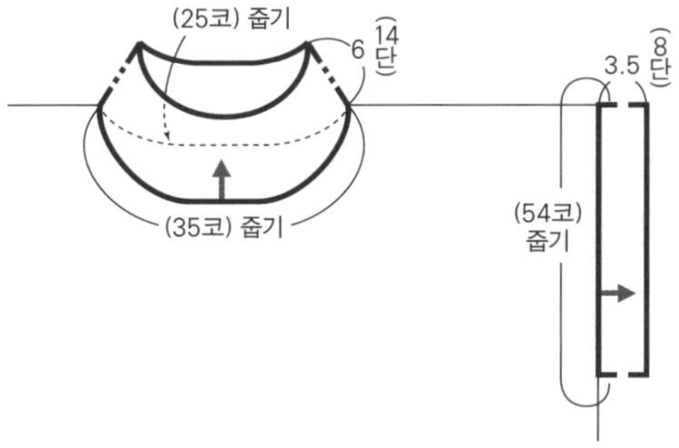

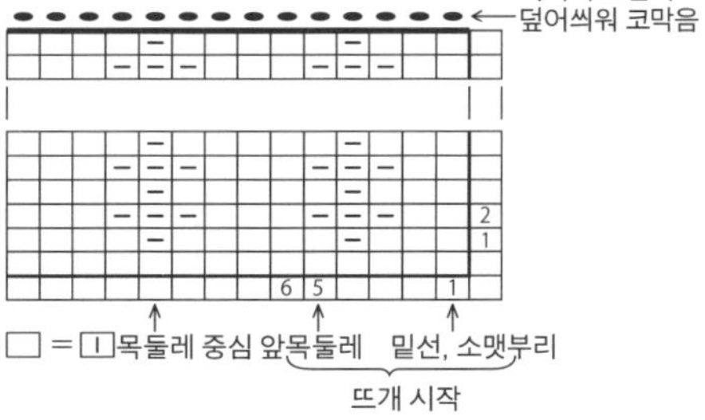

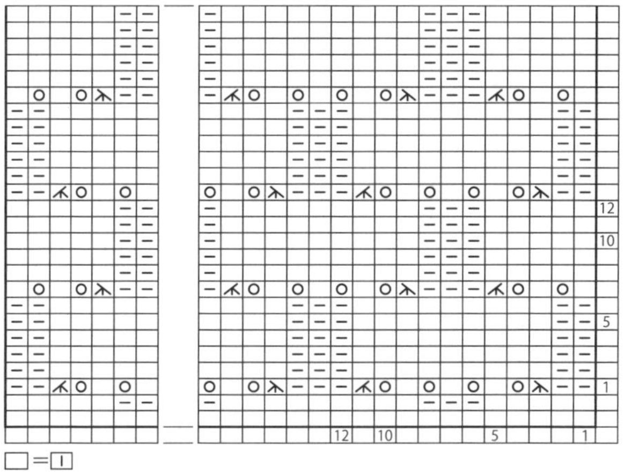

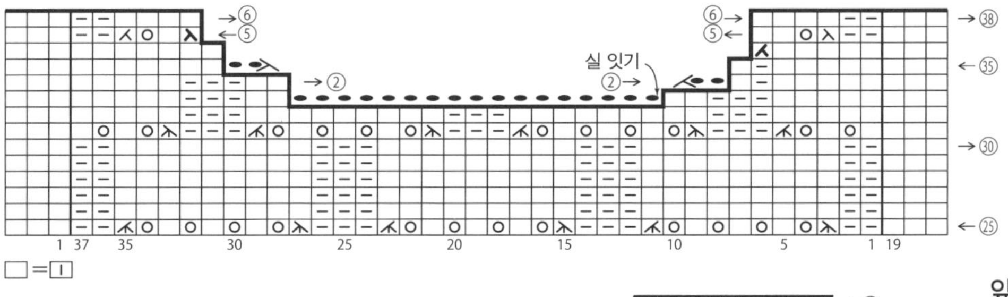

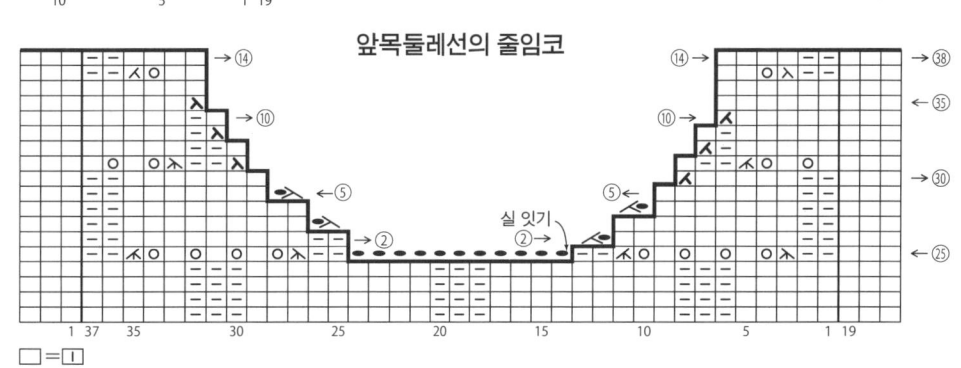

서술형 패턴은 192페이지로 이어집니다. ▶

▶191페이지에서 이어집니다.

서술형 패턴

무늬뜨기 12코·12단 1무늬
1단째(겉단) : 안뜨기 2, 오른코 겹쳐 3코 모아뜨기, 【걸기코, 겉뜨기 1】×3회, 걸기코, 왼코 겹쳐 3코 모아뜨기, 안뜨기 1.
2단째(안단) : 겉뜨기 1, 안뜨기 9, 겉뜨기 2.
3단째 : 안뜨기 2, 겉뜨기 9, 안뜨기 1.
4~6단째 : 앞단과 같은 코가 되게 뜬다.
7단째 : 【겉뜨기 1, 걸기코】×2회, 왼코 겹쳐 3코 모아뜨기, 안뜨기 3, 오른코 겹쳐 3코 모아뜨기, 걸기코, 겉뜨기 1, 걸기코.
8단째 : 안뜨기 4, 겉뜨기 3, 안뜨기 5.
9~12단째 : 앞단과 같은 코가 되게 뜬다.

테두리뜨기 6코·2단 1무늬
원형으로 뜬다.
1단째 : 겉뜨기 3, 안뜨기 1, 겉뜨기 2.
2단째 : 겉뜨기 2, 안뜨기 3, 겉뜨기 1.

뒤판
별도 사슬 기초코로 75코 만들고, 13호 대바늘로 코를 줍는다.
준비단(안단) : 안뜨기 19, 표시링을 단다, (안뜨기 5, 겉뜨기 3, 안뜨기 4)×3회, 안뜨기 1, 표시링을 달고, 마지막까지 안뜨기.
1~6단째 : 끝에서 표시링까지는 메리야스뜨기, 표시링과 표시링 사이의 37코를 겉단은 무늬뜨기를 3회 뜨고 마지막에 안뜨기 1, 안단은 겉뜨기 1을 뜬 뒤 무늬뜨기를 3회 한다.
7~12단째 : 끝에서 표시링까지는 메리야스뜨기, 표시링과 표시링 사이의 37코를 겉단은 무늬뜨기를 3회 뜨고 마지막에 겉뜨기 1, 안단은 안뜨기 1을 뜬 뒤 무늬뜨기를 3회 한다. 양쪽 옆선에 소매 트임 끝을 표시한다.**
같은 요령으로 무늬뜨기를 2무늬(24단) 더 뜬다.
다음 무늬의 8단째까지 뜬 다음 뒤목둘레선의 줄임코를 한다.

〈뒤목둘레선의 줄임코〉
앞단까지와 같이 메리야스뜨기와 무늬뜨기를 이어서 뜨면서 줄임코를 한다.
29단을 뜨고 왼바늘의 남은 46코는 쉼코를 한다.
다음 단의 넥 쪽에서 3코 덮어씌우고, 다음에 2단마다 1코 줄임코하고 2단평으로 뜬다.
어깨의 코는 스티치 홀더 등에 옮겨서 쉼코를 한다. 실을 자른다.

쉬어둔 46코의 처음 17코를 덮어씌운다.
계속해서 왼쪽 뒤판 목둘레선도 오른쪽 뒤판 목둘레선과 같은 방법으로 좌우 대칭이 되게 뜬다.
남은 왼쪽 어깨의 코도 스티치 홀더 등에 옮겨서 쉼코를 한다. 실을 자른다.

앞판
**의 표시까지 뒤판과 같은 방법으로 뜬다.
앞단까지와 같은 방법으로 무늬뜨기를 2무늬(24단) 더 뜬다.

〈앞목둘레선의 줄임코〉
앞단까지와 같이 메리야스뜨기와 무늬뜨기를 이어서 뜨면서 줄임코를 한다.
32코를 뜨고 왼바늘의 남은 43코는 쉼코를 한다.
다음 단의 넥 쪽에서 2코 덮어씌우고, 다음에 2단마다 2코 덮어씌우기를 1회, 2단마다 1코 줄임코를 3회 한 다음, 4단평으로 뜬다.
어깨의 코는 스티치 홀더 등에 옮겨서 쉼코를 한다. 실을 자른다.

쉬어둔 43코의 처음 11코를 덮어씌운다.
계속해서 오른쪽 앞목둘레선도 왼쪽 앞목둘레선과 같은 방법으로 좌우 대칭이 되게 뜬다.
남은 오른쪽 어깨의 코도 스티치 홀더 등에 옮겨서 쉼코를 한다.

앞뒤 몸판을 연결한다
어깨는 덮어씌워 잇기, 양 옆선은 떠서 꿰매기로 소매 트임 끝을 표시한 단까지 연결한다.

목둘레선의 테두리뜨기
11호 대바늘로 왼쪽 어깨에서 앞목둘레선을 따라서 35코, 뒤목둘레선에서 25코 줍는다. 총 60코.
앞판의 무늬에 맞도록 조정하면서 테두리뜨기를 14단 뜬다.
마지막은 무늬를 이어서 뜨면서 덮어씌워 코막음한다.

소맷부리
11호 대바늘로 앞뒤 몸판에서 27코씩(총 54코) 줍고, 테두리뜨기를 8단 원형으로 뜬다.
마지막은 무늬를 이어서 뜨면서 덮어씌워 코막음한다.

밑단
별도 사슬을 풀면서 11호 대바늘로 뜨개코를 옮긴다. 앞뒤 몸판이 각각 78코가 되게 코를 늘리고, 테두리뜨기를 14단 원형으로 뜬다. 마지막은 무늬를 이어서 뜨면서 덮어씌워 코막음한다.

쿠튀르 어레인지
90 page ★★★

다이아 도미나(비타)

오른코 위 돌려 2코 모아뜨기	왼코 위 돌려 2코 모아뜨기

※일본어 사이트	※일본어 사이트

재료
다이아몬드케이토 다이아 도미나 〈비타〉 연그레이 (5502) 265g 9볼

도구
대바늘 6호·7호·4호

완성 크기
가슴둘레 100cm, 어깨너비 45cm, 기장 53.5cm 소매길이 48.5cm

게이지(10×10cm)
무늬뜨기 A·B 24.5코×31.5단(6호 대바늘), 메리야스뜨기 22.5×32단

POINT
●몸판·소매…몸판은 별도 사슬로 기초코를 만들어 뜨기 시작해 무늬뜨기 A·B, 메리야스뜨기로 뜹니다. 무늬의 경계의 증감코와 목둘레선의 줄임코는 도안을 참고하세요. 밑단은 기초코의 사슬을 풀어서 코를 줍고, 1코 돌려 고무뜨기로 뜹니다. 뜨개 끝은 1코 돌려 고무뜨기 코막음을 합니다. 소매는 몸판과 같은 방법으로 뜨기 시작해 무늬뜨기 B로 게이지 조정을 하면서 뜹니다. 뜨개 끝은 무늬를 이어서 뜨면서 덮어씌워 코막음합니다. 소맷부리는 밑단과 같은 방법으로 뜹니다.
●마무리…어깨는 덮어씌워 잇기를 합니다. 목둘레는 지정 콧수를 주워 테두리뜨기로 원형으로 뜹니다. 뜨개 끝은 밑단과 같은 방법으로 합니다. 소매는 코와 단 잇기로 몸판과 연결합니다. 옆선, 소매 밑선은 떠서 꿰매기를 합니다.

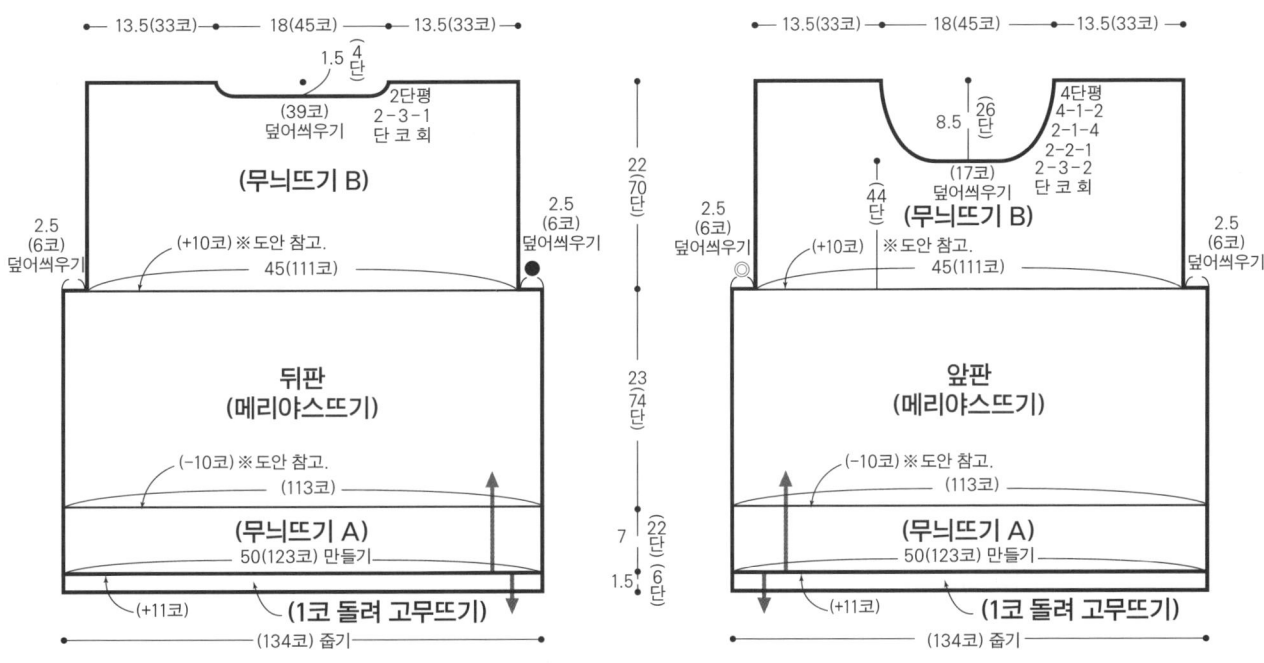

※지정하지 않은 것은 6호 대바늘로 뜬다.

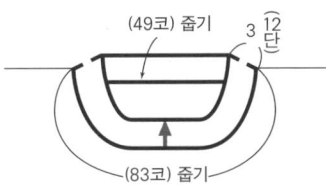

목둘레 (테두리뜨기) 4호 대바늘

1코 돌려 고무뜨기 코막음

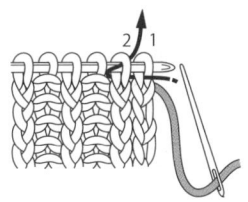 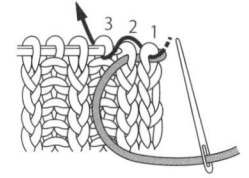 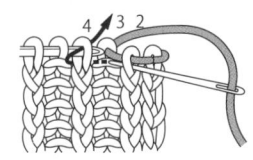

1 1의 코와 2의 코에 화살표처럼 돗바늘을 넣어 2의 코를 뺀다.

2 다음은 1의 코와 3의 코에 화살표처럼 돗바늘을 넣는다.

3 2의 코와 4의 코에 화살표처럼 돗바늘을 넣고, 겉뜨기를 꼬면서 1코 고무뜨기 코막음을 한다.

194페이지로 이어집니다. ▶

▶193페이지에서 이어집니다.

메리야스뜨기 1단째의 줄임코

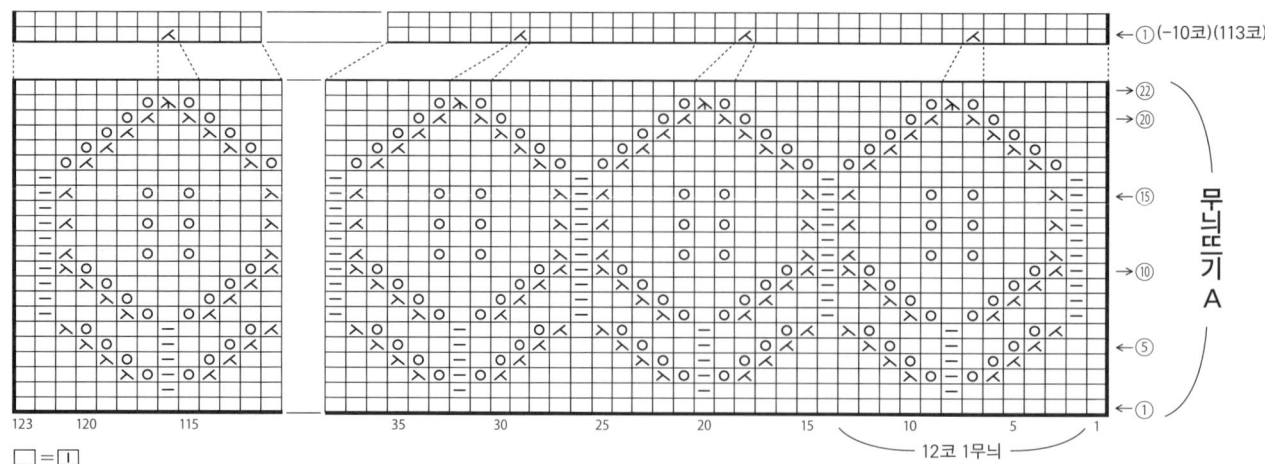

무늬뜨기 B

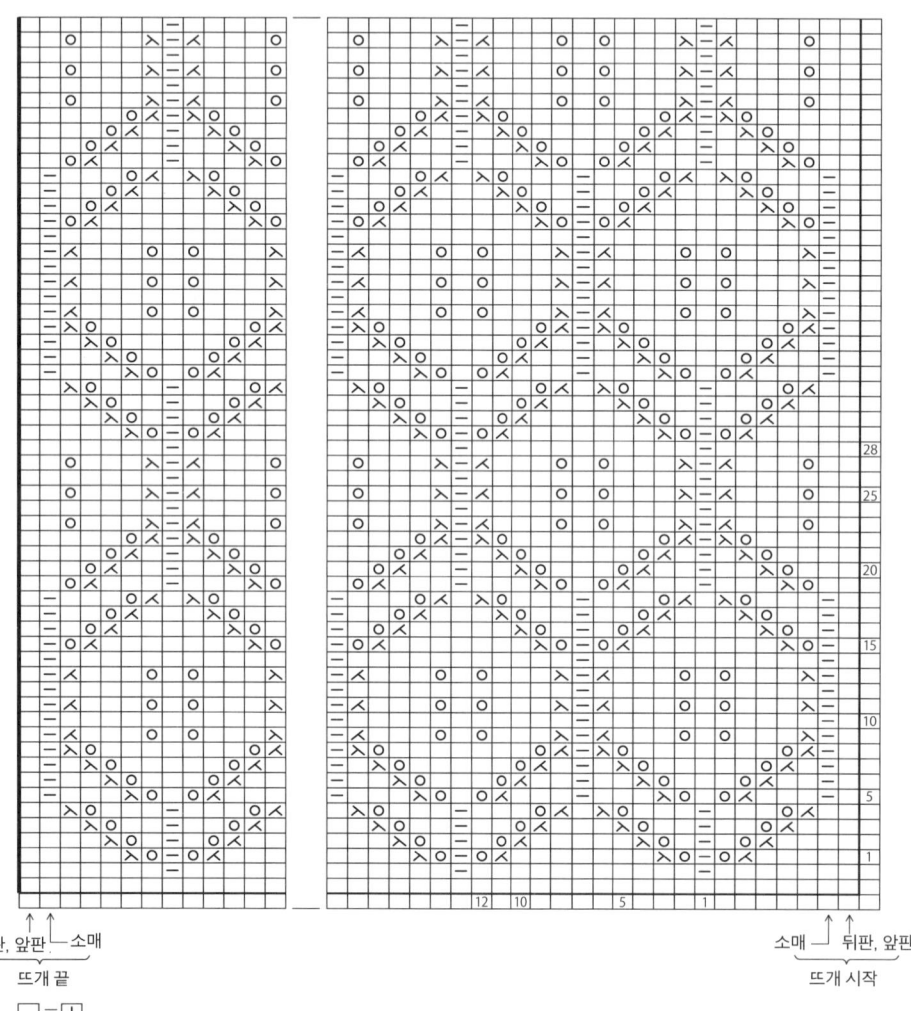

1코 돌려 고무뜨기

□ = ▯

테두리뜨기

□ = ▯

무늬뜨기 B의 늘림코

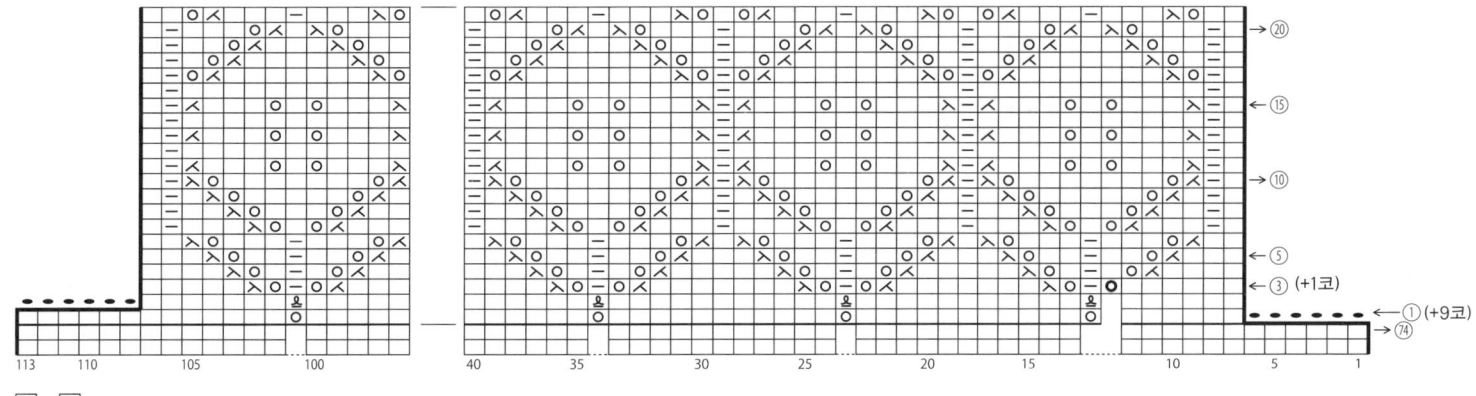

뒤목둘레선의 줄임코

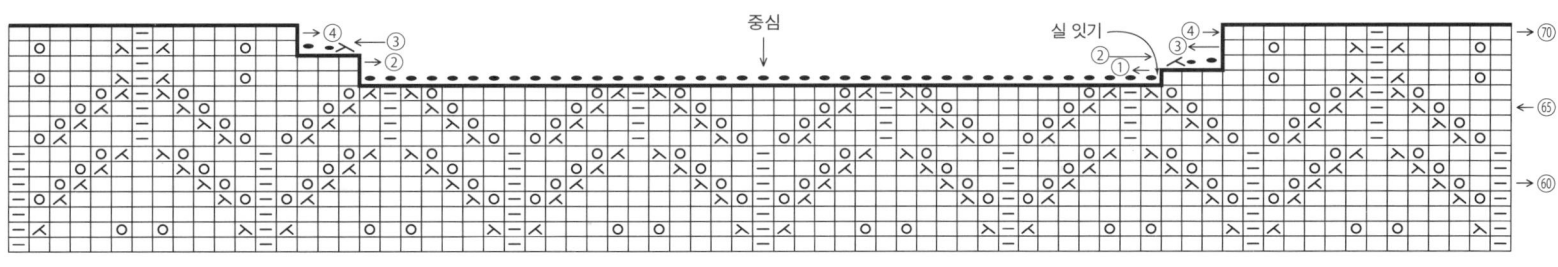

앞목둘레선의 줄임코

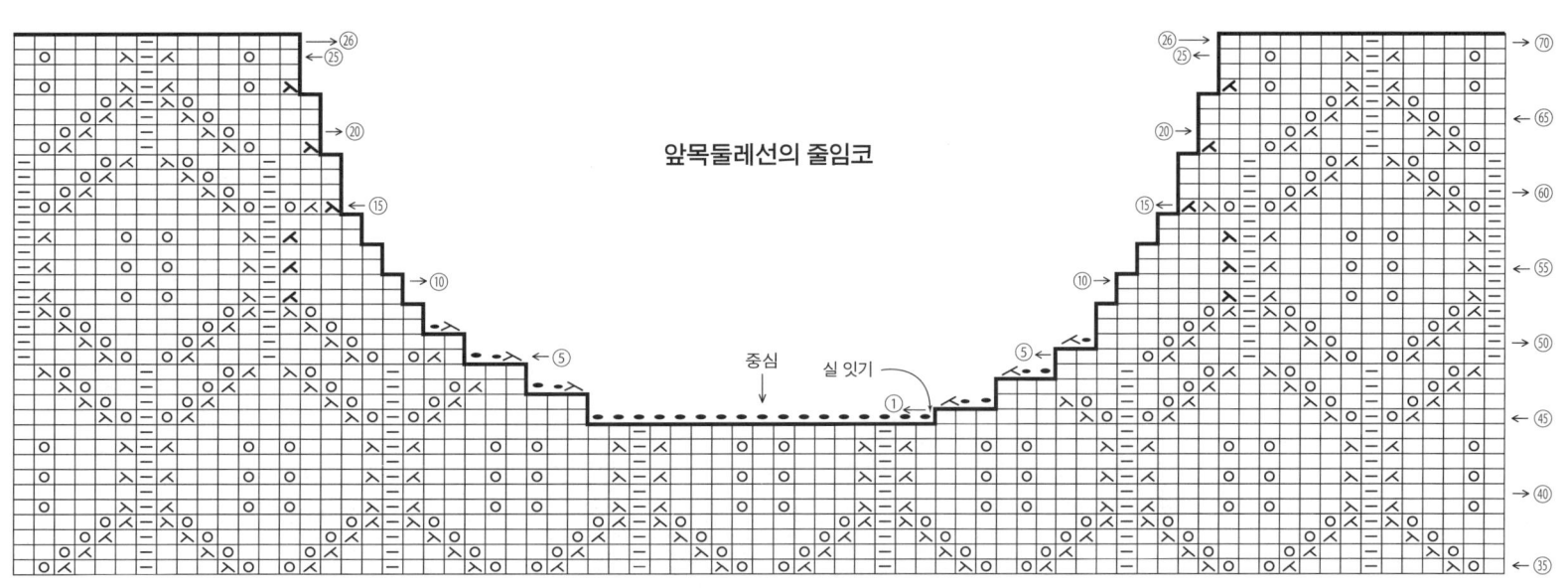

하야시 고토미의 Happy Knitting
78 page ★★★

셰틀랜드

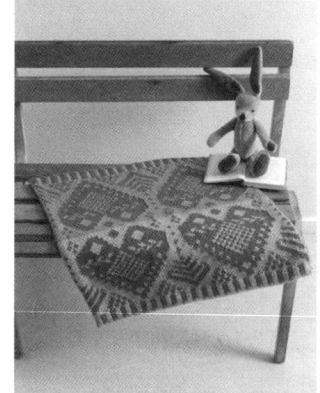

재료
퍼피 셰틀랜드 오렌지색(43)·노란색(54) 각 55g 각 2볼, 녹색(47)·진핑크(55) 각 50g 각 2볼, 빼드기용 중세 타입 코튼사 조금, 폭 25mm 리본 테이프 110cm

도구
대바늘 6호·5호 코바늘 4/0호

완성 크기
폭 53cm, 길이 50cm

게이지(10×10cm)
배색무늬뜨기 A·B 23코×28단

POINT
● 코바늘로 뜨는 기초코를 만들어 뜨기 시작하고, 배색무늬뜨기 A, B, C, D로 뜹니다. 배색무늬뜨기는 87페이지를 참고해서 걸치는 실을 감싸면서 뜹니다. 뜨개 끝은 덮어씌워 코막음합니다. 배색무늬뜨기 B의 지정 위치에 바늘을 넣고, 울지 않게 주의하면서 빼뜨기하고, 중앙을 자릅니다. 마무리하는 법을 참고해 안면으로 접어 리본 테이프를 꿰매서 완성합니다.

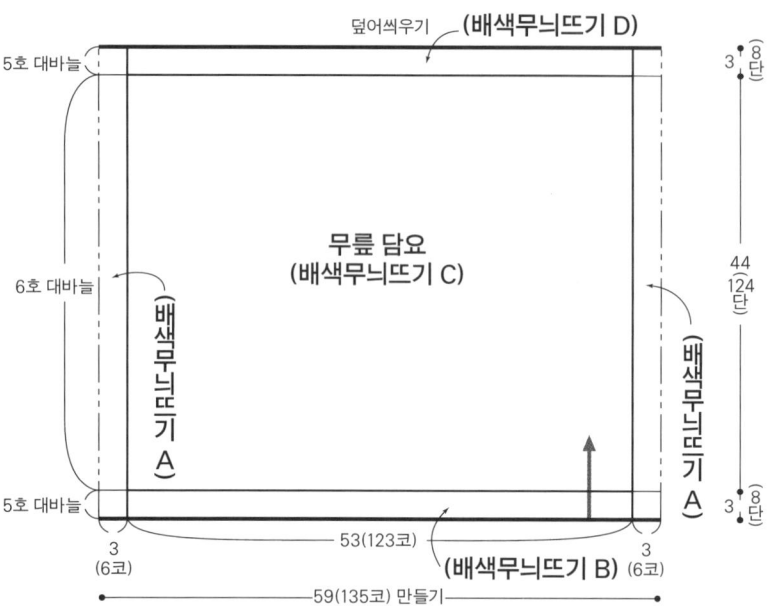

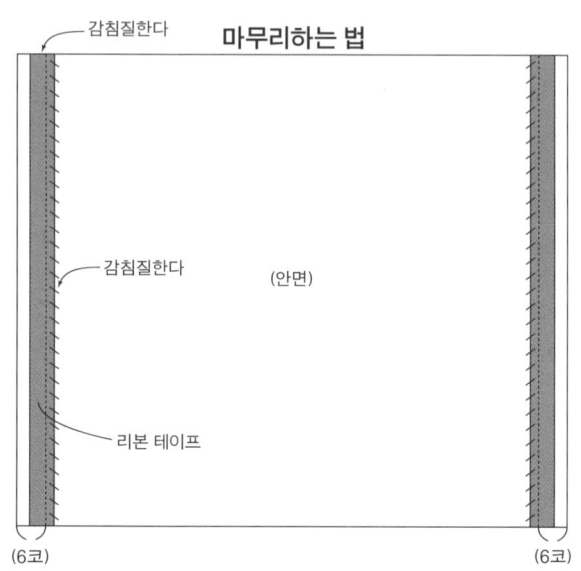

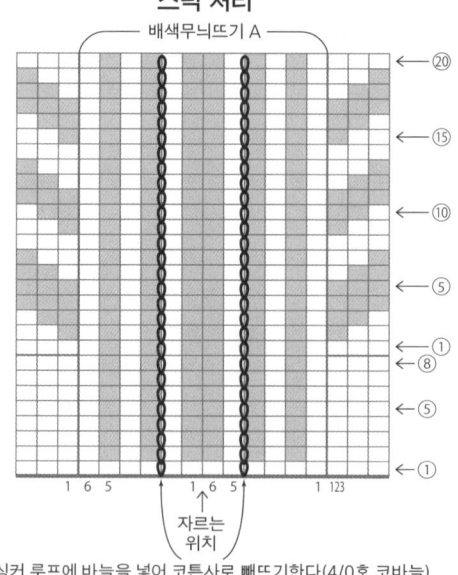

무릎 담요 마무리하는 법

1 가느다란 코튼사로 빼뜨기하고, 자른다. 단면을 1코만큼 접어서 감침질한다.

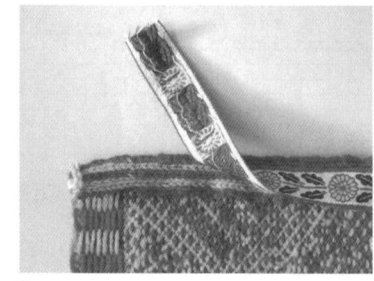

2 배색무늬뜨기 A 위에 리본 테이프를 덧대고 감침질한다.

3 모서리를 안쪽으로 접어 배색무늬뜨기 C의 뒤에 테이프를 감침질한다.

배색무늬뜨기 A   배색무늬뜨기 C   배색무늬뜨기 A

녹색으로 덮어씌워 코막음

배색무늬뜨기 D

□ =오렌지색
■ =녹색

□ =노란색
■ =진핑크

배색무늬뜨기 B

중심   뜨개 시작

□=☐
※중심에서 대칭으로 뜬다.

코바늘로 만드는 기초코

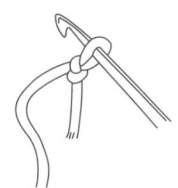
1 코바늘로 첫 코를 만든다.

2 대바늘 1개를 실의 앞쪽에 두고 쥐고, 그대로 사슬뜨기를 한다.

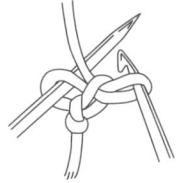
3 1코째를 완성했다.

4 실을 대바늘 뒤쪽에 두고,

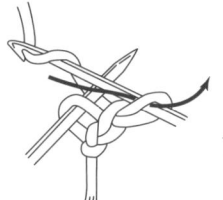
5 실을 걸어 빼낸다. 2코째를 완성했다. 4, 5를 반복한다.

6 필요한 콧수보다 1코 적게 만들고, 마지막 코는 코바늘의 코를 대바늘에 옮긴다.

그러데이션 니트

80 page ★★★

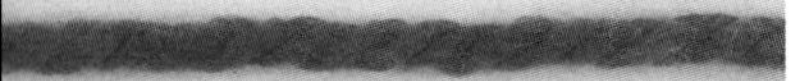

브리오 XL

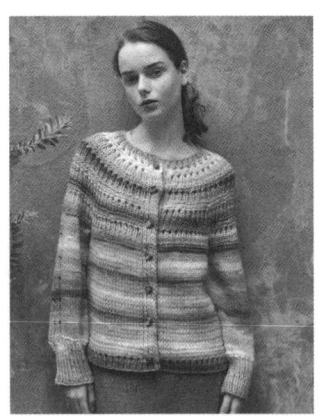

재료

DMC 브리오 XL 베이지·에크뤼·그레이 계열 그러데이션(421) 485g 5볼, 지름 20㎜ 단추 7개

도구

대바늘 14호·15호·13호

완성 크기

가슴둘레 97㎝, 기장 55㎝, 화장 74.5㎝

게이지(10×10㎝)

무늬뜨기 A 13코×19.5단,

메리야스뜨기 13코×19.5단(14호 대바늘)

POINT

●요크 몸판·소매…요크는 별도 사슬로 기초코를 만들어 뜨기 시작하고, 1코 고무뜨기, 무늬뜨기 A로 뜹니다. 분산 늘림코는 도안을 참고하세요. 오른쪽 앞여밈단에는 단춧구멍을 만듭니다. 뒤판에 앞뒤 단차로 6단을 뜹니다. 거싯은 감아코로 만들고, 앞뒤 이어서 1코 고무뜨기, 메리야스뜨기, 테두리뜨기로 뜹니다. 뜨개 끝은 무늬를 이어서 뜨면서 덮어씌워 코막음합니다. 소매는 거싯과 요크와 앞뒤 단차에서 코를 주워 메리야스 뜨기, 무늬뜨기 A, B, 안메리야스뜨기로 원형으로 뜹니다. 뜨개 끝은 밑단과 같은 방법으로 합니다.

●마무리…목둘레는 기초코의 사슬을 풀어서 1단째에서 줄임코를 하면서 코를 주워 1코 고무뜨기, 테두리뜨기로 뜹니다. 뜨개 끝은 밑단과 같은 방법으로 합니다. 단추를 달아 완성합니다.

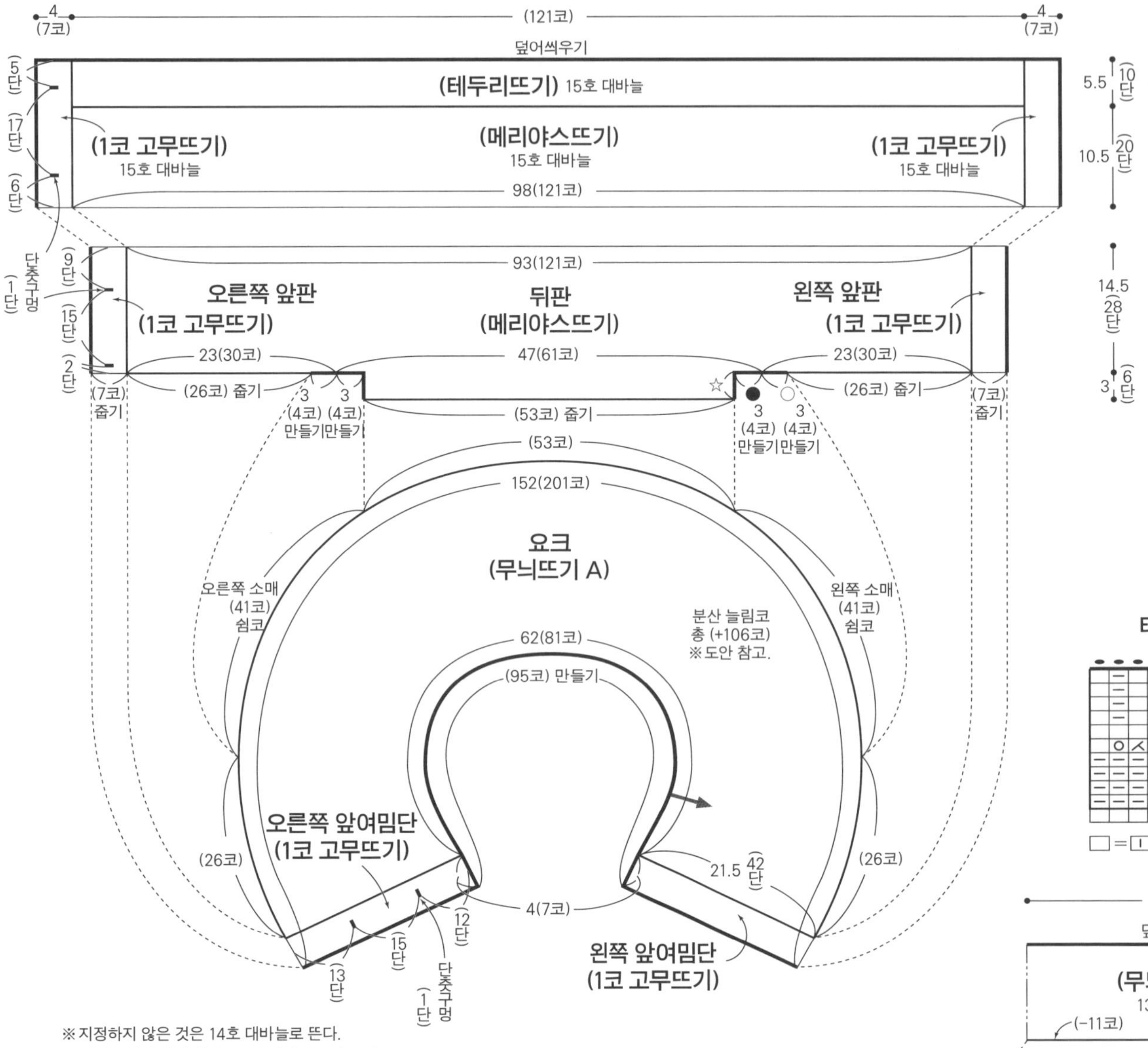

※지정하지 않은 것은 14호 대바늘로 뜬다.

※거싯은 앞뒤 이어서 각 (8코) 감아코로 만든다.

테두리뜨기 (밑단)

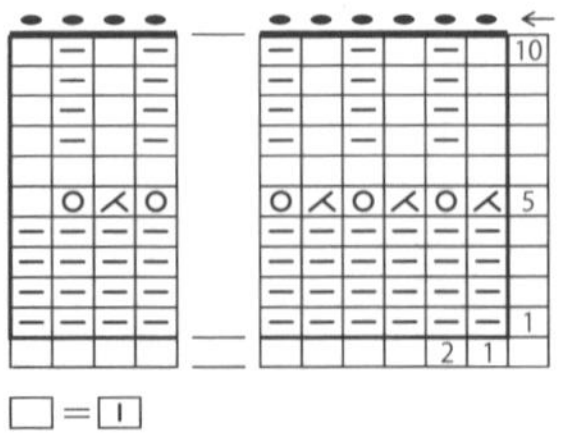

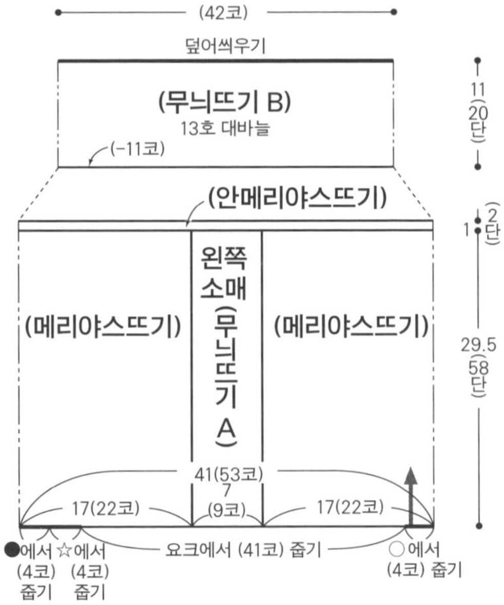

※오른쪽 소매는 대칭으로 코를 줍는다.

무늬뜨기 A (소매)

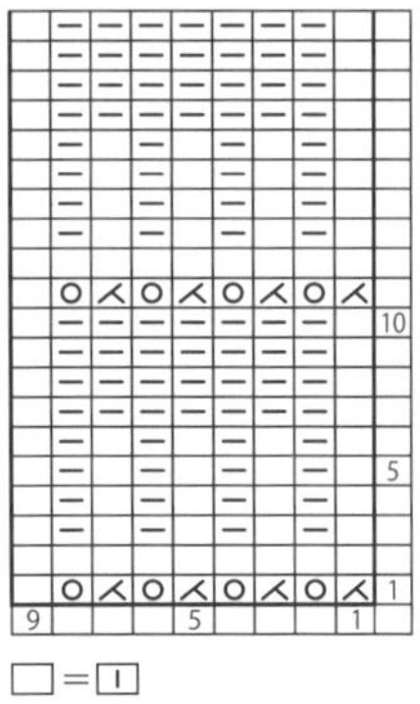

무늬뜨기 B

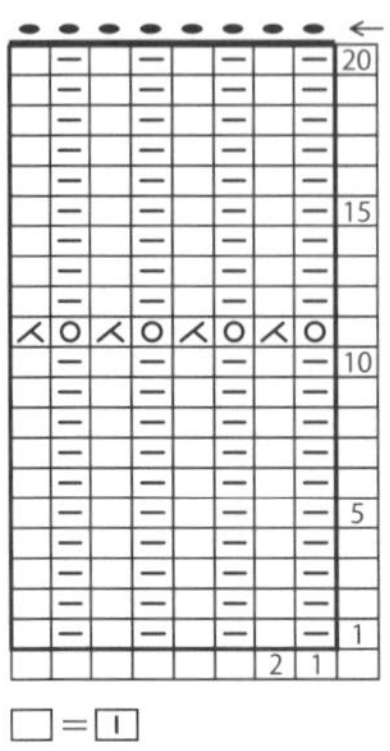

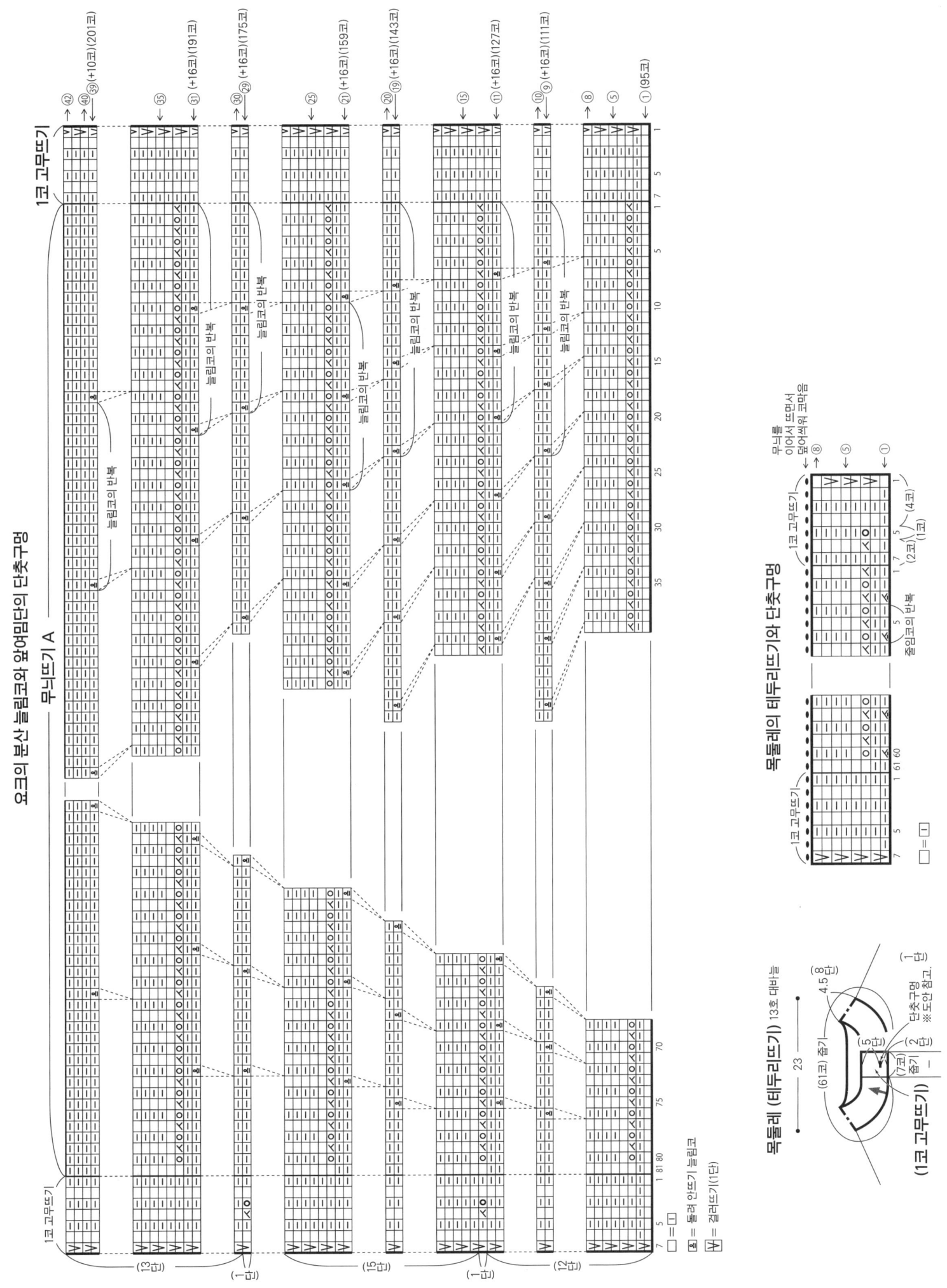

그러데이션 니트

83 page ★★★

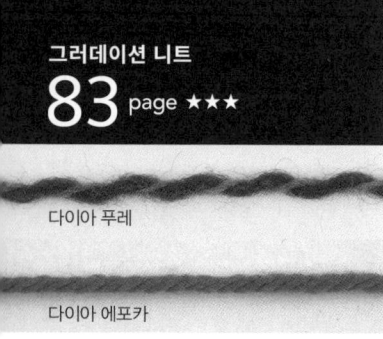

다이아 푸레

다이아 에포카

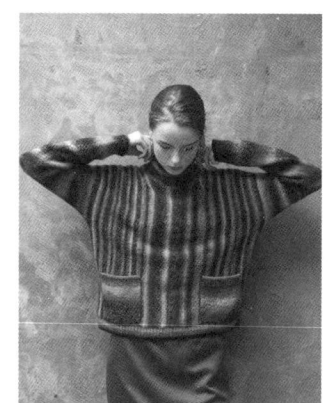

재료

다이아몬드케이토 다이아 푸레 파란색·그레이·검정색·핑크 계열 그러데이션(5708) 330g 11볼, 다이아 에포카 남색(334)·새먼핑크(390) 각 10g 각 1볼

도구

대바늘 7호·5호

완성 크기

가슴둘레 106㎝, 기장 54.5㎝, 화장 73.5㎝

게이지(10×10㎝)

메리야스뜨기 20.5코×28단

POINT

●소매·몸판…별도 사슬로 기초코를 만들어 뜨기 시작하고 오른쪽 소매부터 메리야스뜨기로 뜹니다. 소매 중심, 겨드랑이 밑선의 늘림코는 도안을 참고하세요. 계속해서 옆선은 별도 사슬의 기초코에서 코를 주워, 소매의 코와 이어서 뜹니다. 목둘레선에서는 앞뒤를 나눠서 뜹니다. 각각 40단을 뜬 다음 앞뒤를 이어서 뜹니다. 목둘레선의 증감코, 겨드랑이 밑선, 소매 중심의 줄임코는 도안을 참고하세요. 계속해서 왼쪽 소맷부리는 1코 줄무늬 고무뜨기 A로 뜹니다. 오른쪽 소맷부리, 밑단은 지정 콧수를 주워 각각 1코 줄무늬 고무뜨기 A, B로 뜹니다. 뜨개 끝은 왼쪽 소맷부리와 같은 방법으로 합니다.

●마무리…소매 밑선은 떠서 꿰매기, 옆선은 빼뜨기 잇기를 합니다. 목둘레는 지정 콧수를 주워 1코 줄무늬 고무뜨기 A로 원형으로 뜹니다. 뜨개 끝은 소맷부리와 같은 방법으로 합니다. 주머니는 지정 위치에서 코를 주워 메리야스뜨기, 1코 줄무늬 고무뜨기 B를 하고, 뜨개 끝은 소맷부리와 같은 방법으로 합니다. 호주머니의 옆선은 지정 위치에 코와 단 잇기로 연결합니다.

※지정하지 않은 것은 7호 대바늘로 뜬다.

※지정하지 않은 것은 그러데이션으로 뜬다.

주머니 2개

※밑단을 주운 뒤, 끝에서 2코째에 옆으로 바늘을 넣어 코를 줍는다.

1코 줄무늬 고무뜨기 A, B

1코 줄무늬 고무뜨기의 배색

	A	B
□	그러데이션	
▒	남색	새먼핑크

※뜨개 끝은 마지막 단과 같은 색으로 1코 고무뜨기 코막음.

오른쪽 소매 중심의 늘림코

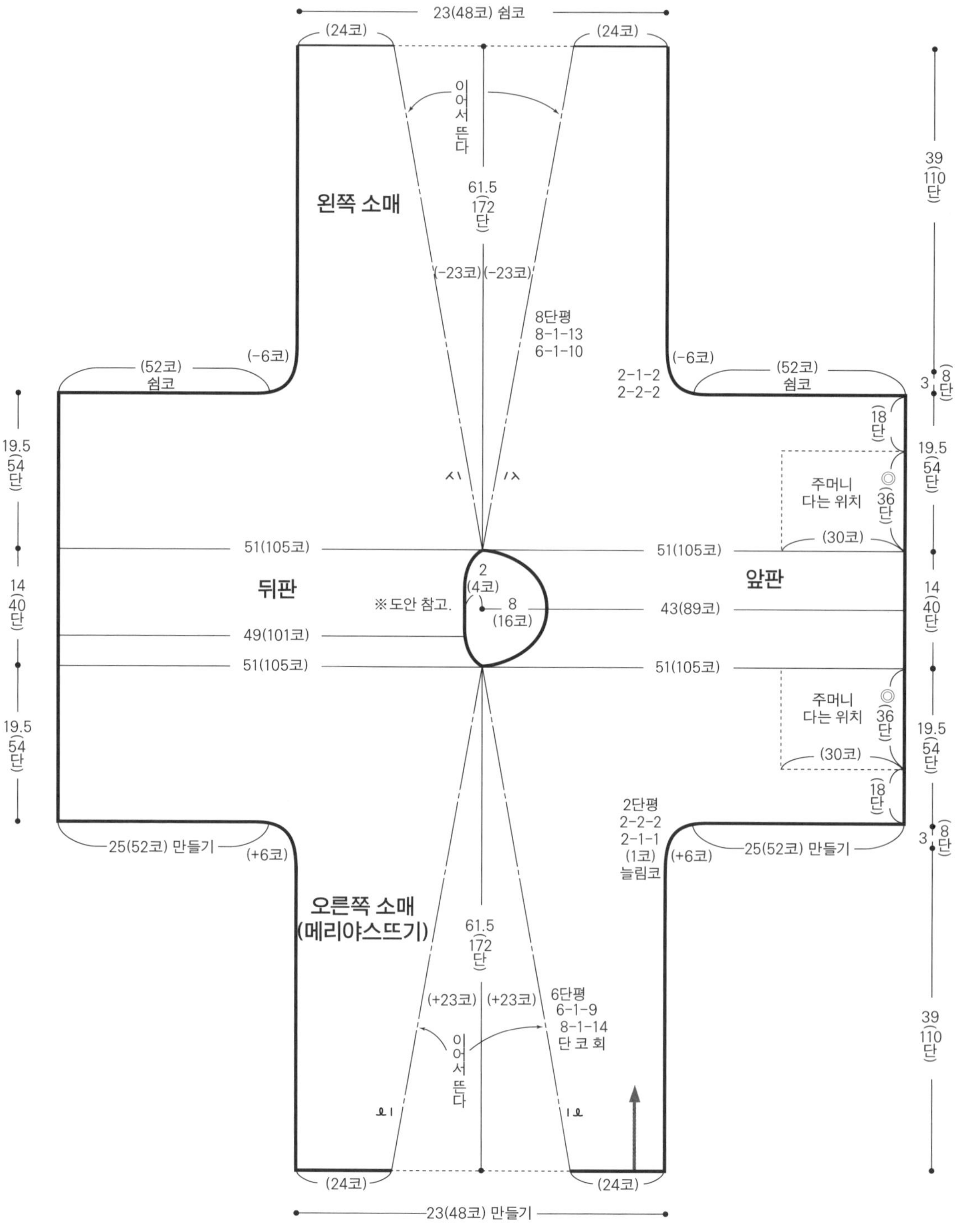

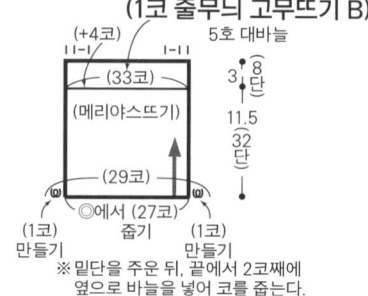

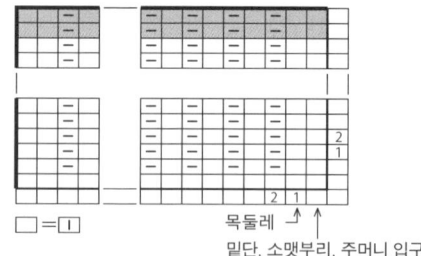

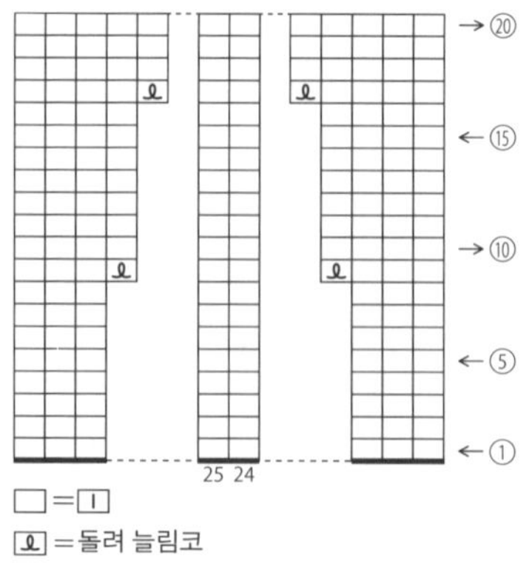

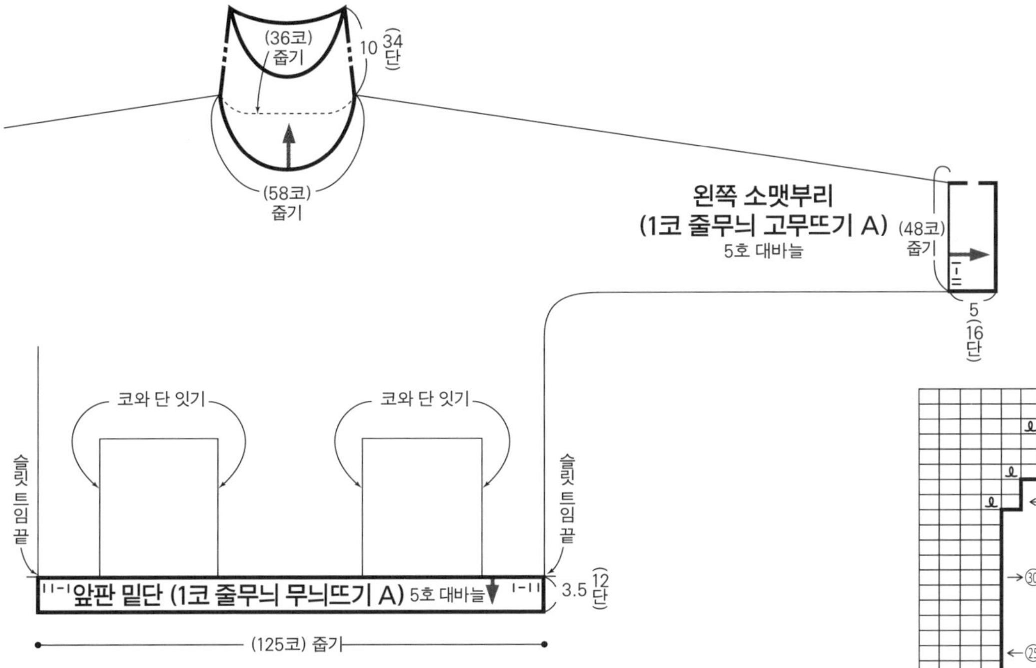

목둘레 (1코 줄무늬 고무뜨기 A) 5호 대바늘
(36코) 줍기
10 34단
(58코) 줍기
왼쪽 소맷부리
(1코 줄무늬 고무뜨기 A)
5호 대바늘
(48코) 줍기
5 16단
코와 단 잇기
코와 단 잇기
슬릿 트임 끝
슬릿 트임 끝
앞판 밑단 (1코 줄무늬 무늬뜨기 A) 5호 대바늘
3.5 12단
(125코) 줍기

※뒤판 밑단, 오른쪽 소맷부리는 **(1코 줄무늬 무늬뜨기 B)**로 뜬다.

왼쪽 소매 중심의 줄임코

20
15
10
5
5
1 105
100
□=Ⅰ

목둘레선의 증감코

1
40
40
실 잇기
35
35
30
30
25
25
20
20
15
15
10
10
5
5
실 잇기
뒤판 목둘레선
앞판 목둘레선
54
5
1 105
100
95
90
□=Ⅰ
=돌려 늘림코
=감아코

왼쪽 겨드랑이 밑선의 줄임코

5
1
8
5
1
54
□=Ⅰ

오른쪽 겨드랑이 밑선의 늘림코

1
8
5
1
110
□=Ⅰ
=돌려 늘림코
=감아코

감아 늘림코 (2코 이상)

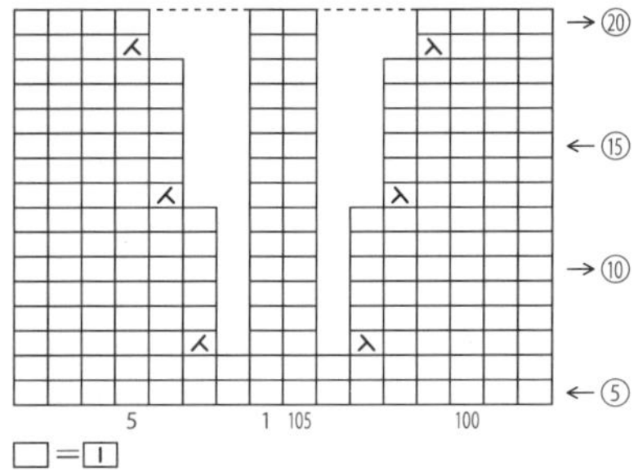

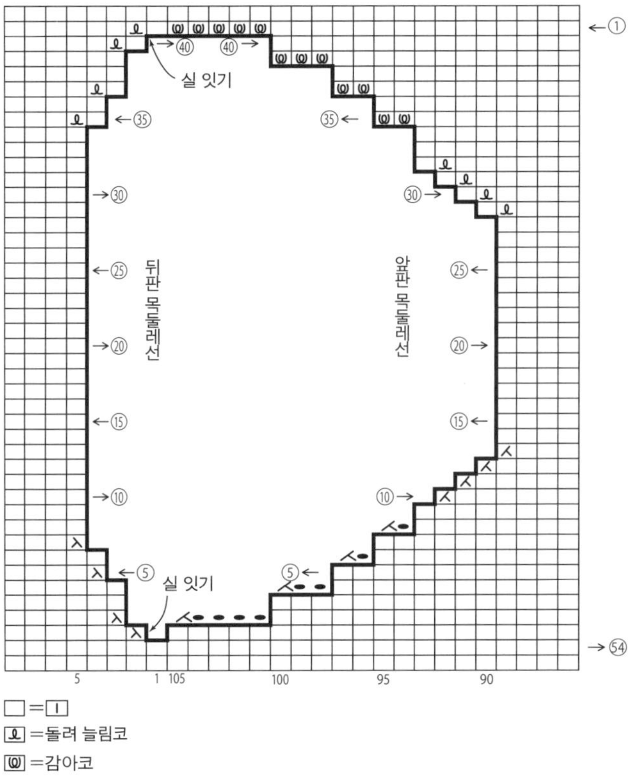

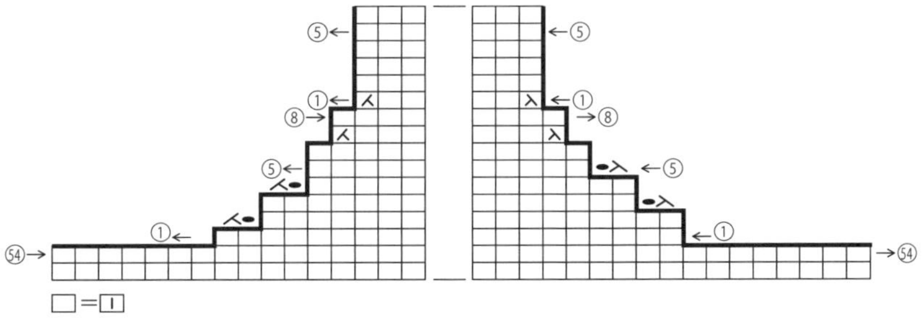

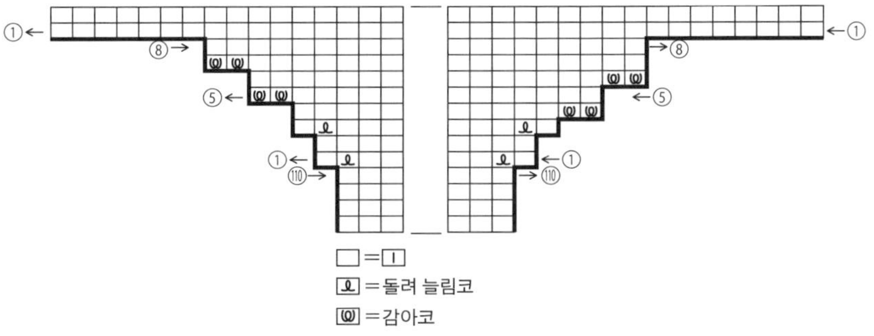

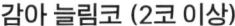

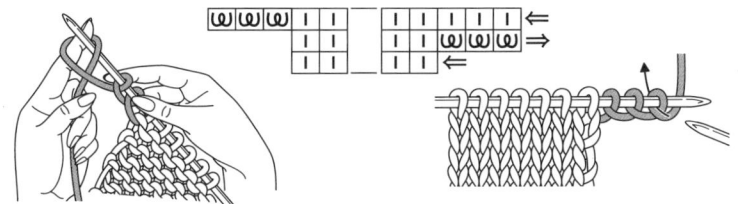

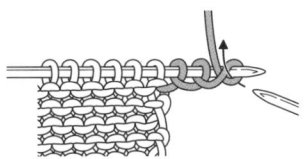

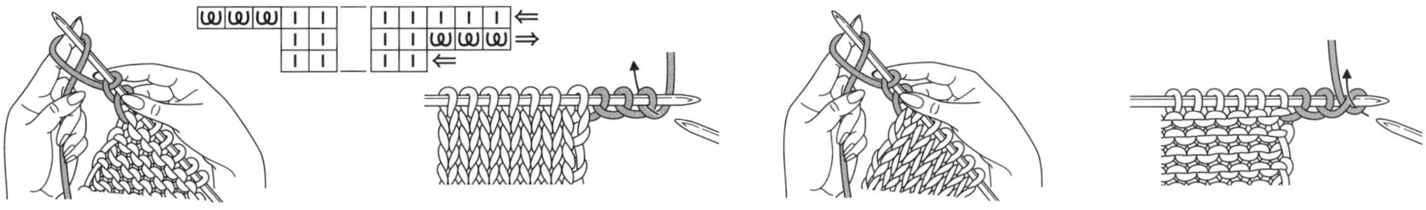

1 「검지에 그림과 같이 실을 걸고, 걸린 실에 바늘을 넣고 손가락을 뺀다」를 늘림코 수만큼 반복한다.

2 겉면으로 돌려. 화살표와 같이 바늘을 넣어 겉뜨기한다. 남은 2코도 같은 방법으로 뜨고, 끝까지 뜬다.

3 1과 같은 방법으로 검지에 걸린 실에 바늘을 넣어 코를 만든다.

4 안면으로 돌려 화살표와 같이 바늘을 넣어 안뜨기한다. 남은 2코도 같은 방법으로 뜬다.

니트 스커트 & 팬츠
84 page ★★★

셰틀랜드 울

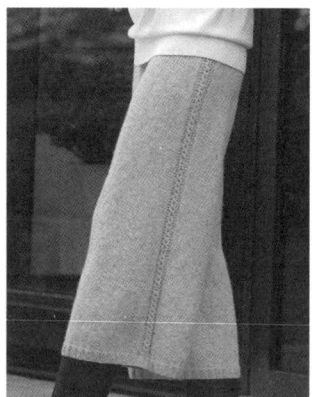

재료
DARUMA 셰틀랜드 울 오트밀(2) 460g 10볼,
폭 30mm 고무벨트 67cm

도구
대바늘 4호·3호

완성 크기
허리둘레 79cm, 기장 86cm.

게이지
메리야스뜨기(10×10cm) 22.5코×33단, 무늬뜨기
10코=3.5cm 33단=10cm

POINT
● 바지…손가락에 실을 걸어서 만드는 기초코를 만들어 뜨기 시작해 2코 고무뜨기, 메리야스뜨기, 무늬뜨기로 뜹니다. 줄임코는 도안을 참고하세요. 뒤판 경사는 되돌아뜨기를 합니다. 계속해서 벨트를 메리야스뜨기로 뜹니다. 뜨개 끝은 덮어씌워 코막음합니다.
● 마무리…좌우 바지는 떠서 꿰매기와 메리야스 잇기로 연결하는데, 벨트는 벨트 입구를 남겨둡니다. 고무벨트는 2cm 겹쳐 꿰매서 원형으로 만들고, 고무벨트를 끼우면서 벨트를 안면으로 접어 감침질합니다.

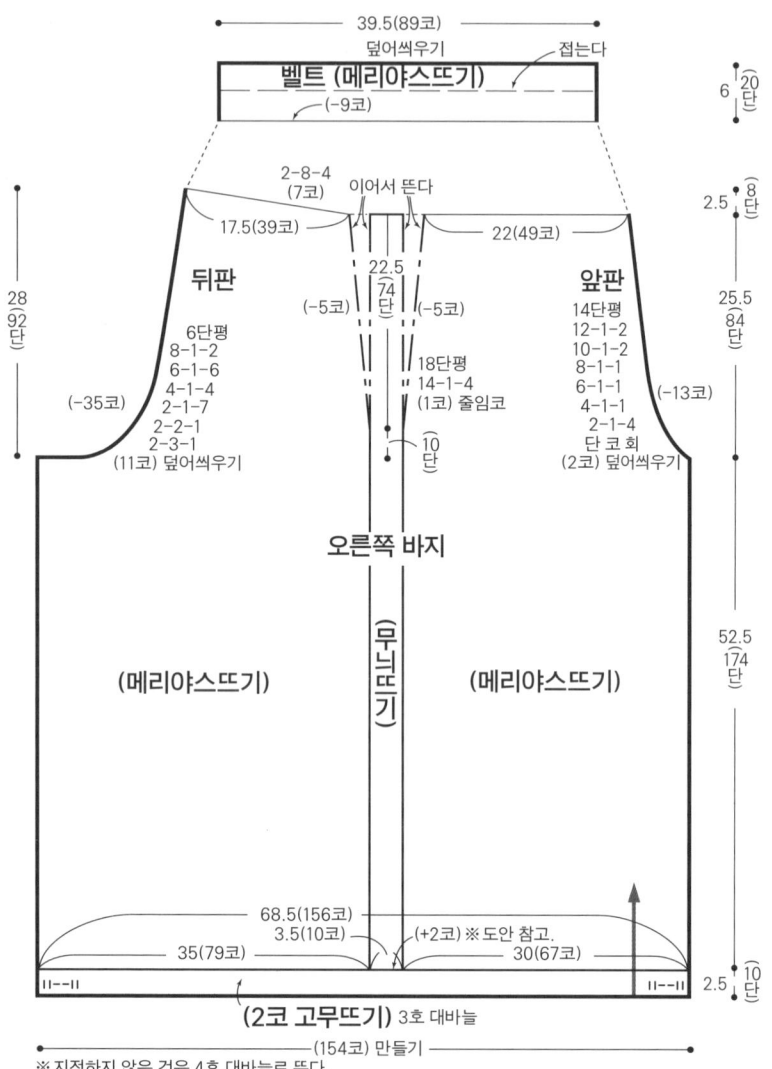

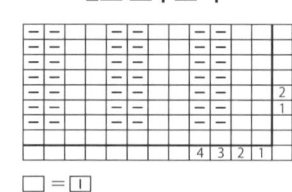

2코 고무뜨기

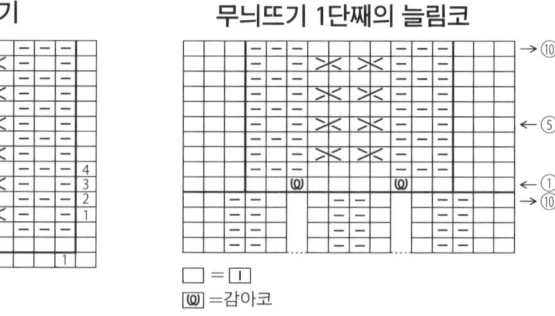

무늬뜨기

무늬뜨기 1단째의 늘림코

□ = □
⓪ = 감아코

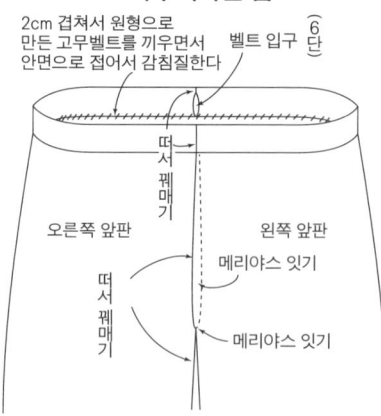

마무리하는 법

오른쪽 바지의 줄임코

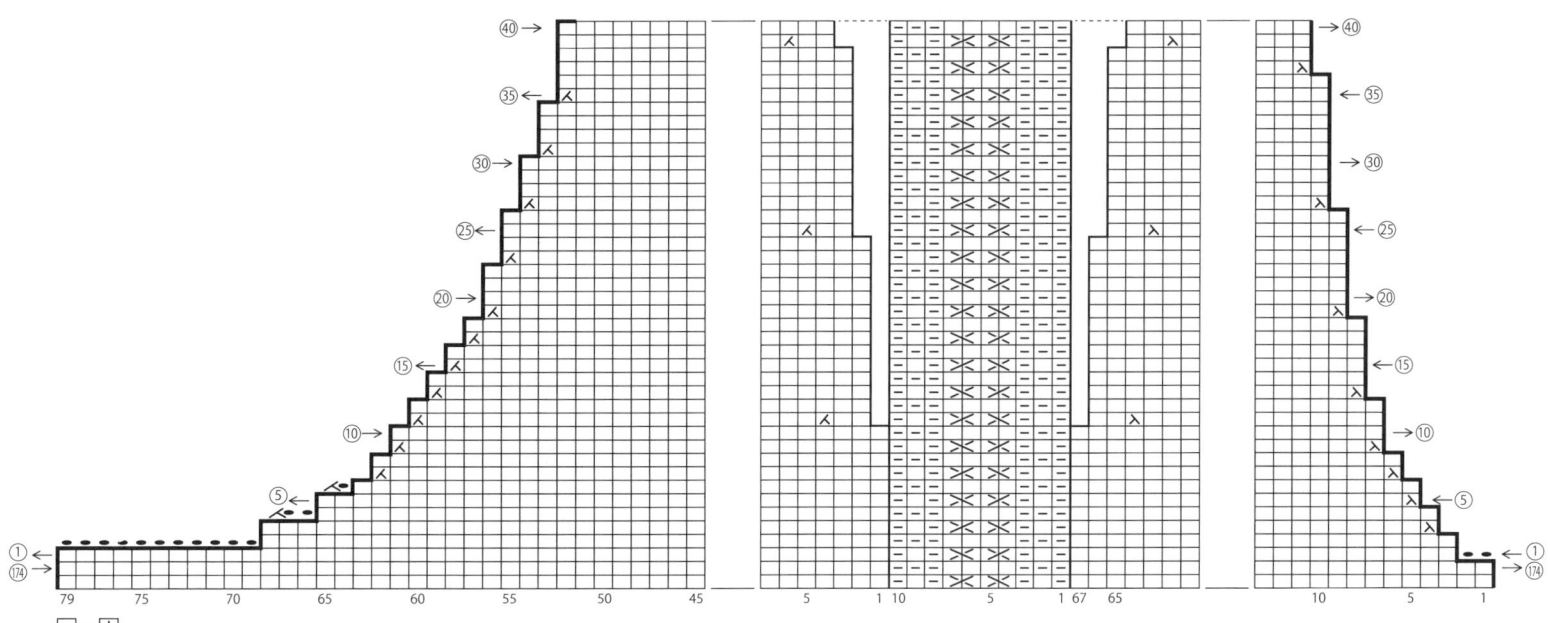

왼쪽 바지의 줄임코

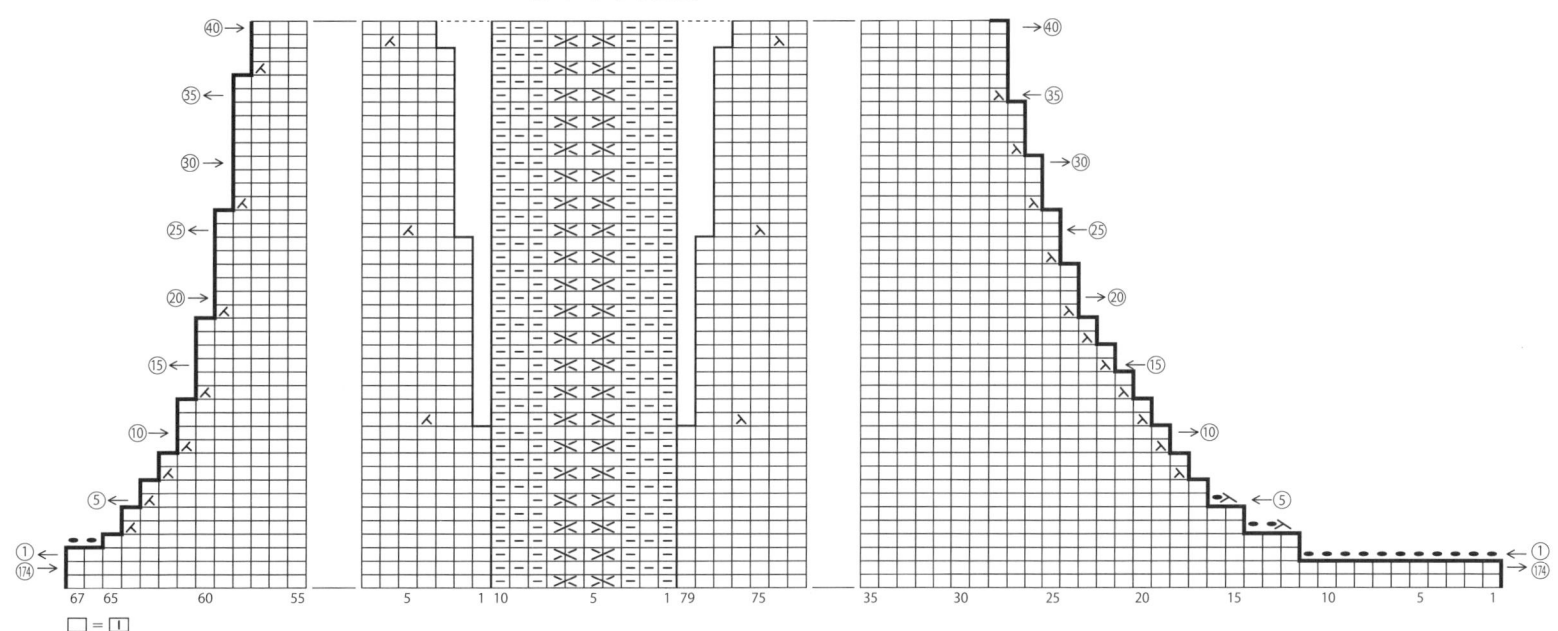

오른쪽 바지의 뒤판 경사

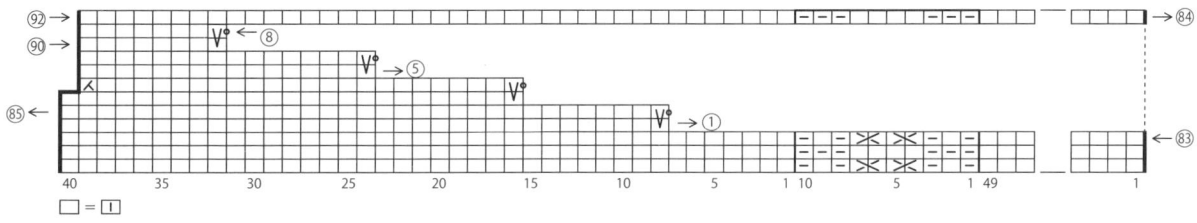

왼쪽 바지의 뒤판 경사

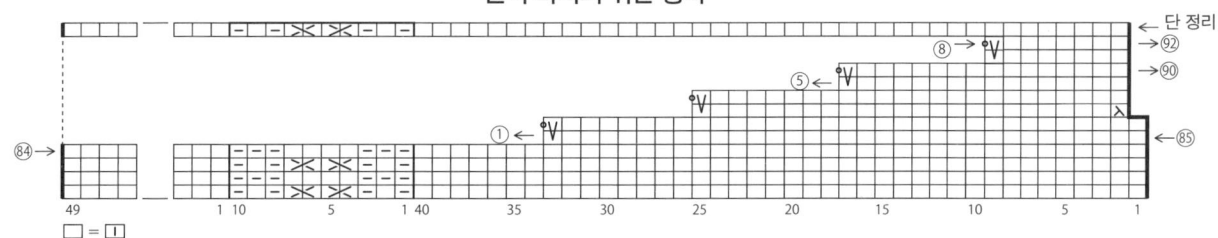

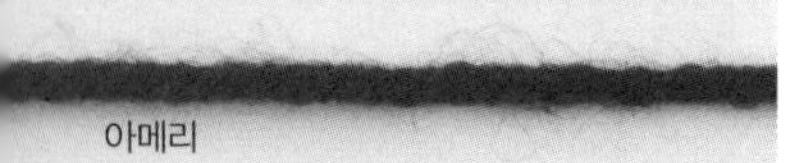

니트 스커트 & 팬츠
85 page ★★★

아메리

재료
하마나카 아메리 에크뤼(20) 290g 8볼, 그레이(22) 110g 3볼, 차콜 그레이(30) 80g 2볼, 폭 35mm 고무벨트 72cm

도구
코바늘 6/0호·5/0호

완성 크기
허리둘레 78cm, 치마 기장 65.5cm,

게이지
모티브 크기는 도안 참고

POINT
● 모티브 A~C를 지정 장수만큼 뜨는데, 모티브 A는 사슬 기초코, B, C는 고리로 만드는 기초코를 합니다. 모티브를 다 떴으면 도안을 참고하면서 그레이로 ㄷ자 잇기로 연결합니다. 지정 콧수를 주워, 밑단은 줄무늬 테두리뜨기, 벨트는 테두리뜨기로 원형으로 뜹니다. 골무벨트는 2cm 겹쳐 원형으로 꿰맵니다. 벨트는 고무벨트를 끼워서 접고, 테두리뜨기 1단째의 머리와 마지막 단의 머리를 감침질합니다.

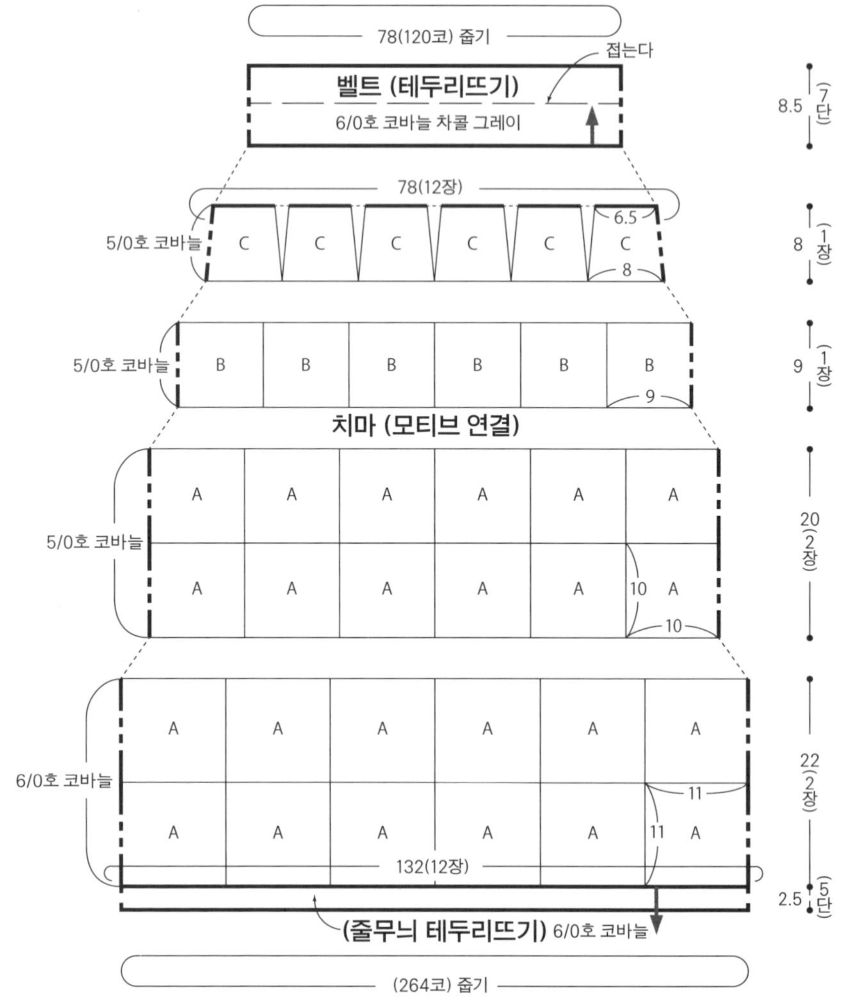

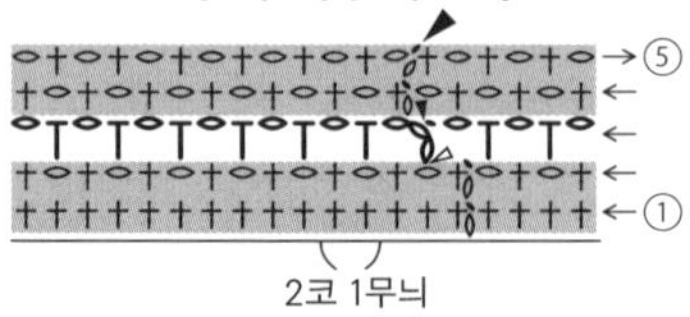

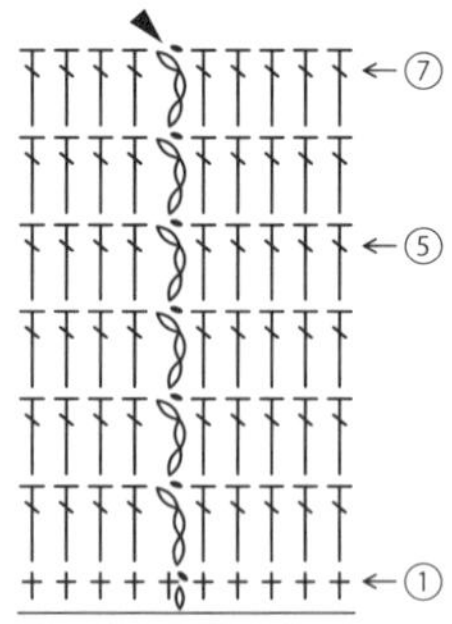

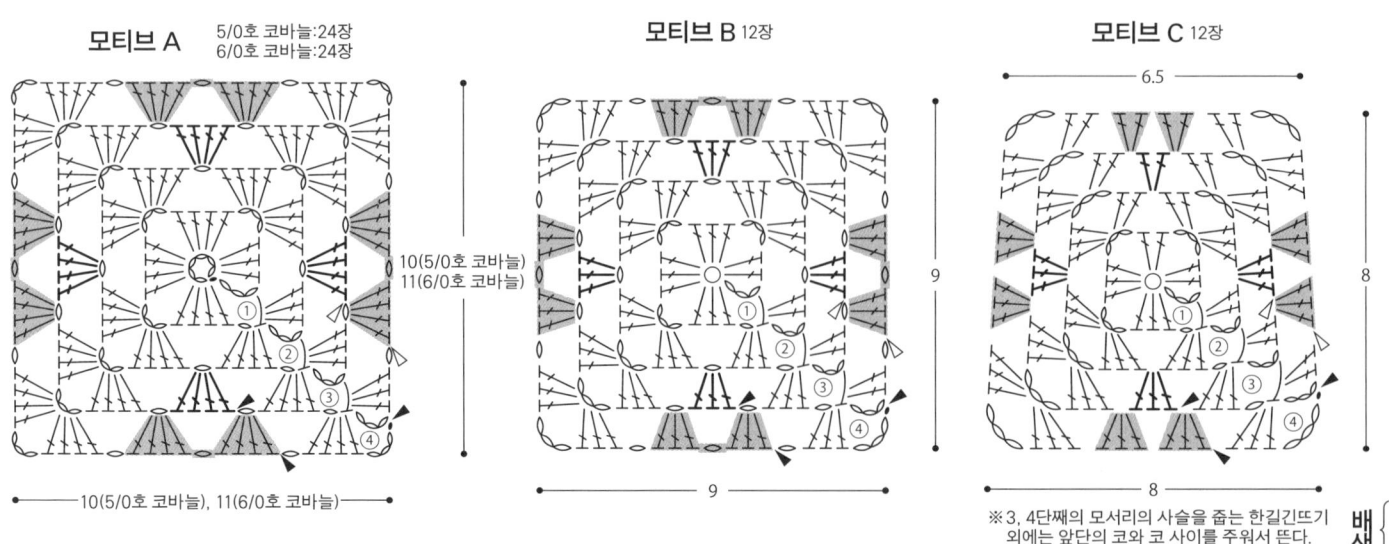

모티브 A의 3단째 뜨는 법

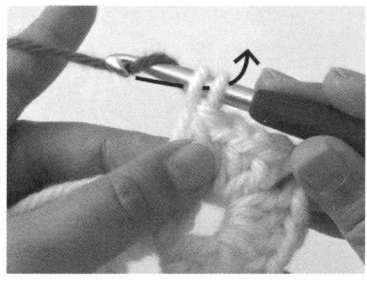

1 에크뤼로 도안대로 뜨고, 색이 바뀌기 직전의 한길긴뜨기까지 뜬 다음 실을 앞쪽에서 뒤쪽으로 걸고, 차콜 그레이로 한 번에 빼낸다. 바늘에 걸린 루프가 사슬코가 된다.

2 차콜 그레이로 한길긴뜨기를 2코 뜬 다음 3코째는 미완성의 한길긴뜨기를 뜨고 에크뤼 실을 뒤쪽에서 앞쪽으로 걸고 감싸면서 계속 뜬다.

3 4코째의 미완성 한길긴뜨기를 뜬 다음 실을 앞쪽에서 뒤쪽으로 걸고, 에크뤼로 한 번에 빼낸다.

4 에크뤼로 사슬 1코를 더 뜬 모습. 1~3의 요령으로 걸치는 실을 감싸 뜨면서 도안대로 떠나간다.

5 안면에서 본 모습. 4단째도 같은 방법으로 감싸면서 뜬다. 모티브 B, C는 한길긴뜨기 2코에 감싸서 뜬다.

모티브 연결하는 법

① 테두리뜨기

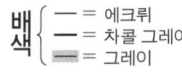
줄무늬 테두리뜨기 ①

---- = ㄷ자 잇기(그레이)

배색 {
— = 에크뤼
— = 차콜 그레이
▨ = 그레이
}

▷ = 실 잇기

반 코 ㄷ자 잇기

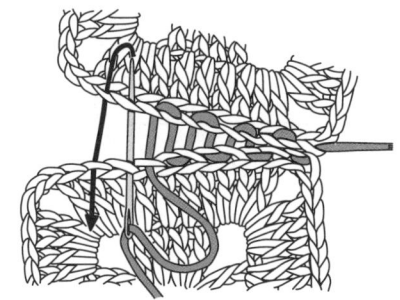

편물의 걸면에서 반 코씩 떠서 잇는다.
실은 너무 당기지 않는다.

Knit+1
92 page ★★★

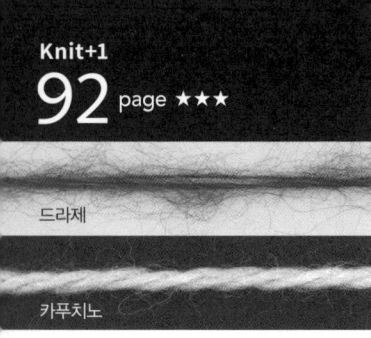
드라제
카푸치노

재료
K'sK 드라제 카키 계열 믹스(101) 185g 8볼, 카푸치노 짙은 갈색(4) 65g 2볼

도구
대바늘 7호·5호

완성 크기
가슴둘레 102cm, 어깨너비 43cm, 기장 54.5cm, 소매길이 51.5cm

게이지
무늬뜨기 A 1무늬 10코=5cm, 무늬뜨기 B 1무늬 11코=6cm, 무늬뜨기 C 1무늬 10코=4cm, 무늬뜨기 D 1무늬 20코=9cm, 무늬뜨기 A·B·C·D 24.5단=10cm

POINT
●몸판·소매…별도 사슬로 기초코를 만들어 뜨기 시작해 몸판은 무늬뜨기 A·B·C·D. 소매는 안메리야스뜨기, 무늬뜨기 A·B·C로 뜹니다. 줄임코는 2코 이상은 덮어씌우기, 1코는 가장자리 1코를 세우는 줄임코를 하는데, 앞목둘레선은 가장자리 2코를 세우는 줄임코를 합니다. 소매 밑선의 늘림코는 1코 안쪽에서 돌려 늘림코를 합니다. 기초코의 사슬을 풀어서 코를 줍고, 밑단과 소맷부리를 무늬뜨기 E로 뜹니다. 도안을 참고해 지정 위치에서 되돌아뜨기를 합니다. 뜨개 끝은 무늬를 이어서 뜨면서 덮어씌워 코막음합니다.
●마무리…어깨는 덮어씌워 잇기, 옆선·소매 밑선은 떠서 꿰매기를 합니다. 목둘레는 지정 콧수를 주워 무늬뜨기 F로 원형으로 뜹니다. 뜨개 끝은 겉뜨기를 겉뜨기로 안뜨기는 안뜨기로 떠서 덮어씌워 코막음합니다. 소매는 빼뜨기 잇기로 몸판과 연결합니다.

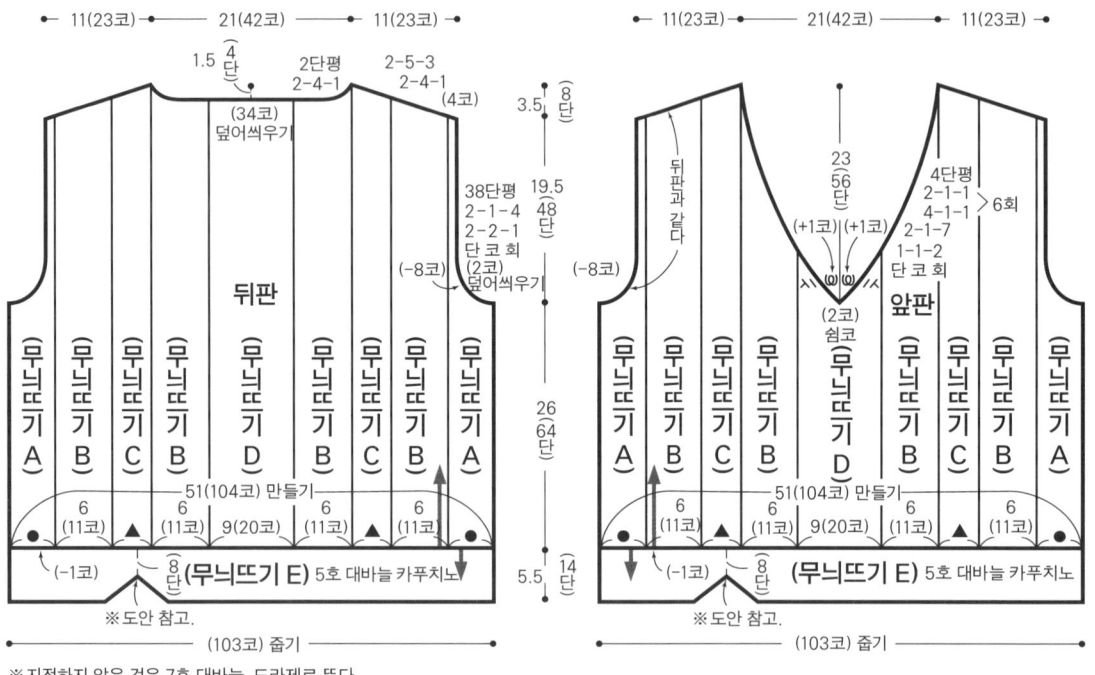

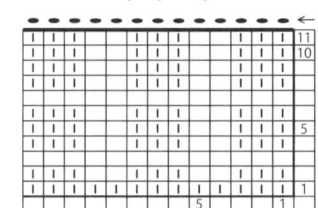

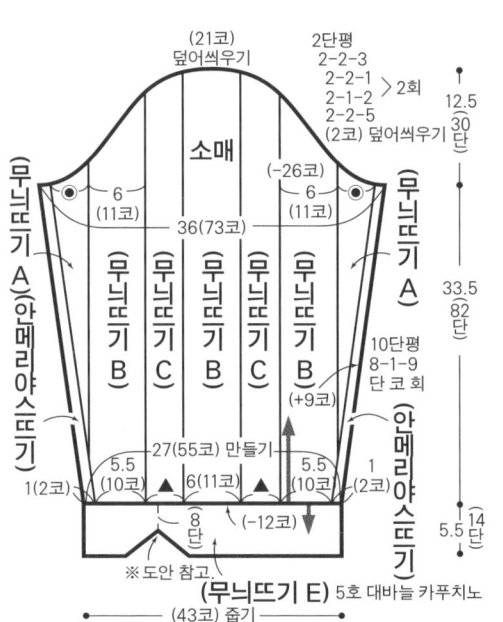

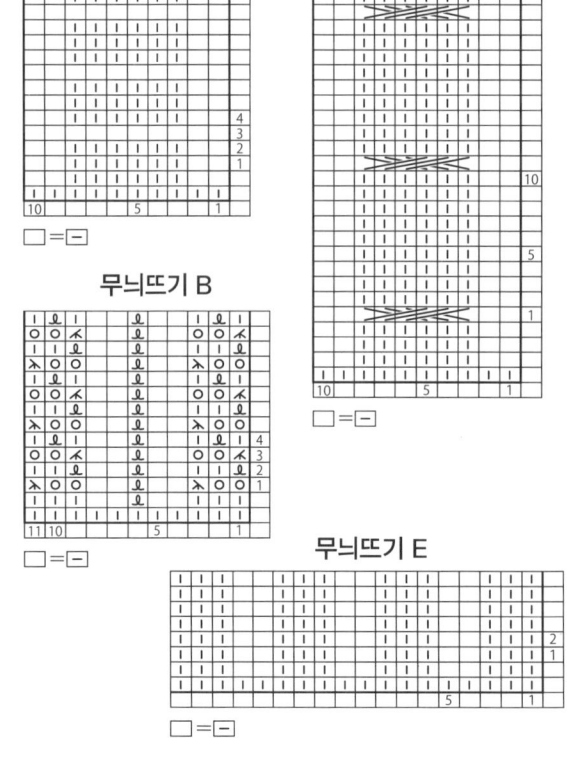

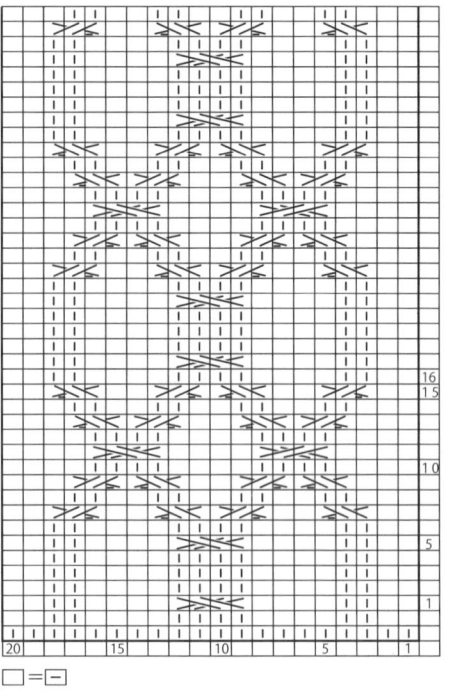

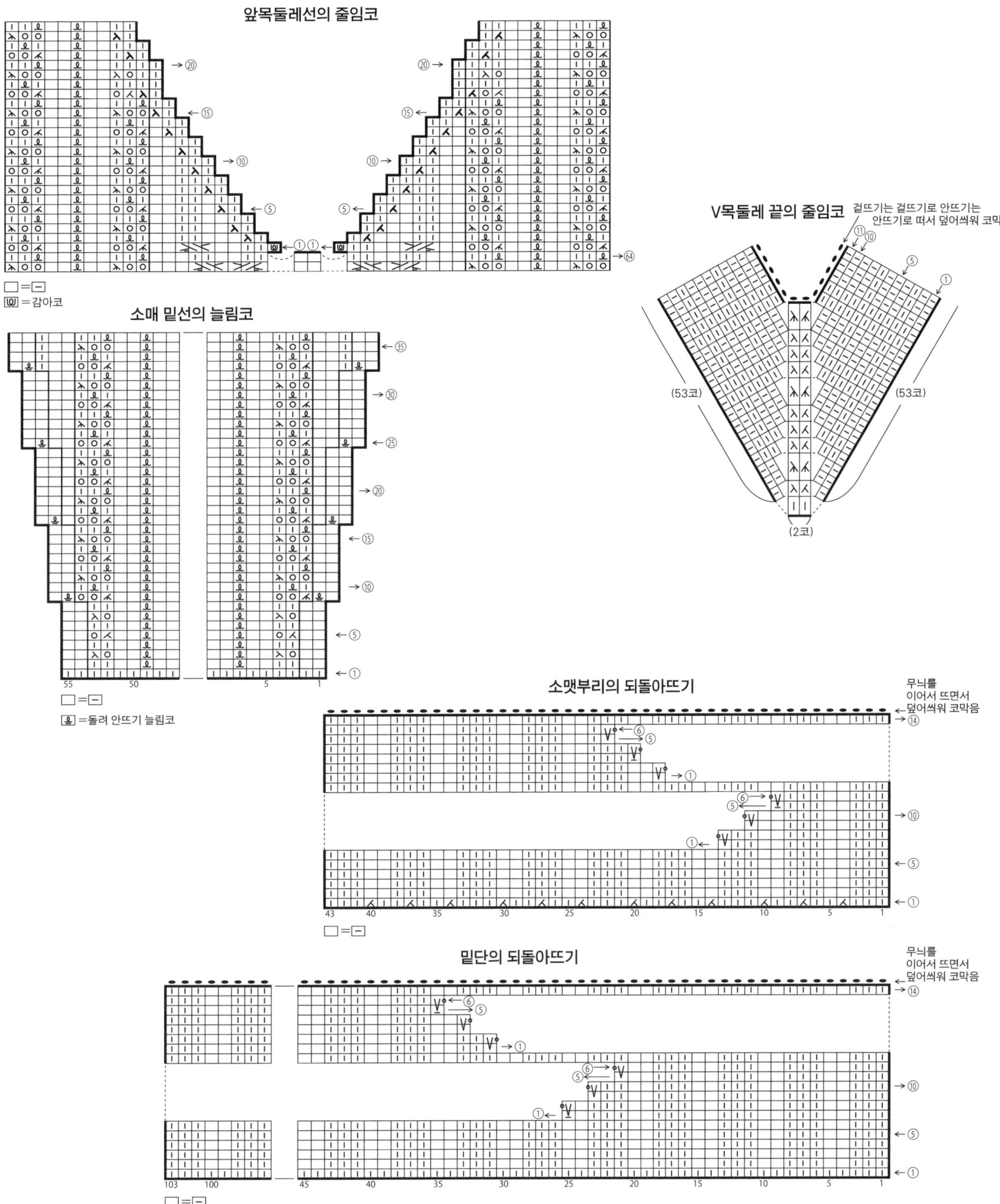

Knit+1
93 page ★★★

카푸치노

손가락에 실을 걸어서 만드는 1코 고무뜨기 기초코
※ 일본어 사이트

오른코 위 돌려 2코 모아뜨기
※ 일본어 사이트

드라이브뜨기
※ 일본어 사이트

재료
실…K'sK 카푸치노 에크뤼(1) 580g 12볼,
단추…지름 23mm 6개

도구
대바늘 8호·6호·9호

완성 크기
가슴둘레 103.5cm, 기장 59cm, 화장 68.5cm

게이지(10×10cm)
메리야스뜨기 19.5코×27단, 무늬뜨기 A 22.5코×27단, 무늬뜨기 B 16코×20단

POINT
●몸판·소매…몸판은 1코 고무뜨기 기초코를 만들어 뜨기 시작해 1코 돌려 고무뜨기로 뜹니다. 계속해서 뒤판은 메리야스뜨기, 앞판은 메리야스뜨기와 무늬뜨기 A로 뜹니다. 줄임코는 2코 이상은 덮어씌우기, 1코는 가장가리 1코를 세우는 줄임코를 합니다. 어깨는 덮어씌워 잇기를 합니다. 소매는 지정 위치에서 코를 주워 메리야스뜨기, 무늬뜨기 B, 1코 돌려 고무뜨기로 뜹니다. 뜨개 끝은 1코 고무뜨기 코막음을 합니다.
●마무리…옆선·소매 밑선은 떠서 꿰매기를 합니다. 앞여밈단·칼라는 지정 콧수를 주워 1코 돌려 고무뜨기로 뜹니다. 오른쪽 앞여밈단·오른쪽 칼라에는 단춧구멍을 만듭니다. 계속해서 칼라는 게이지 조정을 하면서 무늬뜨기 B로 뜹니다. 뜨개 끝은 소매와 같은 방법으로 합니다. 단추를 달아 완성합니다.

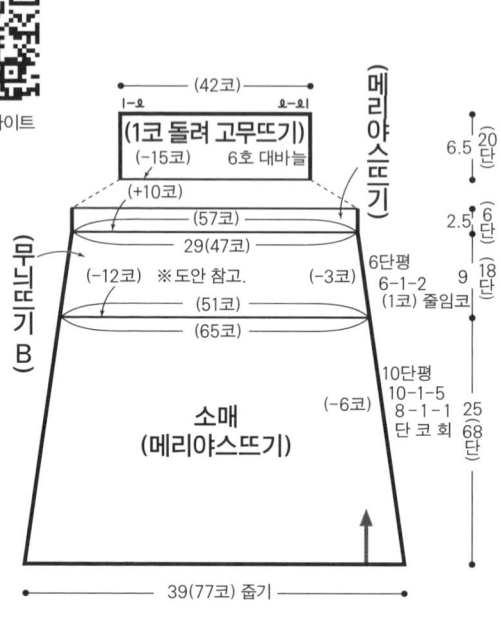

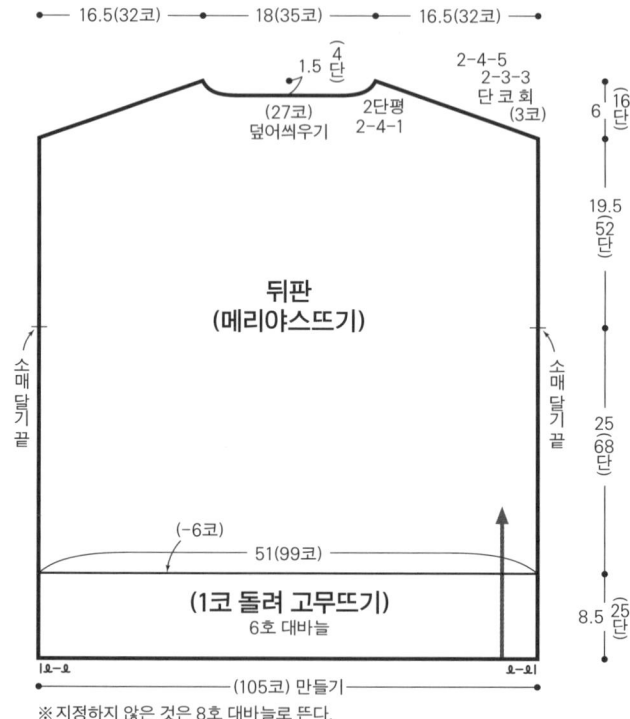

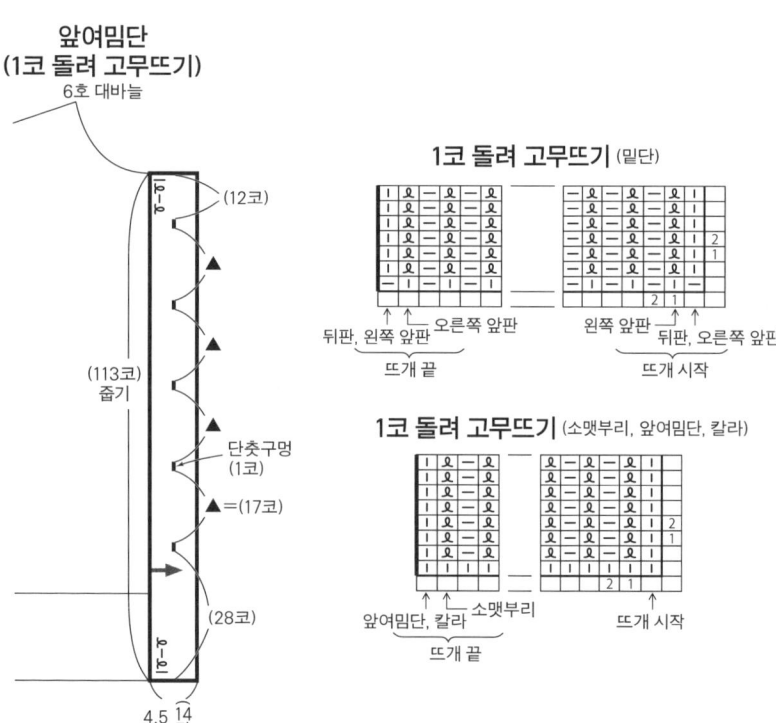

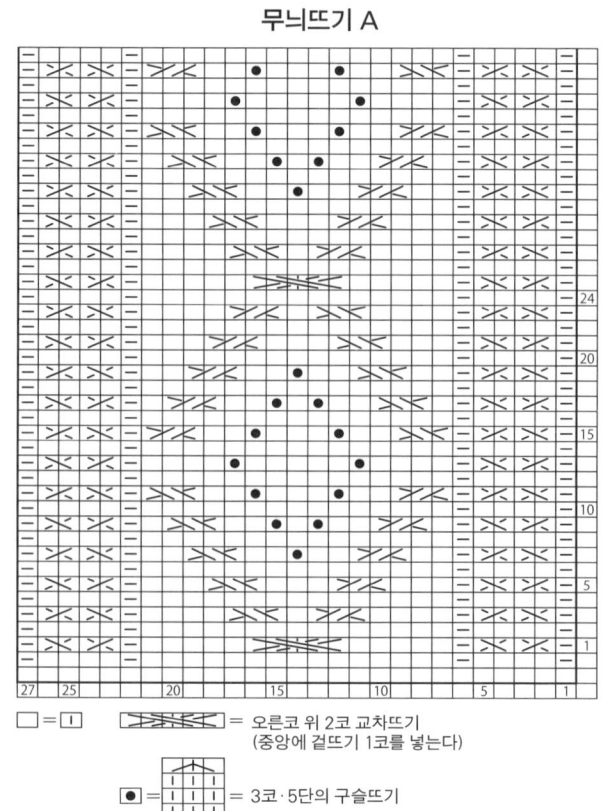

무늬뜨기 B (소매)

□ = |

= = 3코 · 5단의 구슬뜨기

단춧구멍 (오른쪽 앞여밈단)

= 오른코 위 돌려 2코 모아뜨기

= 2회 감는 드라이브뜨기를 한 코를 다음 단에서 끌어올려뜬다.

칼라

※몸판의 겉면을 보면서 코를 줍는다.

※1코 돌려 고무뜨기를 14단 뜬 다음 도안을 참고해 안면을 겉으로 해서 무늬뜨기 B를 뜬다.

무늬뜨기 B (칼라 겉면)

□ = |

= 걸러뜨기 안뜨기(1단)

= 걸러뜨기(1단)

= = 3코 · 5단의 구슬뜨기

단춧구멍 (칼라)

= 오른코 위 돌려 2코 모아뜨기

= 2회 감는 드라이브뜨기를 한 코를 다음 단에서 끌어올려뜬다.

3코 · 5단의 구슬뜨기

1 1코에서 걸뜨기 1코 · 걸기코 · 걸뜨기 1코를 뜬다.

2 안면으로 뒤집어 안뜨기로 3코 뜬다.

3 같은 방법으로 3코를 2단 뜬다.

4 오른쪽의 2코에 화살표처럼 바늘을 넣어 오른바늘에 옮기고, 3코째는 걸뜨기한다.

5 4에서 오른바늘에 옮긴 2코에 왼바늘을 넣고 걸뜨기에 덮어 씌운다

6 3코 · 5단의 구슬뜨기를 완성했다.

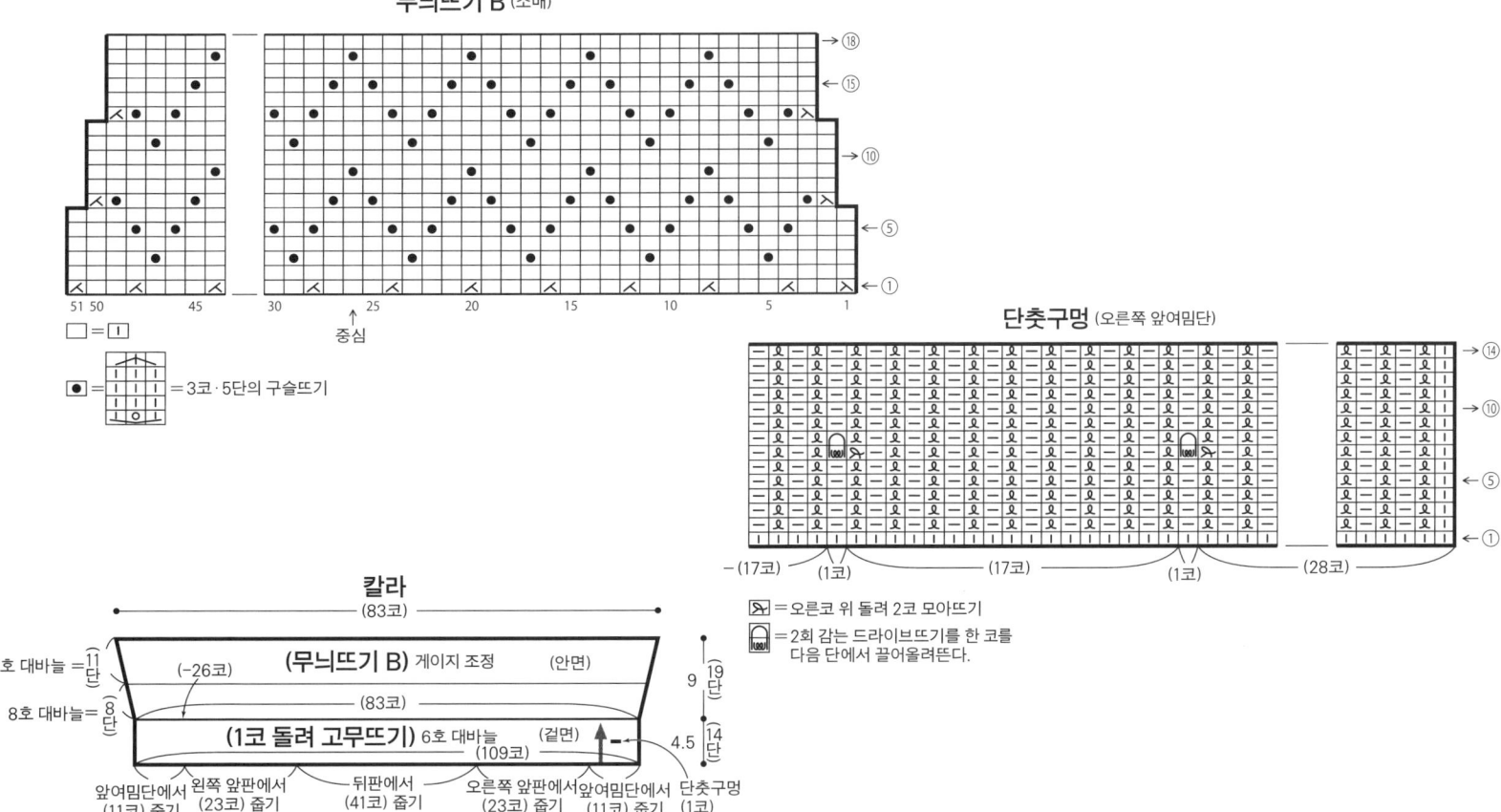

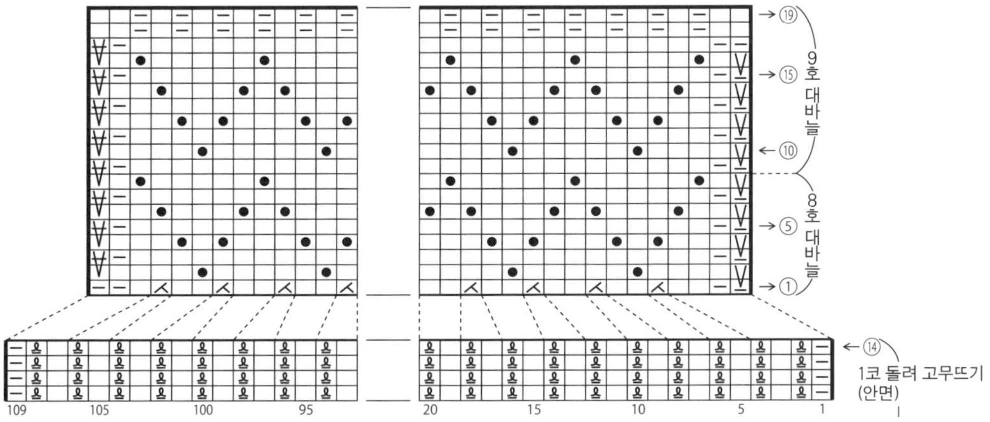

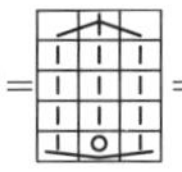

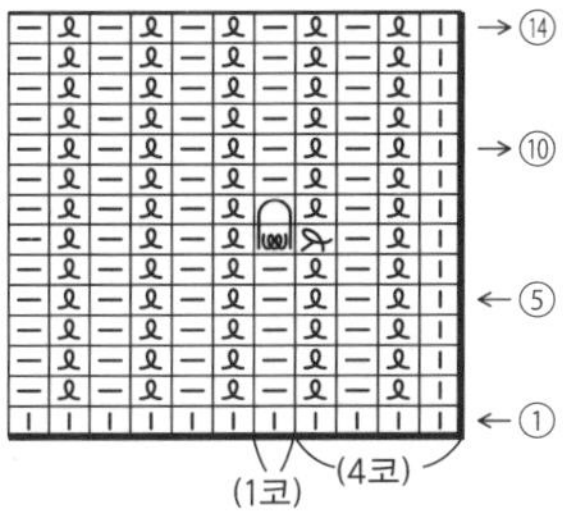

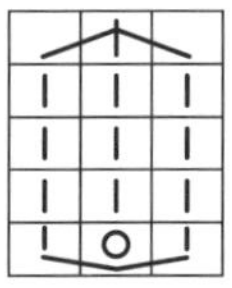

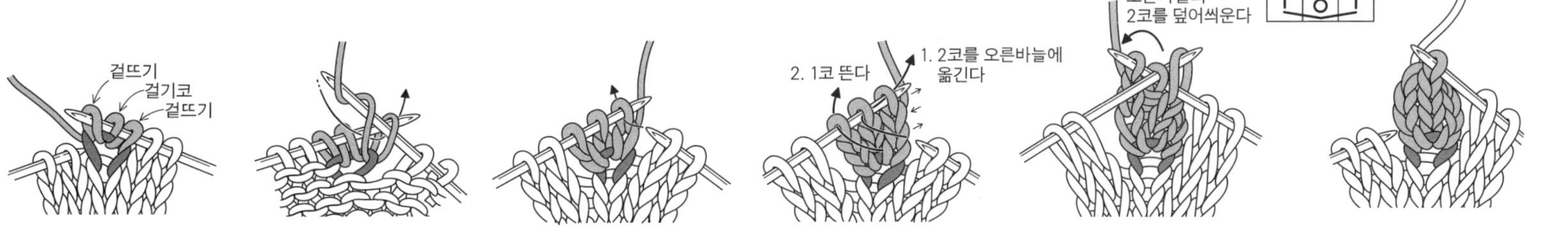

스이돈 강좌
98 page ★★★

트리 하우스 리브스

재료
올림푸스 트리 하우스 리브스 에크뤼(1) 280g 7볼
도구
아미무메모(6.5mm)
완성 크기
가슴둘레 104㎝, 기장 53㎝, 화장 29㎝
게이지(10×10㎝)
메리야스뜨기 16코×20단, 무늬뜨기 16코×22단
POINT
●몸판…몸판은 1코 고무뜨기 기초코를 만들어 뜨기 시작해 뒤판은 1코 고무뜨기·메리야스뜨기, 앞판은 1코 고무뜨기·메리야스뜨기·무늬뜨기로 뜹니다. 무늬뜨기는 104페이지를 참고하세요. 앞 목둘레는 2코 이상은 되돌아뜨기, 1코는 줄임코로 뜹니다. 뜨개 끝은 버림뜨기를 합니다.
●마무리…목둘레·소맷부리는 1코 고무뜨기 기초코를 만들어 뜨기 시작 1코 고무뜨기로 뜹니다. 오른쪽 어깨, 목둘레와 몸판, 왼쪽 어깨, 소맷부리와 몸판 순으로 기계잇기를 합니다. 옆선·소맷부리 옆선·목둘레 옆선은 떠서 꿰매기를 합니다.

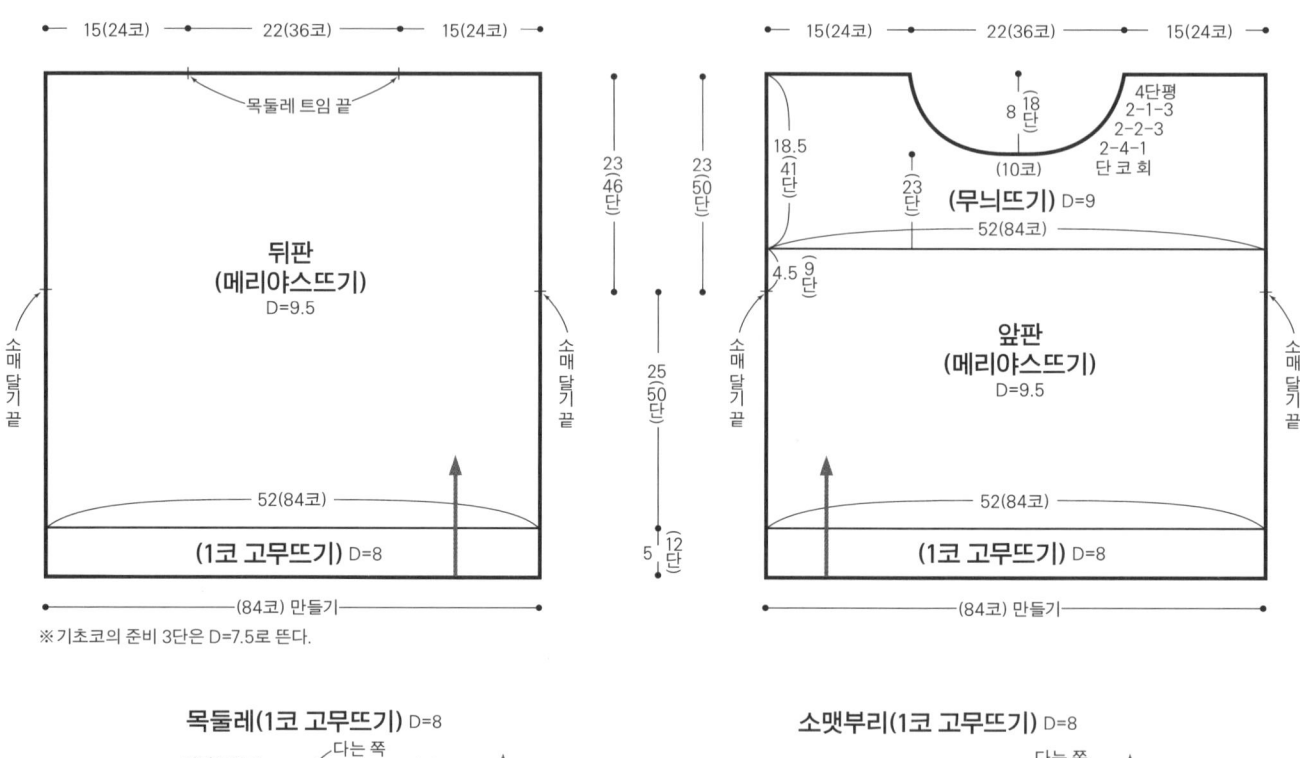

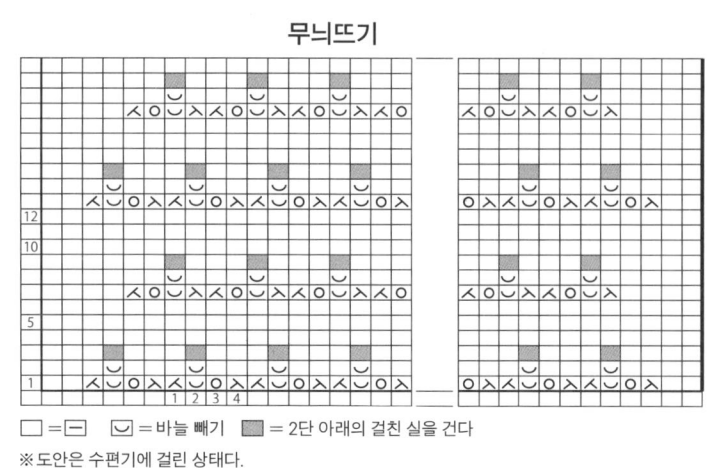

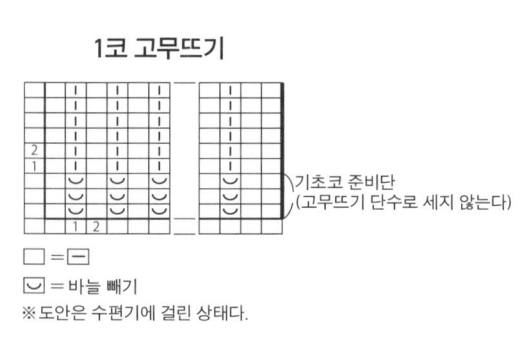

재료
리치모어 퍼센트 갈색(125) 250g 7볼, 베이지(124) 115g 3볼

도구
아미무메모(6.5mm)

완성 크기
가슴둘레 104cm, 기장 54.5cm, 화장 72.5cm

게이지(10×10cm)
메리야스뜨기, 줄무늬 메리야스뜨기 A·B 21코×30단

POINT
● 몸판·소매…몸판은 버림뜨기 기초코를 만들어 뜨기 시작해 메리야스뜨기, 줄무늬 메리야스뜨기 A로 뜹니다. 뜨개 끝은 버림뜨기를 합니다. 밑단·목둘레·소맷부리는 105페이지를 참고해 무늬뜨기로 뜹니다. 뜨개 끝은 몸판처럼 합니다. 오른쪽 어깨는 떠서 꿰매기를 하고, 목둘레는 기계잇기로 몸판과 연결합니다. 왼쪽 어깨를 떠서 꿰매기를 합니다. 소매는 지정 콧수를 주워 왼쪽 소매는 메리야스뜨기, 오른쪽 소매는 메리야스뜨기와 줄무늬 메리야스뜨기 B로 뜹니다. 뜨개 끝은 몸판처럼 합니다.

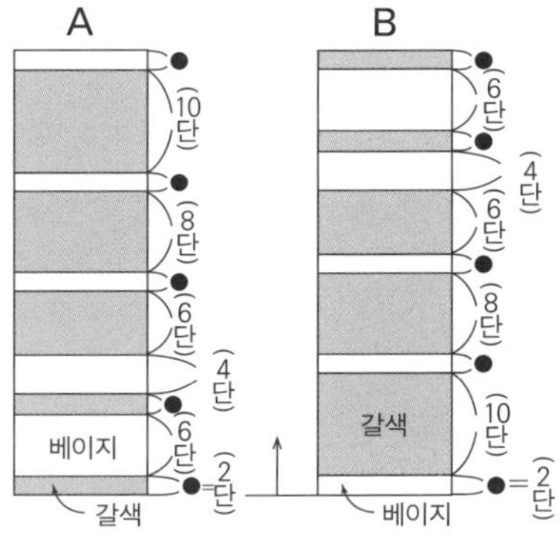

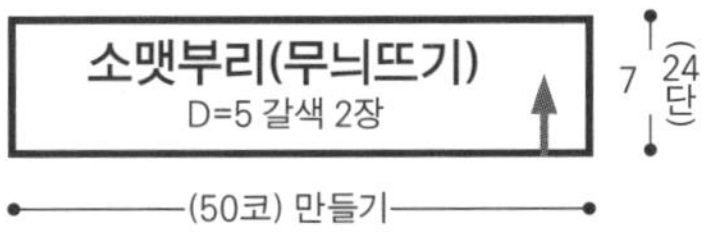

● 마무리…밑단·소맷부리를 기계잇기로 몸판·소매와 연결합니다. 옆선은 기계잇기, 밑단 옆선·소매 밑선·목둘레 옆선은 떠서 꿰매기를 합니다.

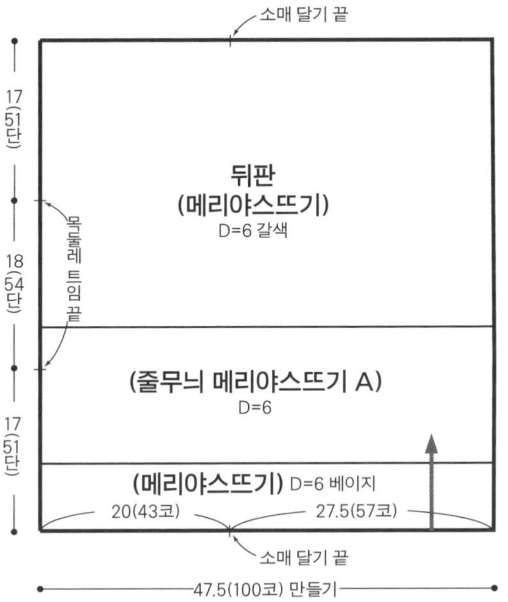

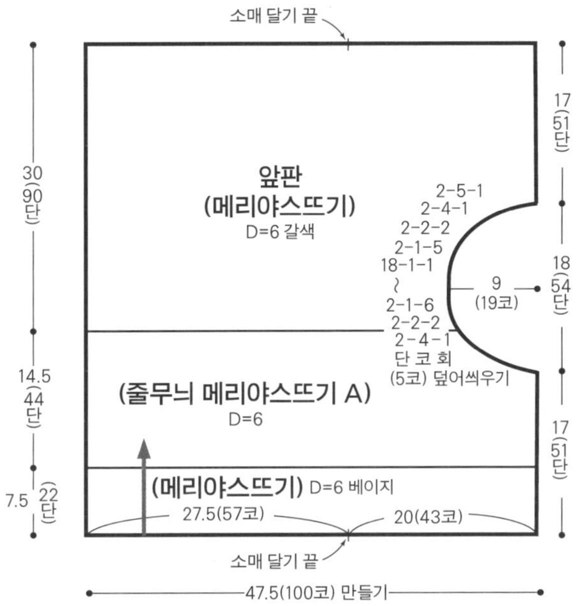

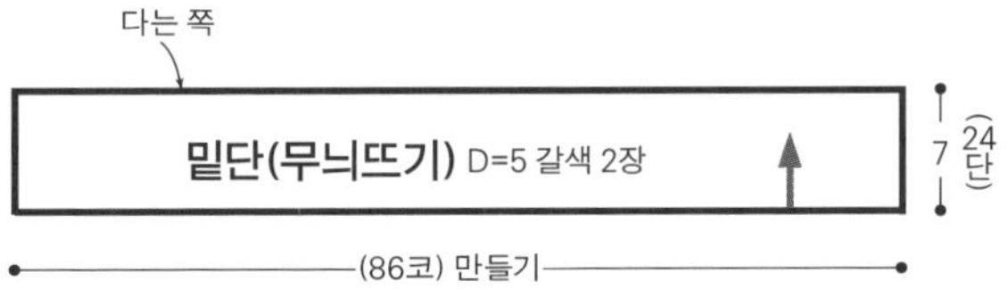

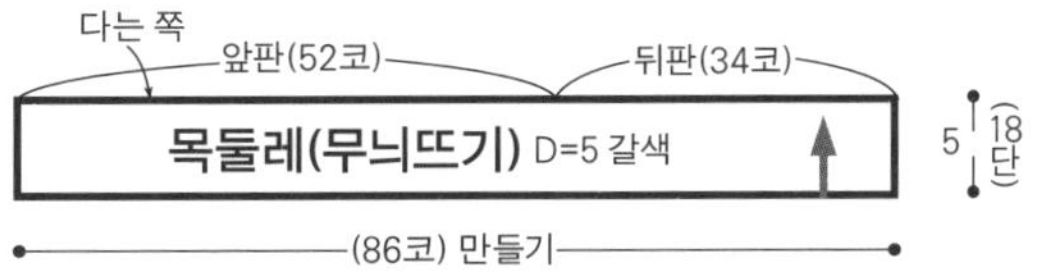

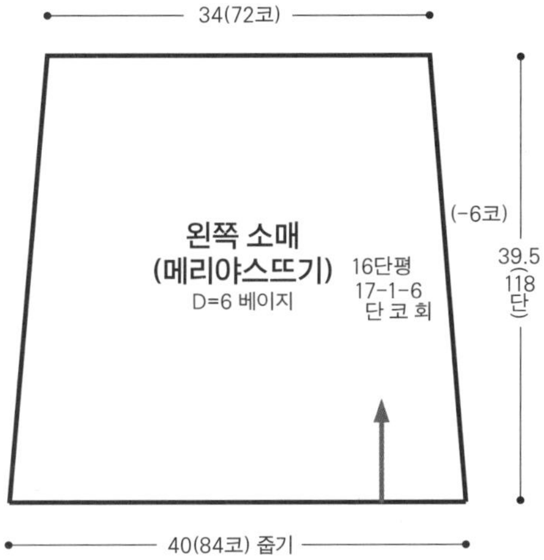

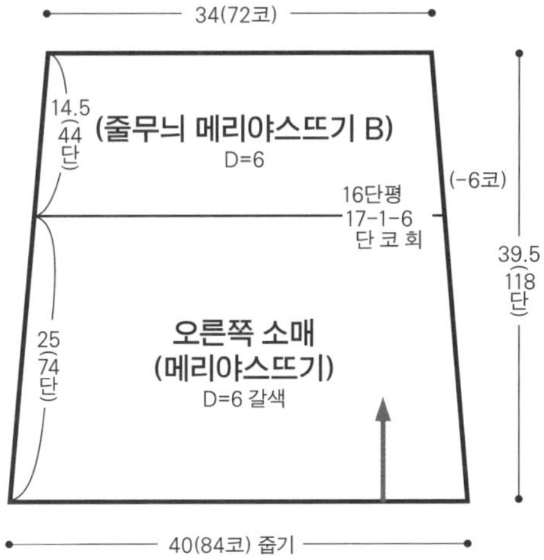

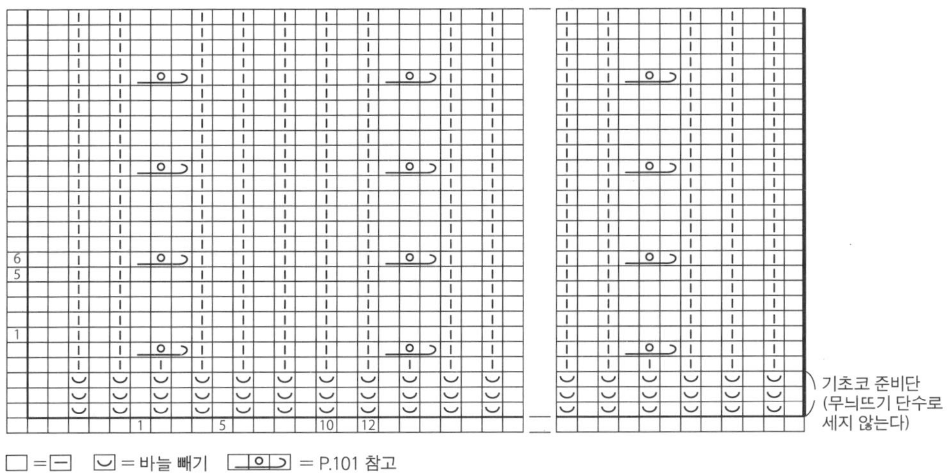

떡갈나무 카디건
56 page ★★★

재료
Holstgarn-Supersoft(light fingering, 50g 287m) Heath 188(210)g, Saffron 29(33)g, Goldcrest 8(9)g, 리본 70cm

도구
3.5mm 대바늘, 3mm 대바늘, 3.5mm 장갑바늘, 스티치마커, 돗바늘

완성 크기 M (L)
가슴둘레 105 (117)cm, 기장 64cm, 화장 71cm

게이지(10×10cm)
무늬뜨기 27코×31단

POINT
●요크, 몸판…평면뜨기로 시작한 후 감아코를 만들어 원형으로 뜹니다. 요크의 패턴을 가로 배색으로 뜨고 요크가 끝날 때까지 뜹니다. 앞섶은 매 3단마다 코늘림을 반복해 122단까지 진행합니다.

소매를 분리해 별도의 실에 쉬어 두고 몸통은 고무단 뜨기 전까지 원형으로 진행합니다. 2코 고무뜨기로 밑단을 마무리하고 스틱 부분을 보강한 후 앞섶을 자릅니다. 스틱 시접을 접어 바느질로 마무리합니다.

●아이코드…4코 아이코드를 38cm 뜬 후 앞섶에 연결합니다. 이어서 네크라인을 따라 아이코드를 뜨고 마지막에 아이코드 끈을 38cm 길게 뜹니다. 오른쪽 겉에 아이코드를 달아주고 왼쪽 안쪽에는 고리를 달아 여밈을 만듭니다. 오른쪽 겉에 아이코드를 달아주고 왼쪽 안쪽에는 고리를 달아 여밈을 만듭니다.

●소매…쉬어 둔 소매코와 진동 둘레 아래쪽에서 코를 주워 줄여가며 소매를 뜹니다. 2코 고무뜨기로 밑단을 마무리하고 반대쪽 소매도 동일한 방식으로 뜹니다.

설명과 차트를 참고해서 뜹니다. 각각 사이즈 순서대로 M (L) 로 표기되어 있습니다.
패턴 스와치는 '밑단 반복 패턴(31코, 31단)'을 보고 위, 아래, 양옆에 가터 영역을 추가해서 뜬 후 재면 됩니다.

요크 늘림

요크 차트를 참고해서 진행합니다.
차트의 빈 부분은 연결되어 있습니다. 점선의 연결된 부분을 참고해 주세요.

1. 바탕실을 사용해 54코를 만듭니다. 이 코는 단으로 세지 않습니다.
편물을 뒤집어 차트를 따라 1단부터 20단까지 평면으로 뜹니다. [152코]
21단을 뜬 후 감아코를 3코(스틱 부분) 만들고 시작 부분을 이어 35단까지 원통으로 뜹니다. [231코]
요크 패턴 차트를 보고 36단부터 63단까지 뜹니다. 이후 단색으로 79단까지 요크를 뜹니다. [369코]

요크 패턴

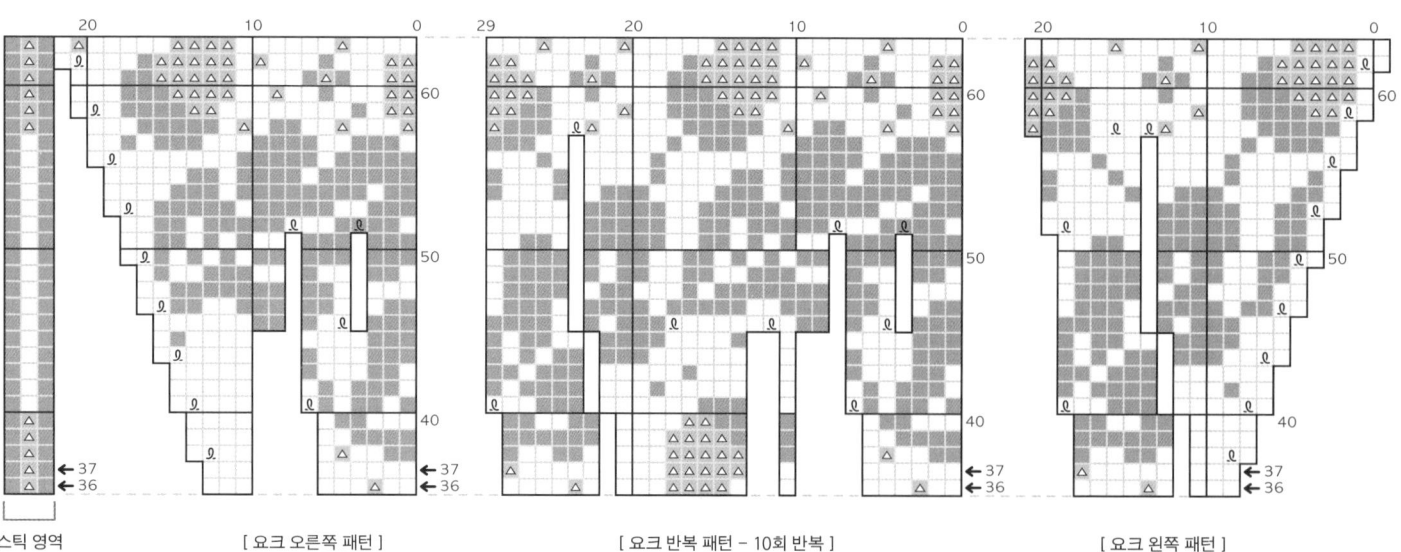

요크 늘림

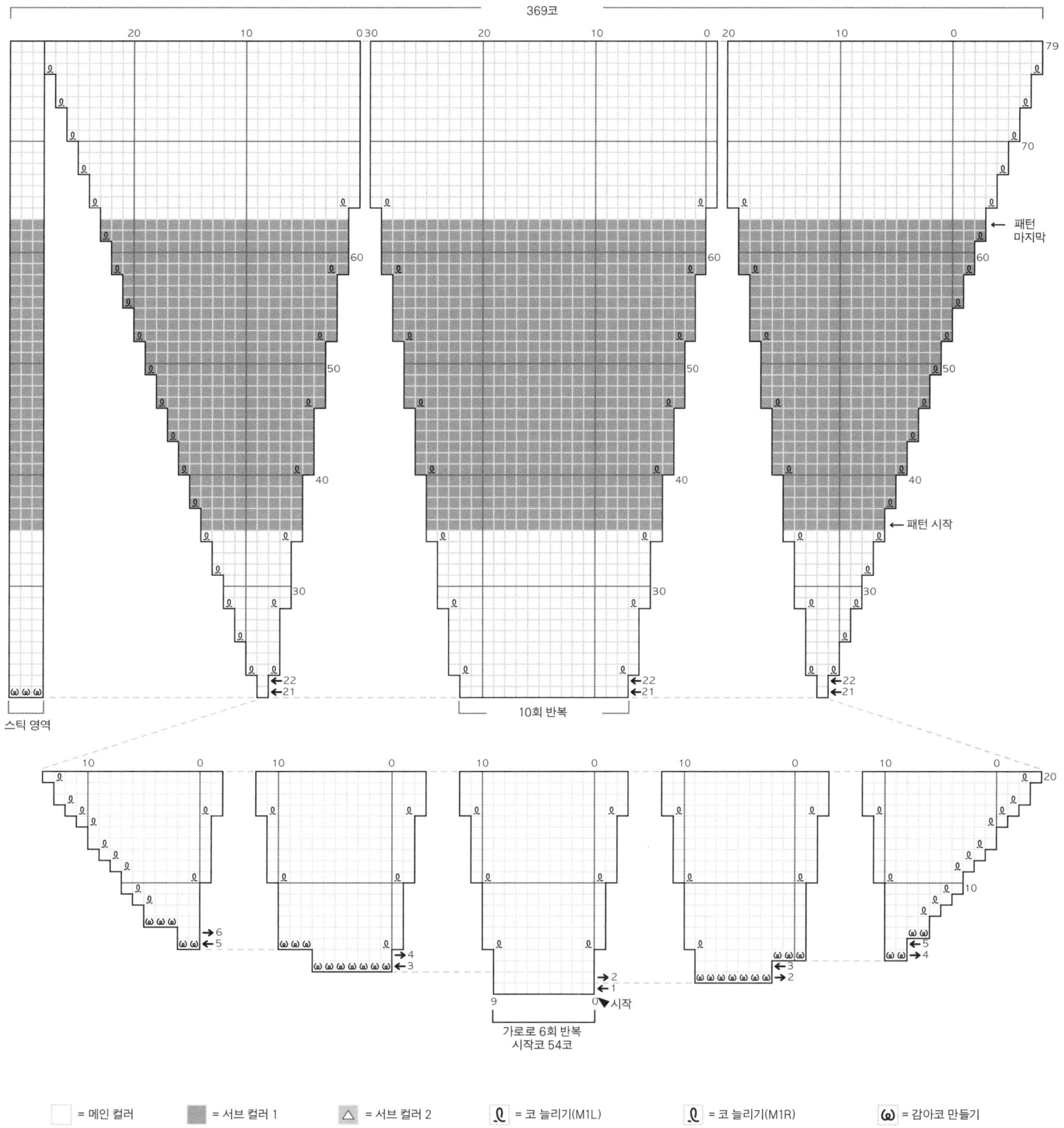

진동 늘림

2. 시작 지점에 단수링을 걸고 아래 표를 따라 '몸통 앞 왼쪽'을 시작으로 A, B, C, D에 단수링을 걸어 코를 나눕니다.
(진동 늘림 그림 참고)
※앞섶은 122단까지 매 3단마다 코늘림을 진행합니다.
A~D의 전에서 오른코 늘리기(M1R), 후에는 왼코 늘리기(M1L)를 하며 한 단을 뜹니다.
겉뜨기 한 단을 뜹니다.
위의 늘림단을 2 (3)회 더 반복합니다. [늘림 총 횟수 3 (4)회]

진동 늘림

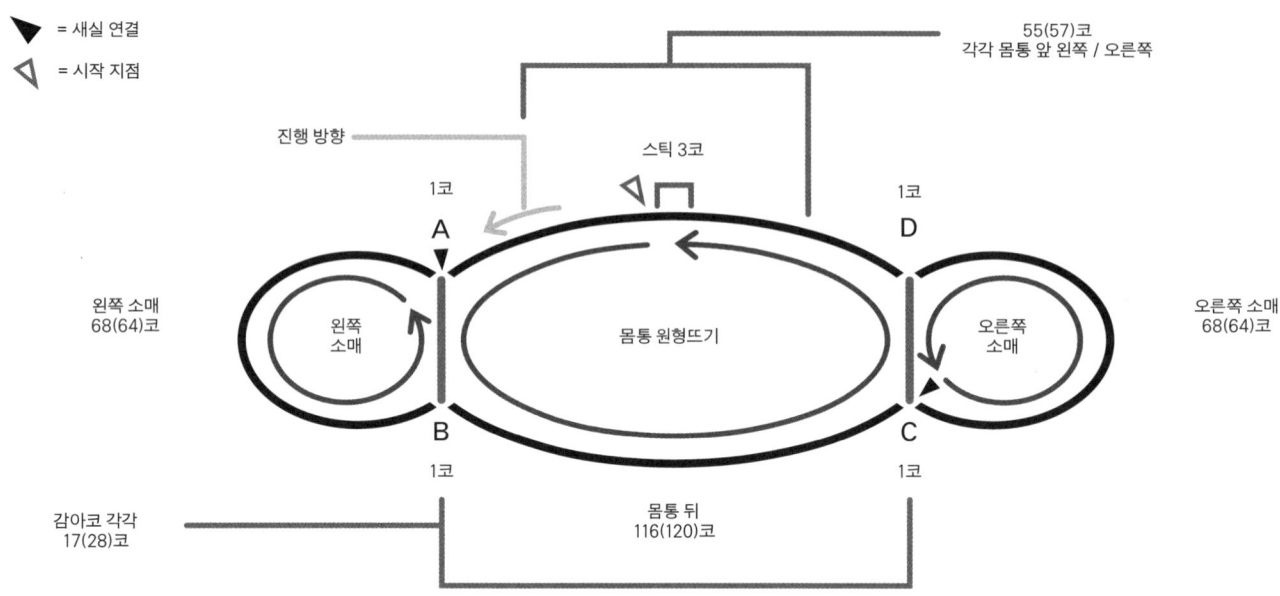

콧수	몸통 앞 왼쪽	A	왼쪽 소매	B	뒤	C	오른쪽 소매	D	몸통 앞 오른쪽	스틱 부분	총
M	55	1	68	1	116	1	68	1	55	3	369
L	57	1	64	1	120	1	64	1	57	3	369

콧수	몸통 앞 왼쪽	A	왼쪽 소매	B	뒤	C	오른쪽 소매	D	몸통 앞 오른쪽	스틱 부분	총
M	60	1	74	1	122	1	74	1	60	3	397
L	63	1	72	1	128	1	72	1	63	3	405

소매 분리

3. 시작 지점에서 A까지 뜹니다. A~B 사이 소매 코를 별도의 실로 분리합니다.
감아코를 17 (28)코 만들고 B~C를 뜹니다.
C~D 사이 소매 코를 별도의 실로 분리합니다.
※A~D를 표시한 1코는 소매 분리 시 몸통에 포함됩니다.
감아코를 17 (28)코 만듭니다.
D부터 시작 지점까지 마저 떠서 한 단을 마무리합니다. [283 (317)코]

몸통뜨기 고무단은 3mm 바늘로 뜹니다.

4. 앞섶은 매 3단마다 늘림을 하며 122단까지 뜹니다. 이후 늘림 없이 34단을 더 떠서 156 (157)단까지 뜹니다.
밑단 반복 패턴(31코, 31단)을 옆으로 반복해서 뜹니다.

밑단 패턴

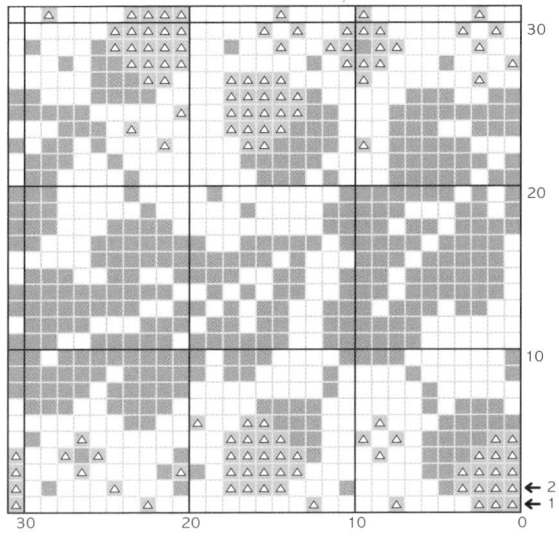

[밑단 반복 패턴]

바탕실로 겉뜨기 3단을 뜨고 3mm 바늘로 교체합니다.
5코(스틱코 양옆 1코씩 포함) 양옆에 단수링을 걸어 표시합니다. 5코 제외하고 남은 콧수가 '4의 배수 + 2코'가 되는지 확인합니다. '4의 배수 + 2코'보다 넘치는 코(1~3코)가 있으면 남는 콧수만큼 모아뜨기하며 단수링 전까지 겉뜨기 한 단을 뜹니다. (모아뜨기는 적절히 분산시킵니다.)
단수링 사이의 스틱 5코는 덮어씌워 코막음합니다.

평면뜨기로 '겉뜨기 2코로 시작하고 끝나는 2코 고무뜨기'를 8단 뜹니다.
돗바늘로 '2코 고무뜨기 마무리'를 합니다.

스틱 부분에 코바늘로 보강을 하거나 니들펠팅 바늘로 펠팅을 시킨 후 가위로 자릅니다. 부드러운 실의 경우 잘 펠팅되지 않으니 미싱 등으로 바느질해서 보강해도 괜찮습니다. 자른 후 직선 부분만 안으로 접어 리본을 덧대는 등 바느질하여 풀리지 않게 마무리합니다.

아이코드 뜨기 3.5mm 장갑바늘로 뜹니다.

5. 아이코드 끈을 뜨고 오른쪽 앞섶의 늘림이 끝나는 지점부터 왼쪽 앞섶의 늘림이 끝나는 지점까지 1코 안쪽 라인을 따라 코를 주워 아이코드를 뜹니다. 마지막에 아이코드 끈을 떠서 마무리합니다.

a. 4코 아이코드를 38cm를 뜹니다. [4코]
b. 오른쪽에서 왼쪽으로 뜬 상태에서 오른쪽 앞섶의 늘림이 끝나는 위치에서 1코를 이어 줍니다. [5코]
c. 바늘을 반대쪽으로 밀어 오른쪽에서 왼쪽으로 3코를 뜹니다. 남은 2코를 안뜨기 방향으로 바늘을 넣어 한 번에 겉뜨기합니다. [4코]
d. b와 c를 왼쪽 앞섶의 늘림이 끝나는 위치까지 반복합니다.
e. 이후 a를 반복한 후 돗바늘로 마무리합니다. [4코]

아이코드를 38cm를 떠서 앞섶의 늘림이 끝나는 위치와 같은 단, 오른쪽 앞판의 진동 위치에 달아줍니다. 같은 높이의 왼쪽 앞판의 안면에 고리를 만들어 안쪽 여밈을 만듭니다.

소매뜨기 고무단은 3mm 바늘로 뜹니다.

6. 쉬어 둔 소매 74 (72)코를 3.5mm 바늘에 끼웁니다.
새 실로 몸통의 감아코를 만든 부분에서 20 (32)코를 줍습니다. [94 (104)코]

주운 코의 중심에 단수링을 걸어 표시합니다.
단수링으로 표시한 부분이 단의 시작이자 끝 지점입니다.
단수링으로 표시된 부분까지 뜨고 1단으로 세어 줍니다.
2단에서는 2코 남을 때까지 겉뜨기한 후 남은 2코를 '오른코 모아뜨기(ssk)' 합니다. 단수링을 지나 다음 2코를 '왼쪽코 모아뜨기(k2tog)' 합니다.
사이즈에 따라 해당하는 단마다 위의 모아뜨기를 진행해 소매코를 줄여 117단까지 뜹니다.
M: 6, 18, 30, 42, 54, 66, 80, 94, 108단마다 줄임 [74코]
L: 6, 12, 22, 32, 44, 56, 68, 80, 94, 108단마다 줄임 [82코]

3mm 바늘로 바꿔 다음과 같이 다음 단을 뜹니다.
M: '2코 모아뜨기, 5코 겉뜨기' 10회 반복, 4코 겉뜨기 [64코]
L: '2코 모아뜨기, 4코 겉뜨기' 13회 반복, 2코 모아뜨기, 1코 겉뜨기, 2코 모아뜨기 [68코]

원통뜨기로 겉뜨기 2코로 시작하는 2코 고무뜨기를 8단 뜹니다.
돗바늘로 '2코 고무뜨기 마무리'를 합니다.
반대쪽 소매도 동일하게 작업한 뒤 마무리합니다.

크리스마스 오너먼트 - 뜨개 종

재료
해피코튼 735번

도구
코바늘 5호(3.0mm)

완성 크기
가로 3cm, 세로 3.5cm

게이지(10×10cm)
60코×22.9단

POINT
● 종 본체…매직링으로 시작해 원형으로 짧은뜨기를 뜨며, 도안을 참고해 단마다 코를 늘려 입체적인 종 형태를 만듭니다. 1단은 매직링 후 짧은뜨기 6코, 2단부터 6단까지는 코늘림을 포함해 총 18코까지 늘리고, 7단과 8단은 18코를 유지합니다. 8단에서는 앞 이랑만 짧은뜨기로 굴곡을 표현하고, 마지막 9단은 빼뜨기로 테두리를 장식해 마무리합니다.
● 방울심…사슬뜨기 4코로 고리를 만들고, 이어서 사슬 16코를 뜬 후 실을 자릅니다.
완성한 끈을 본체 매직링 부분 구멍에 끼워 고리 형태로 장식합니다.

- 종 본체 (원형뜨기)

1단: 매직링 만들기, 사슬 1(기둥코), 짧은뜨기 6, 빼뜨기 (총 6코)
2단: 사슬 1(기둥코), 짧은 2코 늘려뜨기 6, 빼뜨기 (총 12코)
3단: 사슬 1(기둥코), 짧은뜨기 12, 빼뜨기 (총 12코)
4단: 사슬 1(기둥코), [짧은뜨기 3, 짧은 2코 늘려뜨기 1]×3, 빼뜨기 (총 15코)
5단: 사슬 1(기둥코), 짧은뜨기 15, 빼뜨기 (총 15코)
6단: 사슬 1(기둥코), [짧은뜨기 4, 짧은 2코 늘려뜨기 1]×3, 빼뜨기 (총 18코)
7단: 사슬 1(기둥코), 짧은뜨기 18, 빼뜨기 (총 18코)
8단: 사슬 1(기둥코), 앞 이랑 짧은뜨기 18, 빼뜨기 (총 18코)
9단: 모든 코에 빼뜨기
이후 실을 자르고 돗바늘로 꼬리실을 숨겨 마무리한다.

- 방울심

사슬 4코, 첫 코에 빼뜨기, 사슬 16코
이후 실을 10cm 남기고 잘라 매직링 사이로 빠지지 않게 통통하게 묶는다. 종 본체 매직링 시작 부분 구멍으로 긴 사슬의 중간 부분을 통과시켜 고리 모양을 만든다.

크리스마스 오너먼트 - 트리곰
69 page ★

재료
로미오실 6번, 81번, 26번(극소량), 해피코튼실 735번, 711번(2가닥)
인형 눈 3mm 2개

도구
코바늘 5호(3.0mm)

완성 크기
가로 3.5cm, 세로 5cm

게이지(10×10cm)
트리 기준 69코×22단

POINT
●곰돌이 얼굴…매직링으로 시작해 원형으로 짧은뜨기를 뜨며, 도안을 참고해 단마다 코를 늘려 입체 원형을 만듭니다. 6코에서 시작해 18코까지 늘린 뒤, 다시 줄여 마무리합니다. 이후 솜을 넣고 돗바늘로 구멍을 조여 완성합니다.
●트리…매직링으로 시작해 도안처럼 코를 늘리며 트리 모양을 만듭니다. 중간에 사슬뜨기를 이용해 곰돌이 얼굴 구멍을 만들고 계속 이어 트리를 완성합니다. 트리의 꼭지 부분에 솜을 조금 넣은 후, 완성한 곰돌이 얼굴을 넣고 코줄임을 진행해 트리를 마무리합니다.
●곰돌이 귀…매직링을 시작으로 6코 짧은뜨기로 두 단을 뜬 후 실을 자르고 마무리합니다.
●곰돌이 발…매직링을 시작으로 짧은뜨기 6코를 뜬 후 9코로 늘렸다가 다시 6코로 줄여 형태를 만듭니다. 솜을 넣고 마무리합니다.
●별…매직링을 시작으로 사슬과 한길 긴뜨기를 이용해 별의 꼭지를 5번 만든 후, 매직링을 조이고 실을 잘라 마무리합니다.
모두 마무리한 후 접착제를 이용해 귀, 발, 별을 모두 붙여주고 인형 눈을 곰돌이 얼굴에 부착합니다. 갈색 실 2가닥을 이용해 곰돌이의 코와 입을 수놓습니다.

- 얼굴 (원형뜨기)

1단: 매직링 만들기, 사슬 1(기둥코), 짧은뜨기 6, 빼뜨기 (총 6코)
2단: 사슬 1(기둥코), 짧은 2코 늘려뜨기 6, 빼뜨기 (총 12코)
3단: 사슬 1(기둥코), [짧은뜨기 1, 짧은 2코 늘려뜨기 1]×6, 빼뜨기 (총 18코)
4~6단: 사슬 1(기둥코), 짧은뜨기 18, 빼뜨기 (총 18코)
7단: 사슬 1(기둥코), [짧은뜨기 1, 짧은 2코 모아뜨기 1]×6, 빼뜨기 (총 12코)
8단: 사슬 1(기둥코), 짧은 2코 모아뜨기 6, 빼뜨기 (총 6코)
이후 실을 자르고 솜을 채운 후 돗바늘로 구멍을 조여 마무리한다.

- 트리 (원형뜨기)

1단: 매직링 만들기, 사슬 1(기둥코), 짧은뜨기 6, 빼뜨기 (총 6코)
2단: 사슬 1(기둥코), [짧은뜨기 1, 짧은 2코 늘려뜨기 1]×3, 빼뜨기 (총 9코)
3단: 사슬 1(기둥코), [짧은뜨기 2, 짧은 2코 늘려뜨기 1]×3, 빼뜨기 (총 12코)
4단: 사슬 1(기둥코), 짧은뜨기 1, 짧은 2코 늘려뜨기 1, [짧은뜨기 3, 짧은 2코 늘려뜨기 1]×2, 짧은뜨기 2, 빼뜨기 (총 15코)
5단: 사슬 1(기둥코), [짧은뜨기 4, 짧은 2코 늘려뜨기 1]×3, 빼뜨기 (총 18코)
6단: 사슬 1(기둥코), 짧은뜨기 7, 사슬 5, (5코 건너뛰고) 짧은뜨기 6, 빼뜨기 (총 18코)
7단: 사슬 1(기둥코), [짧은뜨기 5, 짧은 2코 늘려뜨기 1]×3, 빼뜨기 (총 21코)
*사슬 부분은 사슬 아래의 빈 공간으로 코바늘을 넣어 사슬을 감싸면서 뜬다.
8단: 사슬 1(기둥코), [짧은뜨기 6, 짧은 2코 늘려뜨기 1]×3, 빼뜨기 (총 24코)
9~10단: 사슬 1(기둥코), 짧은뜨기 24, 빼뜨기 (총 24코)
트리 꼭지 부분에 솜을 약간 채운 후 트리 안에 곰돌이 얼굴을 넣는다.
11단: 사슬 1(기둥코), 짧은 2코 모아뜨기 12, 빼뜨기 (총 12코)
이후 실을 자르고 돗바늘로 구멍을 조여 마무리한다.

- 곰돌이 귀 (원형뜨기)

1단: 매직링 만들기, 사슬 1(기둥코), 짧은뜨기 6, 빼뜨기 (총 6코)
2단: 사슬 1(기둥코), 짧은뜨기 6, 빼뜨기 (총 6코)
이후 실을 자르고 돗바늘로 꼬리실을 정리한다.

- 곰돌이 발 (원형뜨기)

1단: 매직링 만들기, 사슬 1(기둥코), 짧은뜨기 6, 빼뜨기 (총 6코)
2단: 사슬 1(기둥코), [짧은뜨기 1, 짧은 2코 늘려뜨기 1]×3, 빼뜨기 (총 9코)
3단: 사슬 1(기둥코), [짧은뜨기 1, 짧은 2코 모아뜨기 1]×3, 빼뜨기 (총 6코)
이후 실을 자르고 돗바늘로 구멍을 조여 마무리한다.

- 별

매직링 만들기, 사슬 2(기둥코), 한길 긴뜨기 1, 사슬 1, 빼뜨기, [사슬 1, 한길 긴뜨기 1, 사슬 1, 빼뜨기]×4
이후 실을 자르고 돗바늘로 꼬리실을 정리한다.

"KEITODAMA" Vol. 207, 2025 Autumn issue (NV11747)
Copyright © NIHON VOGUE-SHA 2025
All rights reserved.
First published in Japan in 2025 by NIHON VOGUE Corp.
Photographer: Shigeki Nakashima, Hironori Handa, Toshikatsu Watanabe, Noriaki Moriya,
Bunsaku Nakagawa, Nobuhiko Honma
This Korean edition is published by arrangement with NIHON VOGUE Corp.,
Tokyo in care of Tuttle-Mori Agency, Inc., Tokyo, through Botong Agency, Seoul.

이 책의 한국어판 저작권은 Botong Agency를 통한 저작권자와의 독점 계약으로 한스미디어가 소유합니다.
신 저작권법에 의하여 한국 내에서 보호를 받는 저작물이므로 무단전재와 무단복제를 금합니다.
이 책에 게재되어 있는 작품을 복제하여 판매하는 것은 금지되어 있습니다.

광고 및 제휴 문의
070-4678-7118
info@hansmedia.com

털실타래 Vol.13 2025년 가을호

1판 1쇄 인쇄 2025년 9월 19일
1판 1쇄 발행 2025년 9월 26일

지은이 (주)일본보그사
옮긴이 김보미, 김수연, 남가영, 배혜영
펴낸이 김기옥

라이프스타일팀장 이나리
편집 장윤선, 김민주
마케터 이지수
지원 고광현, 김형식

한국어판 도안 사진 촬영 김신정
한국어판 도안 수록 작가 삐영이네, 세드나

본문 디자인 책장점
표지 디자인 형태와내용사이
인쇄·제본 민언프린텍

펴낸곳 한스미디어(한즈미디어(주))
주소 04037 서울시 마포구 양화로 11길 13(서교동, 강원빌딩 5층)
전화 02-707-0337 | **팩스** 02-707-0198 | **홈페이지** www.hansmedia.com
출판신고번호 제 313-2003-227호 | **신고일자** 2003년 6월 25일

ISBN 979-11-94777-52-6 13590

책값은 뒤표지에 있습니다.
잘못 만들어진 책은 구입하신 서점에서 교환해 드립니다.